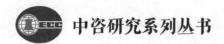 中咨研究系列丛书

—— 中国工程咨询专业指南 ——

第七卷

外商及境外投资咨询专业指南

主编 李开孟

副主编 姜富华 杨凯越

中国电力出版社
CHINA ELECTRIC POWER PRESS

内 容 提 要

　　本书系统地阐释了外商和境外投资咨询业务的理论框架、操作方法、政策规定及其在实践中的具体应用。本书在系统梳理我国开放型经济新体制建设、"双循环"新发展格局和"一带一路"倡议以及全球价值链体系深入调整是如何影响外商和境外投资咨询业务的基础上，对境内自由贸易区及境外经贸合作区规划、外向型经济与经济安全、外商投资项目决策、境外投资和并购项目决策等项目咨询业务活动的特征和任务进行了系统分析。另外，本书还介绍了跨国投资税务筹划及财务分析、外商及境外投资咨询组织实施及能力提升等内容。

　　本书可以作为国内外相关咨询机构开展外商和境外投资咨询业务活动的重要指南，也可作为境内外企业开展投资活动的重要参考。

图书在版编目（CIP）数据

中国工程咨询专业指南. 第七卷，外商及境外投资咨询专业指南/李开孟主编 . —北京：中国电力出版社，2024.8

　　（中咨研究系列丛书）

　　ISBN 978-7-5198-8333-1

　　Ⅰ.①中… Ⅱ.①李… Ⅲ.①外商投资-咨询服务-中国-指南②对外投资-咨询服务-中国-指南 Ⅳ.①F832.48-62②F832.6-62

　　中国国家版本馆 CIP 数据核字（2023）第 225445 号

出版发行：中国电力出版社
地　　址：北京市东城区北京站西街 19 号（邮政编码 100005）
网　　址：http：//www.cepp.sgcc.com.cn
责任编辑：姜　萍（010—63412368）
责任校对：黄　蓓　李　楠
装帧设计：赵丽媛
责任印制：吴　迪

印　　刷：三河市万龙印装有限公司
版　　次：2024 年 8 月第一版
印　　次：2024 年 8 月北京第一次印刷
开　　本：710 毫米×100 毫米　16 开本
印　　张：27.75
字　　数：420 千字
印　　数：0001—1000 册
定　　价：112.00 元

本 书 编 委 会

主　　编　李开孟

副 主 编　姜富华　杨凯越

参编人员　（按姓氏拼音排序）

曹　玫　贾　桢　李　燕　李欣珏

刘义成　苗雨菲　申海燕　宋永华

唐淮安　夏　雪　邢智慧　张　蓉

总　序

现代咨询机构怎样才能不断提高核心竞争力？我们认为，关键在于不断提高研究水平。咨询就是参谋，如果没有对事物的深入研究、深层剖析和深刻见解，就当不好参谋，做不好咨询。

我国的工程咨询业起步较晚。以 1982 年中国国际工程咨询公司（简称中咨公司）的成立为标志，我国的工程咨询业从无到有，已经发展成具有较大影响的行业，见证了改革开放的历史进程，并且通过自我学习、国际合作、兼容并蓄、博采众长，为国家的社会经济高质量发展作出了重要贡献，同时也促进了自身的成长与发展壮大。

但应该清醒地看到，我国工程咨询业与发达国家相比还有不小差距。西方工程咨询业已经有一百多年的发展历史，其咨询理念、理论方法、工具手段，以及咨询机构的管理等各方面已经成熟，特别是在专业研究方面有着深厚基础。而我国的工程咨询业尚处于成长期，尤其在基础研究方面显得薄弱，因而总体上国际竞争力还不强。当前，我国正处于社会经济发生深刻变革的关键时期，不断出现各种新情况、新问题，很多都是我国特定的发展阶段和转轨时期所特有的，在国外没有现成的经验可供借鉴，需要我们进行艰辛的理论探索。立足新发展阶段，完整、准确、全面贯彻新发展理念，构建新发展格局，对标世界一流专业咨询机构，建设中国特色新型高端智库，促进高质量发展，对工程咨询提出了新的更高要求，同时也指明了发展方向，提供了巨大发展空间。这更需要我们研究经济建设特别是投资建设领域的各种难点和热点问题，创新咨询理论方法，以指导和推动咨询工作，提高咨询业整体素质，造就一支既熟悉国际规则，又了解国情的专家型人才队伍。

中咨公司历来非常重视知识资产的创造和积累，每年都投入相当的资金和人力开展研究工作，向有关机构提供各类咨询研究报告，很多都具有一定的学术价值和应用价值。《中咨研究系列丛书》的出版，就是为了充分发挥这些宝贵的智力财富应有的效益，同时向社会展示我们的研究实力，为提高我国工程咨询业的核心竞争力和促进高质量发展作出贡献。

立言，诚如司马迁所讲"成一家之言""藏诸名山，传之其人"。一个人如此，一个机构也是如此。既要努力在社会上树立良好形象，争取为社会作出更大贡献，同时还应当让社会倾听其声音，了解其理念，分享其思想精华。中咨公司会向着这个方向不断努力，不断将自己的研究成果献诸社会。我们更希望把《中咨研究系列丛书》这项名山事业坚持下去，让中咨的贡献持久恒长。

《中咨研究系列丛书》编委会

2024 年 3 月

前　言

　　中咨公司是顺应我国投资体制改革，贯彻投资决策科学化、民主化而成立的国内规模最大、涉及行业最多的综合性工程咨询机构，在我国工程咨询理论方法研究领域一直发挥着行业引领作用。公司自 1982 年成立以来，一直接受国家发展改革委等有关部门的委托，并结合自开课题研究等形式，对工程咨询理论方法进行持续创新研究，取得了非常丰富的研究成果。部分成果以国家有关部委文件的方式在全国印发实施，部分成果以学术专著、论文、研究报告等方式在社会上进行推广应用，大部分成果则是以中咨公司内部咨询业务作业指导书、业务管理制度及业务操作规范等形式，用于规范和指导公司各部门及所属企业承担的各类工程咨询业务。中咨公司开展的各类咨询理论方法研究工作，为促进我国工程咨询行业健康发展发挥着重要作用。

　　自 1982 年成立以来，中咨公司为中央政府在国家重大建设项目的决策和实施中发挥了重要参谋作用，并为地方政府、企业、银行等各类客户提供大量咨询服务。参与了西气东输、西电东送、南水北调、退耕还林、青藏铁路、京沪高铁、港珠澳大桥、首钢搬迁、奥运场馆、百万吨级乙烯、千万吨级炼油、百万千瓦级超超临界电站、大飞机工程、载人航天、探月工程以及京津冀协同发展、长江经济带、粤港澳大湾区建设、海南自由贸易区、"一带一路"、生态文明建设、战略性新兴产业、西部大开发、东北振兴、新疆和藏区发展、三峡工程后续工作、汶川和玉树地震灾后重建规划等一大批关系国计民生、体现综合国力的建设项目和发展规划，积累了工程咨询业务实施的丰富经验，具有重要的总结提炼和推广应用价值。

　　中咨公司作为我国规模最大的综合性工程咨询机构，在推动我国工程咨询理论方法研究方面一直发挥着引领带动作用，始终坚持通过理论方法的研究创新，促进公司各项咨询业务的创新开展。工程咨询理论方法体系建设及创新研究是中咨公司立足新发展阶段，完整、准确、全面贯彻新发展理念，构建新发展格局，对标世界一流专业咨询机构，建设中国特色新型高端智库，促进高质量发展的重要举措，在中咨公司发展战略布局中占有重要地位。

创新是引领发展的第一动力，创新驱动是经济增长动力由资源、投资等要素向知识、创新、人力资本等要素转换的动力源泉。新时代高质量发展对工程咨询理论方法创新提出更高要求，需要在把握投资建设客观规律、服务高质量发展总体目标、体现新发展理念的原则要求、强调可行性研究的核心地位、推动全过程工程咨询服务健康发展、融入"一带一路"建设的国际合作体系、扎实推进工程咨询行业标准规范体系建设、加强培育理论方法创新研究应用人才队伍等方面进行深入研究和实践探索。

工程咨询是一项专业性要求很强的工作，工程咨询业务受到多种不确定性因素的影响，需要对特定领域的咨询对象进行全面系统的分析论证，往往难度很大。这就需要综合运用现代工程学、经济学、管理学等多学科理论知识，借助先进的科技手段、调查预测方法、信息处理技术，在掌握大量信息资料的基础上对未来可能发生的情况进行分析论证，因此对工程咨询从业人员的基本素质、知识积累，尤其是对其所采用的分析评价专业方法提出了很高的要求。

研究工程咨询专业分析评价关键技术方法，要在继承的基础上，通过方法创新，建立一套与国际接轨，并符合我国国情的工程咨询创新研究专业指南，力求在项目评价及工程管理的关键路径和方法层面进行创新。所提出的关键技术方法路径，应能满足工程咨询业务操作的实际需要，体现工程咨询理念创新的鲜明特征，与国际工程咨询所采用的业务导则接轨，并能对各领域不同环节开展工程咨询实践活动起到规范引导的作用。

本次结集出版的《中国工程咨询专业指南》丛书，是《中咨研究系列丛书》中的一个系列，是针对工程咨询业务实施及高端智库研究方法的创新研究专业成果。中咨公司出版《中咨研究系列丛书》的目的，一是与国内外工程咨询业界同行交流中咨公司在工程咨询及高端智库理论方法研究方面取得的成果，搭建学术交流的平台；二是推动工程咨询及高端智库理论方法的创新研究，探索构建我国专业咨询及高端智库研究知识体系的基础架构；三是针对我国专业咨询及高端智库发展的新趋势及新经验，出版公司重大课题研究成果，为推动我国专业咨询及高端智库创新发展作出中咨公司的特殊贡献。

丛书的编写出版工作，由中咨公司研究中心具体负责。研究中心是中咨公司专门从事工程咨询基础性、专业性理论方法及行业标准制定相关研究工作的内设机构。其中，开展专业咨询及高端智库理论方法研究，编写出版《中咨研究系列丛书》，是中咨公司研究中心的一项核心任务。

发展是人类社会面临的永恒主题，创新是人类社会进步的不懈追求。我国工程咨询理论方法体系，从新中国成立学习借鉴苏联、东欧经验阶段，到改革开放学习借鉴西方市场经济国家及相关国际组织经验阶段，目前已经进入按照高质量发展的要求进行全面创新的新时代。工程咨询行业的高质量发展，呼唤着咨询理念及理论方法体系进行全面创新，并具体指导各类专业咨询实践活动。我们希望，《中国工程咨询专业指南》丛书的出版，能够对推动我国咨询业务实施及专业方法创新，推动我国专业咨询及高端智库研究事业健康发展，推动中国特色新型高端智库及世界一流专业咨询机构建设发挥积极的引领和带动作用。

作者
2024 年 3 月

目 录

第一章

开放型经济与项目投资

第一节 开放型经济新体制建设

一、开放型经济新体制的基本内涵

(一) 政策沿革

2013 年 11 月，党的十八届三中全会通过《中共中央关于全面深化改革若干重大问题的决定》(以下简称《决定》)，《决定》对 "构建开放型经济新体制" 进行了阐述，并将 "内外开放结合，'引进来'与'走出去'结合，国际国内要素有序流动，市场深度融合，加快培育国际竞争合作新优势，以开放促改革" 确定为 "构建开放型经济新体制" 的基本路径和目标。对于如何 "构建开放型经济新体制"，《决定》从三个方面进行了展开：

(1) 放宽投资准入，扩大金融等服务业开放；统一内外资法律法规；扩大企业和个人对外投资；加快同有关国家和地区商签投资协定。

(2) 在上海自由贸易试验区基础上，增加若干自由贸易园（港）区；同时坚持双边、多边、区域、次区域开放合作，加快自由贸易区建设。扩大对港澳台开放合作。

(3) 扩大内陆沿边开放。支持内陆城市增开国际客货运航线，形成横贯东中西、联结南北方对外经济走廊。建立开放型金融机构，加快与周边国家和区域基础设施互联互通，推进 "一带一路" 建设。

党的十九届五中全会审议通过了《中共中央关于制定国民经济和社会发展第十四个五年规划和二〇三五年远景目标的建议》(以下简称《建议》)，提出 "要加快构建以国内大循环为主体、国内国际双循环相互促进的新发展格局。"

"要坚持实施更大范围、更宽领域、更深层次对外开放，依托我国大市场优势，促进国际合作，实现互利共赢"，并提出了建设更高水平开放型经济新体制的新任务，明确了未来若干年以及相当长时期我国开放型经济新体制的发展方向和目标。2022 年 6 月习近平总书记在金砖国家工商论坛开幕式上的主旨演讲，再次指出"中国将继续提高对外开放水平，建设更高水平开放型经济新体制，持续打造市场化、法治化、国际化营商环境。"

2021 年 11 月，第四届中国国际进口博览会开幕式上，习近平总书记发表了题为《让开放的春风温暖世界》的主旨演讲，表示中国扩大高水平开放的决心不会变，同世界分享发展机遇的决心不会变，推动经济全球化朝着更加开放、包容、普惠、平衡、共赢方向发展的决心不会变。

2022 年 1 月，世界经济论坛视频会议上，习近平总书记强调，中国将坚定不移推进改革开放，中国改革开放永远在路上，不论国际形势发生什么变化，中国都将高举改革开放的旗帜。中国将建设统一开放、竞争有序的市场体系，确保所有企业在法律面前地位平等、在市场面前机会平等。中国欢迎各种资本在中国合法依规经营，为中国发展发挥积极作用。中国将继续扩大高水平对外开放，稳步拓展规则、管理、标准等制度型开放，落实外资企业国民待遇，推动共建"一带一路"高质量发展。

2022 年 4 月，在博鳌亚洲论坛 2022 年年会上，习近平总书记指出，不论世界发生什么样的变化，中国改革开放的信心和意志都不会动摇。中国将扩大高水平对外开放，深入实施外资准入负面清单，扩大鼓励外商投资范围，优化外资促进服务，增设服务业扩大开放综合试点。中国将扎实推进自由贸易试验区、海南自由贸易港建设，对接国际高标准经贸规则，推动制度型开放。中国将全面实施《区域全面经济伙伴关系协定》，推动同更多国家和地区商签高标准自由贸易协定，积极推进加入《全面与进步跨太平洋伙伴关系协定》和《数字经济伙伴关系协定》。中国将坚持高标准、可持续、惠民生的目标，积极推进高质量共建"一带一路"。中国将始终不渝坚持走和平发展道路，始终做世界和平的建设者、全球发展的贡献者、国际秩序的维护者。

2022 年 10 月，中国共产党第二十次全国代表大会召开，党的二十大报告中明确指出，要"推进高水平对外开放""稳步扩大规则、规制、管理、标准等制度型开放。""不断以中国新发展为世界提供新机遇，推动建设开放型世界经济，更好惠及各国人民。""坚持经济全球化正确方向，共同营造有利于发展的国际环境，共同培育全球发展新动能。"

2022年11月，习近平总书记在第五届中国国际进口博览会开幕式上强调，"中国将推动各国各方共享制度型开放机遇，稳步扩大规则、规制、管理、标准等制度型开放，实施好新版《鼓励外商投资产业目录》，深化国家服务业扩大开放综合示范区建设；实施自由贸易试验区提升战略，加快建设海南自由贸易港，发挥好改革开放综合试验平台作用"。

四十余年的开放进程有力地促进了中国和全球经济体系的深度融合，提升了全球产业链、供应链和价值链等体系整体效率，为包括生产原料、资金、劳动力、技术、人才、信息等在内的几乎所有要素的跨区域流动奠定了基础，在促进了中国经济整体高速发展的同时有力带动了全球经济的进一步发展。当前我国经济增长模式由高速增长转向高质量发展，为适应经济发展新形势，实现经济高质量发展新目标，必须坚持在调整自身产业结构并实现产业结构优化升级的过程中，积极适应全球经济发展格局的变动，改变依靠低成本比较优势参与全球经贸活动的传统模式，在顺应全球化发展潮流的基础上，以对内改革和对外开放为引领，坚持更高质量地"引进来"和"走出去"，通过更宽领域、更高层次的开放积极参与并引领全球化发展进程。

（二）内涵和目标

面对全球经济出现的一系列新形势、新变化和新问题，中国需要以更加开放的姿态，全面深化改革并全面促进开放，积极培育发展的新动能，实现竞争的新优势。全面推进机制体制创新，落实建设更高水平的对外开放型经济的制度保障，用新机制实现新目标，把对外开放的大门越开越大。

1. 开放型经济新体制的时代、空间和制度内涵

从开放型经济新体制的时代内涵上看，当前国际政治格局、经济格局、文化格局等剧烈变动，在经济全球化不可逆转的背景下贸易保护主义有所抬头，全球经济竞争及其背后所隐含的政治、文化、军事等方面竞争越加明显，传统

的国际贸易规则受到了显著的冲击，单边、局部的贸易协定正一步步冲击着传统经贸格局，全球经贸格局正不断演变。世界经贸格局大转变这一时代背景为更高水平开放型经济建设赋予了重要的时代内涵。立足我国经济由高速增长转向高质量发展的阶段特征，建设更高水平开放型经济体制，要将对外开放的重心由强调经济增长的"量"转向经济发展的"质"上来，调整优化并促进产业结构转型升级，转变过去的粗放式、凭借成本优势的外向型经济发展模式，积极培育参与国际竞争新优势，优化招商引资结构，推动企业"走出去"开展跨国经营，形成"范围更大、领域更宽、层次更高"的对外开放新局面。而面对区域保守主义抬头的经济全球化大趋势，要在更高水平开放型经济新体制建立过程中进行适时适度调整，努力提升新体制在日益激烈的国际竞争中的适应性，坚持以积极主动的态度参与全球治理体系，加强国内乃至全球范围的公共产品供给。同时，在对外开放新格局构建过程中，注意多元平衡和利益共享，坚持维护国家安全的底线，坚持长期战略，确保对外开放安全高效。

从开放型经济新体制的空间内涵上看，开放型经济体系建设是外向型经济的进一步延伸，强调在新发展阶段进一步实现全面对外开放，在空间格局上表现为由传统的东中西递减式开放局面转为统一协调有序的全面开放格局，清理过去对外开放过程中的堵塞点，扫除由地理、社会观念等造成的开放盲区，打开对外开放的新局面。这一新局面的形成要求充分利用现有资源，坚持存量资源高效利用，增量资源有序配置，实现基础设施、产业区划、区域政策及整体发展策略等方面的协同发展，在空间上促进全面对外开放。在国际上，要通过统筹双边、多边、区域、次区域开放合作，引领形成基于优势互补和资源高效利用的区域经贸关系格局，形成面向发达国家、新兴市场和发展中国家的全面开放体系。在"丝绸之路经济带"和"21世纪海上丝绸之路"合作倡议的整体框架下，积极推动发展与"一带一路"周边国家的睦邻友好关系，通过基础设施建设加强与"一带一路"周边国家的互联互通，创新合作的机制体制，实现经贸关系的整体加强加深。

从开放型经济新体制的制度内涵上看，现阶段尽管我国经济建设取得了相当的成绩，但整体上不平衡不充分发展的现象依旧十分突出，为更好地落实

"创新、协调、绿色、开放、共享"的发展理念，要全面深化改革和扩大开放，这就要求应从制度层面入手，对开放型经济新体制的建设提出更高更深刻的变革。制度保障是建设开放型经济新体制的重要基础，实现制度保障，就要遵循社会主义市场经济的基本规律，发挥市场在资源配置中的决定性作用和更好地发挥政府作用，通过进一步深化对内改革，克服保守主义、贸易保护主义的思维陷阱，以制度变革为先导，更好地推动全面开放。实现全行业、多领域的开放模式，坚持"引进来"和"走出去"并举。通过进一步优化营商环境并落实"负面清单"制度代替正面清单管理来更好地吸引外资，提升吸引外资的质量。通过政策扶持、深化制度改革的方式来加快推进企业"走出去"的步伐引导企业积极参与国际竞争。将制度创新上升到国家层面，积极推动政府行政模式改革创新以适应国际经贸规则和经贸格局变化，调整国内监管方面制度举措，积极与国际接轨。积极主动参与国际经贸规则谈判，规范国内在市场竞争、知识产权保护、金融等方面的制度规则。

2. 开放型经济新体制的范围、领域、平台目标

开放型经济新体制的建设目标是带来范围更大、领域更宽、平台更广的开放。这要求转变过去的以外资流入和产成品流出为主的外向型经济模式，推动要素资源双向流动，坚持资本的"引进来"和"走出去"的动态平衡，以新发展理念为牵引，立足"双循环"发展策略和"一带一路"合作倡议，持续优化内资外资的区域布局，兼顾当前和长远利益，转变粗放式发展方式，实现要素在时空上协调匹配高效利用。

（1）开放型经济新体制是范围更大的开放。与改革开放之初的以点带面，东中西层级递减的开放不同，建设开放型经济新体制，要求实现国土范围内整体全面开放，并在国家战略的引导下，将因地理位置制宜转变为因优势制宜。促进开放型经济发展中的东中西协调、南北协调、城乡协调。以政策优惠和完善的基础设施为支持，积极引导外资向中西部转移，向欠发达、欠开放地区转移。实现开放过程中区位的优化配置。

（2）开放型经济新体制是领域更广的开放。以"负面清单"制度的实验为先导，对外开放的领域已由传统的制造业拓展至包括金融、文化、医疗在内的

更为广阔的产业和领域。多线并举的开放模式为众多行业创造了新鲜的血液，促进了开放过程中多种产业生产效率的提高，从而实现了外资更为有效的利用。并且，随着开放型经济新体制的建设进一步深入推进，对外开放的格局会进一步打开，对外开放的红利会更多更好地遍及相关行业和领域。

（3）开放型经济新体制是平台更大的开放。开放型经济新体制建设的一个重要表现是新的开放平台，其中，国内的自由贸易区建设是国内对外开放的重要引擎，而各种边境、境外经贸合作区则是国内企业"走出去"的重要支撑。从 2013 年建设的上海自由贸易试验区到 2020 年北京、湖南和安徽的自由贸易区建设，中国不断打造对外开放新平台，有力地为外资"引进来"入境开展经营创造更好的营商环境。而与边境国家和"一带一路"沿线国家合作设立的双边和多边经贸合作区则有力地推进了中国企业"走出去"实现跨国经营的进程。

（三）特征

2001 年 12 月 11 日中国正式加入 WTO，在内外因素共同作用下，中国经济经历了一个粗放式的快增长时期，但在粗放式发展背后，不平衡、不充分发展的负面影响越发显著。在经济总量不断增加、社会主要矛盾转变的大背景下，传统的粗放式、依附型对外开放模式已然不能适应现阶段经济发展的需要。因此，实现对外开放转型并寻求对外开放新模式成为实现经济长期发展的应有之义，而建设更高水平的开放型经济新体制则成为社会经济协调发展的必然要求。而相较于过去的对外开放模式，更高水平的开放型经济新体制表现出如下特点。

1. 更为完善的准入制度

在高水平开放型制度建设中，制度保障是最重要的先行举措，完善的外资准入制度为开放型经济发展提供了重要支撑，并且为存量和增量外资的有效利用提供了重要制度保障。在负面清单制度规范下，外资准入标准进一步明确，门槛进一步降低，这在实现营商环境优化同时提升了开放型经济活力，为中国经济参与全球产业链、价值链和创新链体系创造了更为广阔的前景。

2. 更高水平开放模式

在经济全球化潮流的推动下，国家间贸易往来日益密切，并且国际分工专业化程度日益提高。作为一个有着最为完整工业体系的国家，中国正进一步提升对外开放的领域和结构，由制造业开放转向范围包含一、二、三产业在内几乎全产业、全领域的开放模式，并通过服务业领域的贸易自由化创造对外开放促进经济发展的新增长极，从而创造新的参与国际竞争优势。

3. 更优的对外经贸模式

开放型经济新体制是对过去出口导向型经济的进一步发展，目的是扭转过去的以"来料加工、产出品出口"为特点的低端贸易模式，提升中国在全球贸易链的地位，并通过技术引进、技术吸收、技术创新实现自身技术实力的增强，从而进一步提升中国在国际创新链上的地位和水平，从而实现参与全球贸易活动的新的比较优势，增强对外贸易活动的竞争力。

4. 更高质量的开放平台建设

开放型经济新体制的建设需要更高质量的开放平台。以更好地实现改革开放的广度拓宽和深度延展为目标。建设更高水平的开放贸易平台，需要在吸取我国对外开放过程中经验教训的基础上，借鉴世界各国先进的发展经验。在平台的建设过程中，要坚持大胆尝试、认真细致反思、因地制宜推广的原则，将以自由贸易区建设为代表的一系列成果及时有效地在全国范围内进行推广，将处理双边及多边经贸关系的经验在国际范围内推广，实现对外开放平台和跨国经贸平台的全面推进。

二、中国"走出去"战略

对外开放不但要"引进来"，更要"走出去""引进来"和"走出去"战略是建设一个开放的中国的必然要求，推动要素资源"走出去"，才能更好地适应当前国际经贸格局的变化，实现更好的发展。

（一）政策沿革

推动企业"走出去"实现跨国经营是党和国家的重点关切，早在1992年党的十四大报告中就提到，要"积极扩大我国企业的对外投资和跨国经营"。1997年党的十五大报告中进一步指出要"更好地利用国内国外两个市场、两种资源，积极参与区域经济合作和全球多边贸易体系，鼓励能够发挥我国比较优势的对外投资"。

党的十五届五中全会上明确提出我国要实施"走出去"战略，并把它作为四大新战略（西部大开发战略、城镇化战略、人才战略和"走出去"战略）之一。2002 年，党的十六大报告进一步强调，"实施'走出去'战略是对外开放新阶段的重大举措。"党的第十六届三中全会通过的《关于完善社会主义市场经济体制的若干重大问题的决定》指出："继续实施'走出去'战略……'走出去'战略是建成完善的社会主义市场经济体制和更具活力、更加开放的经济体系的战略部署，是适应统筹国内发展和对外开放的要求的，有助于进一步解放和发展生产力，为经济发展和社会全面进步注入强大动力。"

2007 年，党的十七大报告对"引进来"和"走出去"进行了进一步阐述。"坚持对外开放的基本国策，把'引进来'和'走出去'更好地结合起来，扩大开放领域，优化开放结构，提高开放质量，完善内外联动、互利共赢、安全高效的开放型经济体系，形成经济全球化条件下参与国际经济合作和竞争的新优势。"标志着我国"走出去""引进来"的双向开放走向纵深发展。

2012 年，党的十八大报告强调，要加快"走出去"的步伐。2013 年，习近平总书记在哈萨克斯坦纳扎尔巴耶夫大学演讲首次提出"丝绸之路经济带"这一概念。随后习近平总书记在印度尼西亚国会的演讲中第一次提出共同建设"21 世纪海上丝绸之路"，同时倡议筹建亚洲基础设施投资银行，向世人进一步传递出明确信号，中国正实实在在推进新的开放战略。同年，"推进丝绸之路经济带、海上丝绸之路建设，形成全方位开放新格局"，作为以习近平同志为核心的党中央全面深化改革的一项重大决策部署，写入党的十八届三中全会审议通过的《中共中央关于全面深化改革若干重大问题的决定》。

2014 年，习近平总书记在中国—阿拉伯国家合作论坛第六届部长级会议上首次正式使用"一带一路"的提法，并首次对丝绸之路精神和"一带一路"建设应该坚持的原则作出系统阐述。同年，中共中央、国务院印发《丝绸之路经济带和 21 世纪海上丝绸之路建设战略规划》，对推进"一带一路"建设工作作出全面部署。

党的十九大把"一带一路"建设写入大会报告。习近平总书记强调，要以"一带一路"建设为重点，形成陆海内外联动、东西双向互济的开放格局；要积极促进"一带一路"国际合作，打造国际合作新平台，增添共同发展新动力。

党的二十大报告在总结新时代十年伟大变革及其所取得的巨大成就时明确指出，共建"一带一路"成为深受欢迎的国际公共产品和国际合作平台。报告对我国迈上全面建设社会主义现代化国家新征程、向第二个百年奋斗目标进军的各项战略任务和重点工作进行了部署，提出要继续"推动共建'一带一路'高质量发展"。党的二十大报告表明了中国将与国际社会一道，继续推进"一带一路"高质量合作的意愿和承诺，建设一个开放共享的世界，为世界各国共同发展作出新的贡献。

从 1991 年到 2002 年，我国对外直接投资长期徘徊在 10 亿～40 亿美元之间，但从 2002 年起实现了跨越式发展。实施"走出去"战略后，2002—2019 年，我国对外投资从 27 亿美元增加到 1369.1 亿美元。对外投资规模从世界第 26 位上升到第 2 位。根据《中国企业全球化报告（2021—2022）》蓝皮书，中国对外直接投资 2020 年达到 1537.1 亿美元，同比增长 12.3%，占全球份额的比例达到 20.2%，首次位居全球第 1 位。2021 年，对外投资增长势头持续，对外全行业直接投资 1451.9 亿美元。

（二）意义

1. 克服经贸单向依存风险

推动中国企业的"走出去"实现跨国经营，是实现国内要素资源在全球范围内优化配置的重要举措，有利于扭转过去出口导向型经济下对外资和对外贸易的过分依赖，使中国企业能够更好地参与全球经贸合作与竞争，在国内形成"引进来"和"走出去"良性发展相互协调的新局面，保证国内外要素流动动态平衡，在克服经贸单向依存风险的同时创造对外经贸关系新格局。

2. 更好地开拓国际市场

推动企业"走出去"，可以进一步培育大型本土跨国企业，为跨国企业的发展创造便利的营商环境。同时，企业的"走出去"实现生产和经营全球布局有利于进一步发挥我国工业体系完善的优势，在更为广阔的空间进行产业结构调整，并赢得更为广阔的市场，从而实现国家在全球产业链、价值链和创新链体中的地位攀升和企业长期高效稳定发展。

3. 提升中国在全球经济整体中的地位

经济全球化潮流不可阻挡，但现阶段区域保护主义抬头，双边及多边贸易关系不断发展，全球各国生产专业化程度和相互依存度不断加强，这在重塑全球经贸关系和经贸格局的同时对我国企业对外贸易活动和我国在全球经贸格局中的地位产生了重要影响。为进一步维护并提升我国在全球经贸格局中的地位，必须积极推动企业"走出去"更主动更高效地参与全球经贸竞争，提升我国在国际经贸关系调整中的主动性，引导形成一个更有利于我国经贸结构改善和经贸活动长期发展的全球经贸新格局，在全球经贸格局调整中贡献中国力量和中国智慧。

（三）现状

2001—2021 年，我国货物贸易从世界第六位上升到第一位，服务贸易从世界第十一位上升到第二位，利用外资稳居发展中国家首位，对外直接投资从世界第二十六位上升到第一位。对外投资合作与对外贸易、利用外资相辅相成，融合发展，共同构成我国开放型经济的重要内容，成为加快构建以国内大循环为主体、国内国际双循环相互促进的新发展格局的重要支撑。

（1）对外投资大国地位稳固。"十三五"期间，对外直接投资累计 7881 亿美元，较"十二五"期间增长 46%；2020 年末投资存量近 2.6 万亿美元，是 2012 年末的近 5 倍，占全球比重由 2012 年的 2.3% 提升至 6.6%。2020 年，我国对外直接投资 1537.1 亿美元，首次位居全球首位，占全球比重达 20%，境外企业资产总额 7.9 万亿美元，中国内地和中国香港 124 家企业进入财富世界 500 强，超过美国，位居第一。2021 年，中国对外直接投资 1788.2 亿美元，连续十年位列全球前三。2021 年末，中国对外直接投资存量 2.79 万亿美元，连续五年排名全球前三。2021 年中国双向投资规模基本相当。2022 年，我国对外全行业直接投资 9853.7 亿元人民币，较上年增长 5.2%。

（2）投资结构不断优化。2021 年，中国对外直接投资涵盖国民经济的 18 个行业大类，其中，八成投资流向租赁和商务服务、批发零售、制造、金融、交通运输领域，流量均超过百亿美元。2021 年末，租赁和商务服务、批发和零售、金融、制造等行业投资存量均超千亿美元。2022 年，我国境内投资者共对全球 160 个国家和地区的 6430 家境外企业进行了非金融类直接投资，累计投资 7859.4 亿元人民币，增长 7.2%。

（3）对"一带一路"沿线国家投资持续增长。截至 2021 年底，中国在"一带一路"沿线国家设立企业超过 1.1 万家，约占中国境外企业总量的 1/4。2021 年，对"一带一路"沿线国家直接投资 241.5 亿美元，创历史新高，占中国全年对外投资流量总额的 13.5%；年末存量 2138.4 亿美元，占存量总额的 7.7%。2022 年，我国企业在"一带一路"沿线国家非金融类直接投资 1410.5 亿元人民币，较上年增长 7.7%，占同期总额的 17.9%，与上年同期持平，主要投向新加坡、印度尼西亚、马来西亚、泰国、越南、巴基斯坦、阿拉伯联合酋长国、柬埔寨、塞尔维亚和孟加拉国等国家。

（4）地方企业对外投资活跃。2021 年，地方企业对外非金融类投资 877.3 亿美元，占 57.7%。2021 年末，地方企业在境外设立非金融类企业数量占比达 86.3%，广东、上海、浙江位列前三。2022 年，地方企业对外投资 939.2 亿美元，较上年增长 13.1%，占总额的 80.4%。其中东部地区对外投资同比增长 10.3%，占地方投资的 81.6%，广东、浙江和上海位列地方对外投资前三位。

（5）互利共赢效果显著。2021 年，对外投资带动货物出口 2142 亿美元，比上年增长 23.3%；带动货物进口 1280 亿美元，增长 44%。当年境外企业向投资所在地纳税 555 亿美元，比上年增长 24.7%；为当地提供约 395 万个就业岗位。2022 年中国企业对外投资平稳发展，超七成受访企业维持或扩大现有对外投资规模，超八成企业对未来对外投资发展前景持较为乐观态度。根据中国贸促会服务外资企业工作专班近日调研，98.2% 受访外资企业和外国商协会对 2023 年中国经济发展前景抱有信心。

（四）趋势

（1）领域上，从以传统产业为主向新发展空间转变。世界多国着力推动绿色增长、绿色新政，应对气候变化成为国际共识，数字产业化和产业数字化深入发展，数据成为重要的生产要素加速经济社会变革，新能源、新基建方兴未艾，这些新领域成为国际竞争与合作的重要方向和重要内容。2021年商务部会同有关部门出台《对外投资合作绿色发展工作指引》《数字经济对外投资合作工作指引》，是指导我国跨国企业开辟绿色、数字合作新空间的第一批指导性文件。

（2）动能上，从发挥比较优势向发挥双循环优势转变。随着我国综合国力持续增强，对世界经济的带动作用不断提升，对外投资合作将更加注重与国内外贸易紧密融合，在全球范围优化资源配置，运用资本力量畅通国际循环，发挥国外市场、产业、资源、技术、资金反哺作用，主动对接国内超大规模市场和产业优势，加强与国内大循环协调联动，服务于国内发展。

（3）作用上，从带动产品出口为主向塑造产业链供应链转变。全球产业链区域化、近岸化、本地化趋势日益明显，对外投资合作助推我国产业链逐步向周边延伸和外溢，《区域全面经济伙伴关系协定》生效后，围绕中国动力的多层次区域产业链将逐步成型，我国与各国利益融合进一步加深，区域经济一体化趋势更加明显。

（4）主体上，从国际市场参与者向建设世界一流企业转变。企业更加重视国际化、属地化、绿色化、数字化转型，加强合规能力和国际传播能力建设，具有国际竞争力的跨国企业开始引领理念变革、技术提升、模式创新和标准制定，参与全球经济治理的程度日益加深，涌现出一批世界一流企业。

（五）挑战

1. 政府层面

"走出去"战略是党和国家面对世界经贸格局不断演变下作出的重要战略选择，是中国企业实现自身做大做强的必然要求。实现企业"走出去"，政府要先行，对内要不断深化改革，破除过去影响企业走出国门的各种障碍，为企业走出去"亮绿灯"；对外要进一步加强同经贸联系密切国家的友好关系，以"一带一路"倡议为重要依托，重视维护并建立新的多边和双边关系。具体看，政府应从以下方面进一步做好工作。

（1）完善相关法律法规，破除不合理的规章制度。完善的法律法规不但能为外资"引进来"提供便利，更能为推动内资企业"走出去"提供重要保障。

通过进一步"简政放权"，为企业走出去改革创造更为便利的环境，对走出去企业的项目审批、人员流动、物资转运、资金流转等提供更为简便的审批程序和更为高效的审批过程，充分利用互联网的平台优势，让更多审批工作上网，同时进一步落实相关政策，规范相关法律法规，保障企业跨国经营的合法权益，使企业"走出去"之路更为便利。

（2）积极参与国际谈判，为企业"走出去"铺好路。"走出去"的企业需要在良好的国际环境中经营，因此政府要积极参与双边和多边谈判进程，同更多的国家建立更为密切的经贸关系，通过与更多经贸联系国家订立投资保护协定、避免双重征税协定、司法协助协定、经济合作协定、贸易与投资促进协定等规范文件，以政府关系为支撑保障中国企业跨国经营的便利性，保障本土企业跨国经营的合法权益。

（3）内外一体，做好"走出去"企业的服务工作。在国内，政府应做好"走出去"相关法律规定的普及工作，通过开设专门的政务咨询机构、发放宣传手册、做好相关信息宣传的方式为企业走出去提供更多的信息；在国外，各驻外领事馆应做好信息的对接工作，针对企业需求有针对性地提供诸如法律、人文、宗教等方面的国外信息培训服务，在力所能及的范围内积极帮助企业解决各种突发情况，化解境外经营风险。

2. 企业层面"走出去"

作为"走出去"的主体，企业的行为是"走出去"战略能否顺利实施的关键。因此，在"走出去"战略中，企业应该进一步深化认识，提升自身能力，积极探索走出去的方式方法，合理利用现代商业社会规则，积极磨炼自身技能，在各种有利政策的支持下，积极适应国际竞争规则，参与国际竞争，充分利用全球要素和市场，实现自身做大做强。

（1）进一步深化对"走出去"的认识。"走出去"是对外开放下国家基于整体发展战略和国际形势作出的重要战略选择，在政策的落实过程中，政府从各个方面对企业的跨国经营行为给予了相当多的支持。在政策的支持下，企业应将"走出去"作为自身做大做强的重要选择。与过去的"进口原料、出口制成品"的外向型经济不同，企业"走出去"是要真正实现跨国经营，要走出

"舒适圈"，应对不同地区不同的法律法规、经营模式和社会文化，并且在跨国配置资产中更要考虑国际标准、规则和制度，实现企业资产、业务的全球配置，在考虑不同国家、不同区域发展情况的基础上，因地制宜地对产业布局进行调整，实现生产的"当地化"。这对企业经营提出了全新且极具挑战性的要求。从而企业的"走出去"不但表现为实物资产的全球配置，还表现为人才的国际化，这要求企业在跨国经营过程中积极吸纳当地人才，同时还要注重培养国际声誉，积极塑造正面的企业形象和国家形象。

（2）企业管理者要注重国际视野。企业是一种代替市场的资源配置方式，在这个过程中管理者的能力和素养对资源配置效率起到了至关重要的作用。企业的经营者在践行国家"走出去"战略过程中对企业发挥着巨大影响。对于想要实现跨国经营的企业来讲，"走出去"是企业的二次创业，一个缺乏国际视野的企业经营者是无法带领企业在经济全球化背景下进一步做大做强的。因此，企业经营者要注重人才选拔和自身能力建设工作，帮助企业更好地走出去。

（3）积极探索跨国经营方法。企业"走出去"实现跨国经营是企业的重要抉择，在这个过程中要注意方式方法。中国企业的走出去归结出十大模式：海尔安营扎寨模式、TCL品牌共享模式、联想借船出海模式、华为技术领先农村包围城市模式、长虹产品代理模式、中石油和中海油资源互补模式、中国企业海外上市借鸡生蛋模式、温州星火燎原模式、对外承包工程模式、劳务合作模式。在实际过程中，企业应根据自身情况，结合投资地特点，在综合分析内外风险收益的基础上，选取最合理的方式实现自身跨国经营。

（4）积极寻求外部帮助。当前国际经贸格局复杂多变，企业在实施跨境经营中一定会遇到诸多风险，而作为初踏出国门的市场经营主体，企业在面对风险时一定要寻求专业的市场主体解决，根据自身情况主动选择法律、会计、融资等方面中介咨询，并且在投资前一定要根据专业机构的意见对跨国经营的可行性和风险进行分析评估。

三、我国高水平开放型经济新体制建设前景展望

当前国际局势风云变幻，在经济全球化大潮不可阻挡且区域保护主义抬头的背景下，传统的世界整体经贸格局面临双边、多边合作冲击。对此中国更是要保持战略定力，坚持深化改革扩大开放，建设更高水平的开放型经济新体制，做好对外开放的顶层设计和整体规划工作，在"一带一路"倡议的基础上，发挥亚洲基础设施投资银行（亚投行）、丝路基金、"一带一路"国际合作高峰论坛等机制和渠道的作用，进一步提升我国在国际经贸格局中的影响力和塑造力。

目前，我国区域发展协调性增强，"一带一路"建设、京津冀协同发展、长江经济带发展成效显著，开放型经济新体制逐步健全，对外贸易、对外投资、外汇储备稳居世界前列。乘着良好的局势，应在统筹国内和国外两个大局的基础上，以打造双循环经济为向导，更好地对接国际产业链、价值链和创新链，实现更大范围、更宽领域、更高层次的双向开放。

（一）统筹国内国际两个大局，推动更大范围高水平开放

从国内来看，要培育开放型经济主体，营造开放型经济环境。进一步促进中部、西部地区对外开放，在国家东部、中部、西部和东北部发展战略的支持下，促进中西部积极承接东部地区的产业转移，实现对外开放的东西互济、南北协调。实现重大区域开放战略更好落地，促进京津冀、粤港澳、长三角和长江经济带建设，更好地推动沿江城市开放，形成陆海联动的对外开放局面。赋予自由贸易试验区更大改革自主权，稳步布局发展自由贸易港，积极建设边境及境外经贸合作区，打造更高质量的对外开放平台。以更大力度推动企业"走出去"，实现企业资产的全球布局，更好地开发国际市场。

从国际来看，要加强顶层设计、谋划大棋局，进一步深化"一带一路"合作倡议下区域经贸关系，坚持共商共建共享原则，积极推动构建辐射"一带一路"沿线及更广区域的经贸合作关系格局，推动共建"一带一路"高质量发展。在世界贸易合作框架下，积极参与区域经贸协定的谈判和组织工作，以国家综合实力为依托，积极参与并引领全球治理体系改革，在构建更为开放的世界中积极承担中国责任，发出中国声音。

（二）促进国内国际双循环，推动更宽领域双向协调开放

推动内需与外需、进口与出口、引进外资和对外投资协调发展，是充分利

用国内国际两个市场两种资源，促进国内国际双循环新发展格局的客观要求。要通过核心技术攻关、基础学科研究、新技术集成应用、世界一流企业培育，实现我国在国际供应链、产业链、价值链和创新链上的稳定、优化、延伸、重构。要充分发挥国内超大规模市场优势，立足国内大循环，依托营商环境、人力资源、基础设施、产业体系等比较优势，以国内大循环吸引全球要素资源，推动贸易和投资自由化、便利化，实现高质量引进来和高水平走出去。要完善国际市场多元化布局，增强对外贸易综合竞争力，推动服务贸易创新发展。要积极利用外资，完善外商投资负面清单管理制度，促进内外资企业公平竞争，依法保护外资企业合法权益。要健全促进和保障境外投资的法律、政策和服务体系，提升境外投资质量效益。提升金融双向开放水平，稳慎推进人民币国际化。

（三）对接国际高标准规则体系，推动更深层次制度型开放

主动对接国际高标准经贸规则体系，是推动我国涉外经贸规则体系与国际规则体系的协调、对接和融合的内在要求。2021年4月中国加入了《区域全面经济伙伴关系协定》（RCEP），2021年9月中国正式提交加入《全面与进步跨太平洋伙伴关系协定》（CPTPP）的书面申请，并按照CPTPP加入程序，积极和相关成员进行接触、沟通和磋商。

制定新的规则体系是高水平国际经贸协定的突出特征，且许多规则以边界内议题的方式，对参与国的法规或政策调整提出了明确的要求，对接国际经贸规则必须立足中国实际，坚持统筹开放与安全，把国家安全观贯穿在扩大对外开放的全领域和全过程，提高涉外经济安全风险防范能力。如CPTPP用30章的篇幅，构建了迄今为止最为全面的货物贸易、服务贸易和投资新规则体系，内容涵盖劳工、国有企业、跨境电子商务等复杂敏感议题。这些新的规则体系，总体符合我国推动规则、规制、管理、标准等制度型开放的大趋势，可为推动深层次制度型开放提供重要参考。通过借鉴国际规则，完善涉外经贸法律和规则体系，健全海外利益保护和风险防范体系，坚定维护中国企业海外合法权益，健全开放条件下的金融风险防控体系，提升抵御外部风险能力。

第二节　开放型经济建设背景下的项目投资

一、基本概念及国际投资的影响

在全球经济一体化发展过程中，全球经济体间要素的流动性加强，经贸往来日益密切，同时全球产业的空间格局也发生了较大的变化，全球制造业重心正由发达国家转向新兴工业化国家，这增强了新兴国家在全球化体系中的重要性。由跨国企业跨国投资活动带来的产业转移过程给东道国既带来了正面影响，也带来了负面作用。

（一）投资的基本概念

1. 定义

马克思在《资本论》中关于投资的定义："投资，即货币转化为生产资本"，是指货币转化为不变资本的经济行为，即由货币转化为以设备、建筑物等表现的固定资本和以原材料、动力、燃料以及辅助材料等表现的流动资本。因此，投资既是一个经济学概念，也是一个金融概念。简单地看，投资是指个人或企业寄希望于不确定的未来收益，将货币或其他形式的资产投入经济活动的一种行为，或者说是将货币或其他形式的资产转换为生产能力的过程。例如，建造厂房、住宅、矿山、道路等土木工程，购置机械设备，以及增加存货等投入的资金都是投资。

在我国实际工作中，为了管理和研究方面的需要，通常对投资进行以下分类：

（1）按形成资本的用途，分为生产性投资和非生产性投资。生产性投资是指在物质生产领域中的投资，其直接成果是货币转化为生产资本。非生产性投资是指非物质生产领域的投资，其成果是货币转化为非生产性资产，主要用于满足人民的物质文化生活需要。

（2）按资产形态，分为固定资产投资和流动资产投资。固定资产投资通常是指用于购建新的固定资产（房屋、设备、道路等）或更新改造原有固定资产的投资。流动资产投资则是指用于购买、储存劳动对象（原材料、燃料、电力等），以及生产过程和流通过程中的在制品、产成品等周转使用的资金，经济学通称为增加存货投资。一般而言，固定资产投资和流动资产投资之间存在一定的比例关系，经济发展水平越高，管理水平越高，流动资产投资占总投资的比例就越低。

（3）按投资主体的经济类型，分为国有经济投资、集体经济投资、个体经济投资、联营经济投资、股份制经济投资、外商投资（指境外企业在华投资，包括港澳台投资等）。

（4）按资金来源，分为国家预算内投资、国内贷款、利用外资、自筹投资、其他投资等。

（5）按固定资产投资的使用构成，将投资分为建筑安装工程费、设备与工器具购置费、其他费用等。

2. 特征

（1）收益性。投资的本质在于这一经济行为的获利性，能够使得资本增值或得到经济效益。预期收益如何，是投资者制定投资决策的主要依据，不同类型的投资收益率是不同的。例如，基础产业投资的收益率一般低于加工产业投资的收益率，生产领域投资的收益率经常低于流通领域投资收益率。投资类型的选择决定于投资者自身的技术经济实力、市场供求状况和一系列外部因素。

（2）风险性。在投资过程中，投资者为了获得最大的经济利益，要用尽可能少的投入获得尽可能多的产出，但由于投资者从投入到获取收益要经过一段时间，在这段时间里，存在着各种风险因素，如通货膨胀、汇率变动等，可能导致投资者利益损失。这些风险因素既影响未来收益量的大小，也影响投入资产收回量的大小，所以未来收益的不确定性是投资的重要特征之一。无风险的投资是不存在的，风险性与预期收益呈正相关性。

（3）资产形式多样性。作为投资的投入物，最一般的形式是货币。在投资的实际运作中，投资的资产形式还可以包括机器设备、原材料、厂房、土地等实物形式的有形资产投资，也可以包括经营资源、经营管理知识与经验、专利、技术诀窍、销售方法与渠道、资金筹措方法与渠道、商标与信用、信息情报等无形资产投资。

（4）长期性。投资是一项长期经济活动，特别是一些大型投资项目，短则数年，长则数十年。从投资计划实施开始，到资产形成之前要经历相当长的时间，在这个时期内，会有大量资源退出经济流通，不能形成最终消费品，投资的长期性特征与风险性特征经常结合在一起，往往正是由于长期性的存在，才导致投资的风险。

（二）国际投资的基本概念

1. 定义

一个国家内部的资本投向国外就成为国际投资，国际投资是跨越国界的投资活动，即一国的个人、企业、政府和其他经济组织在本国境外进行投资行为或活动。资本跨越国界活动是国际投资的最基本特征。个人或企业通过国际投资，可以获得合理的经济效益，政府通过国际投资，可以解决政治外交问题，改善多双边关系。与一般投资一样，国际投资的本质仍然产生于资本的趋利性，但国际投资在实际运作中比国内投资要更为复杂。

2. 我国国际投资分类

（1）外商投资。外商投资是指外国的自然人、企业或者其他组织（以下称外国投资者）直接或者间接在中国境内进行的投资活动，包括外国投资者单独或者与其他投资者共同在中国境内设立外商投资企业；外国投资者取得中国境内企业的股份、股权、财产份额或者其他类似权益；外国投资者单独或者与其他投资者共同在中国境内投资新建项目；法律、行政法规或者国务院规定的其他方式的投资。

（2）境外投资。境外投资是指中华人民共和国境内企业直接或通过其控制的境外企业，以投入资产、权益或提供融资、担保等方式，获得境外所有权、控制权、经营管理权及其他相关权益的投资活动，主要包括但不限于：获得境外土地所有权、使用权等权益；获得境外自然资源勘探、开发特许权等权益；获得境外基础设施所有权、经营管理权等权益；获得境外企业或资产所有权、经营管理权等权益；新建或改扩建境外固定资产；新建境外企业或向既有境外企业增加投资；新设或参股境外股权投资基金；通过协议、信托等方式控制境外企业或资产。

3. 特征

（1）投资目的多元化。国际投资的根本目的是获利。但与国内投资相比，国际投资的目的要更多元，因为有些国际投资项目本身并不盈利，或暂时不能盈利，但出于投资者其他考虑，如改善投资国与东道国的双边经济关系、政治关系，开拓东道国市场，为投资者得到其他更大的投资机会做铺垫等，国际投资仍然需要进行。

（2）投资体现国家与民族利益。虽然进行国际投资的主体主要是个人或企业，但对东道国而言，投资者是来自其他民族或国家。不论具体的投资项目本身动机是什么，对于投资者和东道国而言，都代表着各自的民族或国家利益。因此，国际投资既是在双方利益一致前提下发生的跨国性经营活动，又包含着一些双方民族或国家利益的矛盾冲突，这些矛盾冲突有时甚至决定着投资的成功与否。

（3）投资环境差异性。在国际投资过程中，投资者面临的投资环境与一般国内投资者的投资环境迥然不同。除自然环境外，影响投资环境的其他因素，如政治、经济、法律、文化以及社会习俗等，都可能与投资者所在国千差万别。

（4）投资风险更大。国际投资在获得更大利益的同时，也具有更大的风险。例如，国际投资要承担政治风险，由于东道国的政府首脑更迭或政策剧变，可能对外国投资企业实行强行征收等其他措施。因此，国际投资强调双边国家的批准和法律保护，也强调遵守国际惯例和有关国际条约的规定。

（三）国际投资的影响

1. 正面影响

跨国企业对东道国的国际投资会直接增加东道国生产中的资本供应，满足东道国产业发展中的资金需求，并通过产业发展的带动效应和溢出效应实现东道国其他产业发展，最终促进东道国产业结构整体升级。

（1）资本的供给效应。在传统经济学理论中，封闭经济体的投资水平取决于该国国民的储蓄水平，当总体投资规模增长快于国家储蓄水平增长时，该经济体就会出现一定的资金缺口，从而限制投资规模的进一步增长，这又造成国民储蓄水平难以实现进一步提升，从而陷入了一个负反馈的恶性循环。因此，对于封闭经济体来讲，投资资金的缺乏是制约经济增长最大的障碍之一。在开放型环境下，经济体可以利用外部投资来弥补本国储蓄不足带来的资金缺口，这为经济体实现扩大再生产提供了解决方案。在国际投资过程中，跨国企业在东道国投资设厂、购置机器、研发技术并完善相关基础设施，这有效缓解了东道国隐形投资不足情况，为东道国的资本形成率提高奠定了基础，实现了生产的正反馈循环。同时，在跨国投资过程中，产业的发展会产生带动效应，从而实现对东道国产业整体的发展，并且作为国际直接投资的主要表现形式——外商投资对国内无法获得或质量难以保证的中间产品甚至最终产品的需求往往会引起母国相关企业的追加或辅助投资，将可能在东道国产生某种"乘数"形式的投资扩张效应。

（2）技术的溢出效应。跨国企业往往具有技术、管理经验和研发的优势，在国际投资的过程中，这些优势会自发地进行区域扩散，产生跨国投资的技术溢出效应。这种溢出效应带动了东道国的技术升级，使东道国在产业发展中能够实现一定的技术积累，从而为东道国技术创新和人才培养奠定了基础，进而有利于东道国的产业结构整体升级。总的来看，跨国投资的技术溢出效应主要表现在如下三个方面：

1）技术波及效应。在跨国公司国际投资活动中，东道国企业通过加强与跨国公司基于产业链的合作，能够获得一定的收益。通过承接跨国公司的业务活动，承接跨国公司上下游产品订单，企业可以不断学习和吸收跨国公司先进的管理经验和技术，通过将这些技术应用于本企业的生产活动中，实现了企业技术水平、生产效率和创新能力的提升。

2）竞争激励效应。跨国公司对东道国的投资也会引发生产市场的"鲇鱼效应"。由于跨国公司具有技术和经验优势，会深刻影响市场中利益分配格局，迫使本土企业改善自身的经营管理水平和生产效率以应对市场环境的变化，从而要求企业不断发展生产技术。在这个过程中，一些技术和生产效率提升慢的企业会在市场的作用下逐渐被淘汰，实现了资源的更优化配置和产业竞争能力整体的提升。

3）示范和模仿效应。跨国企业的投资研发活动在市场机制的作用下会对东道国企业产生示范作用。东道国企业通过对跨国企业产品的学习、借鉴和模仿，减少了自身技术研发的"试错成本"，提升了自身的研发效率。同时，东道国企业可以通过雇佣在外资企业或研究机构工作过的员工等方式直接获得跨国企业的企业技术、生产工艺和管理方式，并将其应用到自身的产品制造活动中，从而实现了企业的发展。

2. 负面影响

在带来正向影响的同时，企业的国际投资活动也会在一定程度上带来负面作用。跨国企业投资的目的是实现自身的经济收益最大化，在某些情况下可能与东道国经济长期发展的战略目标相悖，因此在利用国际投资的积极作用时，国家和企业也应对消极影响进行关注。

（1）产业极差的固化。发达国家跨国企业的国际投资活动是在自身产业调整大背景下，将附加值、资源消耗大、技术水平落后的部分产业转移到发展中国家，同时发达国家通过产业转型升级牢牢把控技术的主动权，主导转移产业相关的价值链和产业链体系。这使发展中国家在承接发达国家产业转移的同时交出了实现技术发展的自主权和产业的独立性，将发展中国家的技术限制在低水平，并使其产业长期限制在产业链和价值链的低端。例如，当发达国家主动将劳动密集型和资源密集型产业转移到发展中国家时，往往会形成发达国家保留技术密集和资本密集产业，而形成发展中国家从事劳动或资源密集的低技术产业的国际产业分工格局。

（2）产业的自主性受损。当跨国企业进入东道国某一行业后，其通过自身固有的技术和资金优势迅速在行业中占据绝对优势地位，并采取手段对所在行业进行垄断，确立其在所在产业链体系中的地位，这在一定程度上影响了东道国产业安全。同时，外资企业在兼并或收购当地企业后可能会限制该企业的品牌发展和产品研发资源投入，这影响了东道国企业的切身利益，并造成东道国前期技术投入资源浪费，企业自主创新能力削弱。

（3）本土企业发展受阻。本土市场的外资进入可能会影响本土企业的正常经营。通常情况下，相较于国内企业，外资企业在生产规模、技术发展水平、创新能力、营销能力等方面具有绝对的优势，这种优势会形成外资在市场经营中的垄断，从而产生本土企业市场进入壁垒。同时，外资企业还会通过收购、兼并、共同经营等方式扩大对市场上其他本地企业的控制，从而增加部门的垄断程度，影响本地企业的发展。

二、开放型经济体系中的项目投资

（一）开放型经济体系对项目投资的影响

经济体系构成项目投资的系统性外部环境，从项目投资实务角度看，主要表现为对项目投资的外部约束条件管理。投资主体在项目投资的各个阶段，必须按规定到政府相关部门办理审批、核准、备案手续，分别取得许可、承诺、证明或者允许后，方可开展各项工作。

1. 发展规划的引导和约束

发展规划是国家或者区域社会经济发展的总体纲要。在市场经济体制下，发展规划是政府履行经济调节、市场监管、社会管理和公共服务职责的重要手段。用发展规划引领经济社会发展，是中国共产党治国理政的重要经验，这一方式有力落实了全面建设社会主义现代化国家的战略部署，有效发挥了社会主义集中力量办大事的制度优势。

我国发展规划按照空间层次分为国家级、省级、市县级；按照规划类型分为总体规划、专项规划、区域规划、空间规划，由此构成"三级四类"规划体系。

总体规划是国家对规划期内产业经济、科技进步和社会发展等领域所作的全面部署和安排。我国的国家总体规划即国民经济和社会发展五年规划纲要，是政府履行经济调节、市场监管、社会管理、公共服务、生态环境保护职能的重要依据。国家发展规划根据党中央关于制定国民经济和社会发展五年规划的建议，由国务院组织编制，经全国人民代表大会审查批准，居于规划体系最上位，是其他各级各类规划的总遵循。

专项规划是专门为解决国民经济和社会发展中某一关键问题而制定的规划，是总体规划在特定领域的细化和落实。它可以是某些产业的规划，也可以是解决社会、生态、文化等领域重大课题的规划。专项规划目标明确、任务具体,同时具有较强的可操作性,是政府指导该领域发展以及审批、核准重大项目,安排投资,制定相关政策的依据。

区域规划是总体规划在特定区域的细化和落实。区域规划以区域空间为基本对象,根据经济社会和环境发展的需要,确定区域内的空间结构、存在状态、功能分布、土地利用、基础设施、环境整治等方面的开发布局与开发建设时序,综合部署各项建设,指导区域、城镇和乡村合理发展,是实现经济和社会可持续发展的重要手段。

国土空间规划是对原有主体功能区规划、土地利用规划、城乡规划等空间规划融合实现"多规合一",是对一定区域国土空间开发保护在空间和时间上作出的安排,是区域空间发展的指南、可持续发展的空间蓝图,是各类开发保护建设活动的基本依据。我国国土空间规划包括总体规划、详细规划和相关专项规划。

2. 产业政策的引导和约束

产业政策是国家为实现一定经济社会发展目标、促进产业发展、进行产业集群和结构调整、实行行业准入而制定的干预调控政策。政府对投资项目实行产业政策引导和约束,所有投资项目必须符合国家产业政策的要求,即符合《产业结构调整指导目录》的规定。《产业结构调整指导目录》规定了当前及今后一定时期内国家鼓励、限制和淘汰的产业种类。鼓励类产业符合国家经济社会发展的需要,受到国家支持和鼓励;限制类产业与国家经济社会发展的需要有一定冲突,但在满足特定条件或者确实需要的情况下,经政府投资主管部门同意后可以投资建设;淘汰类产业不符合国家经济社会发展的需要,国家严禁投资建设。

《产业结构调整指导目录》由国家发展改革委编制,经国务院批准后定期颁布实施,实行滚动调整。针对外商投资、中西部地区发展等,国家分别制定相应的产业指导目录进行引导和约束。产业指导目录之外的产业均为允许类产业。

3. 技术政策的引导和约束

国家根据全国科学技术发展方向和技术进步的需要制定技术政策,引导和约束相关技术的研发及应用。例如，能源消耗技术政策、循环经济技术政策、工业产品加工技术政策等。国家鼓励采用先进适用技术，限制一般技术，淘汰落后技术，一般通过《国家产业技术发展指南》进行引导和约束。

投资项目技术政策要求，主要体现在构造和比选工艺技术方案上。应做到国内自主研发技术和引进国外技术相结合，以自主研发为主；传统技术与现代技术相结合，以现代技术为主；技术先进性与经济合理性相结合，以经济合理性为主。

4. 营商环境的引导和约束

除了规划、产业和技术政策影响外，开放型经济体系为投资项目提供了良好的营商环境。我国正式发布有全国统一的市场准入负面清单，在全国范围确立了市场准入环节的负面清单管理模式，清单之外的行业、领域、业务等，市场主体可以依法平等进入，实现了"非禁即入"。

我国制定发布的《优化营商环境条例》，认真总结我国优化营商环境的经验和做法，将实践证明行之有效、人民群众满意、市场主体支持的改革举措用法规制度固化下来，重点针对中国营商环境的突出短板和市场主体反映强烈的痛点、难点、堵点问题，对标国际先进水平，从完善体制机制的层面作出相应规定。

《中共中央　国务院关于加快建设全国统一大市场的意见》提出，我国加快建设全国统一大市场的主要目标是持续推动国内市场高效畅通和规模拓展，加快营造稳定、公平、透明、可预期的营商环境，进一步降低市场交易成本，促进科技创新和产业升级，培育参与国际竞争合作新优势。意见从六个方面明确了加快建设全国统一大市场的重点任务：一是强化市场基础制度规则统一；二是推进市场设施高标准联通；三是打造统一的要素和资源市场；四是推进商品和服务市场高水平统一；五是推进市场监管公平统一；六是进一步规范不当市场竞争和市场干预行为。

5. 政府机构的引导和约束

根据《外商投资法》规定国务院部门分工，商务部作为商务主管部门、国家发展改革委作为投资主管部门以及其他有关部门按照职责分工，共同做好外商投资促进、保护和管理工作。商务部负责打造具有中国特色的外商投资促进体系，建设全国性服务网络，鼓励和指导各地区建设外商投资促进机构。

在国家层面，商务部投资促进事务局作为国家级投资促进机构，负责执行国家对外开放政策，宣传中国投资环境，搭建跨境产业投资促进平台，开展全国性投资促进相关工作。中国外商投资企业协会、中国国际投资促进会等社会团体，中国国际贸易促进委员会等组织也积极参与外商投资促进的相关工作。

中国各省、自治区、直辖市和各主要城市中，大部分设立了专门的投资促进部门。各地投资促进机构在名称上有一定差异，但普遍具有地方形象宣传、组织协调活动、引进跟踪项目等职能。各地投资促进机构设置不断优化，队伍日益稳定、不断壮大，更加注重结合地区优势以各具特色的方式开展投资促进工作。

（二）外商投资情况

1. 外商投资概况

改革开放以后，通过不断推进对内改革并不断释放优惠性政策，中国吸引外资的规模呈现一个指数上升的趋势，这巩固了中国在全球经济体系中的地位。

中国招商引资规模腾飞是从 20 世纪 90 年代正式开始的，在开放型政策和国内市场制度的影响下，中国的招商引资规模大幅增加，从 1980 年不到 1 亿美元，到 20 世纪 90 年代中期已经超过 400 亿美元。

从 1993 年到 2000 年，中国外商直接投资流入量稳步增长。在此阶段，包括其他四个金砖国家在内的一批发展中经济体都推出了各种引资政策，吸收外国直接投资（FDI）金额的增长幅度超过了中国，中国的国际投资份额持续下跌，占金砖国家的比重从最高点的 90％直线下降到 2000 年的 50％左右，占发展中经济体的比重从最高点的 36.3％大幅下降到 2000 年的 17.5％，占世界总量的比重也从 1994 年最高点的 13.2％下降到 2000 年的 2.9％。

中国在 21 世纪初正式加入世界贸易组织，这标志着中国从政策性开放向体制性开放过渡，进一步推动了中国招商引资工作的发展，中国获得引进外资竞争新优势。

2008 年的金融危机对中国招商引资结构和模式推进产生了较为深远的影响，作为在全球金融危机中表现最为稳定、恢复最为及时的主要经济体，中国在危机后依然表现出对外资强大的吸引力。2013 年，中国政府结合国内经济现实条件和国际投融资领域的发展变动，提出在上海自由贸易区落实针对外资准入和经营的"负面清单"管理模式，标志着中国在吸收利用外资的保障方面取得了制度性突破。"负面清单"管理模式及一系列相关制度的落实大幅提升了中国对外资的吸引力，《全球投资趋势监测报告》显示，在稳定的市场经济环境和巨大的经济发展支持下，2014 年中国吸引外商投资规模接近 1200 亿美元，超过美国成为全球吸引外商投资最多的国家，同时联合国贸易与发展会议显示，中国是 2014—2016 年外资最具吸引力的经济体。

2017 年党的十九大报告中明确指出，要"大幅放宽市场准入"，2018 年"负面清单"制度开始在全国实行，并推动了制造业和服务业领域深化开放。在这一阶段，对外商投资的立法工作也在加紧进行，2019 年，在第十三届全国人民代表大会第二次会议审议通过《中华人民共和国外商投资法》。在建立外向型经济新体制阶段，中国通过不断深化体制机制改革，使中国能够不断吸引外资并不断激发外资发展活力，在带动国内经济发展和产业结构转型升级的同时，也为世界经济繁荣发展作出了突出贡献。

2. 外商投资现状

2022 年中国实际使用外资金额 12 326.8 亿元人民币，按可比口径同比增长 6.3％，规模再创历史新高。高技术产业实际使用外资增长 28.3％，占全国比重为 36.1％，较 2021 年提升 7.1 个百分点，2022 年，21 家自贸试验区实际使用外资 2225.2 亿元，占全国的 18.1％，实现出口总额 7.5 万亿，占全国的 17.8％。截至 2022 年底，中国已累计设立外商投资企业超过 112 万家，累计实际使用外资超过 19.7 万亿元人民币。联合国贸发会议（UNCTAD）《2023 世界投资报告》显示，2022 年中国吸引的外国直接投资额增加 5％，达到创纪录的 1891 亿美元。

3. 外商投资规划

商务部《"十四五"利用外资发展规划》明确提出，我国"十四五"时期利用外资的目标：外商投资准入范围进一步扩大，利用外资结构进一步改善，开放平台作用进一步提升，外商投资管理体制进一步健全，外商投资环境进一步优化，并实现利用外资规模位居世界前列，利用外资大国地位稳固，与对外投资、对外贸易、促进消费的联动作用进一步加强，为促进国内经济大循环、连接国内国际双循环发挥更加积极作用。主要举措包括推进更高水平对外开放、优化利用外资结构、强化开放平台功能、提升外商投资促进服务水平、完善外商投资管理体制、优化外商投资环境、促进国际投资自由化便利化。

（三）境外投资情况

1. 境外投资概况

由于改革开放初期中国的外汇储备紧缺和国内相关市场机制不完善不健全，对外投资多是由政府主动实施的，投资的经济收益相对有限，直至20世纪末，中国开展对外投资的规模都维持在一个相对较低的水平。

进入21世纪，中国正式加入世界贸易组织，在政策利好和全球经济形势稳定的助推下，中国企业参与全球经济活动的积极性明显增加，其中的突出表现就是中国企业"走出去"开展国际经营的主动性明显增强。2002年到2014年，中国企业在境外开展直接投资的规模扩张了45倍，从25亿美元跃升至超过1160亿美元。这一阶段中国企业对外投资的增加与国际国内政治经济形势变动息息相关。由于美国在20世纪末至21世纪初经历了互联网泡沫和"9·11"恐怖袭击事件，其国内资本出现大幅向外转移的趋势，这些资本以包括中国在内的新兴经济体作为投资对象，极大地推动了这些国家经济的发展，同时以欧盟经济一体化进程为代表，全球各区域间经济联系明显加强，这在相当程度上推进了经济全球化整体发展，为各国企业开展国际投资创造了有利的经济环境。这一阶段中国市场环境的完善和经济的整体发展也为企业开展对外投资提供了重要便利，中国企业开展的对外投资行为也为中国经济整体发展起到了重要的助推作用，两者双向促进，形成了一个正反馈的循环结构。

党的十八大以后，在国内外经济形势变动的影响下，中国经济进入了一个新的发展阶段，中国企业对外投资结构、模式和区域也出现重大调整。在国际政治经济格局调整的大背景下，原有的全球经济利益分配关系被打破，伴随着新一轮技术革命的相关成果在全球范围内应用性不断加强，国家间经济和政治力量对比关系深刻调整，过去的全球治理体系和秩序被打破，新的全球经济和政治秩序也在重新建立，政治关系对经贸活动的影响力不断加大。这种"世界百年未有之大变局"对我国企业的对外投资活动产生了重要影响，在企业开展对外投资的过程中，其越来越多地面临各种限制性或监管政策，在一定程度上迫使企业调整原有的投资路径和方法。同时，新兴投资区域的出现也为企业开展对外投资活动提供了重要的发展空间，在"一带一路"合作倡议框架下，中国加强了与东亚、东南亚、南亚、中亚、中东乃至欧洲国家的经贸关系，也为中国开展对外投资提供了重要便利。在"一带一路"合作倡议创造的投资环境支持下，中国企业对外投资成果显著。中国对外投资规模的扩大也带来中国在全球经济体系中地位的调整，在"互利共赢、多元平衡、安全高效"的对外投资政策的引领下，中国企业对外投资的质量不断提升，并带动中国经济发展质量提高和产业结构优化升级，为中国提升其在全球产业链、价值链和创新链中的地位提供了重要的基础和保障。

2. 境外投资现状

2022 年，克服外部环境的不利影响，我国对外投资平稳发展，稳中有进，全行业对外直接投资 9853.7 亿元人民币，增长 5.2%。一是对外非金融类直接投资 7859.4 亿元人民币，增长 7.2%。对外承包工程完成营业额 10 424.9 亿元人民币，增长 4.3%；新签合同额 17 021.7 亿元人民币，增长 2.1%。二是部分行业对外投资增长较快。投向批发和零售业 211 亿美元，同比增长 19.5%；投向制造业 216 亿美元，增长 17.4%；投向租赁和商务服务业 387.6 亿美元，增长 5.8%。三是地方对外投资活跃。地方企业对外投资 939.2 亿美元，较上年增长 13.1%，占总额的 80.4%。其中东部地区对外投资增长 10.3%，占地方投资的 81.6%，广东、浙江和上海位列地方对外投资前三位。

3. 境外投资规划

2021 年 7 月，商务部和生态环境部印发《对外投资合作绿色发展工作指引》，提出在对外投资合作中要着力提高绿色发展意识，高效利用资源，严格保护生态环境，有效控制碳排放，展现我国绿色领导力，建设清洁美丽世界。工作指引提出了 10 项重点工作：坚持绿色发展理念、推动绿色生产和运营、建设绿色基础设施、打造绿色境外经贸合作区、推进绿色技术创新、推动企业主体绿色转型、防范生态环境风险、遵循绿色国际规则、优化绿色监管服务、提升绿色发展信誉。"十四五"期间，中国将积极提升对外投资合作项目可持续发展水平，推动绿色低碳技术走出去，树立中国企业绿色发展良好形象，引导"走出去"企业合规经营，严守质量和环保标准，推进绿色和新型基础设施项目建设，打造质量标准高、综合效益好、各方欢迎的精品项目。

2021年9月，习近平总书记在第七十六届联合国大会的重要讲话指出，中国将大力支持发展中国家能源绿色低碳发展，不再新建境外煤电项目，彰显中国在全球清洁能源革命、共建零排放未来中的积极作为和负责任大国的担当。预计更多中国企业将实现全球绿色产业链对接融合，更多境外经贸合作区将向绿色低碳园区转变，更多境外科技创新平台将建成并推进绿色技术创新，"走出去"企业在境外经营合规体系将不断完善，"中国投资""中国建造"的绿色品牌将更加响亮。

2021年11月19日，习近平总书记在第三次"一带一路"建设座谈会上强调，以高标准、可持续、惠民生为目标，努力实现更高合作水平、更高投入效益、更高供给质量、更高发展韧性，推动高质量共建"一带一路"不断取得新成效。中国将通过深化政治互信、深化互联互通、深化贸易畅通、继续扩大三方或多方市场合作、深化资金融通、深化人文交流进一步夯实共建"一带一路"高质量发展根基。中国将稳步拓展"一带一路"合作新领域，稳妥开展健康、绿色、数字、创新等新领域合作，培育合作新增长点。

此外，根据商务部2021年中国对外投资合作发展报告，"十四五"时期，中国将高质量建设一批具有区位优势、产业定位清晰、运营管理先进、生态效应明显、建设效果突出的境外经贸合作区，推动对外承包工程转型升级，推进绿色和新型基础设施项目建设，持续提升中国建设品牌。在深化和共建"一带一路"国家（地区）投资合作中，中国坚持政府引导、企业主体、市场化运作原则，结合当地资源禀赋和实际需求，做优做精更多高质量、可持续、抗风险、价格合理、包容可及的合作项目。

中国积极推动投资与贸易融合发展，通过对外投资合作带动装备、技术、标准、服务出口和重要能源资源、农产品进口。在推动高质量共建"一带一路"进程中，探索建立更多合作对接机制，不断提升规则标准等"软联通"水平，进一步完善贸易投资自由化便利化政策举措，扩大三方或多方市场合作，健全多元化投融资体系，探索建立境外项目风险全天候预警评估综合服务平台，加强海外利益保护、国际反恐、安全保障等机制的协同协作，加快形成系统完备的反腐败涉外法律法规体系，加大跨境腐败治理力度，对外投资合作政策体系将更加科学。

▎第二章▎

全球价值链与项目投资区位选择

第一节　全球价值链及其演变规律

一、全球价值链现状及其演进路径

（一）全球价值链的形成

全球价值链体系是经济全球化最突出的标志之一。20世纪80年代开始，在欧美发达国家经济自由主义的观念推动下，经济全球化不断深入发展，伴随着物流、通信等技术的不断进步，各国之间的经贸往来更加密切，传统的产业链关系进一步延伸，比较优势在产业分工中的作用不断加强，产业链分工进一步明确，生产环节不断被细化，逐渐形成了在传统生产关系上的价值关系，并演化成全球价值链（global value chains，GVC）体系。

全球价值链体系在诞生之初就是以欧美发达国家主导的，欧美发达国家凭借资金、技术、产业基础等方面的优势，积极推动发展中国家参与全球产业链合作，并通过各种经贸协定，推动相关国家开放消费品、工业品和金融市场，促进经济全球化进程。在全球价值链体系下，欧美发达国家通过跨国投资、产品进口和产品出口等方式，使世界各国的经济联系更加紧密，为发展中国家提供了资本、技术等生产资料，提升了发展中国家经济发展水平的同时也为发达国家提供了更高的投资收益，形成了多边贸易互赢的经贸格局和具有普惠性质的全球经贸体系。

（二）全球价值链的调整与重构

进入20世纪90年代，随着亚洲经济特别是亚洲"四小龙"——韩国、中国台湾地区、中国香港地区和新加坡和亚洲"四小虎"——印度尼西亚、泰国、马来西亚、菲律宾经济的崛起，全球价值链体系经历了局部调整过程，突出表现之一为日本经济在全球和区域中的话语权缩小。这导致了在东亚、东南亚产业关系由纵向发展转向横向竞争，并使全球产业链体系横向调整，但随后的亚洲经济危机又打断了这一进程，使东亚、东南亚地区的经贸关系逐渐趋于稳定。2008 年全球金融危机爆发，与亚洲金融危机不同，这种全局性的经济危机显著冲击了现有的全球产业链体系，并带来全球价值链体系的迅速调整。在这次金融危机的冲击下，各国的进出口增长势头衰弱，跨国公司在全球贸易占比开始出现下降趋势，世界各国的经贸往来日益密切的发展趋势被打断。2008 年金融危机的冲击使全球贸易体系深度调整，依靠资本和技术出口获利的发达国家在全球经贸中占比下降，而以原材料、产出品为主要出口商品的发展中国家在全球经贸总量中占比提升，从一定意义上动摇了发达国家对全球经贸格局的绝对支配地位。2008 年金融危机结束后，经济全球化大趋势下区域保护主义抬头，在政治因素的影响下，全球正常经贸关系受到重要影响，这冲击了全球产业链和价值链格局，部分国家在短期利益的驱动下，不断出台政策试图对抗经济全球化大趋势，希望通过产业回流、建立排他性的区域经贸实体来发展本国经济。

（三）跨国公司与全球产业链

目前的全球价值链体系还是以跨国公司主导保证实施的，而全球价值链的发展变动反映着跨国公司从材料采购到产成品销售环节的变动情况。罗纳德·哈里·科斯认为，企业同市场一样是一种资源配置方式，在跨国公司全球化经营模式推动下，全球资源得到了更有效率的配置。在国际贸易规则范围内，跨国公司是自身资源的绝对支配者，并通过将自身资源跨国分配促进了不同国家经济的发展。实际上，世界产业链和价值链的主干之一就是跨国公司，跨国公司的跨国经营活动有力地连接了世界各国经济，跨国公司通过企业内部交易、非股权契约即市场交易等模式形成了跨越地理和政治的全球经贸实体。在全球价值链体系建立并调整的发展初期阶段，全球价值链体系的最突出的特征之一就是跨国公司的作用逐渐增强。跨国公司经贸活动占全球经贸活动总交易量的比例达到 70% 以上，反映了全球经贸过程频繁化、规范化、集中化的趋势。

2018 年在全球范围内跨国公司主导的全球价值链营业额占全球贸易总份额的比例超过 80%。

跨国公司构建全球产业链主要是遵循比较优势原则，跨国投资活动中，跨国公司的所在国一般是资本较为丰裕、技术发展水平较高的发达国家，而承接跨国投资的一般是劳动力密集程度更高、技术发展水平较低的发展中国家，在这种典型的投资安排下，生产附加值水平低的产业被安排在发展中国家，而附加值高的产业则被安排至发达国家，从而形成了从跨国公司母国到跨国投资东道国自上而下的价值链格局。但随着价值链低端国家经济发展水平不断提高，其会希望改变自身价值链位置，培育自己的跨国公司进行全球资产配置，因此形成了发展中国家和发达国家要素双向流动的局面，也因此改变了传统的价值链关系。

（四）中国发展与全球产业链完善

在全球经贸格局调整中，中国崛起是一个重要影响因素。1978 年中国确定了对外开放的国策，抓住了全球价值链调整的"机会窗口"，促进了中国对外开放有序高效进行。在庞大的人口红利支持下，中国充分发挥了劳动力这一参与全球经济竞争的比较优势，承接经济发展水平高地区的产业转移，高效利用外资和技术，使中国在全球产业链和价值链中的地位稳步提升。2008 年金融危机严重影响了世界经贸关系，在经济危机面前，中国政府采取了有力的救市政策，使中国进出口量在经济危机下逆势增长，逐步确立了中国在传统世界经贸格局下的地位。截至 2019 年底，世界银行数据显示，中国产品出口占全球商品总出口的 13% 以上，位居世界第一位，这对中国经济产生了重要影响。

近年来，中国的发展使其在全球产业链、价值链中的地位得到了提升，并在"一带一路"倡议等国际经贸活动推动下形成了有利于中国经济进一步发展的经贸格局。但同时，在世界各国经贸关系密切联系的情况下，某些发达国家以遏制中国发展为目标，对中国采取技术封锁等手段，意图切断中国在创新链上向上发展的势头。同时，其以本国短期利益为追求，逆经济全球化大潮行事，奉行趋于保守主义发展政策，妄图与中国在产业链、价值链上"脱钩"，使中国原有发展路径面临重大挑战。

二、全球产业链发展新趋势

（一）经济全球化和区域经济一体化并行

当前，在经济全球化下，区域间经贸联系进一步加强，形成了经济全球化下区域经贸一体化共同发展的局面，在区域经贸协定、区域经贸传统等的支持下，区域间经贸往来日益密切，产业联系日益加强，形成了在全球价值链基础上的区域价值链。根据世界贸易组织发布的《2019 年全球价值链发展报告》，2000—2017 年，全球价值链网络出现区域聚集现象，全球价值链正转化成亚洲、欧洲、美洲局域价值链体系，区域价值链中心国家作用突出，其中，亚洲、欧洲和美洲价值链中心国家分别是中国和日本、德国和美国。在价值链区域化作用下，不同区域价值链体系的国家之间联系衰弱，价值链中心之间的重要联系被切断，价值链体系呈现孤岛化发展倾向。

以局部价值链替代整体价值链不利于全球经济的发展，因此越来越多的国家希冀构建全球价值链体系，反对以亚洲、欧洲和美洲的价值链闭环。在实现全球价值链互联的过程中，区域中心国家的作用巨大，但由于美国对外采取产业回流和贸易保守主义的发展策略，特别是提出针对中国的遏制发展策略，严重影响了全球价值链体系的构建；相反，中国积极参与全球价值链构建，其提出的"一带一路"倡议是连接亚欧价值链关系的重要纽带。因此，全球主要经济国家必须扭转只关注短期利益、以邻为壑的发展思路，积极参与到全球价值链体系构建之中，扭转当前出现的区域保守主义思潮，以区域经贸一体化为支点，推动全球经济密切联系，形成全球价值链体系。

（二）本土化产业链逐渐发展

经济全球化的一个重要表现就是产业链全球化，在全球化产业链框架下，具有不同比较优势的国家开展分工协作并进行贸易往来，通过原材料、生产和消费的全球配置，全球生产消费链条建立起来，几乎所有开放国家都加入了这个生产实体中，形成了全球产业链关系。在世界贸易组织推动下，全球产业链关系的发展使多边共赢的世界贸易规则成为可能。

这种产业链上下游共同发展的全球贸易格局是全球经济合作的主要表现形式，但随着一些国家取得了相当的发展成绩，其更希望在产业链上寻求更高的位置，因此静态的产业发展合作关系被打破，全球经济出现动态调整，竞争关系逐渐取代了合作关系成为全球产业发展的主要动力。在世界主要国家贸易摩擦加剧的背景下，各国都认识到自身经济安全的重要性，这导致存在竞争关系的全球产业链组成主体纷纷寻求进行产业链本土化。对西方发达国家来讲，产业链本土化主要是摆脱对中国产成品的依赖，其通过建立 ABC（Anyone But China）经贸联盟，试图将中国隔离出既有的产业链框架。

（三）政治经济摩擦下的供应链分散化

全球主要国家的经贸摩擦以及全球地缘政治冲突是全球产业链、价值链和创新链面临的重要冲击，这种冲击使传统的单一供应链关系面临较大风险。为避免传统的经贸关系被包括政治关系在内的各种外在情况所影响，各国纷纷谋求生产的独立化和分散化。随着各国经济专业化程度不断提高，不同国家间的比较优势差异日益突出，使产业链整体独立化在绝大多数国家不可行，例如西方国家的劳动力成本高，想要发展人力密集型的加工制造业是违背经济学规律且无效率的。因此，对相当一部分国家来讲，为了在错综复杂的国际局势下保证自身包括经济安全在内的全方面安全，必须谋求实现供应链分散化。

谋求供应链分散化是部分经济发达国家基于自身比较优势和从经济上遏制中国发展的重要选择。在分散化供应链战略的支配下，这些发达国家的跨国公司在其他具有一定劳动力资源的国家投资，扶持该国产业发展。同时，这些国家还将已投资在中国的产业转移到其他国家，以谋求供应来源多元化。日本和美国是两个主要的针对中国进行供应链分散的国家，例如，日本就在 2020 年拿出转型资金补贴产业链迁出中国的企业，其他相关西方国家也有如此动向。

（四）主要国家在国内奉行产业保护政策

在全球主要国家的经贸摩擦和地缘政治冲突持续加剧的影响下，各国纷纷重视自身产业发展。从国家未来发展和安全的角度出发，各主要国家都出台了相关政策以保证其涉及民生重点行业和国家战略发展相关产业发展的安全。产业保护政策的主要表现形式为补贴和限制并购。以粮食产业为例，为避免主要粮食出口大国对本国粮食生产的冲击，一部分国家采取了粮食补贴和粮食出售限价政策，以保证自身的粮食安全和粮食产业经营者的利益，例如中国采取的最低粮价收购政策和粮食生产财政补贴制度，有力地维护了粮食生产安全和主粮自给；日本同样采取了农业生产保护政策，其对外国进口的农产品课以重税，避免了农产品对国内市场的冲击，同时还组建了日本农业协同工会，通过将农业生产者联合起来，通过提升总体规模来对抗风险冲击，有力地维护了日本国内农业生产的利益。除了对农业等领域的补贴外，其他国家重点发展领域的补贴也是本国产业保护政策的重要表现形式。

除了产业补贴，对跨国并购的政府干预也是产业保护政策的形式之一，这一般表现在高精尖技术领域。在全球经贸竞争中，高技术领域的竞争是最为关键的一环，掌握高技术不但能为企业谋利，也能为国家整体造福，因而政府对涉及高技术领域的跨国交易案件都表现出了充分的审慎，同时也通过高技术使用限制来限制别国产业发展。例如，美国就曾强势叫停博通对美国芯片公司高通的收购交易，以保证本国在芯片发展中的垄断地位。同时，美国还利用其高技术领域的领先位置，阻碍日本、中国等国家的芯片产业发展，这也是保护本国产业的一个重要体现。同时，在内外部因素影响下，一些欧洲企业经营困难，为避免这些企业成为中资企业的并购对象，欧盟出台了一系列产业保护法规，这些法规允许欧盟成员国对这些企业进行持股参股，从而实现了对欧盟成员国内产业的保护。

（五）中美经贸摩擦不断

随着中国经济不断发展，中国在发展自身产业的同时不断谋求在产业链、价值链和创新链上的新位置，这对旧有国际经贸格局产生影响。中美经贸关系实际上是一个动态变动的过程，始终是竞争中有合作，合作中有竞争，在中国正式参与世界贸易、融入产业链和价值链初期，中美经贸关系主要以合作为主，两个国家分别发挥自身的比较优势，通过分工协作实现了双赢，但随着中美经济比较发展差异的动态调整，中美在越来越多的行业和领域有了竞争关系，而中国的强劲发展势头更是让美国实施了通过多种手段遏制中国发展的行动。为避免在长期战略竞争中落于下风，同时为更长久地维持自身对中国的比较优势并维护旧有国际秩序以维护自身利益，美国在众多领域提出了针对中国的产业遏制政策，主要表现为在高技术领域遏制中国产业发展，在制造业领域促进海外制造业回流，并通过关税、贸易调查等举措对中国出口至美国的相关产品进行打压，使中美经贸摩擦日益加剧。

在全球价值链方面，美国与中国的产业竞争主要表现在高技术领域，为了抢占价值链顶端位置，美国利用其技术先发优势，对中国高技术企业进行全方位的限制。例如，为打压华为公司的芯片制造业，美国通过了新的贸易规则，限制了华为公司在生产过程中使用美国的技术，也禁止任何使用美国技术的企业为华为加工制造商品，这严重地打击了华为公司的芯片制造业务，并对华为手机业务的正常开展产生了重要影响。中美在中低端价值链方面竞争相对不大，在这方面两者的合作收益实际上要大于竞争所带来的收益，但美国为全面打压中国经济发展和产业转型，其在中低端价值链方面也采取了大量限制中国企业正常生产经营的政策，使中美经贸矛盾全面拓展。

（六）中国比较优势变动和战略转型

经历了四十余年的改革开放，中国已经与国际产业链和价值链深度融合，并且伴随着中国经济发展水平的提高，中国传统的比较优势已经发生了巨大变化，原有的劳动力丰裕、劳动力成本低的优势逐渐消失，相较于东南亚等新兴国家，中国的劳动力优势潜力不足。但新的比较优势也逐渐产生，随着经济不断发展，中国国内的资本丰度越来越高，在技术促进下生产效率也逐渐提高。东南亚和南亚地区部分国家在劳动密集型产业方面发展优势明显，其在价值链低端的重要作用不断攀升，劳动力方面的比较优势较中国东部地区更为突出，在跨国资本的运作下，其成了与中国竞争价值链低端产业的重要对手，承接了众多之前投资在中国的产业转移。尽管东南亚和南亚的部分国家有丰富的劳动力资源，但其在产业整体配套、劳动力素质、社会制度保障等方面还存在较多的不足，因而想要彻底替代中国在传统产业链中的地位还有很长的路要走。但受发达国家分散供应链以降低风险的发展思路影响，越来越多的产业从中国转移到东南亚、南亚地区。

面对比较优势的变动，中国积极适应新形势，制定新战略，培育参与国际竞争新优势，落实新的对外开放政策，改变过去依托劳动力价格优势发展外向型经济的发展思路，充分利用劳动力质量上升所带来的红利，始终坚持打开国门搞发展，在高质量利用外资的同时用好中国的本土资本。面对外国的技术封锁，坚持独立自主发展国内技术原则，发展国内战略性产业，以国内大市场为依托培育中国本土企业，并积极鼓励企业走出国门参与竞争，形成双循环发展格局和对外开放经济新体制。

第二节　全球经济治理及中国产业结构优化

一、全球经济治理机制变迁及趋势展望

为更好地恢复被战争破坏的经济，第二次世界大战（简称二战）后主要国家纷纷采取了开放型经济建设思路，为更好地促进国家间经贸往来，实现国家总体发展水平的提高，一套意在规范全球经贸活动的体系被建立并不断完善，这种经贸体系包括国际性的金融机构、全球性和地区性的贸易协定及国家间的其他战略协定等。在二战结束后的相当长一段时间内，全球经济治理体系的主要支柱就是世界贸易组织、国际货币基金组织和世界银行这三个结构，他们在战后恢复援建和促进国际贸易方面发挥了重要作用。但美苏冷战严重影响了世界正常经贸活动的进行，在两大阵营对立的世界格局下，世界被迫分成了两大不同的贸易体系，随着苏联解体，两极格局不复存在，以美国为首的西方阵营获得了冷战的胜利，并且确立其在世界经贸新格局中的支配地位。但随着中国经济实力不断增强，传统的西方主导的贸易格局正在不断受到冲击，通过建立金砖国家沟通机制、积极参与二十国集团活动、建立亚洲基础设施投资银行等机制机构，中国参与国际经济治理机制的影响力不断增强。2013 年中国提出共建"丝绸之路经济带"和"21 世纪海上丝绸之路"的合作倡议，中国在建立全球经济治理体系中不断提出"中国方案"，有力地保障了更有利于全球经济繁荣的世界经济新体制的落地，为构建一个更为开放的世界贡献了"中国智慧"。

（一）二战后的全球治理机制组成

二战后，出于恢复被战争破坏的经济的需要，在战后经济实力最强的国家——美国的主导下，形成了以世界贸易组织、国际货币基金组织和世界银行

三大机构为支撑的全球治理机制。这种机制在战后有力地加强了主要国家的经贸联系，并在冷战期间为两大阵营中的西方国家和非结盟国家中的亲美国家提供了重要帮助。纵使在全球治理机制有重大变化的当下，三大机构的作用依然十分突出。

1. 世界贸易组织

世界贸易组织（World Trade Organization，WTO）是独立于联合国的国际组织，其组织的主要作用是协调全球经贸活动，裁定并减少国家间的贸易纠纷。世界贸易组织为其组织成员提供参与全球经贸活动的法律基础和组织框架，并监督其组织成员对相关协定的遵守和落实情况，同时可以裁定成员之间的贸易争端，为存在贸易纠纷的成员国提供谈判场所。世界贸易组织的成员国包括世界绝大多数国家和地区及所有主要经济体，因而其在全球经贸领域有重要的影响力，其被称为"经济联合国"。世界贸易组织的总目标是建立一个完整的包括货物、服务与贸易有关的投资及知识产权等更具活力、更持久的多边贸易体系，世界贸易组织的基本原则包括互惠原则、透明度原则、市场准入原则、促进公平竞争原则、经济发展原则和非歧视原则。

世界贸易组织的前身是关税和贸易总协定，从 1947 年到 1993 年，世界主要国家就关贸总协定进行了 8 轮谈判，并于 1995 年正式成立世界贸易组织。2001 年 12 月，中国经历了十余年的艰难"入世"谈判，终于加入世界贸易组织。加入世界贸易组织有力地促进了中国开放型经济的发展。2021 年 12 月，在中国正式加入世界贸易组织二十周年之际，中国已经成为货物贸易量世界第一的大国，并出现了上海、深圳、北京、苏州、东莞、宁波和广州七座外贸万亿级城市，在实现中国开放型经济新体制建设进程中，中国依然要更好地利用世界贸易组织的平台。

2. 国际货币基金组织

国际货币基金组织（International Monetary Fund，IMF）是根据 1944 年订立的《国际货币基金组织协定》成立的世界性金融机构，主要负责监察缔约国货币汇率情况和外贸情况，并向组织成员提供必要的资金和技术援助，以稳定全球金融秩序并促进全球经济发展，其宗旨是促进国际货币合作，为国际货币问题的磋商和协作提供方法；通过国际贸易的扩大和平衡发展，促进和保持成员国的就业、生产资源的发展、实际收入水平的提高；稳定国际汇率，在成员国之间保持有秩序的汇价安排，避免竞争性的汇价贬值。

　　国际货币基金组织是美元主导全球货币和经济的重要支撑，美国投票权占17.69%，并联合其政治盟友实现了对国际货币基金组织的掌控，而作为世界第二大经济体的中国的投票权仅为3.65%，2013年美国国会否决了提升中国份额提升计划。特别提款权（special drawing right，SDR）是国际货币基金组织创设的一种储备资产和记账单位，是IMF分配给会员国的一种使用资金的权利，也被称为IMF的货币"篮子"，人民币于2015年11月获准加入SDR货币篮子，并成为第三大货币，2016年10月1日正式实施，这是中国在国际货币基金组织中作用显现的重要表现。

　　3. 世界银行集团

　　世界银行集团简称世界银行，是与国际货币基金组织并列的世界最大的金融机构。世界银行成立于1945年，下辖国际复兴开发银行、国际开发协会、国际金融公司、多边投资担保机构和国际投资争端解决中心五个成员机构，是联合国的专门机构。世界银行建立之初主要是为了帮助欧洲和日本进行战后经济建设，随着日本和西欧国家经济恢复，后期世界银行的援助目标主要在亚非拉等欠发达国家。从援助内容看，世界银行主要针对受援助国家的基础设施建设等提供贷款。

　　中国于1980年恢复了世界银行成员国地位，并于1981年接受了世界银行第一笔援助，通过这笔贷款援助，改革开放后的新中国逐渐建立起与世界银行的关系，并在世界银行的发展中发挥了越来越重要的作用。2010年，在世界银行发展委员会的春季会议上，中国成为世界银行的第三大股东，投票权仅次于美国和日本。世界银行在援助最贫穷国家方面发挥着重要作用。

　　（二）全球治理机制新势力的形成和发展

　　尽管二战后形成的全球治理体系有力地影响了全球经贸活动，并塑造了全球经济发展格局，但随着主要国家经济实力相对变化，旧有框架越来越难适应经济长期发展要求。旧有体系主要是维护以美国为首的少部分经济发达国家利益，随着发展中国家在全球产业链、价值链中的作用越来越突出，越来越多的发展中国家希望在国际经贸秩序重构中发出自己的声音，因此其在谋求在旧有制度下权重提升的同时，也积极谋求建立全球经济治理新秩序，并形成一系列全球治理新势力组织。

与旧有的三大全球治理机构不同，全球经济新秩序下的新势力多为局部性的，其多由经济上和地理上联系密切的国家构成，通过形成区域性的贸易合作协定来便利彼此的经贸往来活动。这些贸易合作协定多是针对特定的贸易事项，通过在旧有贸易规则上进行进一步补充完善，以解决区域间贸易往来中的特定问题。同时，这些新势力会就更大范围内的经贸活动合作进行商议和谈判，对传统贸易规则下的痛点和堵点进行补充，从而为全球经贸活动的便利化提供了更为合适和更为广阔的平台。

1. 二十国集团

二十国集团（G20）的前身是七国集团（G7），是由美国等七个发达国家的财政部部长在 1999 年倡议成立，以防止亚洲金融危机在世界范围内重演，保障国际贸易、金融秩序的政府间交流平台，集团成立之初主要是各国财政部部长和央行行长参加。2008 年国际金融危机爆发后，原 G7 成员国国家经济受到重大冲击，为更好地走出危机、重振国际经贸秩序，原先的 G7 平台被拓展成为 G20 平台，吸纳了包括中国在内的一批发展中国家参会，并将交流规格由部长级升级至首脑级别。通过与会成员国的不断努力，G20 论坛在维护国际经贸秩序、促进全球经济发展方面发挥着越来越大的作用。

2. 金砖国家论坛

金砖国家论坛是发展中国家参与全球经济治理的重要机制之一。2000 年，高盛公司在针对新兴市场的研究中提出了金砖四国的概念，这四国包括巴西、俄罗斯、印度和中国。在俄罗斯倡议下，四国外长于 2006 年首次进行会晤，并于 2009 年在俄罗斯进行了首次领导人会晤，金砖交流机制基本成立。2011 年，南非加入金砖国家，金砖国家由原先的四国拓展至五国。为更好地发挥新兴经济国家的影响力，2014 年的金砖会晤宣布成立金砖国家新开发银行并设立应急储备库。从 2015 年开始，金砖国家正式实行轮值主席制，2017 年中国成为金砖国家轮值主席国，并于 2017 年 9 月在福建厦门举办了主题为"深化金砖伙伴关系，开辟更加光明未来"的金砖国家领导人第九次会晤，会议形成的《厦门宣言》标志着以金砖国家为代表的新兴国家正在国际经济秩序构建中发挥着越来越重要的作用。

3. "一带一路"合作倡议

2013 年，中国国家主席习近平向世界提出了建设"新丝绸之路经济带"和"21 世纪海上丝绸之路"的合作倡议，这是中国积极推动形成多边合作、互利共赢的国际经济秩序的重要标志。2015 年 3 月 28 日，中华人民共和国国家发展改革委、外交部、商务部联合发布了《推动共建丝绸之路经济带和 21 世纪海上丝绸之路的愿景与行动》，"一带一路"倡议正有条不紊地落实。中国提出的"一带一路"合作倡议是对现有国际经济秩序的重要补充，也是中国坚持"人类命运共同体"理念的重要表现。"一带一路"倡议有力推动了沿线国家的基础设施建设，促进了沿线国家的经贸活动发展，为沿线国家的经济发展和产业升级提供了重要机遇，实现了全球秩序调整中多边共赢，体现了中国参与国际经济秩序构建中的责任和担当，为全球经济秩序重构贡献了中国力量和中国智慧。

4. 其他区域性经贸合作组织

亚太经济合作组织（Asia-Pacific Economic Cooperation，APEC）是冷战结束后诞生的最有影响力的区域经济合作组织之一，是亚太区内经济交流、合作、贸易、投资的重要论坛。1989 年召开的亚太经济合作会议首届部长级会议标志着亚太经济合作组织成立，1991 年中国正式加入亚太经合组织并于 2001 年举办了亚太经合组织领导人上海会议。亚太经合组织在促进亚太地区贸易自由化、产业发展、技术进步方面发挥了重要作用。

上海合作组织（Shanghai Cooperation Organization，SCO）是哈萨克斯坦共和国、中华人民共和国、吉尔吉斯斯坦、俄罗斯联邦、塔吉克斯坦共和国、乌兹别克斯坦共和国在中国上海宣布成立的永久性政府间国际组织，该组织旨在促进区域互信，加强双边关系，开展成员国间经贸、环保、文化、科技、教育、能源、交通、金融等领域的合作。上海合作组织成立二十余年里，成员国对外贸易总额增加了 100 倍，经济总量接近 20 万亿美元，成为世界经贸格局中不可忽视的力量。

大湄公河次区域合作机制（Great Mekong Subregion Cooperation，GMC）是湄公河流域内 6 个国家包括中国、缅甸、老挝、泰国、柬埔寨和越南的经贸合作重要平台，该机制是 1992 年由亚洲开发银行发起，旨在加强湄公河区域内国家的经贸联系，促进该区域经济和社会发展。湄公河次区域合作机制下的国家拥有丰富的劳动力资源，是当前制造业转移的主要承接地，是当今世界经济中最具活力和最具有发展潜力的地区之一，区域内各国都采取了主动开放发展经济的战略，例如越南和泰国的招商引资战略及中国的西部大开发战略，实现该区域国家的经贸联合对促进本国和世界经济发展有重要作用，并且会对世界经贸格局产生深远影响。

东南亚国家联盟（Association of Southeast Asian Nations，ASEAN），是 1967 年成立于泰国曼谷的东南亚地区国家经济政治合作组织，联盟成立之初的目的是东南亚国家为避免美苏冷战影响本国政治，保卫自身安全的同时保持与西方国家的战略关系。21 世纪 90 年代，东盟开始了以东盟成员国集体为核心的区域经贸合作进程，加强了东盟与拉美国家、西方发达国家、俄罗斯和中国的经贸合作关系，加强了东盟与全球经济的联系，促进了东盟国家的对外开放。在东盟内部各国的联系越发密切，东盟内关税税率显著降低，国家间要素流动障碍一步步破除，东盟正以一个区域经济实体的形式在世界经贸格局转变中发挥着越来越重要的作用。

（三）全球经济新秩序形成中的挑战和阻碍

总的来讲，第二次世界大战后的全球经济秩序在相当程度上促进了全球经贸的发展，促进了战后国家经济发展，并创造了一个有利于全球贸易长期发展的环境，实现了全球经济总体发展。但在传统经贸框架下，发达国家占据了绝对的优势地位，其凭借在经贸格局形成初期自身经济发展的优势地位，订立了一系列有利于自身经济发展和参与国际经济活动的制度和规定。但这些规定在一定意义上损害了新兴国家的利益，随着新兴国家在全球中的地位不断巩固，其越来越希望通过调整和改革旧有制度框架并订立新的制度来更好地维护自身利益，全球经济新秩序萌芽并不断生长。在旧秩序与新秩序的博弈中，旧秩序的既得利益者会采取各种方式维护自身的利益，使新秩序的建立面临重重阻碍。

1. 内外部冲击影响宏观经济正常运行

建立全球经济新秩序，需要稳定的世界经济发展环境，在内外部冲击的影响下，构建全球经济新秩序面临着巨大的机会成本。尽管从二战结束以后全球经济总体呈现积极向上的发展局面，但国际政治形势的动荡和周期性的金融危机依然对大部分国家经济产生了负面影响。21世纪90年代至今是国际贸易中的新兴势力寻求构建全球经济新秩序的重要时期，但在亚洲金融危机、2008年全球金融危机及当前大国角力下全球经贸摩擦加剧等负面因素影响下，国际经济难以实现长时期的稳定发展，这使新兴国家不得不依靠国际经济旧秩序参与全球经贸活动。并且，在面对可能影响经济发展的内外部因素冲击时，国家间难以落实统一有度的救市机制，很多国家会以邻为壑转嫁危机。同时，为了促进本国发展，部分主要经济体的贸易保护主义进一步抬头，全球正常经贸活动受到较大的负面冲击，这种人人自危的逻辑使形成全球经济新秩序面临重大阻碍。

2. 主要经济体间摩擦加剧

二战结束到20世纪末，世界政治格局出现了几次重大调整，这也深刻影响了世界经济格局。进入21世纪后，在和平与发展主题下，国际政治关系依然不稳定，由政治利益引发的国家经济冲突对国际经济新秩序的构建同样造成了重大阻碍。当前，全球经济不景气，各国国内社会矛盾不断积累，造成国际包括经济竞争在内的各方面竞争加速，也造成中东、朝鲜半岛、乌克兰等地区的地缘冲突进一步加剧。主要经济体之间的摩擦不单体现在政治和军事冲突上，也表现为贸易冲突，美国不断升级对俄罗斯的制裁措施，在全球范围内吸引制造业回流，同时发动针对中国的"贸易战"举措。在美国的影响下，西欧、澳大利亚等国与中国的贸易关系受到影响。大国之间的全领域摩擦使世界经济政治关系动荡，从而造成世界经贸新秩序的形成越发困难。

3. 旧秩序的负面影响进一步显现

冷战结束后，全球主要国家经济进入了一个相对稳定的发展时期，二战后确立的全球经济治理秩序在全球经济发展中的地位进一步巩固，影响进一步扩大。但由于旧秩序的确立过程中存在众多历史遗留问题，这种历史遗留问题随着现代贸易活动规模不断扩大、联系日益密切而逐渐突出，而现有的新规则只能针对旧有规则进行修补，难以彻底消弭旧有秩序中相互冲突内容造成的影响。现有的国际经贸规则和标准多是以欧美发达国家主导实施的，在相当多方面同冷战中苏联社会主义系统阵营国家内部相关规则和标准不一致，这种差异在冷战结束后两大阵营贸易往来日益密切的背景下很多领域都有所表现，例如在基础设施建设上，在苏联时代的铁路标准影响下，俄罗斯的铁路同西欧国家、亚洲部分国家存在较大不同，这导致在亚欧大陆建设中旧有设施难以充分利用。因此，国际经济新秩序的形成需要在克服旧秩序影响的基础上，逐步推进和落实。

4. 新兴贸易机制组织和执行存在障碍

除了世界银行、世界贸易组织和国际货币基金组织三大传统的全球经济秩序下的正式组织外，其他的全球性的新型治理机制多是以非正式组织的形式出现的，这造成组织规则和制度在具体落实中存在约束力不足的问题，并且在监督机制相对匮乏的情况下，组织内成员争端解决的执行力同样存在缺陷。同时，由于区域经济内国家间经济发展存在较大差异，造成不同国家的发展阶段和发展目标存在较大差异，组织成员间缺乏共同的认知基础，在重大发展问题上难以达成一致的意见，也导致其难以制定和落实长远发展规划。例如，作为全球治理新秩序的重要代表二十国集团，就曾多次强调推动结构性改革以防范全球性的金融风险，该问题曾在 2009 年 G20 峰会上提出，并在此后若干次峰会中不断强调，在 2016 年的 G20 杭州会上提出推动结构性改革的目标、路径和发展框架，但在具体落实上，成员国间由于缺乏监督机制，造成 2008 年金融危机中集中显现的发展中国家产业结构单一抗风险能力差等问题依然没有得到有效解决。

（四）全球治理新机制发展前景

国际局势进入深度调整时期，政治问题和经济问题、历史遗留问题和新出现问题相互交融，世界经贸表现出复杂多变的发展局势，世界面临百年未有之大变局。在大变局下，旧势力和新势力的新冲突和既有矛盾突出显现，而促进经济发展的新势力也在孕育并萌芽，全球经济中不确定性增加，经济主体间差距不断缩小，新的全球经济治理机制正在深入发展。

需要承认的是，在相当长的时期内，旧秩序的影响还会存在，并在一定程度上阻碍新秩序更好地发挥作用，新旧秩序的冲击可能会成为引起全球经贸波动的重要因素；在全球经贸矛盾解决中，大国间对话和沟通仍将是主要的方法，全球治理新规则的落地还需要进一步强化约束机制，区域间经贸关系加强仍是实现全球经贸发展最重要的基础。因此，建立全球经济新秩序需要各方共同努力，面对全球经济中的不确定性，必须以更大的魄力、更强的决心和更为艰苦的努力促进全球经济治理结构改革，形成更有利于全球大多数国家的发展机制框架，让发展的成果惠及全球各国人民。

1. 全球治理旧秩序与新规则长期共存

尽管目前的全球经贸格局和全球各国经济实力对比已经发生了巨大变化，但在相当长的一段时间内，全球经贸旧秩序依然会在全球经济领域占据着主导地位。需要看到的是，在全球经贸发展中，发展中国家经济总量的提升和经济实力的增强已然成为一种不可抵挡的趋势，这带来全球经济新规则的影响力会持续攀升，从而造成经贸格局中旧秩序和新秩序相互影响、相互完善，并在一定时期内长期共存。一方面，相较于全球治理新规则，旧秩序的规范性更强，有着更为完善的监督机制和执行机制，并在长期治理过程中显著影响并塑造现有的国际经贸格局，并形成了一批旧规则旧秩序下的既得利益国家和团体，这些国家会依靠其经济和政治上的优势地位继续维护国际经贸旧秩序在全球经济治理中的地位。另一方面，随着发展中国家经济发展水平的提高，其参与全球经济治理的积极性和主动性不断增强，其希望通过制定新规则以补充和完善旧有规则，从而更好地维护其利益，这造成了新规则主要是在旧有制度基础上进行运行。这种新旧规则并行的局面是目前全球主要经济体势力利益诉求和力量对比作用的结果。因此，全球经贸新旧秩序互相补充、相互完善、对立统一的局面将在长期内继续存在。

2. 主要国家间的经贸关系主导全球经贸格局

目前的全球经贸格局仍是由主要经济国家主导，经济大国的经济关系调整对全球经贸局势变动有巨大的影响。大国经济有极强的外部性，能深刻影响全球金融、贸易、产业的发展。同时，由大国经济波动引发的全球经济波动更是会造成全球性的金融危机。2008年由美国房地产市场抵押贷款问题造成的全球金融风险使全球认识到采取制度手段避免主要经济国家经济波动联动世界经济危机的重要意义，这成了二十国集团峰会的重要议题，但这些问题至今尚未得到妥善解决。近年来，美国在全球产业发展中奉行保护主义策略，同时通过关税、制裁等手段限制中国对外出口和本国产业发展，造成全球最大的两个经济体间摩擦不断加剧，深刻影响了全球经贸发展趋势。大国间经济发展冲突是全球经贸新秩序与旧秩序冲突的集中表现，这种冲突会在未来一个时期内持续影响世界经贸关系的稳定。要构建全球经贸新秩序，需要更多的国家在全球经贸领域发挥更多的作用。

3. 新秩序新规则在新领域会发挥更大的作用

经济发展不但表现为经济规模的不断增大，更表现在新行业、新领域对旧行业、旧领域的颠覆和替代。处理国际经贸中新领域的问题，需要新规则和新制度，而传统的治理框架难以适应这种需求，因此全球治理新规则在这些领域发挥着越来越重要的作用。目前，新一轮科技革命和产业革命的浪潮席卷全球，深刻影响了全球产业链、价值链和创新链体系，而传统经贸秩序中三大治理体系难以适应全球贸易和产业发展的新局面，造成诸如新兴的电子商务、数字金融等领域全球贸易秩序存在真空，缺乏全球性的统一标准，使新领域的贸易缺乏权威的监督和制约机制，影响了这些领域的长远发展。面对这些问题，在这些领域有重要影响力的国家通过成立新机构制定新规则对这些领域进行了规范。这些新规则是对旧有规则的重要补充，使传统的治理机制更加完善，并具有充分的灵活性、专业性和及时性，是全球经济治理框架中的重要组成部分，并在全球经贸治理总体框架下发挥着日益重要的作用。例如在"一带一路"合作倡议中，我国积极推动跨境运输流程标准、基础设施建设标准、通信设施建设标准的补充和完善事宜，推动了"一带一路"沿线物流体系规范化。在产业园区建设方面，我国利用开放发展优势，形成了一批具有示范效应的外向型经济发展产业园，在其他国家的对外开放进程中树立了典范。而二十国集团峰会的重要内容就是如何利用新工业革命的发展契机，以数字经济、新兴高技术领域业务为突破口，发掘全球长期发展潜力，形成新的国际经贸合作规范。

4. 区域合作在全球治理中的作用持续增强

区域经贸合作一直以来都是经济全球化的重要表现之一，也是经济全球化的重要推动力。在全球主要经济体间经贸摩擦加剧、全球经济增长动力不足、地缘政治冲突加剧等全球性外部冲击长期存在的影响下，区域间的经贸合作不断加强。区域间经贸合作的强化有利于加强要素区域流动频率，降低商品区域流动成本，促进区域经济发展。区域经贸合作也是大国间经济博弈的结果，为维护自身利益，美国加强了同加拿大、墨西哥间的区域经济联系，通过建立北美自由贸易区，促进了美国、加拿大和墨西哥三国的要素双向流动，区域间贸易成本显著下降。中国也积极建立与东盟的贸易往来渠道，2010 年中国—东盟自由贸易区成立，这个发展中国家间最大的自由贸易区自由贸易是世界上人口最多的贸易区，有巨大的发展潜力，成为驱动亚洲经济发展最重要的引擎之一。同时，欧盟成员国间的经贸往来日益密切也为全球经贸繁荣作出了突出贡献。在北美自由贸易区、中国—东盟自由贸易区和欧盟这三大全球区域合作典型区及其他区域贸易协定的推动下，区域合作在全球产业链和价值链完善和全球经贸新秩序构建中正发挥着日益重要的作用。

二、中国参与全球产业分工及竞争的政策选择

作为全球第二大经济体，中国在全球经贸领域发挥着越来越重要的作用，其在全球产业链、价值链和创新链中的地位逐渐攀升，在全球经贸格局构建中话语权逐渐提高，成为影响全球经贸新格局构建的重要力量。面对当前国际经济格局的深度调整，中国需要抓住历史机遇，以双循环战略为依托，立足国内大循环，积极参与国际循环，利用当前技术革命的发展契机，在实现国内产业结构转型的同时积极参与国际经贸新秩序构建，在国际经贸发展中贡献中国力量和中国智慧，为人类命运共同体的构建贡献中国方案。

（一）完善对外开放的体制机制建设

当前全球贸易局势发展不明朗，在经济方面，中美经贸领域的摩擦对中国的对外出口和国内产业发展都产生了巨大的影响。在政治方面，东欧、中东、非洲及中南海域政局动荡。但从中长期来看，合作和发展仍是当前国际经济不可逆转的趋势，打开国门搞建设仍是中国政府坚定不移的选择。立足新时代新征程，中国政府将建设开放型经济新体制作为发展战略的重中之重，坚持将中国对外开放的大门越开越大。相较于改革开放初期的有限制造业领域开放，中国不断开放新行业新领域，并通过负面清单制度和准入前国民待遇原则进一步加大吸引外资的步伐，并以国内自由贸易区和双边或多边经贸区建设为依托，坚定地落实"引进来"和"走出去"战略，为中国企业对外投资提供大量便利。在完善对外开放体制机制建设过程中，要进一步完善开放领域结构，推动包括金融、医疗在内的服务业领域对外开放，并以法律的形式保障外资的合法权益，同时进一步简化审批手续，降低行政阻碍，帮助企业走出去，培养中国企业参与国际经济竞争新势力。

（二）坚持有中国特色的产业发展思路

经济的发展离不开道路自信、理论自信、制度自信和文化自信，在对外开放四十余年的建设中，中国经济取得了巨大的成就，建立了全世界最完善的工业体系，并为世界经济发展作出了突出贡献。纵观全球其他在经济建设上取得较大成就的国家，除了其在全球输出生产要素和商品外，其经济发展过程亦是其他欠发达国家重要的财富创造过程，这些理论成为管理学研究的重要概念，并在全球经济发展中发挥着持续的影响，例如美国福特的流水线生产方式、泰勒的科学管理理念和日本的"六西格玛"质量控制理论等，这些管理学理论已成为这些国家的重要名片，并在这些国家企业走出去过程中提供了重要的隐性担保。相比这些国家，中国经济的成就同样瞩目，其为世界其他发展中国家的工业化进程提供了一个可行的思路，将中国开放型经济建设的发展思路整理成系统的理论并传播，有利于在国内坚定四个自信，同时为国际经济建设提供中国思路和智慧。

（三）进一步推动开放发展的人才队伍建设

产业发展，人才为先，当前国际竞争的重要内容就是全球产业人才的竞争。同时，在开放型经济建设中，人才是最重要最关键的因素。面对当前的全球经贸格局深度调整，要发挥人才在经济发展中的关键性作用，以培养技能型人才、复合型人才为导向，为人才的发展创造合适的市场环境并提供有力的政策扶持。目前国内在人才建设方面还存在着较大的不足，实现国内产业升级并促进企业走出去，要注重吸引国际优秀人才，同时通过教育体系的改革，使国内的人才培养模式与产业需求相匹配，通过加强开放发展的人才队伍建设实现经济更有效地运行。

（四）加速新兴产业布局和发展

在新的工业革命浪潮推动下，全球新兴产业面临巨大的发展契机，为在新工业革命的发展潮流中占据有利位置，中国加速了在新兴产业领域和行业的布局，并以国内大市场为依托推进了新兴产业的发展。中国确定了"节能环保、新兴信息产业、生物产业、新能源、新能源汽车、高端装备制造业和新材料"等领域作为战略产业发展的基础，这为中国在新兴领域的长期战略布局奠定了基础。同时，中国还积极推进新型基础设施建设，为新兴产业的落地提供了重要动力，也为中国的长期经济发展奠定了重要基础。数字网络技术的兴起也催生了一批平台企业，其在消费和生产领域都发挥了巨大的作用，有效地便利了生活并提升了生产效率。在消费领域，以淘宝、京东为代表的线上购物平台促进了国内消费市场的发展，并带动产生了一批新就业岗位。在生产领域，智能化与数字化相结合，催生了工业互联网领域的发展，使信息技术与工业系统实现了深度融合，人工智能、大数据等技术的应用革新了工业发展的面貌，并且工业互联网比消费型平台具有更大的发展潜力和广阔的市场空间，为赢得国际经济竞争的发展优势，中国应更加积极地推动工业互联网的建设和发展。

（五）不断完善社会主义市场经济体制

建设和完善社会主义市场经济制度，要发挥市场在资源配置中的决定性作用，以无形的手为向导，使要素和资源在供需关系的作用下实现最优配置。在全面深化改革和全面促进开放的今天，要实现开放型经济制度建设以更好地参与国际竞争，就是要改变过去阻碍外资"引进来"和内资"走出去"的条条框框，在更多领域破除行政干预，促进国内要素自由流动，使市场经济下各种主体的活力充分迸发。进一步深化电力管理体制、油气管理体制、财税制度、户籍管理制度和金融管理制度改革，推动国企改革，促进体制创新和机制创新，在市场中形成追求创新、尊重创新、崇尚创新的氛围。在市场经济中更好地发挥政府的作用，坚持简政放权，破除影响生产要素和产品流动方面机制体制上的障碍。做好政府的工作，以维护市场秩序，促进公平竞争为导向，建设服务型政府。

（六）推动国内统计标准与国际接轨

信息是发展经济的重要因素，完善信息统计体系、促进国内统计标准与国际接轨，对我国参与国际经济竞争有重要意义。由于我国对外开放建设起步相对较晚，并且是以渐进开放的形式推动对外开放，这导致我国的某些数据统计方面的标准与国际惯用规则存在一定的差异，这对"引进来"和"走出去"都造成了相当的阻碍。因此，为适应中国参与国际经贸发展新形势，要积极推动国内数据标准与国际接轨，为企业跨国经营提供有效的参考，也为政策的研究和制定提供更为便利的基础。同时，以数据标准的规范为指引，对我国的经济发展现状进行重新梳理，及时发现并解决在开放经济发展中的问题，实现对外开放进程扎实稳定推进。

三、新发展阶段下的中国产业结构转型新要求

（一）产业链和价值链地位提升

全球产业链体系指的是在全球市场上国家间或企业间的分工协作体系，产业链产生于包括资源禀赋、地理位置、社会和文化基础等经济活动前提条件形成的比较优势下不同区域的产业结构差异，经济主体的产业结构差异形成了产品生产的专业化和差异化，这些产品在全球市场上流通交换形成了相互串联的生产链条，从而塑造了全球产业链。价值链指在产业链框架下，不同经济主体在产品生产中形成的价值增值和价值获取差异，这种差异主要受技术决定的产品生产效率和经济主体价值链上下游厂商议价能力影响。

自 1978 年以来，我国的对外开放工作已经进行了 40 余年，经过四十余年的发展，我国外向型经济发展取得了巨大的成就，我国已经深深融入全球产业链和价值链体系中，并且我国在全球产业链和价值链体系中的地位随着我国经济发展和产业结构调整不断提升。当前全球政治格局深入调整和大国经贸摩擦

日益加剧对全球经济产生了巨大的影响，严重冲击了产业链、价值链体系，作为目前全球工业体系最为健全的国家，中国凭借着强大的工业生产能力和，成为世界经济稳定发展的"压舱石"，有力地维持了全球经贸体系的正常运转，并在全球经贸格局中发挥着越来越重要的作用。

（二）技术创新与产业结构升级

在全球经济竞争的关键是生产效率的竞争，提升生产效率离不开技术创新，技术发展水平决定了经济主体在全球产业链和价值链中的定位，不同技术水平的经济主体的生产活动相互串联形成了全球产业链和价值链。技术进步为人类经济发展奠定了重要基础，新技术导致的工业革命显著地改变了世界政治经济面貌。20世纪90年代开始，信息技术迅速发展并引发了新一轮技术革命的浪潮。为在这次浪潮中占领先机，全球主要经济体在新技术领域进行了大量投入，并通过产业结构调整升级加速新技术应用和发展，使全球产业链和价值链的整体结构和经济主体间力量对比发生了巨大的变化，同时产业链和价值链的组织形式也发生了巨大变化，基于技术发展水平的垂直结构成为全球产业链组织的主要形式，国际分工表现为产品内分工的结构，即一种产品的生产全流程被拆解为不同的子生产模块，不同国家根据其不同的技术发展水平和比较优势承担不同的子模块生产任务。不同国家产业分工过程实际上是跨国企业产业分布区位选择的重要结果。

当前，中国经济发展进入新常态，相较于过去的强调经济总量提升的旧稳态来看，新常态主要关注经济发展的质量，因此技术创新成为新常态下经济发展的重中之重。面对经济发展新局面和高质量发展新要求，中国必须积极调整产业结构模式，以高技术产业的突破带动产业结构整体调整，以技术创新增强参与国际经济竞争的实力，参与国际经济秩序的重构，形成有利于发展中国家的产业发展全球经济治理新秩序。

（三）深化双循环发展体系，进一步推动企业走出去

面对当前全球经济剧烈波动、相当数量国家经济发展停滞的局面，中国必须以国内大市场为依托，形成国内经济发展的大循环，以内需带动国内产业发展，保证在主权范围内生产、分配、流通、消费四个环节衔接通畅和国内经济

良性循环。双循环经济不但要实现国内经济大循环，更要实现国内国际双循环，外循环的实现是中国打开国门搞发展、将对外开放的大门越开越大的重要表现。疫情下中国经济的持续增长为世界经济稳定作出了重要贡献，为更好地实现外循环经济发展作用，落实更为充分的保障举措积极吸引外资，以国内经济大循环为基础和保障，形成内需外需协调，进口出口有序，引进来和走出去并举的双循环发展新格局。

国内企业"走出去"是双循环发展框架最为集中也是最有代表性的举措之一，在国际经济竞争中，跨国企业的数量和质量是衡量一个国家实力最直观的体现。目前，"一带一路"合作倡议已经得到了沿线大量国家的支持，倡议的推进和落实在完善了"一带一路"沿线国家和地区基础设施的同时，也帮助建立了一批沿线双边或多边经贸合作区，为中国企业走出去提供了良好的平台。同时，中国还积极发展与东盟国家的战略合作关系，通过创造稳定的周边贸易环境便利企业走出去，为全球经济复苏不断努力。

（四）建设现代化产业体系和服务贸易体系

改革开放四十余年的经济建设已经使中国参与全球产业链、供应链和创新链的比较优势发生了巨大的变化，旧有发展路径已经不能适应新时代中国经济的长期发展的要求，通过产业结构转型升级建设现代化的产业体系是面对当前国内外经济发展局面的必然选择。建设现代化经济体系，要实现制造业的全产业链发展的自主可控，将安全放到经济发展的重要位置，对国外经济"卡脖子"的领域和技术要进行重点攻关。在现代化经济体系构建中，要发挥产业链健全的重要优势和产业规模庞大的规模优势，积极调整传统产业，持续发展优势产业，推动全产业高端化、智能化、绿色化发展。注重产业发展软实力建设，通过产业行业标准建设、专利制度保护等措施提升中国产业的全球影响力。有效利用当前的基础设施特别是交通运输网络发达的优势，做好产业链的空间布局工作，以国家区域发展战略为指引，充分发挥各地的区位优势，因地制宜地有序安排各地方产业链的区域分工，促进区域间协调有序发展。

加强服务业贸易体系建设，以传统制造业发展规模优势和种类优势为依托，积极参与服务业领域国际贸易竞争，积极参与全球服务业经贸规则的制定，引导构建有利于中国服务业走出去的全球服务业贸易体系，以数字经济发展为牵引，推动国内智能服务、互联网服务等新兴服务业参与国际竞争。全面落实外商投资负面清单制度，扩大服务业领域引进来的规模，提升服务业领域外资利用效率，借鉴国外服务业发展先进经验，以服务业发展带动人民生活水平改善和制造业生产效率提高。

第三节　产业布局及项目投资的区位选择

一、投资区域与国别定位

对区域投资活动和产业配置的研究起源于 19 世纪初期，建立之初的区域经济理论主要是探究不同区域要素禀赋下人类经济活动特点，并通过对经济特点的观察总结出第一产业、第二产业和第三产业的空间布局规律。在工业区位理论中，德国经济学家马克斯·韦伯（Max Weber）是主要代表人物。韦伯认为，衡量工业区位配置合理性的主要指标是企业成本，企业实现区域配置最优化必然伴随着企业生产成本的最小化，因此将韦伯的区位理论称为区位理论中的最小化成本理论；区位经济理论的另一个重要的代表人物是德国经济学家奥古斯特·廖什（August Lösch），廖什的理论被称为区域经济学市场学派理论，其将企业的区域产业布局和市场联系起来，认为企业的产业布局应尽可能靠近市场，评价企业区域布局优劣的标准是企业是否实现了收益和市场的最大化，也将廖什的理论称为区位理论中的收入最大化理论。区位理论在企业跨国投资选择中发挥着重要的作用，对企业来讲，实现成本最小化和收益最大化都是其重要追求。

经济全球化极大地推动了以资本为代表的各种要素的全球流动，作为要素全球化流动的组织形式，跨国公司在全球化浪潮中的作用越来越突出，影响力也越发明显。经济全球化发展的一个显著特征就是生产活动的全球化配置，这表现为全球范围内的产业转移。跨国投资区位选择是一个复杂的过程，企业在明确自身投资动机的基础上，需要确定投资国家、投资城市、投资地点等，企业投资全过程规划受多种因素影响，这些因素包括市场规模、劳动力成本、贸易政策和招商引资政策、自然资源禀赋、交通等基础设施、政治稳定性等。

在经济全球化发展的过程中，中国发挥着越来越大的作用，通过"一带一路"倡议、国内外自由贸易区、产业合作区等国家层面的经贸合作平台建设，中国企业"走出去"的步伐不断扩大，使中国在全球产业链、价值链和创新链中的地位不断突出，中国在全球市场竞争中发挥着越来越大的作用。本小节从投资区位理论开始，对影响跨国投资活动的相关因素进行分析。

（一）跨国投资区位理论

1. 产品生命周期理论

产品生命周期理论从企业创新这一微观视角对企业跨国投资行为进行解释，产品生命周期理论的作者是雷蒙德·弗农（Raymond Vernon）。雷蒙德·弗农认为，企业新产品从上市到退市要经历诞生、发展、衰退和消亡四个阶段，其将这四个过程划分为产品导入期、增长期、成熟期和衰退期。

在产品的导入期，新产品面世并大规模生产，其很好地满足了本国市场需求，但在这一阶段未发生产品的跨国销售现象，同时产品生产多集中在本国内，因此也未发生新产品生产的跨国转移和国际直接投资。在产品的增长期，由于新产品的市场需求不断扩大，本国外的一些国家产生了对这种产品的需求，因此在本国市场外出现了一些仿制产品，本国市场的经营者发现并重视其他国家市场的需求，开始开拓国际市场，经营者通过产品出口和发放制造许可的方式将产品销售至国际市场，因此出现了产成品的国际流动。在商品的成熟期，本国经营者开始通过在外国投资设厂的方式进行产品生产，产品生产技术开始由一国扩散至多国，这一阶段出现了生产过程的全球配置和技术的全球流动。最后在产品的衰退期，生产过程的全球流动使新产品的技术垄断优势丧失，产品制造的优势由技术转变为成本，因此产品的经营者会选择成本最低的国家进行生产，在发展中国家劳动力比较优势的作用下，新产品的生产由发达国家完全转移至发展中国家。

2. 国际生产折衷理论

1977 年，英国经济学家邓宁（J·H·Dunning）在其著作《贸易，经济活动的区位和跨国企业：折衷理论方法探索》中提出了国际生产折衷理论。该理论对跨国企业的跨国投资区位选择活动的影响因素进行了分析，其核心观点是企业跨国投资行为是企业自身外部垄断优势、内部化优势和投资东道国区位优势三方面共同作用的结果。

企业的外部垄断优势和内部化优势是企业对外投资的必要条件，两者相辅相成，企业通过在技术、管理方面的优势实现了企业内部资源交换成本要低于市场成本，当这种资源内部交换成本显著低于同行业其他企业时，企业的内部化优势就可以转变为企业对外竞争优势，进而形成企业的外部垄断优势。当企业具有这两种优势时，企业就可以根据自身发展方略和东道国区位优势对是否开展跨国投资进行决策。对企业来讲，投资东道国的区位优势主要表现为相对优势，即该国能提供相对更广阔的市场或能提供相对更低的劳动生产成本，则认为该国存在吸引投资的区位优势。具体看，东道国的优势主要可以分为要素禀赋优势和制度优势。所谓要素禀赋优势，主要表现为地理位置、自然资源、劳动资源等东道国固有的但利用程度相对较低的优势；所谓制度优势，主要表现为东道国在政治制度、经济制度、法律制度方面较为完善或对投资者有一定的政策支持。

3. 比较优势理论

日本经济学家小岛清（Kiyoshi Kojima）从国际投资过程中双方比较优势的角度对企业跨国直接投资行为进行了分析，由于该理论的着力点是投资涉及国家的比较优势，因此该理论也被称为比较优势理论。比较优势理论是脱胎于大卫·李嘉图的国际贸易理论，该理论认为，投资过程中主要影响因素是投资国和被投资国的比较优势，投资国应将对本国而言具有比较劣势但对投资东道国具有比较优势的产业转移到投资的东道国，并承接他国的比较劣势产业转移。通过这种比较劣势和比较优势产业转化，国际投资的边际效益和总体效果都得到提高，并有助于实现技术的发展和产业结构转型升级。

4. 投资诱发要素组合理论

投资诱发要素组合理论诞生于 20 世纪 80 年代，该理论认为，对外直接投资是由直接和间接诱发因素组合产生的。对外投资的直接诱发因素包括投资活动涉及双方的生产要素、资源禀赋和地理位置等硬性条件，投资活动的间接诱因主要包括政治制度、法律制度、金融制度、各种投资鼓励性政策及世界经济整体环境等软性因素。同时，该理论认为，间接诱发因素在发展中国家对外投资的过程中发挥着重要的驱动作用。同时，国际投资是一个双向的过程，发展中国家在某些直接诱因上的比较优势也能为发展中国家跨国投资活动的顺利进行提供重要基础，从而很好地解释国际投资中发展中国家对发达国家投资的现象。

（二）跨国公司投资动机

在不同投资动机下，跨国公司投资的区位选择存在较大差异，跨国投资中的环境因素与成本因素之间的关系见表 2-1。

表 2-1　　　　　　跨国投资中的环境因素与成本因素之间的关系

序号	投资环境因素	成本因素
1	政治制度和法律制度的健全和廉洁程度	制度成本
2	金融市场的透明度、开放度和稳定性	融资成本
3	商品要素市场的完善程度	交易成本
4	直接和间接税负及隐形税负水平	税收成本
5	劳动力数量和质量	人工成本
6	市场及消费者成熟度	市场开发成本
7	地理位置和基础设施	运输成本

根据企业的投资动机，可以将企业投资分为市场导向型投资、要素导向型投资、效率导向型投资和企业长期发展战略导向型投资，反映了企业追求更高的收入、更低的成本及更广阔的战略发展空间的需要。

1. 市场导向型投资

市场导向下的企业对外投资的主要动机是获取更大的市场份额，从而实现更高的收入。在不同的发展环境下，可以将这种投资导向的驱动因素分为主动式和被动式两种。主动式的市场导向投资是企业扩大市场空间及规避贸易壁垒作出的选择。当企业的本国市场占有率达到一个相当的水平后，其继续发掘本土市场的边际回报要显著高于边际收益，为进一步扩大其收入，企业往往会选择开拓国际市场，从而引发了企业的投资行为；在面对跨国商品经营贸易壁垒的情况下，企业往往会选择在市场所在国投资设厂的方式来实现本土化经营，这避开了商品进口国的贸易壁垒限制，实现了企业市场规模的扩张。被动式的市场导向型投资是企业在竞争对手压力下作出的选择。当企业的竞争者选择开拓海外市场时，企业为保持自身的地位，必须采取跟随策略，跟进竞争者的东道国投资，同时国内市场的激烈竞争也会成为企业跨国投资的驱动因素。

2. 要素导向型投资

要素导向型投资是跨国企业为廉价高效地获取其生产过程中必需的要素供应而开展的投资行为。进一步看，可以将这种投资划分为寻求稀缺自然资源的投资、获取低成本生产要素的投资和获取先进技术的投资。企业寻求自然资源的要素导向投资的目的是获取企业所在国内或国际市场上较为稀缺的自然资源，进行这种投资企业的所在国一般自然资源储量有限，这限制了企业的发展，因此对于企业来讲实现对稀缺资源的掌控就显得尤为重要。寻求低成本生产要素的投资主要表现是对低成本劳动力资源的获取，相对来讲，跨国公司都具有相对丰厚的资本，并希望通过降低劳动力成本来实现生产的总成本降低，因此跨国公司会选择劳动力成本较低的区域进行产品生产。对技术的获得也是跨国公司投资的主要动因之一，跨国公司以自身丰厚的财力基础对他国具有技术优势的企业进行收购，从而实现自身技术水平的提高。

3. 效率导向型投资

效率导向型投资指的是企业为实现自身生产效率的提高而进行的跨国投资行为，企业效率的提高可以通过企业成本降低和规模经济两种方式实现。从成本降低的角度看，企业在国外投资设厂直接生产可以降低产品的运输成本、劳动力成本和进出口相关的税务成本，压缩企业的生产时间并实现企业生产效率的提高；从规模经济的角度看，企业的跨国投资行为实现了企业市场规模的扩大并带动了企业生产规模的扩张，这在一定范围内降低了企业生产的边际成本和平均成本，从而使企业的生产效率得到提高，获得了规模收益。

4. 企业长期发展战略导向型投资

从企业追求自身长期发展看，实施全球范围的资产配置是企业的重要选择。通过将资产进行全球配置，企业能够分散集中生产所带来的外部风险，并获得更为广阔的战略发展空间。跨国公司将资产投资到新兴国家使其能够享受新兴国家发展所带来的长期发展红利。当然，企业的长期发展投资必须要和其长期发展战略整体利益保持一致。

（三）经济因素

跨国投资对投资的根本目的是获取短期或中长期经济收益，因此在投资过程中，经济因素是跨国投资区位选择中最根本的因素。影响企业跨国投资的经济因素主要包括市场因素、聚集因素、劳动力因素及技术和创新环境因素。

1. 市场因素

市场因素是跨国公司进行跨国投资区位选择的直接因素，相较于成本的降低，跨国公司更关心投资带来的市场扩大和收益增加，缺乏广阔市场纵使该地区的生产成本再低也是毫无意义的。传统的跨国投资行为主要是欧美日等发国家的跨国公司主导的，这些跨国公司在投资区位选择中，优先考虑的就是投资东道国的市场规模，其次才会考虑东道国的生产成本。对企业来讲，市场规模直接影响企业经营的长期发展态势。企业跨国经营通常要比在本土经营面对更大的不确定性，这也意味着更高的隐性成本，因此企业实现盈利则需要更高的经营收入，则企业在投资前必须对东道国市场规模进行考察并对长期发展趋势进行预测。跨国企业往往会通过在市场所在国投资设厂的模式进行跨国经营，因此市场规模是影响企业跨国经营能否盈利最重要的因素。

2. 聚集因素

聚集因素是企业跨国投资降低生产成本、识别经济风险、提高生产效率并获得收益的重要影响因素。跨国企业在跨国投资过程中面临众多不确定性带来的风险，这包括信息的不完全性、文化和营商环境的差异性和政策的不确定性，而聚集则可以使跨国投资企业显著降低这种不确定性，并实现生产和经营效率的提高。在企业通过跨国投资生产的过程中，供应链的完整性和基础设施的完善性是企业必须考虑的因素，而企业的聚集则可以建立完整的供应链体系，实现生产环节的相互补充，提升生产的整体收益。企业聚集之处往往是基础设施相对完善的地区，这降低了企业投资生产后的仓储物流成本。企业聚集是一个低风险信号，这降低了跨国投资企业投资的不确定性，并且聚集区内企业的信息流动降低了企业的信息搜集成本。企业在聚集区内进行生产经营能够很好地帮助企业融入当地的生产经营网络，密切其与本土企业和其他跨国投资企业之间的联系，有效降低其交易成本和风险。

3. 劳动力因素

劳动力的数量和质量是企业跨国投资的重要考虑因素，这直接影响了企业生产的规模、成本和效率。产品生命周期理论认为，当产品的生产进入成熟期，企业最优的生产决策就是将产品生产转移到低劳动力成本的地区，在众多影响产品生产成本的因素中，劳动力成本是企业最多考虑的因素，低劳动力成本和大规模劳动力供给是改革开放后中国吸引国外众多企业投资设厂的重要因素。事实上，在资本全球化流动限制逐渐放宽的背景下，劳动力成本的高低是影响企业成本的最主要因素，在传统的劳动密集型产业生产中，跨国公司会在全球范围内选择劳动力数量多、成本低的国家进行生产，在高技术产业产品的生产中，跨国公司还会注意劳动力质量因素的影响。

4. 技术和创新环境因素

随着技术在产品生产中的作用越来越突出，跨国企业在产业布局中越来越关注投资东道国的技术和创新环境所带来的影响。投资东道国的技术和创新环境包括吸收投资地区的大学、企业研究单位及政府研究单位的数量和水平。这些单位在某些区位的聚集往往会产生区域技术发展和创新高地，从而对高技术企业有重大的吸引力，高技术企业与科研创新单位相结合在区域内形成"创新城"或"科技谷"，这种"创新城"或"科技谷"是区域创新的重要节点，可以为跨国公司的生产提供重要的技术支持，区域创新中心的高素质劳动力是跨国公司技术研发、产品设计、关键零部件生产的重要支持。

（四）制度因素

制度因素是影响跨国公司投资重要的"软约束"，是跨国经营成功与否的重要影响因素，在企业的跨国经营区位选择中占据着重要位置。对企业来讲，跨国投资过程中需要考虑的制度因素主要有东道国的投资政策、贸易政策及政治环境。

1. 投资政策

投资政策是与跨国投资相关的经济、法律和行政制度的总称，是所在国经济发展、社会文化环境在外商投资领域的重要体现。对外商来讲，这些政策可以分为投资限制政策和投资优惠政策。投资限制政策主要是发展中国家为维护自身经济和政治安全，通过制定一系列旨在限制外商准入的法律规定和行政制度规则，对外国投资者在本国敏感行业和领域的投资准入和规模进行限制，例如我国在金融、传媒等第三产业和国计民生重大产业中对外商投资规模和数量进行的限制。外商投资鼓励政策则主要指投资的东道国为吸引外商投资，通过税负减免、贷款利息减免、制定优惠政策等手段对外国投资进行扶持，以达到吸引外商投资的目的。

2. 贸易政策

一国的贸易开放程度直接反映了该国经济的自由开放程度，开放的进出口政策能够更好地吸引外国投资者进行投资，因此认为贸易政策会影响跨国公司的投资决策。贸易政策主要从进口和出口两方面影响跨国公司的投资决策。从进口看，当东道国采取高进口关税的贸易政策时，跨国公司往往会通过在东道国投资设厂的方式而非产品出口的方式占据东道国市场，从而推动跨国公司的跨国投资行为。但贸易壁垒在跨国投资中有较多的负面作用，例如在跨国投资生产中，贸易壁垒阻碍了生产设备、生产原料及重要零部件等的进口，使跨国投资整体进程放缓。从出口看，跨国公司利用本地劳动力成本或资源优势在向外国出口的过程中受本国出口政策和进口国进口政策影响明显。当本国对产品出口采取鼓励政策时，这种鼓励的政策可能会成为跨国公司参与国际竞争的重要优势，但当所在国对出口采取限制政策时，产品出口会因此受到阻碍。

3. 政治环境

投资东道国政局的稳定性和政策的持续性是跨国投资过程最重要的影响因素，这反映为投资东道国政府工作效率、廉洁程度、法律的完备性和执行力度、法治行为的公正性等。考虑投资东道国的政治环境是跨国投资可行性评估的决定性因素之一。由于不同国家的政治制度和发展规划有较大的差异，投资者必须先对这种差异所带来的不确定性进行考察，以防出现强制性的不可控因素导致跨国投资活动整体失败。这要求跨国公司在投资前深刻把握全球政治经济动向，深入了解投资东道国各方面制度体制的规定和这种规定的稳定性，以减少跨国投资风险。

（五）区位因素

跨国投资的区位选择主要指地理区位选择，反映了投资东道国地缘位置和自然资源要素禀赋，在跨国公司长远投资发展规划中发挥着重要作用。

1. 自然资源

自然资源的不均衡分布是造成区域经济发展差异的重要原因之一，能够便捷稳定地攫取生产所需的自然资源也是跨国投资的重要目的。自然资源是产品生产的重要原材料和能源基础，对企业的成本和生产效率具有重要影响，跨国公司往往会选择良好要素禀赋的地区进行投资。面对自然资源分布不均衡的发展局面，因地设厂和国际贸易都是跨国公司获取自然资源的重要途径，但在某些特定行业或针对某些特定资源，跨境贸易是不现实或者成本过高的，因此依资源所在地投资设厂就成为跨国公司必然的选择。例如，对于自然资源开采和加工行业来说，自然资源就是公司的产品，所以必须在资源所在国进行投资，这也是自然资源较为丰富但经济发展水平落后地区吸引投资的主要方式。对跨国公司来说，开采自然资源不但能给其带来经营利润，还能使其通过掌控初始资源影响产品生产的全链条，在一定程度上获取市场支配权力。但自然资源的开采往往伴随着风险，因为自然资源开采前期投资规模大、回报周期长，在政局动荡地区，这种投资往往伴随着比较高的风险。

2. 地缘位置

地缘位置指包括人文因素在内的地理位置和在跨国企业整体发展规划中的位置。地缘位置也是企业跨国投资必须考虑的因素，跨国企业对地理位置的选择主要考虑两个方面的因素，一个是投资地的交通便利程度，另一个是投资地在企业长期发展规划中的重要作用。从交通便利程度看，企业选择的投资地往往会选择海运、河运或陆运交通发达的地区，这能显著降低产品和原材料的运输成本，并缩短运输时间，实现生产效率的提升。从长期发展规划看，企业可能会选择离公司总部较近的地区，以减少跨国投资带来的文化、制度、社会环境等方面的差异，密切跨国投资地与公司的联系，从而减小投资风险；企业也可能选择离公司总部较远的地区，将投资地发展成企业的战略支点，从而为企业进行下一步发展计划奠定基础。

二、产业布局与区位投资决策咨询

跨国公司是在两个或更多国家从事生产经营活动的产业组织，是由包括设计和研发部门、生产部门、销售部门、管理部门等在内的多个功能部门组成，由于各部门的职能在公司内部在一定程度上相互独立，因此公司可以通过将不同部门配置到具有不同要素禀赋的地区来降低生产的成本并获得更多的收益，以此实现生产总体效益的提高。所以，对公司来讲，实现各个部门区域配置最优化是生产经营的重要内容。

（一）生产部门的区位选择

跨国公司的产品结构复杂，产品种类繁多，因此其生产复杂性程度高，不同生产模式对区位优势条件的需求大不相同，因此跨国公司需要根据产品制造过程中的要素投入种类和生产模式特点因地制宜地选择跨国投资地。例如，劳动密集型产业应选择劳动力资源丰富、价格较低的地区，资源密集型产业则应布局在原材料产地附近以降低成本，同时获得稳定的原料供应。迪肯（Dicken，2003）将企业的生产部门分为全球集中型、东道国市场集中型、专业化生产型和跨国垂直一体化生产型四类。

1. 全球集中型

全球集中型，即跨国公司的所有产品生产集中在某一个国家或地区，其产成品通过遍及全球的产品运输网络分销至全球其他国家和地区。这种跨国经营模式受国际贸易政策影响大，受贸易壁垒影响明显，因此这种模式主要适用于区域间商品要素流动通畅的地区。

2. 东道国市场集中型

东道国市场集中型，即跨国公司将产品生产过程直接布置于产品销售东道国，实现产品生产销售环节东道国内进行，这种跨国经营模式规避了贸易壁垒对跨国企业带来的困扰，在一定程度上降低了关税、运输等生产销售活动的成本，并能够对东道国市场需求进行有效响应。这种跨国经营区位选择中需要考虑东道国市场空间、发展潜力、跨国生产投资成本和制度文化差异等因素。

3. 专业化生产型

专业化生产型，是对全球集中型的进一步深化，指跨国公司在不同区域分别设立生产部门，每个生产部门负责该区域内数个国家和地区产品的生产和经营，这种区位经营决策是考虑了产品生产的规模收益、贸易壁垒、运输成本和市场容量等因素作出的决策。

4. 跨国垂直一体化生产

跨国垂直一体化生产指跨国公司通过对产品生产的全过程进行分解，将产业链分解为一个个独立的生产环节，并在考虑每个环节的生产成本主要构成的基础上，充分利用不同区域的原材料、劳动力、技术等方面的优势，实现生产过程的全球配置。在跨国垂直一体化生产中，每个区位负责不同的生产环节，实现了生产中的专业化，并显著降低了产品生产的总成本。

（二）研究与开发职能的区位选择

对于跨国公司来讲，实现技术的领先和垄断是其全球市场竞争力的重要保证，因此研发部门是公司最重要的组成部门之一。研发部门的区位选择对劳动者素质这一因素要求较高，故跨国公司多将研发部门设置在大学、研究院等科研人才丰富的地区，以保证高素质劳动力的充分供应。受不同的因素影响，跨国公司研发部门设置的区位选择主要有海外生产支撑型、技术跟踪获取型和资源导向型。

1. 海外生产支撑型

海外生产支撑型指跨国公司将公司的研发部门设置在跨国投资生产所在国，以支持产品生产能够实现技术本土化并迅速响应所在国市场出现的产品新需求。这种研发部门的设置受投资市场空间和发展潜力影响较大，因此多布局在市场规模大的区域。

2. 技术跟踪获取型

技术跟踪获取型指研发部门要设置在掌握先进技术水平的地区，以方便从东道国获取和跟踪先进技术，并从投资所在地技术外溢的过程中获利。这类研发投资的区位选择主要受投资目的地技术水平、产品市场竞争对手生产和研发的技术水平影响。在现实中，这种投资类型的研发部门多集中于技术发展水平较高、行业内生产专业化程度较高及研发能力较强的地区。多个跨国公司的研发部门在区域内聚集，会形成一个区域创新高地。

3. 资源导向型

所谓资源导向型，实际上是技术跟踪学习型的进一步发展，与技术跟踪学习型相同，资源导向型的研发部门区位设置通常会考虑投资地的科技人才数量和水平及当地的包括科研基础设施、法律政策环境在内的一系列科研环境因素。但资源导向型同时会考虑当地的劳动力成本。这种类型的研发部门在设置中通常设立在人才丰富但工资相对低廉的地区。

（三）跨国公司总部及区域总部的区位选择

1. 总部区位选择

总部是跨国公司的核心，负责制定跨国公司长期发展战略，决定跨国公司各部门区位选择并协调公司内部资金分配。同时，跨国公司总部还要负责区域信息搜集、处理和传输，处理来自全球各地的需求动向、技术发展动向等信息并及时作出反应，因此跨国公司总部的区位选择至关重要。总部的职能要求总部必须布局在交通条件优越并且政商联系密切的地区，以便与投资者、政府官员、上下游厂商甚至竞争对手随时接触。目前，大多数跨国公司都会将总部设置在全球主要城市，特别是发达国家大城市中，这些城市是全球的政治经济文化中心。

2. 区域总部的区位选择

跨国公司为了便于管理，会通过设立一些区域总部来分担总部的一些管理职能。这些区域总部在区域内有较高的行政和组织权限，是协调跨国公司总部和不同区域职能部门的重要纽带，负责沟通协调区域内部的生产活动配置和资金配置，并搜集区域内的信息以供总部进行整体决策。与总部相同，区域总部多布局在区域内交通通信发达的大城市中。根据跨国公司的总部和区域总部与业务之间关系可以将总部分为垂直型地区总部、水平型地区总部。

垂直型地区总部主要强调了总部的权威和支配力，在垂直型地区总部模式下，分布于全球各地的业务组织部门将区域内的信息向区域总部报告，区域总部搜集并整理区域内相关信息后将信息直接上报给总部，由总部综合所有信息并对不同区域业务部门的经营和发展方向进行决策。垂直型地区总部主要有如下特点：第一，公司总部和业务部门的层级关系明显，表现为一个金字塔式的公司管理架构，业务部门是公司经营的基础，总部负责整体发展经营的决策，区域总部是负责信息传达的纽带；第二，公司中纵向联系远远大于横向联系，公司区域内和不同区域间的业务部门联系较少，统一服从公司总部的决策；第三，公司总部决策职能专精化，公司中全球生产经营决策的重要性要远远大于地区生产经营决策，区域业务部门的发展要服从公司全球经营战略。

水平型地区总部模式下，区域经营单位具有较高的自主决策权限，公司区域总部主要负责协调区域单位的经营活动。水平型地区总部模式主要有如下特点：第一，总部和经营单位间不存在明显的层级关系；第二，业务单位间的横向联系的密切程度要大于与总部间的密切程度；第三，总部在公司管理中主要起居中协调区域业务部门发展的作用；第四，区域发展的重要性可能要大于公司全球发展的重要性。

三、中国企业跨国投资区位选择及投资决策

对外投资区位选择是中国企业"走出去"实现跨境经营的重要决策影响因素，企业要实现国际化经营和发展，其发展战略的重要基础之一就是做好跨国投资战略。根据全球经济形势现状和发展特点及我国国内产业结构转型升级发展趋势，我国企业在跨国投资中应重点考察投资区域、投资国家和投资领域，使企业的跨国投资活动与全球经济发展形势和国家发展战略相一致。具体看，我国企业跨国投资应重点关注先进制造业、技术密集产业和市场蓝海等领域和地区，在国家的整体发展战略下积极开展资源开发等合作。在企业跨国投资的过程中，政府应积极主动作为，与相关国家在商贸领域建立密切关系，通过设立境外经贸合作区等形式，推动走出去企业在海外投资中开展研发与科技智力合作，开展对外资源开发与合作，并积极推动有竞争力的服务业企业走出去，最终实现我国海外投资整体水平的提高并提升其发展空间。因此，我国企业实施跨国投资过程中，应针对发展中国家、发达国家实施不同的投资选择，并加大对东欧地区和俄罗斯及独联体国家的投资。

（一）中国企业跨国投资的区位选择

1. 传统加工贸易产业转移型区位选择

我国的传统加工贸易行业特别是劳动密集型加工贸易行业发展水平较高，但在全国产业转型升级的背景下，这种产业的边际收益不断下降。这些产业包括轻纺工业、低端农机组装生产行业、家用电器装配制造业等机电、轻工业和服装产业。这些产业的成本受劳动力价格变动影响明显，其边际收益下降的主要原因是近年来我国国内劳动力价格不断上升。考虑这一具体原因，这些产业应该在劳动力相对较低的区域进行布局，因此其投资最佳区位选择应该是东南亚、南美、中亚及非洲的发展中国家。这些国家具有相对充裕且价格低廉的劳动力资源，在这些国家进行投资可以显著降低企业的生产成本。并且，这些国家国内资本相对缺乏，国内产业发展水平相对较低，传统加工贸易产业向这些国家进行转移可以调整其产业结构并促进就业，最终促进其经济的发展。同时，实现传统加工贸易产业的转移可以实现我国产业链条的外部延伸，增强产业整体竞争力，为我国产业转型升级奠定基础。这种产业转移实现了东道国和投资国的双赢。

2. 资源寻求型区位选择

资源寻求型区位选择下，企业对外投资的目标是掌握对经济发展至关重要的能源和生产原料，包括石油、天然气、矿业资源、林业资源、渔业资源、种植业资源等，以满足我国经济进一步发展的需求。这种跨国投资的基础动机是补充国内相对短缺的资源，为企业发展谋求更大的发展空间，因此这种投资要重点投向资源禀赋相对富裕的国家。在实际操作中，为寻求能源供应，企业应该重点投资中东国家、中亚国家、俄罗斯和部分非洲国家；为寻求矿产资源工业发展，应对全球主要矿石原料出口国进行投资；为保证林业资源供应，应对全球木材主要出口国，如东南亚国家及拉丁美洲国家进行投资。

3. 技术导向型投资的区位选择

从国家整体发展战略看，技术是产业转型升级的重要保障，追踪学习国外技术并推动自主创新是突破发达国家技术封锁的重要手段，因此应积极推动本土企业在国外技术创新高地布局，建立海外技术培育和创新基地，跟踪学习世界先进的管理经验和技术发展动向。而对跨国企业来说，在技术资源密集地区进行布局可以很好地获益于技术发展的溢出效应，推动技术导向的跨国投资有利于自身技术进步，实现自身产业发展和生产效率的提高。目前，美国在微电子等信息产业领域的技术水平相对较高，日本在化学、特种钢、汽车等产业具有技术优势，西欧各国也在某些领域在相当程度上掌握了技术优势。企业应根据自身的技术发展需求，积极在欧美日发达国家进行布局，实现研发部门国际化经营。

（二）对发展中国家的投资决策

1. 基于比较优势的投资决策

根据美国经济学家威尔斯的小规模技术理论，发展中国家参与国际竞争有低成本优势和为小规模市场提供服务的低规模技术生产优势，这种成本优势和技术优势满足了相对低发展水平国家的需要。原因在于，相对低发展水平国家其市场容量相对有限，且其居民收入水平相对较低，对于这种市场，大型的跨国企业往往基于成本收益的原则而愿意进入，这给部分发展中国家小规模跨国公司提供了机遇。其可以凭借拥有的提供小规模市场的技术优势和生产经验及产品成本优势，实现在这些市场经营中的正向收益。英国经济学家拉奥认为，不同国家跨国公司的技术特点具有鲜明的国家特征，这种特征在发达国家和发展中国家间具有明显差异，因此发达国家的跨国企业进入发展中国家市场需要做的技术调整要远大于发展中国家的跨国企业，这形成了发展中国家跨国企业对其他发展中国家进行跨国投资的技术优势。拉奥的理论被称为技术地方化理论，在技术地方化理论的支持下，发展中国家跨国企业对发展中国家进行的投资活动符合其技术研发基本环境，减少了跨境生产需要的技术调整成本，使企业能够迅速适应新市场中的新需求，从而形成了一定的比较竞争优势。

上述两个理论的基础是在针对发展中国家投资发达国家和发展中国家跨国企业的比较优势，即发展中国家的跨国企业相对更低的劳动成本和技术成本。同时，实现发展中国家跨国企业投资于其他发展中国家，其亦需要具备一定的比较优势，这主要表现为技术发展水平和生产效率。上述两个理论是实现发展中国家跨国企业对外投资的重要理论支撑，对我国企业实施"走出去"活动有重要的指导作用。凭借完备的工业体系、相对先进的技术优势及相对先进的管理水平，中国企业在东亚、东南亚、非洲等有着相当强的比较优势，尤其是在一些诸如轻纺工业、机电产业等传统优势产业中比较优势明显，实现中国比较优势产业的全球转移，既是寻求新市场实现新增长的必然选择，也是促进国内产业结构转型升级，提高产业发展边际收益，实现内循环和外循环双向促进的必然要求。在产业转移中，中国企业可以利用东道国相对低廉的劳动力资源和丰富的能源资源降低生产成本，也可以直接在国内生产后出口至这些国家。

2. 基于边际利润的投资决策

中国许多产业发展进入边际成本上升、边际收入下降阶段，这是产业发展进入成熟阶段的表现，但这种趋势不利于企业长远发展，因此企业必须利用现有的技术、生产、管理、营销等方面的优势开拓新市场。中国的轻纺工业、机电工业和初级加工制造业发展水平较高，在部分行业和领域已经达到国际先进水平，同时也出现了较为严重的产能过剩状态，这些产能过剩的行业和领域主要表现在冰箱、洗衣机、空调、电视等家用电器领域及纺织业领域。产能过剩给企业最大的障碍是边际收益下降。因此，生产销售这些产品的行业和企业应积极开拓国际市场，将过剩的制造能力和生产出的过剩产品转移到新市场，以提升边际利润。具体看，企业可以在东道国设立独资企业或与东道国企业合资设厂，开展境外加工贸易实施当地化生产经营战略，也可以实施本土加工跨国运输实现对新市场的占领。上述战略的实施有利于企业发挥自身比较优势实现更大发展，并实现国内产业整体转型升级。

（三）对发达国家的跨国投资决策

国内企业对发达国家进行投资同样具有相当的优势。对发达国家进行投资可以获取先进的技术和管理经验，并且依托中国企业的成本优势，可以实现中国企业对发达国家的市场进入。

1. 基于技术和资源获取的投资决策

通常认为，西欧诸国、美国、澳大利亚和加拿大等发达国家的企业在技术、资金、创新能力和管理经验上具有显著的优势，同时这些国家往往还拥有较为丰富的自然资源。国内跨国企业在这些国家进行投资往往会通过合资经营的形式，目的是获取先进的技术和管理经验，推动自身经营水平和创新能力的提升，同时可以获得丰富的生产原料，以确保自身生产安全。从实践上看，部分国内企业已经在发达国家进行了投资并取得了良好的效果，帮助企业提升自身技术水平并掌握市场动态和技术发展趋势，使企业的产品能够更好地适应发达国家市场的需求，并具有相当的竞争能力。

2. 基于市场和融资的跨国投资决策

发达国家具有完善且庞大的消费市场和金融市场，在经济全球化发展的大背景下，区域集团化发展明显，区域内部经济、贸易和投资自由化趋势明显，但区域间贸易壁垒依然严重。为规避区域经济壁垒，企业必须进行跨国投资，在区域内直接设立公司以获得发达国家区域内的各种政策和制度优惠。

第三章

双循环战略与"一带一路"倡议

第一节 双循环战略与项目投资

一、双循环战略与开放型经济发展

（一）经济循环模式的发展历程

经济循环是各国经济发展中特别关注的问题，实现经济良性循环是经济可持续发展的重要体现，对经济循环模式的改善就是对经济发展模式的改善。经济循环有外循环和内循环之分。传统经济多以内循环为主，但随着全球贸易的发展，经济外循环在经济中的位置越来越重要。17 世纪以来的全球主要强国如荷兰、英国、美国和日本等都是依靠发展对外贸易实现国家经济发展的。在经济全球化的潮流下，融入全球市场体系越来越成为一个国家快速成长的必然选择。但内循环在国家经济中的重要性始终不容忽视，经济全球化主要受益国家如美国、日本等将扩大内需、完善国内产业链体系作为实现经济发展的重要手段。我国政府在宏观调控中将建立内循环和外循环双向互济的经济体系作为重要目标。建立双循环发展格局在新中国成立七十余年经济建设经验总结的基础上，针对国际经济发展动向作出的重要战略调整。理解双循环发展战略，就要了解新中国成立七十余年来我国经济发展的阶段特征和经济循环特点。

1. 新中国成立之后的内循环发展模式

新中国成立之初，在苏联的影响和指导下，我国建立了以工业化为导向的内循环发展模式，并从苏联引进了大量机械设备。在三个五年计划的基础上，我国的工业化战略取得了显著的成就，初步使我国从一个农业国转变为一个工业国。抗美援朝战争的爆发使西方国家加紧了对我国的政治和经济封锁，我国对外开放的进程被迫放缓。20 世纪 60 年代后，随着中苏交恶，中国对外开放进程完全中断。面临国内外的威胁，中国出于自身政治经济安全的角度考量，在国内大规模进行"三线建设"，即在中西部地区大规模建设基础设施，将工业、技术等经济建设重点转移到西南、西北等内陆地区，这显著地改变了中国生产力布局结构。

受中西部经济基础和自然环境条件影响，这一阶段我国经济发展趋缓，但内循环的经济建设方案完善了我国的工业体系，保障了我国的经济安全。单纯依靠内循环、重点发展工业的经济建设思路造成了我国经济区域、产业发展失衡，这成为后续城乡、区域和产业发展不平衡不充分的重要影响因素。

2. 20 世纪 70 年代后的有限外循环发展模式

20 世纪 70 年代后，中国对外关系取得了一定突破。1971 年，中国恢复了联合国合法席位，中国迎来了建交的第二次高峰，与许多西方国家和东南亚国家建立了外交关系。1972 年，尼克松访华，这标志着新中国成立以来西方国家对中国外交和经济封锁正式被打破，同时中美关系进入了"外交蜜月期"。外交困局的破解使我国加强与西方国家的经济联系，1973 年开始，我国出于发展国内民生建设的需要，从西方国家引进了一批与民生发展有关的民用工业设备，以满足国民在吃穿用方面的需求，这是新中国成立后第二次大规模设备引进工作，这是经济建设的"43 方案"，即为解决人民群众的吃饭穿衣问题，拟用 3～5 年时间从西方发达国家引进总价值为 43 亿美元的成套设备。与"三线建设"相对应，这次建设的重点是东部地区，主要发展民生相关产业。

"四三方案"将经济建设的重心由重工业转向民用工业，这是基于国内经济发展和国际局势作出的重要调整，以东部为中心的经济建设思路也改善了我国经济发展空间配置格局。在这一阶段，尽管我国同西方国家间的联系日益密切，但在经济建设中始终是坚持内循环的发展思路，外循环只是内循环的有益补充，在经济中影响有限。

3. 改革开放初期的城乡循环思路

新中国成立后的计划经济在相当程度上锁死了民间范围内的城乡要素流动性，人为地创造了国内城市循环和乡村循环并存的二元经济体系，在造成乡村经济发展停滞的同时也极大地浪费了农村剩余劳动力资源。改革开放是从农村开始，包产到户的农业经营模式改革解放了农村的生产力，使农村出现了大量剩余劳动力，随着改革开放将重心转移到城市，城乡间要素流动渠道逐步打开，农村劳动力资源转移到城镇促进了城镇经济建设发展，带动产生了一大批乡镇企业，使城乡经济循环体系逐渐建立起来，并在国民经济总体发展中发挥着越来越大的作用。

与城乡经济循环同时发展的是经济外循环。在改革开放初期，外资进入国内渠道相对较少，外资企业主要通过发包订单的方式参与我国经济循环，且其占比较低，这个阶段我国参与国际经济循环的产业主要集中于矿业、林业等资源性产品初级加工产业和轻纺工业等劳动密集型产业。由于东部地区在开放中有先导的政策优势，其经济发展水平和速度要领先于中西部地区。但是受开放的水平和规模所限，这一阶段我国产业发展长期停留在全球产业链、价值链底端。

4. 20 世纪 90 年代以后外循环为主的经济结构

20 世纪 90 年代后，中国特色社会主义市场经济体制建设成果显著，这极大地刺激了跨国企业在中国投资的进程，经济外循环在中国经济整体循环中的作用越发突出。2001 年中国正式加入世界贸易组织，这标志着中国对外开放进入新阶段。加入 WTO 以后，外循环逐渐在中国经济大循环中占据主导地位，中国企业快速融入全球贸易和产业体系中，外商投资中国的作用也越发突出，中国经济发展越来越呈现外向型经济特征。在这一时期，中国企业往往通过"抱团取暖"的方式应对国际上下游产业压力，众多具有生产联系或生产产品相同的企业在区域内聚集形成区域制造业集群，彼此间共享信息和基础设施，集群内的企业在地方政府或自发组织下加入全球产业链体系，在一定程度上增强了企业在全球产业链中的议价能力。

这一阶段招商引资的主要方式是以"市场换技术"和"以政策换投资"，凭借强大的国内市场和有力的政策支持，中国吸引了大量外国企业在华投资，并依靠技术发展的溢出效应和产业的带动效应有效促进了国内产业发展和升级，缓解了我国技术水平低、资本相对短缺的状况。产业升级培养了我国内需潜力，促进了我国内需发展。这一阶段以外循环为主的经济发展模式符合我国经济基础和国际经济形势的要求，取得了相当的成就，为双循环经济结构的形成奠定了经济基础，但随着国内经济发展水平的提高，这种严重依靠外部市场的经济发展模式的弊端也逐渐显露。

（二）双循环经济发展的现状和目标

1. 畅通国民经济大循环

2020年5月14日，中共中央政治局常委会会议提出"构建国内国际双循环相互促进的新发展格局"战略。形成经济发展的双循环格局，就是要进一步完善国内经济大循环的基础上，实施更高水平的对外开放政策，实现外循环和内循环有机统一，相互促进，共同发展。这就要求畅通国际国内消费市场、资金市场和产品市场，进一步清理影响国际国内要素流动的各种阻碍，实现"引进来"和"走出去"双向并举，并以更大的政策支持力度促进本土企业走出去参与国际竞争，最终建立统一、竞争、开放、有序的市场体系，形成立足于国内大循环的双循环经济体系。

"双循环发展"战略是基于国内经济发展变化和国际经济形势变动作出的重要抉择，是综合当前国内发展现状和长期经济发展战略作出的重要抉择。双循环战略要求激活城乡消费市场潜力，促进要素市场一体化建设，并营造市场化、法治化、国际化的营商环境。

从激活城乡消费市场潜力看，城乡经济二元结构已成为中国经济进一步发展的重要阻碍，破除城乡二元经济结构有利于进一步释放农村消费潜力，构建产业自由流动的新发展格局。推动城乡居民可支配收入同步增长是培育市场需求潜力的关键，也是激发内需带动经济发展的重要举措。这要求通过实施一系列改革来破除旧有的制度藩篱，推动城乡要素自由流动，落实"以工促农、以城带乡"的经济发展战略，在培育城市中等收入群体的同时大力促进农村居民收入增加，通过激活农村消费潜力实现需求侧长远发展。

从要素市场化建设上看，加快要素市场化定价，促进要素自由流动是建立要素市场一体化建设的关键，也是畅通国内大循环的必然要求。2020年，《中共中央、国务院关于构建更加完善的要素市场化配置体制机制的意见》对要素市场化定价并推动要素自由流动提出了指导意见，有力推动了国内要素市场一体化建设的进程。

从培育营商环境看，在全球经济形势动荡、区域保护主义抬头的背景下，要进一步推动国内市场体系建设，增强国内经济对外商外资的吸引力，保障在国际经济形势变动下国内经济稳定发展，培育市场化、法治化和国际化营商环境，更好地激发经济发展的内在活力，推动产业发展和要素流动，保证市场在资源配置中的决定性作用的同时，实现市场配置结构改善和效率提升。因此，需要政府更好地发挥作用，做好引导工作并对产业政策适时调整，引导产业结构优化升级，积极参与相关国际贸易协定。

2. 促进国内国际双循环发展

双循环发展新格局，是立足于国内大循环推动高质量对外开放建立的国内国际双循环发展的战略格局，是面对经济全球化新特点新趋势，基于自身发展与安全考量作出的重要抉择。面对全球经济发展停滞甚至衰退的局面，中国发展自身循环体系，既是寻求中国远期发展前景的必然要求，也是以自身经济发展带动全球经济进步的应有担当。作为全球第二大经济体，中国经济的影响力早已超越国界范围，成为驱动世界经济发展最重要的引擎之一。通过双循环战略，中国能凭借自身的市场规模和潜力优势，通过主动扩大内需，积极鼓励进出口，促进"引进来"和"走出去"，清理要素流动的各种阻碍，实现以本国产出和需求增加，拉动全球经济发展水平提高并创造良好的全球经济发展环境。

国内经济循环和国际经济循环是彼此依赖，对立统一的。在全球产业链和价值链体系调整、贸易保护主义抬头、全球经济区域集团化发展趋势显著的背景下，实施高水平的对外开放，能够有效加强与相关国家的经贸关系，提升中国在全球产业链和价值链中的地位，加强全球产业链体系对中国产品和消费市场的黏性。充分发展国家战略布局，发挥经济发展水平较高地区在全国经济发展中带动和引领作用，构建创新链和价值链体系，加强区域间分工合作。因此，要落实区域经济在全球经济合作中的重要地位，加强东部沿海地区与日本、韩国的经贸关系，构建基于技术的新的经贸合作关系，鼓励粤港澳地区加强与东盟诸国的经济合作；推动中西部地区承接东部的产业转移。鼓励创新产业集聚，打造区域创新高地，以政策支持企业参与全球经济科技竞争，提升国家在全球创新链体系中的地位。

(三) 双循环战略和开放型经济作用机理

习近平总书记指出，要充分发挥中国超大规模市场的优势和内需潜力，形成以国内大循环为主体、国内国际双循环相互促进的新发展格局。新发展格局顺应了世界百年未有之大变局，服务于中华民族伟大复兴的战略全局。在新发展格局下，应进一步通畅国内经济大循环，完善国内供应链、产业链、价值链和创新链，并以国内大循环为基础推动国内国际双循环发展，形成更高水平的对外开放格局。

经济活动本质上是一个基于价值增值活动的资金、商品和信息在市场经济主体中循环流动的过程。政治经济学将经济活动划分为生产、分配、交换和消费等环节，各环节相互衔接，形成了一个动态循环周而复始的过程。以是否存在对外贸易为标准，可以将经济体划分为封闭经济体和开放经济体。在经济现实中，完全封闭的经济几乎不存在，现代市场制度要求各国同他国进行贸易以提升本国的福利水平。因此，经济内循环和外循环叠加的状态是现代国家的常态。在经济全球化的当下，参与全球经济循环已经成为世界各国的必然选择。同时，参与全球经济循环也是实现本国经济良性发展的必然要求。在开放型经济下，国家参与全球经济大循环程度是一个国家发展战略导向的重要表现。实施出口导向战略为许多国家实现国内经济发展积累了第一笔资源。在全球经济循环中，出口导向是对初级产品导向战略的发展，与初级产品导向战略最大的不同是其具有一定的可持续性和发展性。但出口导向型战略下本国经济受海外市场影响严重，从国家经济的安全性角度考虑，单纯追求出口导向忽视培育本国市场是不安全也是不可取的。一个国家经济发展到一定阶段，就必须重视内需，重视培育本国产业发展潜力和消费潜力，形成以本国内循环为支撑的外向型经济体制。

改革开放四十余年特别是加入 WTO 以来，中国通过参与全球产业链和价值链体系，在国内劳动力成本比较优势的支持下，通过积极发展出口导向型经济实现了经济总体的高速增长。但这种增长是以高能耗和高污染为代价的，并且这种单纯依靠劳动力成本形成比较优势、高度依赖国际经济发展外部环境的粗放式增长模式，使得我国经济长期处于全球产业链、价值链和供应链底端。随着劳动力成本逐渐上升，传统的发展模式弊端逐渐显现，核心技术缺失、产业基础薄弱、国内市场有效需求不足等问题进一步暴露，转变经济发展模式已经成为当务之急。构建以国内大循环为主体、国内国际双循环相互促进的新发展格局，是对我国经济发展战略由出口导向转向内需支撑的重要转型，也是对我国建立开放型经济新体制发展目标的重要规划。在双循环格局下，政府要以国内循环为基础，调整对外开放的结构，提升对外开放的质量，实现更大程度和更高水平的对外开放，形成内循环和外循环相互促进，共同增长。

二、双循环战略与产业链安全

(一) 双循环与产业链的关系

1. 产业链——经济循环的载体

产业链是经济循环表现形式和载体，分析双循环发展新格局，要从产业链的角度，分析产业链上下游企业间的勾稽关系。产业链是由生产中具有一定联系的产业集群所构成，这些产业集群是由服务于某种特定的最终需求而从事某种特定产品生产全过程中具体环节的企业所构成。在现代产业链体系下，一个完整的产业链包括原材料、中间品和最终产品生产、销售和消费多个环节，产业链是一个动态联系的有机整体，产业链体系中的企业相互联系、相互依存、对立统一，这些企业在最终产品生产过程中有高度的相关性，彼此间通过产业链渠道实现信息和物质生产要素的交换，产业链和产业链之间相互联结，形成一个产业网。

2. 产业链利益主体——经济循环的主体

产业链各个生产环节的利益相关主体被称为循环主体。按照循环主体与产业链的利益相关关系的不同，可以将其分为直接相关者和间接相关者。直接相关者是从事产业生产的直接部门，主要由产品生产链条中的生产企业构成；间接相关者是服务于生产活动但不从事产品生产的部门，包括政府部门、科研机构和金融部门等。同时，直接利益相关者对产业链的影响能力存在较大差异，其中在产业链中具有较强影响能力的企业被称为核心企业，其可以通过自身掌握的资源和技术及自身生产规模对产业链整体活动进行控制。

3. 产业链循环——经济循环的基础

要素和产品在产业链上各个利益相关主体间进行流动，形成了产业链循环，产品生产原料经过产业链中各个企业的加工实现了增值，并产出最终产品。总的来看，产业链生产全环节是原材料生产、中间产品生产、最终产品生产及服务于这些产品生产的运输、批发和零售等活动的集合。

自新中国成立以来，我国就致力于建立完整的产业体系，实现对产业链全环节自主可控，这有效地保障了我国经济发展和安全。目前，我国已建成全球最全的工业体系，具有联合国产业分类中的 39 个大类、191 个中类、525 个小类的所有产业，在相当多重点行业和领域形成较为健全的产业链体系。2015年，中国工业产值超过排名第二和第三的美日两国之和。技术是连接产业链体系的核心，实现技术进步是保障宏观经济稳定发展的重要基础，2015—2019年，我国全社会研发经费支出由 1.42 万亿元增加至 2.21 万亿元，研发投入在GDP 中的比重由 2.06% 上升至 2.23%，全球创新指数排名从 2015 年的第 29位跃升至 2020 年的第 14 位。实现技术特别是关键技术可控是支撑我国经济内循环的重要基础，也是在经济外循环中占据优势地位的重要保障。

4. 经济内循环、外循环和双循环

所谓内循环，是指产业链的主体基本都是国内企业，产品从生产到销售全环节基本上都是在国内完成的。所谓外循环，是指产业链从上游到下游基本上都是国外企业，产品生产是由国外完成。国内国际双循环是指国内循环产业链条与国际循环产业链条实现了有机融合，国内产业链体系的产品生产融入了其他国家企业的劳动成果，国际产业链活动的正常进行也需要国内企业参与。双循环是单纯国内循环或单纯国际循环的延伸和发展，是一个国家融入全球产业体系的重要标志。国内国际双循环的核心企业是全球主要跨国公司，这些跨国公司通过研发技术、开发品牌和订立技术标准，成为产业链体系中占据支配地位的产业，并主导整个产业链的活动。

国内经济大循环和国内国际经济双循环相辅相成。国际国内经济双循环为国内经济大循环提供了生产所需的原材料和技术，并提供了更为广阔的海外市场，是国内经济大循环的重要补充和推动力量，推动了企业发展进步和产业整体转型升级；国内经济大循环为国内国际双循环提供广阔的内需动力和发展的基本保障，是国内企业在国内外开展生产活动的基础。

（二）双循环格局下保障产业链安全的策略

在产业链地位方面，2020 年《财富》杂志评选的世界五百强企业中，我国占据 124 席，首次超越美国成为五百强企业数量最多的国家，标志着我国在全球产业链体系中占据重要地位。但我国产业链提升和拓展面临着严峻的挑战，部分行业和领域进入发展的"天花板"。在智能化、信息化技术推动下，传统的劳动力成本在生产中的重要性不断降低，加之我国劳动力红利逐渐消散，我国企业参与国际竞争的比较优势减弱，在贸易保护主义和经济封闭主义抬头的趋势下，许多发达国家政府正积极落实鼓励全球产业回流的政策。这严重影响了我国参与国际经济循环的进程。同时，国际政治环境恶化也对国际经济发展造成了不良影响，经济越来越成为全球政治斗争的工具，美国等发达国家通过技术封锁、贸易封锁和经济制裁阻碍中国经济正常发展，也造成全球产业链体系外力阻断，影响全球经济发展。面对经济发展新局面，中国需要进一步增强产业链体系的抗风险能力和可控性，构建基于产业链的产业集群体系，推动投资贸易便利化发展并维护自身重要产业链安全。

1. 增强产业链体系抗风险能力和可控性

我国经济结构不断改善，内需在经济中的作用越发突出，消费在经济增长中的贡献率达 57.8%，同时为我国培育了一批中等收入群体。内需的扩大反映了我国经济结构不断改善，经济发展潜力也逐渐释放，并显著降低了我国对外需的依赖程度，这在全球政治经济形势动荡的背景下保障了经济发展与安全。中等收入群体的扩大提升了对经济安全性和保障性的需求。因此，我国必须建立完善的产业链体系并保障产业链体系的抗风险能力，减少外部环境剧烈变动对经济总体的影响，这是实现我国经济长远发展和社会稳定的必然要求。这要求在顶层设计层面对产业链布局进行精准优化，通过完善的物流体系链接产业链网络上各个单位，实现产业链生产高效有序衔接，并针对产业链薄弱链条建立备份机制，降低断链和阻塞风险。

2. 以创新为基础推动产业链升级

技术是产业的立足之本，推动技术升级是产业链结构改善和效率提高的必然要求，保证核心技术自主可控是维护产业链自主可控的必然要求。要将技术创新作为产业链稳定和升级的支撑力量，因此应积极吸收国际先进技术和做好技术自研工作。在这个过程中，要积极学习借鉴国际先进技术和管理经验，并将其针对我国产业发展特点进行本土化改造。在关键行业和领域要做好自主研发和技术攻关工作，实现关键技术独立自主可控，以技术自立保证国家产业链安全，以技术进步推动产业链升级发展。同时还应做好低端产业链转型升级工作，通过传统技术迭代升级，充分提升低端产业链生产效率，在技术的帮助下实现低端产业链向高端演进。要进一步推动供给侧结构性改革进程，以供给侧结构性改革创造新需求，进一步释放需求潜力。在经济发展新阶段下，以数字经济为主要特征的新兴产业已超越传统产业成为我国经济发展的重要支撑，其通过不断创造新产品新业态带动产业转型升级和需求扩张。因此，应顺应产业转型趋势，加快数字经济发展和应用力度。应进一步创新产业发展理念，以"互联网＋产业链"为抓手，推动产业链体系智能化、信息化和高端化发展，实现产业链质量提升和效率提升，补齐产业链短板，以产业链内外循环高效稳定应对国内外经济形势变动，防范突发重大负面事项对产业链整体的冲击。

发挥新型举国体制在技术攻关和应用方面的优势，鼓励支持并引导企业技术创新和产品迭代，通过掌握核心技术提升对产业链活动整体把控能力，增强参与国际经济竞争硬实力。拓展生产活动广度，在保障进口产品国产替代的基础上，推动产品国际化。促进产业链体系精细化发展，由中国制造转向中国"智造"和中国创造，提高生产的专业化水平和附加价值，实现全球产业链转型升级。

3. 在"一带一路"倡议合作框架下建立以产业链为连接的产业集群

产业集群是指一批具有竞争与合作关系的生产与加工企业、专业化基础设施供应商、专业化原材料供应商、服务供应商、科研机构、专业化培训机构、信息服务企业等交互关联性机构在特定区域高度聚集的现象。产业链集群的出现有利于降低企业要素交换、信息搜集和资源获取成本。这在提升基础设施使用效率的同时降低了企业的交通、物流、通信等生产辅助成本，并提升了集群内企业整体议价能力，实现集群内企业整体的规模收益，有效维护产业链和供应链整体的稳定性。

4. 通过投资贸易便利化促进国内国际双循环

在全面开放格局的构建过程中，自由贸易试验区和自由贸易港的建设发挥着重要的作用。自由贸易区建设的基本规则是"法无禁止即可为"，通过落实"负面清单"制度和"准入前国民待遇"原则，自由贸易区建设极大地推动了贸易自由化和投资便利化发展。目前我国自由贸易区建设成果显著，基本建成覆盖全国的自由贸易试验区体系。

5. 制定策略保障重要产业链自主可控

产业链稳定和安全是经济安全的核心和关键，通过制定各种预防性政策防止外部势力控制产业链引发的各种风险是实现产业链稳定和安全需要重点考虑的内容。改革开放以来，中国经济取得了相当的成就，人均 GDP 从 1978 年的 385 美元提升至 1 万美元以上，并在许多产业和领域占据了领先地位，是推动世界经济发展的重要引擎。但成就背后也存在着相当的危机。总体看，中国经济发展多是在西方发达国家主导的国际经济框架中进行的，经济发展水平的提升使中国与这套本质上是为了服务于西方发达国家的框架联系越发密切，使中国的产业链体系受西方的影响加深。同时，尽管中国在部分产业具有全球领先的优势地位，但在相当一部分产业还是受到西方主导的产业链体系制约。要在国家发展战略的指引下，实现产业链自主可控，增强中国企业在全球产业链中的权重和地位，防止关乎国计民生的重要产业链被外部势力把控。

三、双循环战略与高质量投资

（一）双循环战略和中国经济高质量发展

1. 内循环在经济发展中的主体作用越发突出

改革开放四十余年来，中国经济在取得相当发展成就的同时，经济的发展环境和基础特征也发生了重要变化。这主要表现为我国经济发展由改革开放之初的资本不足转变为资本富余，生产技术也取得了长足的发展，而劳动力价格和数量红利却在逐渐消散，能源和资源也成为制约我国经济进一步发展的重要因素。同时，中国的经济基础也越发坚固，GDP 总量超过一百万亿人民币并不断提升，经济总量保持在全球第二的发展水平，综合国力水平已经位居世界前列。从产业体系上看，中国产业链和供应链体系完善，具备相当强的生产和创造能力；从消费需求看，中国是全球第二大消费市场，中等收入群体近 5 亿人，内需潜力巨大；从科技发展上看，中国企业的技术水平不断提升，研发投入水平也在不断上升，在生产快节奏进行的驱动下，各种技术迅速转化为生产力促进生产发展。

发达国家的产业回流是新技术出现并在生产中应用的结果。数字技术的发展使劳动成本在经济中的重要性下降，这为劳动力成本较高的发达国家实现产业回流创造了条件。同时生产中的技术进步模糊了全球产业链中生产环节分工关系，例如 3D 打印技术的出现使生产全环节都可以在一个生产步骤中完成，这打破了原有的产业链分工结构，并降低了基于分工的规模经济在经济中的影响力，在一定意义上促进了全球产业链体系重构。

面对全球产业链体系的重大调整，应该通过内循环保持战略定力和激活经济发展潜力，这要求进一步扩大内需，将内循环战略作为双循环发展的重要基础和根本出发点。首先，中国具有庞大的消费者群体特别是中等收入群体，中等收入群体的规模尚在不断膨胀之中；其次，中国消费市场具有较大的增长潜力，过去中国最终消费率和居民消费率都长期低于世界平均水平和发展中国家平均水平，随着经济结构的不断改善，消费在经济增长中的作用不断提升，2019 年中国最终消费率水平达到 55.4%，但尽管如此，中国的最终消费水平还是低于同期世界平均水平的 78.71% 和发展中国家平均水平的 73.9%，这表明中国消费还有较大的增长空间，内需还有较大的发展潜力。最后，产业结构的改善和经济发展潜力提升是释放中国内需潜力的重要举措，在全面深化改革和全面促进开放的大背景下，中国经济结构不断改善，这表现为城乡间、区域间经济发展和居民收入差距不断缩小，通过鼓励促进经济发展水平较低地区来缩小区域间经济发展差距能够激活经济欠发达地区的内需潜力，最终实现内需的整体扩大。

2. 以加大改革力度推动双循环发展

在国内国际双循环体系发展过程中,全球产业链联结形成的产业网放大了区域经济发展波动的影响,企业发展会受到来自全球要素市场供需扭曲和基本经济变量失衡带来的负面影响。例如对企业来讲,当某种要素的价格与这种要素的市场供需和机会成本不匹配时,企业可能会在生产中超量使用这种要素,甚至直接通过出口要素换取利益;当国内金融市场和融资效率不能满足企业自身经营需要时,企业会转向国际金融市场。防止要素配置扭曲和基本经济变量失衡对宏观经济波动的影响,就要进一步加大改革力度,推动双循环发展体系实现资源的高效配置。

我国目前有世界上最为完备的工业体系,同时有 200 余种工业产品的产量位居全球首位,但中国工业体系全而不强的特征突出,工业产品以中低端为主并在相当一部分行业出现产能过剩的情况。实现内循环在双循环发展中的支撑性作用,要进一步破除阻碍新兴产业和高端服务发展的体制机制障碍,发挥市场在资源配置中的决定性作用的同时更好地发挥政府的作用,降低生产、分配、流通和消费等各个环节的交易成本。在实现传统的劳动力、原料、资源、资本等要素高效利用的同时利用好经济发展中出现的数据、信息等新要素,通过新要素推动传统产业转型升级,并培育和发展新业态,找到经济发展新动能。推动竞争中性原则在市场中更好地发挥作用,以建立各种所有制经济共同发展平等竞争的市场环境来消除歧视性市场准入限制。进一步推进国企改革,订立行政垄断的规则并强化对其的监督。制定并实施保障企业公平竞争的政策和法律,消除不当竞争带来的资源错配。以公平的市场环境促进内循环有序进行,进一步激发市场经济主体活力,并带动双循环高效发展。

3. 实现双循环发展中的技术驱动

尖端技术是全球主要跨国公司支配产业链并垄断市场的主要支撑,在国际政治经济形势剧烈变动的大背景下,我国传统的引进、模仿、吸收、创新的"跟跑"式技术创新路线越来越难以持续,特别是在部分发达国家对我国技术封锁背景下,尖端技术的可得性越来越低。掌握关键技术对企业发展乃至国家经济安全有重要意义,在中美贸易摩擦背景下,美国对中国部分高技术企业的技术封锁严重影响了这部分企业的发展和中国产业整体转型升级。虽然我国经济总量较大，但经济基础相对较为薄弱，在一些关键技术领域仍受制于人。习近平总书记强调，"关键核心技术是要不来、买不来、讨不来的"，建立双循环发展新格局进而实现中华民族伟大复兴，必须实现技术自强。在技术攻关过程中，必须发挥市场在技术研发资源配置中的决定性作用，特别是发挥民营企业在技术创新和应用中的主动性和灵活性优势，发挥政府在技术研发和应用中的保障和引导性作用，重视人才培养和知识产权保护工作，发挥新型举国体制的优势，集中力量对关键技术领域进行技术攻关，持续鼓励原创性技术发展，实现关键核心技术自主可控，掌握技术研发创新的主动权。以国家战略性新兴产业为引导，推动数字经济、人工智能、新材料、新能源等众多技术领域和相关产业的发展。技术的发展绝对不是闭门造车，要积极主动参与国际合作，在国际经济大循环中加快构建开放型自主创新体系。

4. 以更高水平的开放促进双循环发展

坚持以高水平对外开放推动双循环发展，要积极参与国际经贸新规则的制定，参与区域经贸体系。2018 年以来，欧美日等国先后签订了一系列旨在降低区域贸易壁垒，促进区域内资源流动的贸易协定，例如日本与欧盟经济伙伴协定、美墨加协定、欧加自由贸易协定、全面与进步跨太平洋伙伴关系协定等，这些协定主要内容包括降低关税、开放服务业市场、开放市场准入、知识产权保护和环境保护等内容，是对以 WTO 为代表的传统全球贸易规则的重要补充，并在全球经济治理中发挥了新的重要的作用。建设更高质量的对外开放体系，要求积极适应全球经贸形势的新变化和新动向，参与这些协定和规则并利用这些规则帮助国内经济循环建设。一方面，要对全球经贸的发展变动进行综合研判，针对新形势中出现的新要求要积极应对，并积极改革国内经贸体系与其相适应；另一方面，要对我国经济发展的现状、发展方向和战略定位有更为清晰的认知，结合我国自身优势和需求，积极参与国际经贸领域谈判，建立由我国主导有利于我国经济长远发展的国际经贸新规则和新体系，提升我国在国际经济框架中的话语权和主动权，在全球经济发展中发出中国声音，贡献中国力量和智慧。

（二）双循环战略下项目的投资趋势

1. 更加重视新基建领域投资

新型基础设施是以新发展理念为引领，以技术创新为驱动，以信息网络为基础，面向高质量发展需要，提供数字转型、智能升级、融合创新等服务的基础设施体系。新型基础设施主要包括基于新一代信息技术演化生成的信息基础设施，是在融合应用信息技术的基础上对传统基础设施的升级式发展，用以支撑科学研究、新产业培育、技术研发等。5G基站建设、特高压、城际高速铁路和城市轨道交通、新能源汽车充电桩、大数据中心、人工智能、工业互联网七大领域是新基建主要建设领域。通过推动新型基础设施建设，能够促进产业结构转型升级并孕育经济长期发展潜力。尤其是对第五代信息通信技术、人工智能、新能源等新型基础设施领域的投资，能够较快地培育新动能，带动民间投资的发展，实现技术水平提升并提高生产效率。

发挥新型基础设施建设在产业结构转型升级中的引领和支撑性作用，一方面要紧跟制造业创新发展的新需求，另一方面要推动传统企业利用新基建实现转型升级。新型基础设施建设要积极适应制造业企业数字化智能化发展新趋势，以新趋势为引导在工业互联网、云计算平台、边缘计算平台等领域加速布局，为企业转型升级奠定重要基础；新型基础设施建设要引导传统制造业企业转型升级，要做好相关政策的适配工作，通过政策引导、财政补贴等手段引导企业利用新基建带来的新技术。企业也应积极响应政策号召，将新基建利用到企业的生产、运输和管理环节中，通过建设智能工厂、智能车间，参与工业云平台等，提升自身效率和水平，最终使新基建能够更好地服务于新业态新模式，增强企业的创新能力和竞争实力。

在新基建的建设过程中，要吸收传统基础设施建设的经验教训，增强区域间新基建建设的连续性和互通性，避免重复建设带来的资源浪费，提升新基建的发展效率，推动新基建带来的收益最大化。同时，应做好新型基础设施建设的全盘布局规划，使新基建的发展与国家区域发展战略相匹配，顺应区域城市集群化、一体化发展趋势。

2. 更加重视对科技创新领域的投资

以数字化经济为代表的技术发展新业态在经济中的影响力不断提升，成为推动经济发展的新增长点。"十四五"规划强调，坚持创新在中国式现代化建设全局中的核心地位，把科技自立自强作为国家发展的战略支撑。全球创新链体系是在跨国企业研发和生产活动全球化演进中形成的，跨国公司是全球产业链体系的支配者和驱动力量。

技术是国家经济发展和产业结构转型升级的重要基础。技术出口大国往往也是技术进口大国，技术进出口数量并不能完全反映一个国家的技术发展水平，一个国家的技术发展水平是由核心技术和尖端技术体现的，这是因为在全球创新链体系下，一个国家难以掌握链条上从低端到高端所有技术，特别是在大型复杂产品的生产中，由于部件相对较多，需要通过全球产业链体系分工生产。要集中优势资源实现在某一专业领域的先进技术垄断，并建立以我为主的产业技术发展体系。

3. 更加重视对数字产业的投资

随着数字经济的发展，许多传统产业实现了数字转型并培养了一批新兴产业，越来越多的产品、企业和产业进入数字时代。数字经济的发展培育了新的消费需求，并创造了消费活动的新模式。数字经济的发展是对经济发展传统模式的颠覆式创新，在数字经济模式下，传统的线性产业链和供应链关系被转化成一种以数据和信息为核心的一体化关系。我国已经形成一批在国际具有领先位置的标杆性数字化企业，这些企业在生产经营中广泛应用数字技术，优化产品生产和公司管理流程，提升了生产的专业性、及时性和灵活性，在促进自身效率水平提升的同时表现出显著的正向溢出效应，带动了相关产业的发展和转型升级。

数字经济的一个重要特点是其规模效应和范围效应显著，这是数字经济的载体和产品特点决定的。数字经济的载体是互联网，在互联网基础设施较为完善的情况下，增加互联网接入者的数量并不会显著提升相关成本，同时，尽管数字产品研发和创造活动初始成本较高，但在数字信息可复制、可大规模传播的特点的作用下，其产品的平均成本降低，边际成本接近于0。因此，对于数字经济领域的厂商来说，实现业务增长和利润增加，关键是大规模可接触的消费者，而中国恰恰具备着这个优势。中国完善的互联网基础设施和庞大的人口规模创造了大量"网民"，数据显示，中国网民规模、手机网民规模和社交网站活跃用户分别超过 10 亿、10 亿和 7 亿，这些都是数字经济企业的消费者或潜在消费者。便捷的线下物流体系也是中国数字经济产业发展重要依托，中国具有全球先进的物流网络体系，为国内蓬勃发展的电子商务、外卖等业态提供了重要基础，我国数字化物流体系持续发展迅速迭代升级，为数字经济持续发展提供了重要动力。

数字经济内需带动了数字经济产业进一步发展，使数字经济企业获得了规模收益，为企业技术升级奠定了重要基础，使企业在数字经济领域国际市场上有更强的竞争力。

4. 更加重视城市发展和基础设施投资

在当前中国城市发展进程中，一是城市密度和规模的提升对城市服务及治理能力提出了更大挑战，二是大都市圈和城市群的互联互通将成为中国经济增长的发力点，三是城市的发展将为我国国内大市场的建设奠定坚实的基础。基础设施也将发挥底层支撑作用，提高城市土地、空间和公共服务资源的利用效率，优化资源配置，实现城市和区域经济社会的高质量发展。

5. 更加重视激活民间投资

保持投资适度增长的关键是保持民间投资较快增长。针对当前导致民间投资持续低迷的一系列问题，围绕解决始终存在、困扰于民间投资增长的问题入手，重点关注经济发展新形势所产生的新要求，解决民间投资者在市场需求、投融资环境、创新能力、权益保障等方面存在的问题，增强民间投资信心与市场预期，引导民营企业提升创新发展能力，通过外创环境、内练筋骨，更好激发投资活力。

一是稳定民间投资的国内有效市场需求。加强基础设施、市政公用设施建设，加快培育壮大新兴产业，推进产业转型升级发展，加大对民营企业的政府采购，为民间投资创造更多有效需求，帮助民营经济渡过转型难关，避免经济下行压力对部分民营企业造成致命冲击和生存困境。

二是切实降低基础设施、公用事业领域的准入门槛，进一步拓宽民间投资渠道，调动民间投资积极性。

三是切实改善民营经济融资环境，为民营经济发展和民间资本投资开辟多种融资渠道，满足正常、合理的低成本融资需求。

四是支持和引导民营企业加大创新投入、提高创新能力，不断提高适应市场变化的自我发展能力和市场竞争力。

第二节 "一带一路"倡议与项目投资

一、"一带一路"价值创造

(一)"一带一路"倡议内涵及使命

1. "一带一路"倡议内涵

2013 年 9 月，习近平总书记在访问中亚四国期间首次提出了共同建设"丝绸之路经济带"的战略构想；2013 年 10 月，习近平总书记在访问东盟期间又首次提出了共建"21 世纪海上丝绸之路"的战略构想；2013 年 12 月，党的十八届三中全会通过的《中共中央关于全面深化改革若干重大问题的决定》中关于"构建开放型经济新体制"中进一步明确提出："加快同周边国家和区域基础设施互联互通建设，推进丝绸之路经济带、海上丝绸之路建设，形成全方位开放新格局。""一带一路"由"丝绸之路经济带"和"21 世纪海上丝绸之路"构成。其中，"陆上丝绸之路经济带"从中国的中原之地到西安，途经新疆乌鲁木齐，往西经过中亚、西亚，到达欧洲。历史上的丝绸之路和如今的丝绸之路经济带基本重合。"21 世纪海上丝绸之路"主要是从中国东南沿海港口出发，经过南海、印度洋，到达欧洲国家港口。"一带一路"合作框架涉及的国家不仅包括历史上"一带一路"的范围，更将众多非洲、欧洲甚至许多美洲国家纳入其中，是一个开放的全球经济合作框架。

"一带一路"合作倡议对全球经济发展有着积极而深远的影响，"一带一路"合作倡议能够顺应世界格局变化，推动全球产业链体系密切联系和要素自由流动，有利于产出增加、民众生活改善和资源高效配置，有利于沿线各国在更大范围和更高水平开展区域合作，实现了合作倡议下多国优势互补合作共赢，是开放、包容、均衡、普惠的区域经济合作架构。参与"一带一路"合作倡议符合各国的根本利益，是对建立全球经济治理新秩序的有益探索，是中国作为一个负责任大国为全球经济发展贡献中国智慧的重要体现。

2. "一带一路"的使命遵循

（1）探索经济增长之道。中国坚定不移走和平发展道路，始终不渝奉行互利共赢的开放战略，积极践行亲、诚、惠、容的外交理念，逐步深化同周边国家互利合作。在"一带一路"合作框架的推动下，沿线诸国人民实现了友好交往，不同种族、不同信仰和不同社会文化背景的国家共同发展互利共赢。作为目前世界上地理跨度最大的区域合作框架之一，"一带一路"发端于中国，贯通中亚、东南亚、南亚、西亚乃至欧洲部分区域，东牵亚太经济圈，西系欧洲经济圈，覆盖约44亿人口，其通过加强沿线诸国在经济领域合作带动全球经济发展，把"中国梦"发展理念与沿线各国乃至全球各国人民追求美好生活的梦想对接起来。

"一带一路"合作倡议体现了中国在全球经济发展中的责任担当，是中国凭借自身产能、技术和发展模式优势，努力带动全球经济发展的重要举措，是中国实施开放发展战略建设高质量开放型经济新格局的重要举措。通过"一带一路"合作框架，沿线诸国可以享受中国改革发展和经济建设红利，并通过建立平等的发展合作伙伴关系推动自身产业发展和基础设施完善。

（2）实现全球化再平衡。中国的丝绸之路有着深厚的历史渊源，有西汉张骞出使西域的官方通道"西北丝绸之路"；有北向蒙古高原，再西行天山北麓进入中亚的"草原丝绸之路"；有西安到成都再到印度的山道崎岖的"西南丝绸之路"；还有从中国东南沿海出发，穿过南中国海，进入太平洋、印度洋、波斯湾，远及非洲、欧洲的"海上丝绸之路"等。丝绸之路从古至今都是中国沟通世界各国的重要纽带，为世界经济、政治、文化交流提供了重要基础。古丝绸之路是全球各国人民友好交流的重要体现，承载着和平合作、开放包容、互学互鉴、互利共赢的全球合作精神。在新的时代背景下，为回应世界各国人民实现经济发展和幸福生活的共同期盼，"一带一路"合作倡议应运而生。通过加强沿线各国的经贸合作，现代丝绸之路终将成为惠及沿线各国的互利和平共赢之路，也将成为实现全球经济发展和人类命运共同体建设的重要依托。

传统的经济全球化思路是以西方国家主导的，西方在全球建立殖民体系的过程中建立了经济全球化体系，这种体系使西方国家成为全球经济发展的受益者。在这种体系下，运输条件相对较差的内陆地区由于得不到开发，导致其发展水平显著落后于沿海地区。这种东方从属于西方、内陆从属于沿海的经济结构造成区域经济发展不均衡不充分，并损害了部分地区的利益。"一带一路"合作倡议是中国参与经济全球化架构重构，建立全球经济新秩序的重要尝试。在"一带一路"框架下，东方国家和内陆国家能够充分参与全球经济体系，获得全球经济发展的红利并增强在全球经济体系中的话语权，可以显著改善相对落后地区的经济条件，实现全球经济均衡发展。

（3）开创区域合作新格局。习近平总书记在和平共处五项原则发表 60 周年纪念大会上的讲话中指出，中国正在推动落实丝绸之路经济带、21 世纪海上丝绸之路、孟中印缅经济走廊、中国—东盟命运共同体等重大合作倡议，中国将以此为契机全面推进新一轮对外开放，发展开放型经济体系，为亚洲和世界发展带来新的机遇和空间。"一带一路"合作倡议是中国实现全方位对外开放的重要举措，是对区域合作理论、全球经济发展理论的重要实践和突破。"丝绸之路经济带"不同于各种经济区或经济合作同盟，是基于共同利益和共同历史认知实现的区域经济合作，增强了区域经济合作的灵活性，维护了参与区域经济合作诸国的自身利益、共同利益和平等地位。通过中巴经济走廊、孟中印缅经济走廊、中俄蒙经济走廊、新亚欧大陆桥、中国—中亚经济走廊、中国—中南半岛经济走廊等经济走廊的建设，中国实现了区域合作和多边合作架构的创新和辐射区域的延伸，为构建国际经济新格局树立典范。

（二）对中国经济发展的影响

1. 实现经济持续增长

在 2014 年博鳌论坛上，习近平总书记表示，中国将继续倡导并推动贸易和投资自由化便利化，加强同各国的双向投资，打造合作新亮点。中国致力于缩小南北差距，支持发展中国家增强自主发展能力。中国是全球贸易自由化和投资便利化重要支撑力量，在坚持开放发展的过程中不断适应全球经贸规则框架并参与全球经贸规则制定，积极发展与其他国家和地区的经贸友好合作关系。

2013 年后，中国经济发展环境和发展模式进入重大调整时期，呈现增长速度换挡期、结构调整阵痛期和前期刺激政策消化期"三期叠加"的态势。面对劳动力成本上升、外需萎缩、内需不足等负面因素带来的影响，中国需要通过进一步深化改革和进一步扩大开放实现经济长远发展。在新阶段进一步扩大开放要注重开放方式和方法。作为世界主要贸易国之一，中国对全球贸易的影响巨大，因此要善于因势利导，参与全球经贸格局重构的历程，实现全球经济复苏和中国经济发展相互促进，在这个过程中，"一带一路"合作倡议发挥了重要作用。对于发展中国家来说，本国制造业水平和基础设施建设能力是实现国家经济发展的重要基础。"一带一路"沿线的东南亚、南亚和中亚诸国在制造业发展和基础设施建设方面普遍存在资金和技术水平不足的情况，这成为这些国家实现现代化发展的重要阻碍。作为全球工业体系最为健全的国家，中国具有强大的工业生产能力和技术，并具有相当的剩余生产。"一带一路"沿线国家加强与中国的合作能够很好地弥补经济发展的短板。因此，在"一带一路"合作框架下，中国可以实现过剩产能收益增加，提升产品生产的边际收益和规模效应。

通过将中国传统产业转移到"一带一路"沿线国家，可以为国内产业转型升级奠定基础。对"一带一路"沿线诸国来讲，加强与中国的经贸合作有利于承接中国的钢铁、轻纺等产业的转移，在提升本国制造业发展水平的基础上可以实现技术升级，为经济长远发展奠定基础，同时通过学习和借鉴中国的发展经验和模式，可以减少试错成本，从而实现短期内经济的迅速提升。第二，可以扩大中国与周边国家的经贸合作友好关系，提升中国和"一带一路"沿线整体的经济影响力。依托中国改革开放四十余年的经济、技术和经验方面的积累和优势，能够弥补沿线诸国在资金、技术和经验方面的不足，在短时间内实现"一带一路"沿线整体的进出口额度和投资水平的提升，通过吸引中资企业投资并扩大在中国的投资，能够使沿线诸国共享中国经济发展带来的红利，实现自身经济发展并快速融入全球经贸体系。以高铁技术为例，中国有世界上最为先进的高铁建设技术储备和经验积累，并具有丰富的产能，通过加强与中国在铁路基础设施领域的合作，能够帮助沿线诸国完善铁路基础设施建设并带动其他基础设施发展。第三是可以实现"一带一路"沿线要素流动自由化并完善市场机制建设。参与"一带一路"合作框架，是顺应世界贸易投资自由化便利化的重要举措，符合世界经贸体系全面化和专业化发展趋势，是实现区域分工合作紧密联系和经济共同发展的共赢安排。

2. 建立对外开放新格局

"一带一路"合作倡议是中国通过实现自身更大范围、更宽领域和更高层次开放改善世界经贸条件并优化世界经贸格局的重要举措。党的十八届五中全会通过的《中共中央关于制定国民经济和社会发展第十三个五年规划的建议》提出要打造陆海内外联动、东西双向开放的全面开放新格局，这是中国对外开放政策的重要调整。全面开放新格局的建立改善了过去中西部地区开放程度不够所带来的负面影响，有利于促进全国范围内区域经济的均衡发展。同时以中西部开放为重点对外开放格局的建立很好地促进"一带一路"合作框架的落地，发挥中西部地区在对接"一带一路"沿线国家的区位优势，加强中西部地区与东南亚、南亚和中亚国家的经贸联系，为中国经济均衡发展奠定重要基础的同时促进了沿线其他国家经济发展，促进了"一带一路"合作框架内国家经济上的互通互联、互惠互利，增强了中国经济的全球影响力，并通过区域经贸格局的改善促进了全球经贸发展和结构变革，为营造一个有利于中国经济发展的外部环境奠定了重要基础。

3. 拓展战略纵深

改革开放以后，中国首先逐步建立了以加工贸易为主导的外向型经济体系。在这种经济体系下，外资企业将自身的资金优势与中国劳动力成本和数量优势相结合，促进了中国以资源密集型和劳动力密集型工业为主的外向型加工产业的发展。在这个过程中，外国公司主要将本国的夕阳产业和淘汰技术转移至中国，这在发展初期促进了中国经济进步，但随着中国经济总量不断扩大，这种对外开放模式和产业结构的弊端也逐渐显现。近年来，在人民币升值、国内劳动力成本上升、环保等监管趋严的经济发展背景下，中国传统的产业结构和外向型经济发展模式越来越难以持续，通过产业结构调整和开放模式改变以激活经济发展潜力获得更大的战略纵深成为经济发展的必然选择。"一带一路"

合作倡议打开了中国向东南亚、南亚、中亚、中东乃至欧洲地区经济通道。"一带一路"合作倡议是实现我国经济发展战略纵深拓展的重要举措。第一，实现了中国对外开放区域的优化，利用"一带一路"合作契机，中国实现了中西部地区对外开放水平的提升，促进了中西部地区利用外资的规模和质量水平提升。第二，促进了开放型经济发展中产业结构转型升级，通过将东部传统的外贸加工产业转移到中西部进而转移到"一带一路"沿线欠发达国家和地区，可以实现我国产业分布优化，并带动"一带一路"沿线国家发展。第三，为我国经济发展营造了良好的周边经济环境，通过与沿线国家和地区签署双边或区域性贸易投资协定，增强了国家间经贸合作，降低了企业间乃至国家间的经贸摩擦。通过"一带一路"合作倡议，中国改善了国家经济发展的区域战略布局，拓展了战略纵深。

（三）"一带一路"合作倡议推动全球价值链重构

1. 全球价值链体系的发展

全球价值链体系是在发达国家跨国企业主导下建立的，随着新一轮科学技术革命在全球范围内深入演化，发达国家主导的全球价值链在世界范围内进一步深化，在这个过程中，中间投入产品的可贸易性、生产分工环节的可分解性、资源要素配置的可扩散性日益提升，越来越趋于碎片化的全球价值链增值环节也日趋增多。在发达国家主导的价值链体系中，通过对产品研发、品牌开发、关键零部件生产等环节的掌握，发达国家的跨国公司掌握了更大的产品利润份额。价值链体系专业化演进为发展中国家经济发展提供了更多机会，发展中国家通过从事相关低附加值产业使自身融入全球价值链体系中，并通过价值体系的资源、要素和技术溢出带动了国家整体产业发展。但在价值链体系的实际运营中，发达国家的跨国企业凭借其优势地位，会对发展中国家相关产业发展和技术升级进行约束，使发展中国家长期处于价值链低端，面临"低端锁定"困境。这种"低端锁定"困境增加了发展中国家对发达国家的经济发展依赖，使其被迫只能以承接发达国家低端产业转移的方式构建自身产业结构，影响了自身经济发展的长期稳定性并造成其难以形成技术积累，最终陷入市场、技术双重追赶的两难境地。近年来，许多发达国家都对本国制造业空心化现象进行了一定的反思，并采取了一系列优惠政策吸引制造业回流至国内，如美国的"再工业化战略"、欧洲的"2020战略"、日本的"重生战略"等，这意味着发展中国家参与全球价值链体系面临来自传统优势国家更加激烈的竞争，因此应改革现有的价值分配机制，维护广大发展中国家实现经济发展正当利益，构建全球价值链新体系新秩序。

2. 以"一带一路"建设为契机调整全球价值分配格局

"一带一路"建设是中国为全球价值链体系变革贡献中国智慧的重要行动，也是中国改变自身参与全球价值链体系方式方法的重要举措，对全球价值链体系调整具有重大而深远的影响。在改革开放初期，中国凭借相对廉价的资源和劳动力及优惠的政策支持，通过低端产品代工和组装生产的方式融入全球价值链体系。

四十余年的改革开放使中国传统的要素结构和比较优势发生了变化。首先是传统的劳动力和土地的供需关系改变，随着中国人口红利的逐渐消失，中国劳动力数量、结构和成本已经发生了巨大变化，不能适应劳动密集型产业长远发展的要求，同时土地价格的提升也增加了企业的生产成本；其次是社会政策环境的变化，企业活动对环境的影响越来越受到政府相关部门的重视，国家对环境保护的要求越来越高，提高了企业的经营成本。同时，针对外资的优惠政策正在压缩，从2008年起，内外资所得税税率统一，外资的超国民待遇逐渐取消，国家加大对职工的社会保障力度，养老、医疗、工伤、失业等保险以及住房公积金制度要求，使某些企业经营压力加大；最后，全球性的金融危机深刻影响了全球经济格局，贸易保护主义等在一些国家萌芽并对全球经济旧秩序产生了影响，OECD（经济合作与发展组织）国家普遍出现"贸易塌陷"，进出口额跌幅均超过10%，加速了全球价值链中主要市场由北方国家向南方国家的转换。

随着投资驱动增长模式被逐渐替代和中国消费结构转型升级，中国的钢铁、水泥、电解铝、平板玻璃等制造业面临着较为严重的产能过剩问题。随着要素成本的提升和部分产业产能过剩问题凸显，中国参与全球价值链分工的比较优势面临重塑。在这种国内外发展基本环境下，中国为避免陷入"中等收入陷阱"和"比较优势陷阱",将"一带一路"建设作为产业结构调整和全球价值链地位提升的重要依托。"一带一路"建设与以我为主的新型全球价值链实质上是在新型国际分工条件下,后发国家如何更好地从被动融入全球价值链分工,到积极主动参与全球贸易投资规则制定进而整合全球要素资源的探索。"一带一路"合作倡议是发展中国家通过加强彼此间的经贸合作关系以突破发达国家价值链封锁的重要举措,是提升发展中国家在全球价值链体系中的议价能力和分工地位的关键。"一带一路"合作倡议很好地兼顾了沿线各国在地理位置、资源禀赋、经济基础和社会文化环境等的差异,通过利用彼此间的比较优势互补实现经济总体发展,构建了合作共赢的区域价值链体系,形成了区域间要素商品自由流动、投资便利化活动和经贸往来密切的全球经贸合作平台。

在这个区域价值链体系中,中国处于核心和主导地位,通过顺应区域经济比较优势,将中国部分劳动密集型和资源密集型的过剩产业和过剩产品通过国际产能合作的形式梯度转移到处于较低经济发展水平的沿线国家,实现自身产业结构进一步优化,并实现沿线国家工业化水平和生产制造能力提升,促进"一带一路"区域整体经济发展水平提升和区域价值链新体系重构,实现从发达国家引领中国融入全球价值链为中国引领其他发展中国家融入全球价值链的转变。在"一带一路"建设促进全球价值链体系调整的过程中,中国起到了核心枢纽的作用,通过发挥中国在经济总量、产业结构和发展经验方面的优势,提升了"一带一路"沿线整体在价值链体系中的地位。加强"一带一路"建设,是中国寻求全球价值链体系调整的重要选择,也是实现我国及沿线各国在全球价值链中分工地位提升的必由之路。

3. 建立中国与沿线国家紧密关系

(1) 中国的核心枢纽地位。"一带一路"合作框架是一种新型的区域经济合作分工体系,在这个体系中,中国处于核心和枢纽的位置。2000 年 12 月,中国正式加入世界贸易组织,在改革开放各种政策的推动下,中国外向型经济的发展取得了长足的进步,形成了巨大的经济存量基础并构建了完整的工业体系,这为中国创造以自身为核心的价值链分工体系奠定了重要的物质和技术基础。

从经济总量看，作为世界第二大经济体，中国经济体量占"一带一路"合作框架参与国家经济总量之和的一半以上，在经济上具有绝对的话语权和支配能力。中国经济的快速增长能力和完善的工业体系是"一带一路"建设的重要支撑，庞大的市场为"一带一路"沿线产业发展提供了广阔的市场需求。

从经贸活动看，作为世界上最大的贸易国，中国在世界经贸活动中具有巨大影响力，凭借改革开放带来的经验积累，中国在开展国家间经贸合作方面具有重要经验和技术优势，能够带动"一带一路"沿线诸国在平等互惠的基础上开展经贸往来合作。

从跨国投资体量看，随着中国经济发展水平的不断提升，中国企业"走出去"进行跨国经营的步伐越迈越大，中国跨国投资额井喷式高速增长。中国对外投资规模超过吸引外资的规模，成为全球主要的资本净输出国，这能够为"一带一路"沿线其他资本相对短缺的国家带来发展机遇。

从技术创新水平看，中国近年来科研投入不断增加，技术发展水平不断上升，是世界上技术和创新能力最强的国家之一。同时，在中国产业转型升级的过程中，有能力也有意愿将部分产业连同技术一并转移至其他具有比较优势的国家，这为我国与沿线国家实现技术转移合作提供了强力支撑。

（2）"一带一路"沿线诸国对协同发展的积极诉求。"一带一路"合作倡议基本覆盖了亚非所有发展中国家，覆盖总人口数超过世界人口的60%，GDP总量约占全球的1/3，沿线区域资源禀赋丰裕，劳动力充足且成本低廉，发展潜力巨大。在全球政治风险与经济风险联动、经济持续疲软的大背景下，海外投资的安全性和成本越来越成为跨国公司跨国投资决策的主要考虑因素，安全性在跨国投资影响因素中权重上升意味着新形势下全球价值链演进的一大趋势就是基于低生产成本考虑而盛行的离岸外包方式将逐渐被基于低运输成本考虑的近岸外包方式所替代，因此亚洲发展中国家在承接跨国投资中的优势地位很可能会被拉丁美洲发展中国家所取代，这使部分亚太地区从事外向型加工生产的发展中国家在全球分工体系中的地位下降，甚至有可能被挤出全球产业链体系。并且，"一带一路"是基于援助其他沿线国家开发基础设施建设而开展的区域经贸合作体系，这与欧美发达国家重视国家的经济输入方式存在较大的不同，由于部分"一带一路"沿线国家基础设施等经济发展基础条件较为薄弱，其长期以来就游离于欧美发达国家主导的产业链和价值链体系之外。但这些国家大多处于工业化初期或中期阶段，本身自然资源和劳动力资源相对丰沛，并具有强烈的经济发展意愿，希望通过吸引外资和技术实现自身的发展。全球经济环境剧烈变动带来的价值链体系的深度调整和国家自身经济发展动机为这些国家创造了参与"一带一路"合作倡议的必要性和可行性，通过加强与中国和其他"一带一路"沿线国家的合作，能够共同构建区域产业链和价值链框架，在完善自身基础设施建设的基础上，吸引中国跨国企业的投资，解决国内资金和技术方面欠缺的问题，发挥自身的资源禀赋优势，通过发挥贸易投资的倍增效应实现经济发展的共赢。

4. 对现有全球价值链分工体系的创新

（1）嵌套型分工结构。不同于发达国家主导下的全球价值链体系所呈现出的高端产品生产分工在发达国家内部循环、低端产品生产分工在欠发达国家内部循环的双闭环结构，"一带一路"框架所支持的新型区域价值链分工体系是衔接高低端产业链联通发展中经济体与发达经济体在多领域的合作与竞争渠道，形成相对复杂的"嵌套型"分工结构，这不仅有利于发展中国家利用后发优势在区域价值链体系开放循环中实现自身地位提升和经济发展，还有利于区域经济体紧密联系，降低外部冲击对区域价值链体系的影响。

（2）双向型的运行机制。在传统价值链分工体系中，发达国家的跨国公司凭借自身在技术、管理等方面的先发优势，对价值链中下游的发展中国家进行技术锁定和产业发展结构锁定，使后发国家难以实现通过自身经营实现价值链地位提升，这在巩固发达国家在价值链中的优势地位的同时损害了广大发展中国家的利益。在以"一带一路"合作倡议为支撑的区域价值链分工新体系中，价值链上下游关系是基于自身比较优势形成的，并尊重了价值链上下游国家的自身经济发展路径选择，实现了以"一带一路"合作倡议为平台的全价值链体系国家的公平对话和平等合作，保障了发展中国家参与全球和区域价值链体系的正当权益。

（3）包容型的合作模式。与传统全球价值链体系以维护发达国家的根本利益为目标不同,以"一带一路"为依托的区域价值链体系是在尊重价值链上下游各国的经济、政治、人文制度和环境的基础上开展的包容型合作,价值链的主要参与者是发展中国家,其在具体利益诉求上有一定差异,但具有实现经济长期发展和人民生活改善的共同发展目标,这种以互利共赢为基准的区域产业链体系能够使发展中国家切实享受全球化发展带来的红利。

5. 中国在全球价值链地位的提升

构建有利于自身发展的价值链体系是实现自身产业链地位提升的重要途径,因此我国要做好价值链环节专精化、链条广延化和体系纵深化发展,提升我国在全球价值链体系和国际分工中的地位。

(1) 价值链环节专精化。实现价值链环节专精化是指企业根据自身业务特点、技术水平和发展战略,将自身所具备的核心技术资源专注于部分特定环节实现专业化生产,这些生产环节大多处于价值链的中上游位置,能够给企业带来较高的附加价值,是企业升级发展的重要表现。在国家层面,价值链专精化指的是国家产业体系整体调整,通过聚焦价值链上游生产环节,实现国家产业整体的转型升级发展。在"一带一路"合作框架体系内,存在部分在某些方面经济和技术领先的经济体,通过加强与这些经济体的合作交流,中国可以进一步发展完善自身生产技术水平,为专精化生产奠定技术基础。价值链专精化生产要求将有限的资源集中到价值链上游具有高附加值的生产领域,因此可以将相对附加值低的产业转移到具有强比较优势的国家,从而实现双方或多方的价值链地位攀升。

(2) 价值链链条广延化。价值链链条广延化指的是通过价值链链条的进一步延伸增加产品的附加价值,从而实现价值链参与企业的多方共赢,是稳定并重构价值链体系,调整价值链参与国家位置的重要举措。长期以来,中国凭借资源、劳动力等传统要素在价格上的比较优势参与全球价值链体系,这使中国长期停留在全球价值网络的低端,并受掌握资金和技术的发达国家支配,这压缩了国内产业链在空间上延伸的可能性,并降低了产业的增值程度。调整中国的价值链地位并不代表对价值链体系中既得利益主体的颠覆,通过延长价值链长度,增加产品的附加值,能够惠及价值链体系全体成员,并带动更多国家参与价值链体系，参与全球经贸网络合作。这也是"一带一路"合作倡议下构建区域价值链体系的重要遵循。

（3）价值链网络的纵深化。价值链网络也被称为全球生产网络，是在全球产业链相互连接的基础上，实现生产价值分配的重要渠道。在全球分工过程中，需求的多样化引致生产的多样化，从而出现无数的产品生产链条，依附于这些产品生产链条的价值创造链条相互交融相互嵌套，形成覆盖全球的价值链网络。中国实现自身价值链地位攀升，不仅要在某一生产链条上占据优势地位，更要基于自身发展优势，在全球价值链网络上发挥主导作用，并构建以自身为中心的价值链网络。中国的庞大且具有长期发展潜力的内需是实现价值链网络构建的重要基础，并且通过带动"一带一路"沿线整体发展，"一带一路"沿线国家的消费潜力会进一步被激活，从而稳固"一带一路"框架下区域价值链网络体系。

二、"一带一路"倡议与区域经济一体化发展

以"一带一路"合作框架为牵引，促进中国欠发达和对外开放不充分地区发展，是缩小我国区域发展差距、实现产能的空间优化配置并促进产业结构整体优化升级的重要举措，有利于促进区域间的产业转移和衔接，加速东中西部一体化进程，最终实现区域经济均衡发展。

（一）"一带一路"倡议对中国区域经济一体化的影响

"一带一路"涉及中国的18个省区市，其中"丝绸之路经济带"涉及省区最多，具体覆盖新疆、重庆、陕西、甘肃、宁夏、青海、内蒙古、黑龙江、吉林、辽宁、广西、云南等省区市。"21世纪海上丝绸之路"共涉及五个省级行政区，具体包括上海、福建、广东、浙江、海南等省市。"一带一路"倡议几乎涵盖了我国东中西部所有区域，因此可以实现"一带一路"倡议与"长江经济带战略""京津冀协同创新发展战略""西部大开发战略""中部崛起战略"等区域性国家战略进行融合对接。

1. 有效化解中国区域经济发展的不平衡性

当前我国经济发展区域差异最集中的体现是东中西部经济发展的不平衡，为实现区域均衡发展并实现经济发展结构改善，中国实施了西部大开发战略并

支持中部地区崛起，落实了一系列旨在促进中西部地区经济发展的优惠政策。"一带一路"倡议提出的一个重要目标是通过对外开放方向和结构的转变，带动中西部地区经济发展，在"一带一路"建设过程中，各地特别是中西部省份都实施了一系列基于自身优势的配套举措，利用"一带一路"建设的红利，实现自身的发展。

2. 强化中国区域之间的融合发展

"一带一路"倡议在落实的过程中，将我国现行的"长江经济带战略""京津冀协调创新发展战略""中部地区崛起战略""东北振兴战略""西部大开发战略"等区域发展战略进行了串联，实现了区域间融合发展，扭转了改革开放以来东部地区"一枝独秀"的区域经济发展现状，以战略支持中西部地区开放，拉动了中西部内需的增长，并通过将东部部分产业转移到中西部地区的方式，实现了产业结构整体优化升级和国内产业链体系完善。在融合发展过程中，东部地区凭借先发优势，利用了中西地区广阔的市场，而中西部地区则凭借东部地区的产业转移，实现了自身生产能力的提升。

3. 优化区域经济分层架构

国家整体层面区域经济发展差异的重要原因是区域间经济基础不同，因此"一带一路"倡议落实到具体区域的过程中，要注重因势利导、因地制宜，在深入分析区域经济基础和特点的基础上，采取与当地条件和发展目标相匹配的举措，优化区域经济分层架构，实现经济总体目标一致和区域优势互补。在改革开放四十余年的经济建设进程中，东部地区优先得到发展，其产业结构和经济基础都得到了相当的巩固。随着出口导向型经济发展的弊端逐渐显现，在经济发展理念的更新、社会的转型、产能过剩等因素的影响下，东部地区发展的旧有路径难以维持，越来越多的东部产业被迫转移到中西部地区。"一带一路"倡议在区域经济分层目标的引导下，东部地区应积极推动产业转移和转型升级，优化产业结构，大力发展具有高附加值的技术和资金密集型产业；中部地区应发挥自身的成本优势，借鉴东部地区产业发展经验，承接东部地区的产业转移和技术转移；西部地区要善于利用"一带一路"倡议带来的对外开放机会窗口，积极融入"一带一路"区域产业链和价值链体系，实现自身优化发展。

（二）"一带一路"倡议促进区域经济一体化的路径

1. "一带一路"倡议促进沿线区域和城市有效贯通

在西部大开发战略、长江三角洲经济一体化战略、粤港澳大湾区经济一体化战略、振兴东北老工业基地战略、中部崛起战略、京津冀协同创新战略等国家级战略支持下，区域经济发展取得了"多点开花"的长足进步。但在相关协调机制相对缺失的影响下，区域经济发展协调融合不够充分，出现项目重复建设、产业沟通渠道缺失等现象，使经济发展的规模效益没有得到充分发挥。实施"一带一路"倡议是实现区域间协调发展的重要平台，在"一带一路"倡议的统筹协调下，各国家级、省市级区域发展战略有了集中统一的协调沟通机制，实现了产业发展、产品市场和技术发展的融合，为国家实施调整对外开放策略、建立国家级产业网络奠定了基础。因此，在"一带一路"建设过程中，应进一步完善顶层设计，利用好前期区域战略实现战略间相互衔接，最终发挥"一带一路"倡议总揽全局的作用。

2. "一带一路"倡议促进海陆通道双向融通

"一带一路"倡议促进"政策沟通""道路联通""贸易畅通""货币流通"和"民心相通"，积极推进中国与"一带一路"沿线国家和地区的经济建设，完善区域间经贸协定，加强双方在经济领域的交流合作，为国家间经贸往来创造良好的政策环境及基础。提升基础设施互联互通水平，完善基础设施建设，实现"一带一路"沿线整体基础设施迭代升级，扩大"一带一路"通道的运载能力、运行速度、运行效率和运载内容，提升基础设施的互联互通水平。扩大"一带一路"双向投资规模，打造双方间的跨境投资、生产和贸易网络及跨境产业链条，提升沿线国家境内外、产供销、上下游、内外贸、产业内与产业间经济贸易一体化发展。

3. "一带一路"倡议促进东中西部产业链的升级转移

"一带一路"倡议在国内的落地应当以国家区域发展战略为基础，在充分考虑地方经济基础和自然条件禀赋的基础上，通过采取具有一定结构差异的外向型经济发展产业支持政策，以进一步发挥跨国公司跨国投资的技术溢出和本土技术研发的技术进步带动效应。利用好国际金融危机后全球产业新一轮大转移以及高新技术产业跨国公司进行新一轮价值链与供应链布局的新机遇，推动内陆地区承接东部沿海地区的产业转移并鼓励外资企业对内陆地区进行投资，实现区域产业链结构的整体优化。在"一带一路"的发展过程中，东中西部地区具有不同经济基础和区位优势，因此扮演着不同的角色。其中，东部地区具有较为雄厚的产业资源优势和人力资源优势，利用好"一带一路"倡议带来的发展机遇，东部地区能够实现自身产业结构优化升级，实现产业结构高端化发展。实现东部地区的产业结构升级是在劳动力、地价等成本上升的情况下的必要之举，经济环境的变化使东部地区必须通过产业转型升级实现进一步发展。同时，"一带一路"倡议为中西部地区具有承接中西部产业转移创造了政策和环境条件。因此，应当积极鼓励东部地区的比较优势，促进产业转移到中西部，加强对内陆特别是"一带一路"沿线重点区域的政策扶持，在资金、信贷和保险、认定和培育示范地、出口基地和外贸公共服务平台、海关特殊监管平台等方面加强政策引导和支持。在支持内陆沿边地区以现有工业园区和各类产业基地承接东部地区产业的同时，应进一步完善政策配套举措，增强中西部地区承接中部地区产业转移的能力。

4. 推动"一带一路"沿线地区发展思维融合

通过改革市场准入、海关监管、检验检疫等管理体制，加快环境保护、投资保护、政府采购、电子商务等新议题谈判，形成面向全球的高标准自由贸易区网络。以"一带一路"合作倡议为依托加强区域间经贸合作是顺应世界经贸发展自由化和国际贸易标准高端化发展潮流的重要举措，在"一带一路"合作倡议下，沿线各国能加强彼此间的经贸关系，在尊重彼此利益诉求的基础上开展平等高效跨国投资、跨国贸易、跨国技术合作等活动，实现了经济发展的多方共赢。"一带一路"合作倡议的提出为中国与沿线国家彼此更好地利用新的外部环境、参与国际贸易投资新规则制定、促进区域合作带来了新机遇。以"一带一路"为支撑的区域贸易协定应当坚持高标准的开放政策和全面性的制度安排，推进中国与"一带一路"沿线国家在金融、教育、文化、医疗等服务业领域相互开放和制造业领域的全面开放，大幅度放宽相互间在绿地投资、并购投资、证券投资、联合投资等方面的外资准入限制，在货物贸易、投资保护、原产地规则、海关手续、贸易救济、卫生和检验检疫措施、贸易技术壁垒、竞争政策、知识产权、政府采购、劳工与环境、临时入境、透明度、争端解决、伙伴关系、行政制度与条款、一般与例外条款等领域，建设既顺应世界贸易标准高端化发展，又符合沿线及周边国家具体国情及发展需要的制度安排。

5. 建立"一带一路"沿线地区经贸融合发展格局

"一带一路"沿线国家具有不同的自然条件禀赋、产业结构、自然和人文条件禀赋、社会文化传统和政治制度，因此在"一带一路"合作的过程中要从共同利益的角度出发，寻求差异化、专业化和最优化区域合作模式，推动"一带一路"合作框架长远推进。在国内方面，为避免区域内的政策差异对"一带一路"整体发展产生不利影响，应加强各省市间的沟通协调机制建设，通过订立具有统一原则的区域经济合作交流机制，实现区域间的市场开放、资源、人才技术和资本的自由流动，营造在招商引资、进出口、人才流动、信息共享等方面无差别的政策环境。

在国际方面，在考虑区域经济发展差异的基础上因地施策，建立双向互利的经贸关系。在中国和东南亚地区的经济合作方面，提升中国东盟自由贸易区在相互投资管理和服务业市场准入方面的水平，进一步实现中国与东盟经济合作带来的发展红利。拓展中国新西兰自由贸易区在货物贸易、服务贸易、投资、市场开放等多个领域的合作空间，加快与澳大利亚自由贸易区谈判的进程，实现中国与澳洲经济发展互惠共赢。发展与南亚地区的经济关系，南亚地区国家在基础设施建设、引进外资、扭转外贸逆差、城镇化、工业园区建设与经验等方面都有拓展与中国合作的愿望，中国也有拓展南亚市场、深化与南亚国家经贸合作的需求，加强与南亚地区的经贸合作符合双方经济发展利益，两大人口密集区域的经贸合作能够实现双方经济共同发展。中欧分别位于丝绸之路经济带的两端，是亚欧两大经济体和增长极，彼此互为对方的重要贸易伙伴，在金融、环境、航天、海洋、知识产权、能源、交通、教育、医疗卫生等领域的合作空间较大，实现中欧合作有利于激活欧洲地区经济增长潜力并实现中国产业结构升级。

三、"一带一路"倡议与国际投资促进

(一)"一带一路"倡议国际投资原则

中国开放的大门不会关闭，只会越开越大。近年来，中国政府以"一带一路"建设为引领，秉持"共商、共建、共享"原则，积极稳妥地推进对外投资合作。在鼓励企业走出去方面，通过落实一系列旨在推进境外投资审批流程规范化、简便化的政策，为中国跨国投资便利化提供了良好的政策基础。同时，通过与更多国家建立贸易合作关系，引导和规范企业对外投资方向，加强事前、事中、事后全过程监管，积极应对跨国投资面临的政治、安全、经济、金融和社会等风险，为企业跨国投资行为营造了良好的国际环境。

中国对外投资将贯彻习近平新时代中国特色社会主义思想，按照统筹推进"五位一体"总体布局和协调推进"四个全面"战略布局的要求，牢固树立和贯彻落实新发展理念，坚定奉行互利共赢的开放战略，坚持稳中求进的工作总基调，以供给侧结构性改革为主线，以"一带一路"建设为重点，进一步引导和规范企业对外投资方向，促进企业合理有序开展对外投资活动，防范和应对对外投资风险，推动对外投资持续健康发展，实现与东道国互利共赢、共同发展。

在促进企业对外投资的发展过程中，中国政府坚持"企业主体、市场导向、商业原则、国际惯例、互利共赢、防范风险"的原则，不断完善"走出去"公共服务平台，保障了企业的发展权益。

"企业主体"是指对外投资行为是企业基于自身定位和优势，依据自身发展战略目标和发展方向，自主开展投资活动，并自主承担投资活动带来的风险和收益。

"市场导向"是指充分发挥市场在资源配置中的决定性作用，依据市场制度作用宏观经济的基本规律，实现要素的自由流动、资源的高效配置和投资结构的优化。

"商业原则"是指企业在投资活动中要遵循商业活动的基本原则，注重商业可持续性，做好国际化经营规划和投资项目价值评估，在科学分析项目技术经济可行性的基础上稳妥有序地开展对外投资。

"国际惯例"是指企业投资活动要遵循国际惯例和通行投资规则,遵守合作国法律法规和监管制度,尊重国别文化差异和宗教习俗,提高境外经营水平。

"互利共赢"是指跨国企业在投资过程中要充分考虑东道国国情和实际需求,注重与当地政府和企业开展互利合作,注重承担企业社会责任,创造良好的经济社会效益,促进互惠互利、合作共赢。

"防范风险"是指企业的跨国投资要坚持稳中求进,坚持做好风险预案和应对准备工作,规范进行对外投资事前、事中、事后监管,切实防范各类风险。

(二)"一带一路"倡议与投资咨询理念创新

1. 关注国际投资政策

国际投资咨询需要具备全球视野,顺应历史发展潮流,要在深刻把握全球政治经济形势发展变动和投资企业所在国经济发展战略规划的基础上,熟悉投资东道国的政治经济法律制度和文化传统,尊重东道国的发展道路,在相互尊重的基础上建立平等互利的经贸关系,实现投资的合作共赢。咨询机构在进行国际投资咨询时应熟知与国际投资及跨国经营相关的法律法规和经贸规则,并能够针对企业在国际投资过程中需要处理的项目程序提供所在国政策咨询,对企业可能遇到的政治、经济、文化、生态的投资阻碍和风险提供专业咨询建议。

2. 关注国际投资风险

在国际投资咨询的过程中,咨询公司需要为企业做好投资业务的区域国别布局和不同项目类型投资比例的搭配,充分考虑国别差异,实现企业跨国经营风险分散并降低企业经营总体风险。充分考虑企业经营业务的多样性和复杂性,在精确计算不同业务投资回报周期和投资不确定的基础上,实现企业投资短期和长期均衡,并实现企业中短期的现金流和长期的现金流进行有效搭配。

3. 关注国际投资融资

在企业跨国投资项目融资的过程中,咨询机构要更加注重融资模式创新,能够灵活帮助企业加强与金融机构的合作,通过多元化、差异化融资渠道,缓解企业国际投资中"融资难、融资贵"的问题，实现企业境外投资项目融资的稳定安全推进。咨询机构要熟悉国际金融机构投融资合作的规则，关注并利用好我国政府设立的相关专项融资基金，善于挖掘和发挥所在国的融资优势，积极探索产业基金、生产支付、融资性保函、结构化融资、资产支撑证券化等融资途径，做好融资方案的设计。

4. 关注国际投资社会责任

在国际投资的咨询过程中，咨询机构除了从投资者的利益出发提供咨询建议外，还应切实考虑东道国的利益，使项目投资与所在国经济发展目标相匹配，通过提供合理的项目设计、实施和运维方案，在保证企业盈利的基础上实现经营的可持续性，最终实现项目双方合作共赢。要重点关注所在国政府和民众诉求，为企业提供主动融入当地社会、积极履行社会责任的相关咨询建议，帮助企业赢得广泛而坚定的社会基础。

5. 关注国际投资退出机制

一般而言，企业跨国投资项目的生命周期和回报周期都较长，有些甚至长达数十年，为保证企业经营的可持续性，可能要根据企业自身发展的战略和项目价值培育的不同阶段增值的特点，选择合适的时间点，通过引入新的投资方、资产证券化、首次公开募股等手段，使企业自身逐步退出项目投资，提升企业资金的利用效率，为企业扩大经营提供充足的资金，实现企业整体良性循环发展。

第四章

境内自由贸易区及境外经贸合作区规划咨询

第一节 境内自由贸易区建设规划咨询

一、自由贸易区建设与开放战略

境内自由贸易区是国境内关外设立的，以优惠税收和海关特殊监管政策为主要手段，以贸易自由化便利化为主要目的的多功能经济型特区，在该领土内任何货物在进口关税方面视同在关外，并在一些经济活动开展方面免于实施惯常的海关监督。自由贸易区功能属性提升了自由贸易区内贸易自由化和投资便利化进程，并通过其辐射影响实现了全国范围内外商投资数额和贸易规模的扩大。建设境内自由贸易试验区是我国顺应世界经济发展潮流，提升中国参与经贸活动主动性，调整经济对外开放方式方法的重要举措。

（一）中国自由贸易区战略的提出

1. 中国自由贸易区战略的背景和意义

改革开放以来，中国凭借传统的劳动力、资源、土地等比较优势和广阔且具有发展潜力的国内市场加入全球经贸体系，在外商投资和出口导向型企业的拉动下，中国经济发展取得了明显进步，从一个落后国家一跃成为世界第二大经济体，创造了世界经济发展历史上的奇迹。但随着中国经济建设进入新阶段，劳动力红利逐渐消散、国内资源价格上升、环境问题凸显等造成中国参与全球经济活动的比较优势逐渐消失，在国际政治形势变动引发的经济环境变动下，中国基于出口、引资的传统外向型经济发展进入边际收益下降区间。美欧等发达国家通过主导的跨太平洋伙伴关系协议（TPP）、跨大西洋贸易与投资伙伴关系协定（TTP）和多边服务业协议（PSA）等新贸易协定订立，意图进一步稳固发达国家在全球经贸体系中的优势地位，并限制中国等新兴国家的进一步发展。为应对来自国内外经济形势的发展变动，中国需要通过进一步深化改革和进一步扩大开放，建设更高水平的开放型经济新体制，实现中国经济长远发展。

传统的开放型经济体制建设中，中国企业多通过低端产业代加工和原材料或初级产品加工品贸易的方式参与全球产业链和价值链体系，这使中国的企业长期维持在产业链低端，从事低附加值的工作。并且，许多企业为满足国外的生产标准和消费者需求，不得不直接从国外引进技术和全套设备，技术升级迭代也是采取动态跟进国外企业技术升级的方式进行，这在实现外向型经济繁荣发展的同时，也造成了中国企业技术创新能力和意识缺失，使国际厂商的技术和产品迅速占领国内市场，进一步弱化了市场中企业的自主创新能力基础。

跨国公司向国内企业转移的技术多为相对落后技术或非核心技术，在本土企业通过引进获得技术升级的同时，跨国公司也实现了技术迭代，这稳定了两者之间的技术水平差距；通过引进相对落后技术和非核心技术，跨国公司对国内相关生产企业实现了技术绑定，使中国企业长期位于全球产业链、价值链和创新链的下游，其生产制造能力受国际跨国企业控制；通过技术引进实现技术升级的模式使中国企业的技术升级路径被限制在跨国公司的技术发展路径中，这使中国企业的自主创新能力被削弱。在这种发展模式下，虽然企业通过引进、应用的方式实现了技术迭代升级并参与国际市场竞争，但并未提升企业参与国际市场竞争的实力。本土企业和跨国公司技术差距的拉大使跨国公司占据了国内市场特别是中高端市场，使国内企业长期停留在国内和国际产业链和价值链的底端，难以实现利润积累和技术积累。

随着中国经济发展进入"新常态"，旧的发展模式弊端日益显著，粗放式发展下以强调总量增长的经济发展模式越来越不能匹配经济新环境实现高质量发展的目标，同时面对国际经贸格局深刻调整，中国需要改变融入全球经济体系的方式，提升中国企业在全球产业链、价值链和创新链中的地位。因此，中国实施了一系列更高水平、更广范围和更深层次的开放举措，其中，中国自由贸易区建设是突出代表。中国自由贸易区是国内对外开放的重要窗口，在自由贸易区建设中，中国实现了以局部高水平开放对全国开放的撬动，并实现了以开放倒逼改革。通过不断推进中国自由贸易区建设，国内市场与世界市场实现了直接对接，这会对中国政府、企业乃至个人产生深刻的影响，这种影响会倒逼政府深化改革和企业提升效率。

目前国际经济正从过去的"多边开放"和"全面开放"转向"区域开放"和"单边开放"。中国正式加入世界贸易组织后，多边开放的世界经贸格局为中国发展外向型经济和招商引资提供了重要便利，在这一阶段内，中国出口总额迅速增长，吸引外商投资的规模和水平也在不断提高。但以多哈回合谈判破裂为节点，传统的多边开放的世界经贸体系陷入困境，世界经贸组织成员国纷纷加快了双边贸易协定的谈判进程。在这个阶段，为保证开放经济发展，中国也在积极寻求建立稳定的双边经贸关系并取得了良好的效果。在区域经贸格局调整的背景下，双边开放的经贸关系促进了中国与贸易伙伴在经贸领域的交流和合作，但由于双边经贸关系的建立相对需要耗费更多的时间进行谈判，且由于缺乏统一广泛的规则约束，导致开放的领域相对较为狭隘，经济合作进程推进相对较为缓慢。

在双边经贸合作谈判推进的同时，中国也开始通过单边开放的形式参与全球经济活动。自由贸易区是中国单边开放的重要载体，通过设立自由贸易区，中国可以在一定范围内突破世界贸易体系规则的限制。从自身发展的特殊性角度考虑，订立符合自身发展特点和长期发展规划的开放经贸规则，使中国可以不受作为发展中国家在 WTO 中地位谈判能力低的约束，充分发挥自身在参与国际经济合作中的比较优势和庞大市场规模带来的需求优势，在与国外企业的谈判中获得主动权，从而增强在世界经贸格局中的话语权；单边开放也避免了"一对一谈判"的双边开放的负面影响，从而在风险可控独立自主的原则下推进了贸易自由化和投资便利化。

2. 中国自由贸易区战略的发展历程

（1）战略构想。中国建设自由贸易区的战略构想最早可以追溯至 21 世纪初。时任总理朱镕基于 2000 年提出通过建立"中国-东盟"自由贸易区来加强与东盟经贸联系的设想，之后提出了一系列旨在加强与周边国家经贸联系的自由贸易区战略构想，如东盟与中日韩（10＋3）自由贸易区、中日韩自由贸易区、中韩自由贸易区等。此后，党的十七大报告提出，要"实施自由贸易区战略，加强双边多边经贸合作"，这将自由贸易区建设上升至国家战略层次。

（2）战略试点。党的十八大提出加快实施自由贸易区战略，十八届三中、五中全会进一步要求以周边为基础加快实施自由贸易区战略，形成面向全球的高标准自由贸易区网络。

2013 年 8 月 22 日，国务院正式批准设立中国自由贸易区。同年 8 月 30 日，第十二届全国人大常委会第四次会议通过《关于授权国务院在中国（上海）自由贸易试验区暂时调整有关法律规定的行政审批的决定》。9 月 18 日，国务院印发《中国（上海）自由贸易试验区总体方案》（国发〔2013〕38 号）。9 月 27 日，国务院批复成立中国（上海）自由贸易试验区。9 月 29 日，上海自由贸易试验区挂牌成立。上海自由贸易区是中国首个自由贸易试验区，也是新一轮区域开放的排头兵，意在探索中国新一轮对外开放的新路径和新模式；推动加快转变政府职能和行政体制改革，促进转变经济增长方式和优化经济结构，实现以开放促发展、促改革、促创新；形成可复制、可推广的经验，服务全国的发展；培育中国面向全球的竞争新优势，构建与各国合作发展的新平台，拓展经济增长的新空间。

2013 年 11 月，党的十八届三中全会提出要加快自由贸易区建设，且进一步细化自由贸易区战略内容：区域上，自由贸易区战略以周边为基础；标准上，要形成高标准自由贸易网络；议题方面，要加快环境保护、投资保护、政府采购、电子商务等新议题谈判；自由贸易区战略较早加入了国内改革要求，提出要改革市场准入、海关监管、检验检疫等管理体制。

（3）战略扩围。2014 年，习近平总书记在主持中共中央政治局第十九次集体学习时提出"要逐步构筑起立足周边、辐射'一带一路'、面向全球的自由贸易区网络，积极同沿线国家和地区商建自由贸易区"。

2014 年 12 月，国务院决定推广上海自由贸易试验区的经验，设立广东、天津、福建三个自由贸易试验区，并扩展上海自由贸易试验区的范围，从原来的 28.78 km^2 扩展到 120.72 km^2。

2015 年国务院政府工作报告明确要求："积极探索准入前国民待遇加负面清单管理模式"和"积极推动上海、广东、天津、福建自由贸易试验区建设，在全国推广成熟经验，形成各具特色的改革开放高地"。

2015 年 3 月，习近平总书记主持召开中央政治局会议，审议通过广东、天津、福建自由贸易试验区总体方案。

2015 年 4 月 8 日，国务院正式印发了广东、天津、福建三个自由贸易试验区总体方案。随后，三个自由贸易试验区正式挂牌运作。

2015 年 12 月，国务院发布《关于加快实施自由贸易区战略的若干意见》，提出了我国加快实施自由贸易区战略的总体要求，提出要进一步优化自由贸易区建设布局和加快建设高水平自由贸易区，并就健全保障体系、完善支持机制以及加强组织实施作出具体部署。

（4）战略深化。2016 年 8 月，国务院决定，在辽宁省、浙江省、河南省、湖北省、重庆市、四川省、陕西省新设立 7 个自由贸易试验区，标志着自由贸易试验区建设进入了试点探索的新阶段。新设的 7 个自由贸易试验区，继续依托现有经国务院批准的新区、园区，紧扣制度创新这一核心，进一步对接高标准国际经贸规则，在更广领域、更大范围形成各具特色、各有侧重的试点格局，推动全面深化改革扩大开放。

2017 年 3 月 15 日，国务院正式印发了辽宁、浙江、河南、湖北、重庆、四川、陕西七个自由贸易试验区总体方案。《总体方案》指出，建立辽宁等自由贸易试验区，是党中央、国务院作出的重大决策，对加快政府职能转变、积极探索管理模式创新、促进贸易投资便利化、深化金融开放创新，为全面深化改革和扩大开放探索新途径、积累新经验，具有重要意义。

2017 年 3 月，国务院印发《全面深化中国（上海）自由贸易试验区改革开放方案》，标志着上海自由贸易试验区进入全面深化改革阶段。进一步转变政府职能，打造提升政府治理能力的先行区；创新合作发展模式，成为服务国家"一带一路"建设、推动市场主体走出去的桥头堡。

2020 年 9 月 21 日，国务院正式印发《中国（北京）、（湖南）、（安徽）自由贸易试验区总体方案》，明确在北京、湖南、安徽三省市设立自由贸易区。

与此同时，国务院还发布了《中国（浙江）自由贸易试验区扩展区域方案》。至此，中国的自由贸易区数量增至 21 个。

从 2013 年 9 月—2020 年 9 月，自由贸易试验区经过多次扩容，形成了东中西协调、陆海统筹的全方位、高水平对外开放新格局。覆盖多个省和直辖市，多区块、多领域、复合型综合改革态势形成。我国自由贸易区设立情况一览表见表 4-1。

表 4-1 我国自由贸易区设立情况一览表

设立年份	自由贸易区名称
2013 年第一批（1 个）	中国（上海）自由贸易试验区
2015 年第二批（3 个）	中国（广东）自由贸易试验区
	中国（天津）自由贸易试验区
	中国（福建）自由贸易试验区
2017 年第三批（7 个）	中国（辽宁）自由贸易试验区
	中国（浙江）自由贸易试验区
	中国（河南）自由贸易试验区
	中国（湖北）自由贸易试验区
	中国（重庆）自由贸易试验区
	中国（四川）自由贸易试验区
	中国（陕西）自由贸易试验区
2018 年第四批（1 个）	中国（海南）自由贸易试验区
2019 年第五批（6 个）	中国（山东）自由贸易试验区
	中国（江苏）自由贸易试验区
	中国（广西）自由贸易试验区
	中国（河北）自由贸易试验区
	中国（云南）自由贸易试验区
	中国（黑龙江）自由贸易试验区
2020 年第六批（3 个）	中国（北京）自由贸易试验区
	中国（湖南）自由贸易试验区
	中国（安徽）自由贸易试验区
	其他：中国（海南）自由贸易港

（二）中国自由贸易区服务支撑开放战略的功能属性

1. 制度支撑

产业管理制度创新和经贸管理制度创新是自由贸易区制度创新的重要组成内容，产业和经贸管理制度创新可以降低本土企业"走出去"和外商"引进来"过程中的制度壁垒，减少要素跨国流动的各种阻碍，加强中国与其他国家间的经贸联系。

2. 基础设施支撑

基础设施的建设为自由贸易区功能的发挥奠定了硬件基础，通过国内基础设施的互联互通和国内外基础设施的有效衔接，自由贸易区可以有效利用其在基础设施连通的枢纽地位，推动生产要素和产成品在国内外实现自由流通。事实上，交通位置是自由贸易区建设选址的重要考虑因素，比如河南和陕西自由贸易区的设立就是基于其在"丝绸之路经济带"中的重要位置确定的，福建自由贸易区设立的一个重要因素是因为其可以在"海上丝绸之路"中发挥陆运和海运交通枢纽作用。通过在"一带一路"沿线交通枢纽地区设立自由贸易区，可以进一步发挥制度创新带来的红利，有效加速和提升"一带一路"自由贸易中的货物运输、物流中转、客运集散效率，大幅度减少和降低"一带一路"沿线跨境贸易中所需的时间、人力、物力成本，实现"一带一路"倡议和自由贸易区建设有效衔接，进而发挥发展规划"1+1＞2"的效果。

3. 产业支撑

自由贸易区的设立标志着中国的对外开放模式由低端代工转向高端竞争，从全球价值链的低端逐步提升至上游，并实现了全球价值链分工体系的拓展。改革开放之初，中国主要凭借相对低廉的生产要素培育劳动密集和资源密集型产业，从事低技术产品生产、加工、组装和贴牌制造，生产活动长期停留在全球产业链和价值链的下游环节，发达国家的跨国公司则通过技术研发、产品创新和品牌营销等占据产业链和价值链的上游，把控产业链体系并攫取大部分产品收益。在中国经济发展过程中，经济基础和要素结构都发生了巨大的变动，传统的劳动密集和资源密集型产业发展的边际成本不断上升，边际收益不断下降。

一方面，自由贸易区的建立，为企业实现自身产品迭代升级和产业结构调整创造了制度红利，帮助企业实现从中国制造到中国创造的转型。另一方面，自由贸易区的建立有利于外资"引进来"结构升级，即通过调整利用外资结构，实现我国产业结构优化升级。在这个过程中，政府应积极完善新型基础设施，降低企业投融资活动交易成本和制度成本，引进高技术产业和资金密集型企业。发挥自由贸易区引进高端产业方面的辐射带动效用，以自由贸易区建设为中心，带动国内企业整体发展和转型升级。

4. 企业支撑

自由贸易区的建设培育了企业提供高附加值生产服务的能力。发达国家是目前全球价值链体系的主要受益者，其通过不断增加技术、知识和人力资本在现代生产服务业领域的投资，稳定了自身在全球价值链分工体系中的高端地位。实现中国制造业整体在全球价值链分工体系中的地位攀升，中国必须进一步加大在技术创新和人力资本积累中的投入，通过提升产品生产中的技术含量来实现生产增值。自由贸易区有效链接了国内市场和国外市场，并通过价值链环节的延伸增加了产品的中间需求，从而为企业生产规模扩展并实现规模收益奠定基础。同时，通过自由贸易区窗口，企业能够及时掌握国际经济发展动向和需求变动，培养了企业的全球视野，提升了企业的需求响应能力和创新能力。自由贸易区的建设培育了一批具有全球化经营理念、精通世界经贸规则、善于且勇于创新的中国企业，并实现了从低端要素价格转向高级要素投入的企业竞争能力重构，增强了企业在全球价值链体系中的议价能力。

自由贸易区的建设有利于企业"走出去"，在全球范围内实现要素优化配置。目前企业发展的一个突出制约因素是技术水平低和资源获取能力相对不足，而企业"走出去"，通过海外设厂或海外并购的方式实现经营的拓展可有效获取先进技术和生产资源。在自由贸易区的建设中，企业通过向具有成熟国际投资经验的跨国公司学习，能够了解海外并购的专业知识和先进的国际管理经验，降低海外投资过程中由于外部不确定性和内部管理不成熟所带来的风险。同时，通过自由贸易区这一国家间经贸合作的重要平台，中国企业海外投资的制度阻碍进一步被破除，交易成本进一步降低，通过对外私募股权投资基金、并购投资基金、风险投资基金，鼓励票据融资、融资租赁及债券融资等融资渠道不断被开发，企业跨境投资的融资风险和成本也进一步下降，实现了国内企业通过全球经营实现要素优化配置和生产效率的提升。

（三）中国自由贸易区服务与"一带一路"倡议的内在关系

1. 中国自由贸易区和"一带一路"倡议的开放战略理念

自由贸易区与"一带一路"合作倡议是在我国调整对外开放策略、建设外向型经济发展新体制的中国方案，是经济新常态背景和高质量发展新要求下中国对外开放战略整体布局的重要组成部分，两者都很好地支撑了开放发展战略推进。其中，"一带一路"合作倡议在建设有利于我国经济发展的国际经贸格局中起到全盘引领的作用，其不断推进有效改善了中国周边的经贸环境，实现了参与"一带一路"合作框架国家在经济领域的多方共赢。中国自由贸易区建设始终坚持"投资自由化、贸易市场化、金融国际化、管理规范化"的发展理念，通过加强本国对外开放水平，实现各国互利共赢、共同发展。全国已建成的自由贸易区，覆盖东中西部大部分省份，形成了全国层面的自由贸易区网络，通过因地制宜地开展制度创新，中国自由贸易区建设实现了地方经济发展特点和发展方略融合，推动了区域和整体对外开放的广度和深度全方位升级。

2. 中国自由贸易区和"一带一路"倡议价值互动

中国自由贸易区建设和"一带一路"合作倡议的推动是"一体两面，相互配套"的关系，共同推动了我国对外开放新格局的形成和发展。"一带一路"倡议是以基础设施建设为先导和基础，推动我国与沿线各国订立经贸协议，加强经贸联系，实现经济上的互联互通和全方位的经贸合作，是面对国际经济格局和国际经贸规则深刻调整采取的重要举措，为我国对外开放升级奠定了重要周边环境基础。自由贸易区建设将降低区域内投融资和贸易门槛，提升投资和贸易便利化水平，进而实现区域经济一体化作为发展目标，在"投资自由化、贸易市场化、金融国际化、行政管理法治化和简洁化"等方面先行先试，为创造法治化、市场化和国际化的营商环境创造改革经验，并将其应用到开放型经济建设全过程全领域。从本质看，"一带一路"合作倡议和自由贸易区建设的发展目标和最终遵循都是一致的，两者都将实现贸易和投资便利化作为重要追求，最终都是服务于开放型经济新体制建设，两者相互配合，互为补充，有利于中国进一步扩大对外开放，加强对外交流和联系，实现开放型经济发展的国内外有效衔接。

3. 中国自由贸易区发展和"一带一路"建设的制度创新功能

"一带一路"合作倡议的顺利推进需要自由贸易区建设作为基础和支撑。"一带一路"建设的推进需要有稳定的国内经济基础，在"一带一路"的建设过程中，国内不同区域基于不同的经济基础、要素禀赋、发展定位和政策优势紧密联结，服务于"一带一路"合作倡议的整体框架。自由贸易区的建设是实现区域间经贸合作的重要纽带和支撑，中国各地的自由贸易区都将成为"一带一路"合作倡议国内战略布局落地的重要载体，承担着与"一带一路"建设直接对接的重要任务。自由贸易区是重要的开放发展制度创新实验平台，有力地推进了在投资自由化、贸易便利化、金融国际化、行政管理简化等方面制度创新进程，发挥自由贸易区"先行先试"的重要功能为"一带一路"合作倡议下跨国经贸合作制度创新创造了条件并积累了重要经验。

二、自由贸易区建设与投资便利化

（一）自由贸易区建设促进投资的主要方面

中国自由贸易区建设显著地优化了营商环境，实现了营商环境法治化、市场化和国际化，为自由贸易区内部贸易便利化和投资自由化奠定了重要基础。自由贸易区建设加速了"引进来"和"走出去"的进程，降低了国际跨国公司在华投资的制度门槛和交易成本，为中国企业"走出去"实现跨国经营创造了宝贵的机会窗口。自由贸易区是对外投资合作的综合服务平台，有利于吸引外资企业入区贸易，帮助了中外企业开拓"一带一路"沿线市场，推动了国际经贸自由化进程。

1. 对外投资合作综合服务平台

自由贸易区建设的一项重要任务就是探索对外投资管理体制改革和创新的正确路径。上海自由贸易试验区改革总体方案中提出，要通过"构筑对外投资服务促进体系"实现投资领域的扩大开放，其主要落实在四个具体方面：

第一，改革境外投资管理制度，通过推进投资管理备案制度，切实提升境外投资便利化程度；

第二，创新投资服务促进机制，同时加强境外投资事中、事后管理和服务，包括要形成多部门共享的监测平台，做好境外直接投资统计和年检工作；

第三，支持试验区内各类投资主体开展境外投资；

第四，鼓励发展境外股权投资，包括在试验区内设立境外股权投资的项目公司。

粤津闽三地自由贸易区总体方案对对外投资改革的要求进行了具体化，广东自由贸易区总体方案中提出，要依托港澳地区在金融服务、信息咨询、国际贸易网络、风险管理等方面的优势，将自由贸易试验区建设成为内地企业和个人"走出去"的窗口和综合服务平台，广东自由贸易区重点突出与港澳地区的合作，在项目对接、投资拓展、信息交流、人才培训等方面加强与港澳地区合作，在境外基础设施建设和能源资源等方面加强合作，探索境外产业投资有机结合港澳地区资本市场。

2. 吸引外资企业入区贸易

自由贸易区相较于区外地区有明显的制度优势和政策红利，充分发挥自由贸易区在制度和政策方面的优势，有助于将自由贸易区打造成贸易自由化和投资便利化的国内先进示范区和国际经贸平台。以良好稳定的营商环境为基础，通过官方渠道的对外宣传和市场渠道的信息交流，让全球各国了解中国自由贸易区建设的重要成果，推动全球各国跨国企业参与中国自由贸易区建设，共享中国对外开放战略调整和结构改变的制度红利，为中国开放发展注入新的活力。通过完善自由贸易区的软件和硬件基础，大量吸引国内外企业入区，实现贸易的扩大化并辐射带动当地经济发展，实现区域产业参与国际竞争的能力显著提高。

参考全球其他国家自由贸易区建设的发展经验，自由贸易区主要从成本、功能、效率和服务四个方面优化了企业的营商环境，实现了对企业的吸引。从成本方面看，自由贸易区通过降低甚至免除企业进出口活动的关税和其他相关税费，降低了企业在生产经营中的税收成本；通过简化海关监管流程，降低了企业从事经贸活动的制度成本和交易成本，压缩了企业的生产周期，降低了企业的资金成本和仓储成本，从而实现企业整体的成本优化。从功能方面看，为企业生产提供功能性服务是自由贸易区的重要职责，而功能服务的完善性、多样性和差异性是自由贸易区成功建设的关键因素。一般来看，自由贸易区需要具备便捷的物流功能、发达的金融功能和完善的技术服务功能。从效率方面看，自由贸易区具有突出的制度优势，通过落实企业市场准入备案制和简化海关监管制度，提供了制度化、法治化和国际化的市场经营环境，提高了企业入区投资和参与区域经贸活动的效率。从服务方面看，为吸引企业入区经营，除了需要不断完善企业经贸活动相关基础设施外，还需要政府不断完善公共服务设施，打造具有人才吸引力的软环境，例如，韩国政府为增强其自由贸易区的吸引能力，加强了医院、学校等企业从业人员生活基础设施建设，为企业从业人员提供了相对完备的生活条件。

提供软件和硬件兼备的基础设施是政府完善自由贸易区建设，实现自由贸易区发展的重要前提条件。在自由贸易区建设中，要发挥市场在资源配置中的决定性作用并更好地发挥政府的作用，推动自由贸易区建设领域政府职能改革，优化政府的审批流程，提高政府的监管水平和监管能力，通过提供高效率低成本的公共服务，降低企业投资过程在制度上、政策上和程序上的阻碍和生产经营过程中的各种成本。这就要求政府不断深化对内改革，实现自由贸易区顶层设计科学化，并通过加强部门间的协调沟通，实现设计目标高效准确落实到位。

3. 助力开拓"一带一路"沿线市场

国内自由贸易区的建设是落实"一带一路"合作倡议的重要支撑。自由贸易区建设的加强可以在国内形成"由点及面，联动发展"外向型经济新局面，将外向型经济发展新局面同国内经济高质量发展新要求实现有效结合，为"一带一路"建设打下坚实的基础。在中国对外开放新阶段中，自由贸易区建设是国内开放战略布局的重要抓手，"一带一路"合作倡议则是中国实现国际经贸环境优化的重要载体，通过将自由贸易区建设与"一带一路"合作倡议相衔接，实现了开放发展下国内外经济发展规划联动，推动了我国外向型经济发展新体制在经济建设中更好地发挥作用。目前"一带一路"沿线的国家多为发展中国家和新兴经济体国家，总体来讲其经济发展水平相对较低，产业结构相对单一，在全球经济体系处于相对弱势的地位。中国的自由贸易区建设为"一带一路"沿线国家的企业提供了一个相对具有高收益和低成本的经营环境，增强了中国与沿线其他国家的经贸联系。在便利"一带一路"沿线国家跨国企业实现国际投资的同时，也实现中国自由贸易区内企业与国外企业的联系的密切化，为企业发展创造了新的机遇。在中国自由贸易区这个连接国内外经济活动的纽带的作用下，中国企业积极开拓"一带一路"周边国家市场，加强了在"一带一路"沿线国家的经济影响力，为"一带一路"沿线区域经济整体发展注入了新的活力。以自由贸易区和"一带一路"建设为契机，实现"引进来"和"走出去"高质量、高效率、高水平结合，为自由贸易区建设和"一带一路"合作倡议创造更为广阔的发展空间，并为"一带一路"合作倡议框架下区域经贸合作整体加强和国际经济秩序重构奠定了经济基础。

4. 连线"一带一路"助力亚太经贸自由化

上海自由贸易试验区设立之初的一个重要目的是实现对外开放结构调整和质量提升，探索适应 TPP、TTIP、PSA 等国际经贸合作领域新规范中新规则和新要求的制度和举措，实现在新发展阶段以新方式参与国际经济竞争实现自身发展。目前，中国已建成一批具有高质量开放水平的自由贸易区，形成了具有较高标准的跨国经贸合作规范制度体系，在国民待遇原则、负面清单制度、快速通关制度等方面与"一带一路"沿线的诸多自由贸易区现行规则相一致相适应，为中国自由贸易区加入"一带一路"沿线自由贸易区网络创造了制度条件。

在积极调整国内开放模式和制度以适应全球经贸格局变动出现的新要求的同时，中国也在积极主导建立一些新的区域贸易协定，通过对中韩、中新、中乌、中巴等双边或多边自由贸易关键区域提前布局，形成一批"一带一路"倡议顺利推进支撑节点。通过在经济领域的"先行先试"，探索各国间构建自由贸易协定的利益契合点和可行方案；通过在局部范围内试行自由贸易的形式降低国际政治、军事和经济利益对自由贸易协定订立的影响，为后续经贸合作整体加强创造条件和积累经验。

（二）自由贸易区建设投资便利化的主要措施

国务院 2021 年 12 月发布《关于推进自由贸易试验区贸易投资便利化改革创新的若干措施》，赋予自由贸易试验区在贸易投资便利化方面更大的改革自主权，有针对性地提出 19 项措施，推动自由贸易试验区更好发挥改革开放排头兵的示范引领作用。

1. 投资便利化措施基本要求

（1）提升贸易便利度。开展贸易进口创新，支持自由贸易试验区所在地培育进口贸易促进创新示范区。释放新型贸易方式潜力，支持自由贸易试验区发展离岸贸易。推进"两头在外"保税维修业务，支持自由贸易试验区内企业按照综合保税区维修产品目录开展保税维修业务。提升医药产品进口便利度，允许具备条件的自由贸易试验区开展跨境电商零售进口部分药品及医疗器械业务。

（2）提升投资便利度。加大对港澳投资开放力度，将港澳服务提供者在自由贸易试验区投资设立旅行社的审批权限，由省级旅游主管部门下放到自由贸易试验区。放开国际登记船舶法定检验，允许依法获批的境外船舶检验机构对自由贸易试验区国际登记船舶开展法定检验。在自由贸易试验区实行产业链供地，对产业链关键环节、核心项目涉及的多宗土地实行整体供应。

（3）提升国际物流便利度。推进开放通道建设，支持自由贸易试验区所在城市的国际机场利用第五航权，在平等互利的基础上允许外国航空公司承载该城市至第三国的客货业务。支持自由贸易试验区试点多式联运"一单制"改革，鼓励自由贸易试验区制定并推行标准化多式联运单证，研究出台铁路运输单证融资政策文件。提升航运管理服务效率，将《船舶营业运输证》的部分管理事项，下放至自由贸易试验区所在地省级部门。

（4）提升金融服务实体经济便利度。进一步丰富商品期货品种，加快引入境外交易者参与期货交易，完善期货保税交割监管政策。开展本外币合一银行账户体系试点。开展融资租赁公司外债便利化试点。在符合条件的自由贸易试验区规范探索知识产权证券化模式。

（5）探索司法对贸易投资便利的保障功能。探索赋予多式联运单证物权凭证功能，通过司法实践积累经验，为完善国内相关立法提供支撑。完善仲裁司法审查，明确对境外仲裁机构在自由贸易试验区设立的仲裁业务机构作出的仲裁裁决进行司法审查所涉及的法律适用问题。

2. 投资便利化具体措施

（1）加大对港澳投资开放力度。在内地与香港、澳门关于建立更紧密经贸关系的安排（CEPA）框架下，将港澳服务提供者在自由贸易试验区投资设立旅行社的审批权限由省级旅游主管部门下放至自由贸易试验区。

（2）放开国际登记船舶法定检验。推进自由贸易试验区国际登记船舶法定检验放开，制定出台相关管理措施，允许依法获批的境外船舶检验机构对自由贸易试验区国际登记船舶开展法定检验。

（3）开展进口贸易创新。支持自由贸易试验区所在地培育进口贸易促进创新示范区，综合利用提高便利化水平、创新贸易模式、提升公共服务等多种手段，推动进口领域监管制度、商业模式、配套服务等多方面创新。

（4）释放新型贸易方式潜力。支持自由贸易试验区发展离岸贸易，在符合税制改革方向、不导致税基侵蚀和利润转移的前提下，研究论证企业所得税、印花税相关政策。支持银行探索离岸转手买卖的真实性管理创新，依照展业原则，基于客户信用分类及业务模式提升审核效率，为企业开展真实合规离岸贸易业务提供优质金融服务，提高贸易结算便利化水平。

（5）推进"两头在外"保税维修业务。出台保税维修相关管理规定。支持自由贸易试验区内企业按照综合保税区维修产品目录开展保税维修业务，由自由贸易试验区所在地省级人民政府对维修项目进行综合评估、自主支持开展，对所支持项目的监管等事项承担主体责任。

（6）提升医药产品进口便利度。允许具备条件的自由贸易试验区开展跨境电商零售进口部分药品及医疗器械业务。支持符合条件的自由贸易试验区增设首次进口药品和生物制品口岸。

（7）推进开放通道建设。在对外航权谈判中，支持自由贸易试验区所在城市的国际机场利用第五航权，在平等互利的基础上允许外国航空公司承载该城市至第三国的客货业务，积极向外国航空公司推荐并引导申请进入中国市场的外国航空公司执飞该机场。

(8) 加快推进多式联运"一单制"。交通运输管理部门支持自由贸易试验区试点以铁路运输为主的多式联运"一单制"改革,鼓励自由贸易试验区制定并推行标准化多式联运运单等单证。加快推进全国多式联运公共信息系统建设,率先实现铁路与港口信息互联互通,进一步明确多式联运电子运单的数据标准、交换规则及参与联运各方的职责范围等。率先在国内陆上公铁联运使用标准化单证,逐步推广到内水陆上多式联运,做好与空运、海运运单的衔接,实现陆海空多式联运运单的统一。

(9) 探索赋予多式联运单证物权凭证功能。银行业监督管理机构会同交通运输管理部门、商务主管部门等单位研究出台自由贸易试验区铁路运输单证融资政策文件,引导和鼓励自由贸易试验区内市场主体、铁路企业和银行创新陆路贸易融资方式,在风险可控的前提下,开展赋予铁路运输单证物权属性的有益实践探索。通过司法实践积累经验,发布典型案例,条件成熟时形成司法解释,为完善国内相关立法提供支撑,逐步探索铁路运输单证、联运单证实现物权凭证功能。积极研究相关国际规则的修改和制定,推动在国际规则层面解决铁路运单物权凭证问题。

(10) 进一步丰富商品期货品种。强化自由贸易试验区与期货交易所的合作,从国内市场需求强烈、对外依存度高、国际市场发展相对成熟的商品入手,上市航运期货等交易新品种。

(11) 加快引入境外交易者参与期货交易。加强自由贸易试验区内现有期货产品国际交易平台建设,发挥自由贸易试验区在交割仓库、仓储物流、金融服务等方面的功能,提升大宗商品期货市场对外开放水平。以现货国际化程度较高的已上市成熟品种为载体,加快引入境外交易者,建设以人民币计价、结算的国际大宗商品期货市场,形成境内外交易者共同参与、共同认可、具有广泛代表性的期货价格。在风险可控前提下,优化境外交易者从事期货交易外汇管理的开户、交易、结算和资金存管模式。

(12) 完善期货保税交割监管政策。对期货交易所在自由贸易试验区内的保税监管场所开展期货保税交割业务的货物品种及指定交割仓库实行备案制。

对参与保税交割的法检商品，入库时集中检验，进出口报关时采信第三方机构质量、重量检验结果分批放行。

（13）创新账户体系管理。在自由贸易试验区开展本外币合一银行账户体系试点，实现本币账户与外币账户在开立、变更和撤销等方面标准、规则和流程统一。

（14）开展融资租赁公司外债便利化试点。在全口径跨境融资宏观审慎框架下，允许注册在自由贸易试验区符合条件的融资租赁公司与其下设的特殊目的公司（SPV）共享外债额度。

（15）开展知识产权证券化试点。以产业链条或产业集群高价值专利组合为基础，构建底层知识产权资产，在知识产权已确权并能产生稳定现金流的前提下，在符合条件的自由贸易试验区规范探索知识产权证券化模式。

（16）开展网络游戏属地管理试点。在符合条件的自由贸易试验区所在地推进网络游戏审核试点工作。

（17）提升航运管理服务效率。将自由贸易试验区所在省份注册的国内水路运输企业经营的沿海省际客船、危险品船"船舶营业运输证"的配发、换发、补发、注销等管理事项，下放至自由贸易试验区所在地省级水路运输管理部门负责办理。

（18）提高土地资源配置效率。在自由贸易试验区实行产业链供地，对产业链关键环节、核心项目涉及的多宗土地实行整体供应。支持有关地方在安排土地利用计划时，优先保障自由贸易试验区建设合理用地需求。

（19）完善仲裁司法审查。明确对境外仲裁机构在自由贸易试验区设立的仲裁业务机构作出的仲裁裁决进行司法审查所涉及的法律适用问题。在认可企业之间约定在内地特定地点、按照特定仲裁规则、由特定人员对有关争议进行仲裁的仲裁协议效力的基础上，进一步明确该裁决在执行时的法律适用问题。支持国际商事争端预防与解决组织在自由贸易试验区运营，为区内企业提供"事前预防、事中调解、事后解决"全链条商事法律服务。

三、自由贸易区建设与外商投资负面清单管理

上海自由贸易区建设的一项重要创新就是落实了外商投资准入的"负面清

单"管理模式。过去"正面清单"管理模式下，跨国企业在华投资只能从事清单中允许经营的领域和允许开展的活动，这极大地限制了开放经济发展的活力。随着对外商投资的管理由"正面清单"转为"负面清单"，跨国企业从事经营的范围实现了扩大，经营的活力和自主性都得到提升。

（一）外资准入负面清单概述

一般认为，1994 年生效的北美自由贸易区（NAFTA）是全球经贸投资领域最早采用负面清单制度的自由贸易协定。进入 21 世纪以后，发达国家开始普遍采用外商投资的负面清单管理模式。2004 年美国和新加坡在自由贸易领域采取负面清单管理后，这一模式逐渐被众多亚洲国家采纳和应用。目前，针对负面清单模式的可行性，各国主要有三种声音：第一种是发达国家的声音，其倾向支持采用负面清单模式的，凭借雄厚的经济基础和先进的技术和管理经验，这些国家能够消化外国投资的负面影响，实现安全和发展兼顾；第二种是部分发展中国家的声音，其对负面清单管理模式持保守态度，在与其他国家进行投资和经贸往来的过程中，其往往使用正面清单的管理方式，在维护自身安全的情况下实现国家经济的发展；第三种是发展中国家中的新兴经济体的声音，这些国家对负面清单持支持态度，在自身的对外合作中也会适度采取负面清单的管理模式。目前世界上已有超过 70 个国家和地区采取了负面清单的管理模式，在负面清单的应用方面，不同国家采取了不同的落地形式：第一种是全面采取负面清单模式，即将负面清单管理模式应用到内外资生产经营活动监管的全过程全方位；第二种是分产业分领域采取应用不同的清单管理承诺的模式，例如将负面清单应用于大多数产业和领域，而对金融等敏感行业采取正面清单管理模式；第三种是先以正面清单规定准入领域，再以负面清单的方式保留该领域中的相关项目。

负面清单制度的逻辑基础是"非列入即开放"，即对于没有在清单上列明的行业和领域，政府不能对外资企业的市场进入行为进行限制，外资准入享受国民待遇。法理基础是外资准入负面清单的核心，即禁止或限制外资准入的理由。法理基础主要有三个方面：一是东道国的投资法律体系，体现了国家利益和国民意愿；二是国际公约、国际惯例和约定俗成；三是缔约方之间的自由贸易协定或投资保护协定等。在外商投资的法律监管依据方面，美国主要依靠《宪法》和相关法律，加拿大主要依靠《投资法》，德国主要依靠《对外经济法》和《对外经济条例》，英国、法国和意大利遵循《欧共体条约》。各国还有涉及投资领域的部门法，如美国《民用航空法》，德国《药品法》《武器法》《旅店法》《监理法》，意大利《银行法》《电信法》《航空法》等。除此以外，各国还有《反限制竞争法》《环境保护法》《武器法》等。根据国际公约和国际惯例，东道国可以从保护人类生命健康、保护资源、环境保护、国家安全等角度对外资准入采取禁止或限制措施。国际上普遍采用两种形式：一般例外和安全例外。此外，东道国还可以采取保障措施，准许缔约方在特定情况下撤销或停止履行约定义务，以保障某种更重要的利益。

　　"负面清单"也被称为"不符措施列表"，即政府以清单为载体列明外资准入的特定限制性领域，规定外资可以依法进入不在清单中的行业和领域从事市场经营活动。从内涵看，负面清单所对应的正面义务一般包括国民待遇、最惠国待遇、不得实施当地存在、不得实施业绩要求和不得实施高管人员要求等。国民待遇是指在政府监管下的市场竞争活动中，给予外国投资者和涵盖投资的待遇，不低于本国投资者的待遇，国民待遇原则有准入前和准入后之分，准入前国民待遇原则涵盖了外资设立、获取、扩大等方面，准入后国民待遇原则包括外资经营、运营管理、资产出售和其他投资处置等方面。最惠国待遇指东道国给予另一方投资者及其投资的待遇应不低于其在相似情形下给予任何第三国投资者及其投资的待遇。不得实施业绩要求分为两个方面：一是不得对投资强制实施业绩要求；二是不得将业绩要求规定为投资获得优惠的条件，其中涉及的业绩要求有八种，分别是出口业绩、国内含量、采购本国产品、将进口与出口或投资相关外汇流入额挂钩、通过将境内销售与出口或外汇收入挂钩来限制境内销售、技术转让、仅从本方领土向其他市场供给产品或服务、使用本国技术。不得实施高管人员要求是指不得要求另一方投资者在其境内投资的企业任命具有特定国籍的自然人作为高级管理人员。从具体内容看，负面清单涉及的条目有列举措施所在的行业、子行业、行业分类、所对应的正面义务、维持不符措施的政府层级、不符措施的法律依据、措施描述、过渡期（phase-out）。

其中，行业主要包括两类：一类是关系国家基础、具有公共服务性质、影响国家安全的产业；另一类是具有战略意义的产业，包括具有竞争优势的产业和幼稚产业。行业分类标准包括国际海关理事会制定的协调商品种类和编码体系（HS）、联合国统计司制定的产品总分类（CPC）、国际标准产业分类（ISIC）、缔约方国内的标准产业分类（XSIC）以及缔约方国内的其他行业分类标准等。从形式看，负面清单出现在各种协定中，如友好通商航行条约、自由贸易协定（TA）、紧密经济关系贸易协定（CER）、双边投资协定（BIT）、经济伙伴关系协定（EPA）等。

（二）负面清单制度的基本特点

1. "非禁即入"原则

"非禁即入"原则是负面清单制度的最基本的原则。在负面清单模式下，政府对外商投资禁入的领域通过清单列明，而未在清单上的领域，国外投资者可以自由进入，进入后享受与国内经营主体同等的经营资格。这种制度安排充分尊重了市场在资源配置中的决定性作用，通过加强非负面准入领域的市场竞争，实现了市场作用下资源的更优化配置，在实现更好地利用外资的同时实现了国内企业优胜劣汰和生产效率的提升。"非禁即入"原则实现了市场营商环境的优化，并通过市场机制的选择作用无形中提升了外商投资的进入门槛，实现了利用外资结构的升级。

2. 法律义务规则

负面清单制度的设计是经过系统深入研究，由政府相关主管部门联合发布的重要行政规章制度。负面清单制度对相关市场主体的义务进行了明确规定，这些义务表现为命令性禁止和禁止性规定两种形式，对外资主体进入我国市场必须履行的法律义务进行了明确规定。

3. 针对特定商品或行业

在自由贸易区落实负面清单制度在一定程度上对其他区域起到了示范作用。目前我国负面清单制度中涉及的禁入行业主要包括农业、林业、畜牧业、鱼类养殖业等和原材料及能源产业如采矿业、燃气制造业、电力行业、热力发电、水力发电等，目前这些产业在负面清单制度中主要划分为两种类型，第一种是禁入类，对涉及我国国家安全、国家利益的特定产业领域完全禁止外资参与投资建设；第二种限制类，对涉及国家发展利益但风险可控的行（产）业实行有条件的准入。

（三）外资准入负面清单正面效应

负面清单的优势主要集中在三个方面：高开放度、高自由度、高透明度。在这三个方面的支持下，负面清单能够进一步优化开放发展的质量，优化营商环境，实现市场机制下资源的高效配置。

1. 高开放度

在负面清单下，政府仅对外资禁入或限入的行业进行规定，这种明确的规定减少了跨国企业投资的制度成本，减少了企业跨国投资的政策不确定风险。但负面清单中规定领域的多少和国家的开放程度是不存在直接的相关关系的，国家订立负面清单，是根据自身的经济发展阶段特征和长期经济发展规划作出的重要决断。对于国家来讲，实现负面清单规范下高度开放一定要守住国家经济安全的底线，实现发展和安全的平衡。

2. 高自由度

通过使用负面清单模式对外商投资进行管理，政府实现了简政放权，减少了对市场经济活动的干预。在负面清单管理模式下，外商投资的准入前程序由审批制改为备案制，对于不在负面清单中的行业和领域，跨国企业只需要到行业主管部门中进行必要的备案工作，这简化了外商投资的审批流程，便利了外商的投资活动。同时，负面清单模式实现外商投资的高自由度还表现在企业经营过程中，由于负面清单简化了政府的管理活动，降低了企业生产经营中的制度成本，提升了生产经营的效率，为营造公平、公正、公开的市场环境奠定了重要基础。

3. 高透明度

高透明度体现在将禁止或限制投资的行业和领域列入负面清单，并对禁止或限制投资的特殊管理措施进行说明。高透明度是负面清单制度相较于其他外资管理制度的重要创新，也是高开放度和高自由度的集中体现，充分展现了国家的开放战略和开放结构，便利了企业在投资前对投资活动的风险和收益进行研判，因而降低了企业跨国投资中的不确定性，实现了政商在平等互利的基础上进行交流，解决了企业投资的顾虑和疑惑。

四、自由贸易区建设规划咨询的主要任务

(一) 关键要素

开展自由贸易区建设规划咨询，是工程咨询等专业咨询机构开展规划咨询的重要业务类型。专业咨询机构接受委托承担自由贸易区建设规划咨询业务，从咨询参与者的角度看，影响咨询质量和效果的关键要素有三个：咨询专家、咨询机构和咨询方式，如图 4-1 所示。具体是要邀请正确的专家、委托正确的机构和采取正确的方式，三者缺一不可。

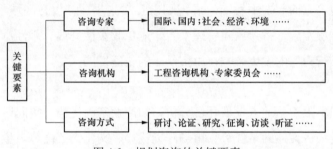

图 4-1　规划咨询的关键要素

(二) 基本准则

(1) 科学性。规划咨询工作所依据的理论必须科学且经实践验证，规划方法必须合理可行，基础数据必须准确可靠，调查方法必须有效，规划思路与规划方法应相互协调，规划指标体系设立应系统完整。

(2) 前瞻性。规划咨询是对自由贸易区未来发展蓝图的描绘，必须对未来内外环境形成明确的判断，对发展定位和目标形成清晰的图景，准确提出从现状到未来的可行路线，从而为未来的发展做好准备。

(3) 针对性。规划咨询应找准工作视角，准确把握规划客体发展的规律与趋势，以战略目标为出发点，聚焦解决规划期内主要矛盾、关键问题和薄弱环节，从而推动战略目标的全面实现。

(4) 灵活性。规划内容应具有适当的灵活性，而且在自由贸易区发展的某些突发事件中能够保持一定的可调性，避免因系统中某些要素的突变而使整个

规划无法达成。

（5）可操作性原则。规划咨询成果要具有可操作性，要明确规划实施的各项举措，落实规划各实施主体的责任和义务，提出政府方必要管理机制、政策和资金支持等需求。

（三）主要目标和任务

1. 目标

包括但不限于：建立完善的支撑自由贸易区建设、发展和战略规划及落地的规范流程、配套体系；明确自由贸易区的战略定位和功能定位，在税收政策、贸易模式上给予智力支持；完善自由贸易区的业务布局，在金融、物流、高端制造业等方面制定中长期发展规划以及实施步骤，提升区域综合竞争力，促进经济转型发展；搭建风险管理平台，避免政策性失误、恶性竞争、不公平竞争及套利行为等的发生影响自由贸易区的长远发展。

2. 任务

包括但不限于：地方发展环境分析，如产业基础优势、空间区位优势、土地及管理优势、交通网络优势、市场环境优势、文化交流优势、生态宜居优势等分析；政策功能的改革创新；园区产业规划设计；运营方案设计；税务筹划等。

（四）规划咨询报告基本框架

1. 编制依据

明确专项规划编制的规划依据、政策依据和法律依据。

2. 现状问题

加强前期的规划调研工作，积极收集各方面、各层次、各渠道的资料，建立专项规划基础资料库与综合分析数据库。对现状与历史资料、数据进行深入分析，总结现状特征与存在问题，厘清规划重点与规划编制思路。加强对已有规划的评估工作，指出规划实施中存在的问题及其与现实、目标的差距，并分析成因。

3. 目标策略

根据对宏观环境以及区域发展新态势的深入分析，结合对发展现状及问题的剖析，明确规划发展目标，并设定规划指标体系。通常规划目标既包含定量的描述，也有定性描述。规划目标的确定必须实事求是，既不能制定不切实际的高指标，也不能制定过低的指标降低发展预期进而挫伤各方面发展的积极性。规划目标本身应该是既有压力，又有激励；既要体现科学性，又要体现积极进取的精神。同时，规划指标之间要相互协调，既要有主要指标和次要指标，也要有约束性指标与预期性指标；既要有近期目标，也要有长远目标等。

4. 重点任务和实施路径

根据规划目标与策略，提出规划期内自由贸易区建设的主要任务、重大项目和重点工程。明确规划实施的方向、重点和技术经济标准，并对提出的重点建设项目进行布局安排。鉴于经济社会发展存在的极大不确定性，可对重点项目的实施进行多因素分析与多方案设计，进行方案比选。同时，还要对实现规划目标的重点任务、可能遇到的问题提出相应的解决途径与策略。

5. 布局规划

布局规划是自由贸易区建设规划的重要内容。自由贸易区应以经济视角作为切入点进行空间规划，着眼于自由贸易区新型业态与区域产业板块的统筹、自由贸易区与城市功能的相互促进，把握自由贸易区"城镇空间为主体、存量空间占主导、特殊空间居其中的空间特征"，重点解决产业创新发展与用地开发问题，寻求存量型空间规划管控的最优模式。

6. 政策措施

为保障自由贸易区建设规划付诸实施需要一系列相应的配套措施予以支撑。规划措施应突出针对性，避免面面俱到与缺失可操作性。其中，关键措施要切中要害，避免流于形式。同时，规划措施要有预见性，能够对宏观环境及区域环境的发展变化提早谋划与布局。规划措施必须精心设计全面架构，不能与规划目标方案相脱节，如果某一环节出问题就会出现系统性风险。

7. 近期建设重点

为保证规划的有序实施，需要与相关规划进行衔接，明确近期建设的主要任务和重点工程。

第二节 境外经贸合作区建设规划咨询

境外经贸合作区是企业"走出去"过程中实现协同、集群发展的重要载体和平台，其有力地拓展了企业的海外市场空间。从合作区建设的用户来看，可分为公共平台型、自用型；按不同的产业定位来看，可分为商贸物流园区型、重化工业园区型、加工制造业园区型以及科技园区型等。面对不同的用户群体、不同的产业定位，合作区在运营中形成了一些独特经验。在开展合作区建设时，企业应做好前期调研工作，尽可能争取更多资源支持，同时应当做好风险防控预警机制，减少潜在风险。

一、多边经贸合作及双边投资保护制度安排

（一）中国多边经贸合作

20世纪80年代以来，中国陆续加入了各种国际多边组织，例如，1986年加入关贸总协定（世界贸易组织前身）和亚洲开发银行、1991年加入亚太经合组织等。中国不仅成为以东盟10＋1、10＋3等机制为中心的地区多边合作的重要成员和活跃的贡献者，还开始主动设计和构建多边外交机制，例如，组织和有效推进朝核六方会谈、举办上合会议和金砖会议、发起中国-东欧国家（17＋1）多边合作机制、倡导建立了亚洲基础设施投资银行、提出共建"一带一路"倡议等。中国非常重视联合国、世界贸易组织、二十国集团等框架下的多边组织，坚定维护以联合国为核心的国际体系，在事关全球发展的经济恢复、气候变化、公共卫生、防范恐怖主义等多边议程上，中国都成为不可或缺的参与方和贡献方。

1. 世界贸易组织

2001年中国加入世界贸易组织，是中国深度参与经济全球化的里程碑，标志着中国改革开放进入历史性新阶段。加入世界贸易组织以来，中国积极践行自由贸易理念，全面履行加入承诺，大幅开放市场，实现更广互利共赢，不断完善社会主义市场经济体制，全面加强同多边贸易规则的对接，切实履行货物和服务开放承诺，强化知识产权保护，对外开放政策的稳定性、透明度、可

预见性显著提高，为多边贸易体制有效运转作出了积极贡献。

2. 亚洲开发银行

亚洲开发银行创建于 1966 年 11 月 24 日，是亚洲和太平洋国家和地区同部分西方国家合办的一个区域性政府间金融开发机构。亚洲开发银行的业务活动主要表现在三个方面：为发展中成员经济发展提供长期贷款；以股本投资的方式，对发展中成员私人企业融资；对成员提供技术援助等。

亚洲开发银行的会员国不限于亚洲地区的国家，凡是亚洲及远东经济委员会会员和准会员，以及参加联合国或联合国某一专门机构的地区外的经济发达国家均可加入该行。亚洲开发银行属股份制企业性质的金融机构，凡成员国均须认缴该行的股本。截至 2022 年底，亚洲开发银行有 68 个成员，其中 49 个来自亚太地区，19 个来自其他地区。中国于 1986 年 3 月 10 日加入亚洲开发银行。中国自 1986 年以来，是除日、美之外的第三大认股国，在亚洲开发银行的业务活动中，发挥着越来越重要的作用。

3. 亚太经合组织

亚太经合组织成立于 1989 年，中国与之合作由来已久。1991 年 11 月，中国以主权国家身份、中国台北和中国香港以地区经济体名义，正式加入亚太经合组织。自加入以来，中国始终本着积极参与、求同存异、推动合作的精神，全面参与该组织各项活动。与此同时，亚太经合组织成为中国与亚太地区其他经济体开展互利合作、开展多边外交、展示中国国家形象的重要舞台。中国借此促进自身发展，也为本地区乃至世界经济发展作出重要贡献。

4. 上海合作组织

上海合作组织是首个由中国倡议建立的多边合作组织，是由哈萨克斯坦共和国、中华人民共和国、吉尔吉斯共和国、俄罗斯联邦、塔吉克斯坦共和国、乌兹别克斯坦共和国于 2001 年 6 月 15 日在中国上海宣布成立的永久性政府间国际组织。它的前身是"上海五国"机制，缘起于划界与边境安全问题的解决，后向政治、经济、人文等多元议题拓展。

上海合作组织对内遵循"互信、互利、平等、协商，尊重多样文明、谋求共同发展"的"上海精神"，对外奉行不结盟、不针对其他国家和地区及开放原则。上海合作组织的宗旨是加强各成员国之间的相互信任与睦邻友好；鼓励成员国在政治、经贸、科技、文化、教育、能源、交通、旅游、环保及其他领域的有效合作；共同致力于维护和保障地区的和平、安全与稳定；推动建立民主、公正、合理的国际政治经济新秩序。

5. 金砖国家

2006 年，巴西、俄罗斯、印度和中国四国外长在联合国大会期间举行首次会晤，开启金砖国家合作序幕。2009 年 6 月，金砖国家领导人在俄罗斯叶卡捷琳堡举行首次会晤，推动金砖合作升级至峰会层次。2011 年，南非正式加入金砖国家，金砖国家扩为五国，英文名称定为 BRICS。金砖国家遵循开放透明、团结互助、深化合作、共谋发展原则和"开放、包容、合作、共赢"的金砖国家精神，致力于构建更紧密、更全面、更牢固的伙伴关系。

金砖国家机制成立以来，合作基础日益夯实，领域逐渐拓展，已经形成以领导人会晤为引领，以外长会晤、安全事务高级代表会议等为支撑，在经贸、财金、科技、工业、农业、文化、教育、卫生、智库、友好城市等数十个领域开展务实合作的全方位、多层次架构。随着五国国力不断增强，金砖国家合作走深走实，合作影响力已经超越五国范畴，成为促进世界经济增长、完善全球治理、推动国际关系民主化的建设性力量。

6. 中国—中东欧国家合作

"17＋1 合作"是根据中国同中东欧国家的共同愿望打造的跨区域合作平台。随着首次中国—中东欧国家领导人会晤于 2012 年在波兰华沙举行，中国—中东欧国家合作正式启动。当时共有 16 个中东欧国家加入，也被称为"16＋1 合作"。随着 2019 年新成员希腊加入，"16＋1"扩容为"17＋1"。

"17＋1 合作"的主要活动为领导人会晤、地方领导人会议，以及其他领域的多种不同形式的活动。中国—中东欧合作形成了政府主导、民间参与的模式，涵盖从中央到地方、从官方到民间诸多领域的多元沟通交流方式。在旅游、农业、林业等特定领域的合作已走向机制化，被业界人士称为最具活力、最有代表性跨区域合作机制之一。

7. 亚洲基础设施投资银行

亚洲基础设施投资银行是一个政府间性质的亚洲区域多边开发机构，是首

个由中国倡议设立的多边金融机构，总部设在北京。2013 年，中国首次倡议
筹建亚洲基础设施投资银行。2015 年，亚投行 57 个创始成员国在北京签署
《亚洲基础设施投资银行协定》，亚投行宣告成立。2016 年，亚投行正式开业
运营，并于六个月后批准首批融资项目。

亚投行重点支持基础设施建设，宗旨是通过在基础设施及其他生产性领域
的投资，促进亚洲经济可持续发展、创造财富并改善基础设施互联互通；与其
他多边和双边开发机构紧密合作，推进区域合作和伙伴关系，应对发展挑战。

2016—2022 年，在基础设施建设、推动当地经济与社会发展、改善人民
生活等方面，亚投行已累计批准 202 个项目，融资总额超过 388 亿美元，撬动
资本近 1300 亿美元，涉及能源、交通、水务、通信、教育、公共卫生等领域
的可持续基础设施建设与成员经济的绿色复苏，项目遍布全球 33 个国家。

（二）中国双边投资协定

1. 国际双边投资协定概述

（1）双边投资协定的内涵和作用。国际双边投资协定（Bilateral
Investment Treaty，BIT）是国与国或经济体之间为鼓励、促进和保护私人投
资而签订的书面协议。双边投资协定一般规定了投资保护、促进、便利化方面
的规则；部分投资协定还增加了市场准入等方面的规则。如投资所在国（东道
国）违反了投资保护等方面的义务，使企业遭受损失，企业可以依据所适用的
投资协定中的争端解决机制维护自身合法权益。投资协定通常能为企业提供公
平公正待遇、征收及补偿保护、国民待遇和最惠国待遇、资金和收益的汇兑、
资金和收益的汇兑、代位权等待遇和保护。双边投资协定在保护外国投资方面
虽然发挥着重要的作用，但是这种机制常常被一些东道国以国家安全或反垄断
审查等手段轻易突破，因此对于全球经贸合作而言，推进投资便利化的路还是
比较漫长。

（2）双边投资协定的类型。根据 19 世纪以来全球化发展的进程，历史上
保护双边投资的协定主要有四种形式：

一是通商航海条约。这是第二次世界大战以前国际主要的双边投资协定形
式。由于当时西方发达国家在各方面实力对亚非拉国家的压倒性优势，有的甚

至是在战败的情况下被迫签订，因此当时多数的"双边"协定实际上成为"单边"投资保护协定，比如清政府签订的《中英五口通商章程：海关税则》《中葡和好通商条约》，国民党政府与美国在 1946 年签订的《中美友好通商航海条约》等。这一时期的投资协定，虽然各国各时期的协定内容不同，但主要内容多涉及商人人身保护、贸易国民待遇、最惠国待遇、税收及船舶港口特权等。

二是投资保证协定。在第二次世界大战之后，美国推出欧洲复兴计划，从 1947 年开始，对欧洲进行了大量投资。同时，针对当时部分"苏联阵营"国家掀起的国有化潮流，美国开始大力促进海外投资保险制度的发展，以防范跨境投资的政治及国有化等风险。为解决投资保险机构的代位索赔问题，美国与相关国家签订了专门的投资保证协定，后来发展成为双边投资保证协定。投资保证协定的具体规定因国别而异，但基本内容往往包括无差别待遇原则、政治风险、国有化征用、外籍人员雇佣、纳税及代位权等条款。

三是促进与保护投资协定。在 20 世纪 60 年代初期，德国、日本、英国等国家经济从战后恢复，有实力的企业开始跨境投资，在这种情况下，依靠友好通商航海条约的保护已很难满足企业对外投资的需求。在这种背景下，综合了"友好通商航海条约"和"投资保证协定"的第三种形式协定——促进与保护投资协定应运而生。双边投资协定的具体内容，虽因国家的不同而有所差异，但核心是投资的安全与利益问题，其中涉及市场准入、国民待遇、争端解决等诸多内容。后来，随着各种国际公约的签署与完善，双边投资协定也有了更多的遵循。

四是投资自由化、促进和保护协定。经济全球化进一步深入发展的新形势下，投资者、东道国政府、母国政府等不同的投资相关方，均期待能够为投资者提供稳定、透明、可预期和开放的法律环境。这一类投资协定的内容更加丰富和全面，在促进和保护相互投资的基础上还增加了扩大产业开放与放宽投资准入的内容，较好地兼顾了产业开放与监管、保护投资者利益与维护政府出于公共利益采取管理措施权力之间的平衡。其典型代表是美国政府于 2012 年公布的《美国与××国家鼓励与相互保护投资条约（2012）》。

（3）双边投资协定的保护范畴。企业需要根据所适用的投资协定中对投资的定义，确定协定所保护投资的范围。通常具有投资特征的各种资产（包括动产、不动产、股权、金钱请求权、知识产权、特许权、合同权利等，但不包括单纯的国际货物或服务买卖合同）都属于受投资协定保护的投资。

缔约一方的自然人和企业作为投资者，依法在东道国作出投资，一般均可以获得投资协定的保护。对于自然人投资者来说，要求根据缔约一方法律具有其国籍；对于企业来说，要求根据缔约一方的法律设立或组建，形式上包括公司、合伙等。具体需根据所适用的投资协定判断。

2. 我国签订的双边投资协定

中国与有关国家签订的投资协定始于改革开放之后。当时为了吸引外资，中国积极地与其他国家签订双边投资保护协定。1982 年，中国与瑞典签订了中国第一个双边投资协定，经过四十余年的改革开放经济建设，中国已成为世界上签署投资协定最多的国家之一。根据商务部《企业利用投资协定参考指南》，截至 2021 年 7 月，中国与有关国家和地区签署并现行有效的双边投资协定有 108 个；我国对外缔结的自由贸易协定大都包括投资章节，也规定了类似投资协定中的有关规则。

中国投资协定订立的高峰期是 20 世纪 90 年代，在这一时期，中国主要从资本输入国的立场出发，通过与当时主要资本输出国订立相关协议，促进国内招商引资发展。通过订立双边投资保护协定，中国与投资国确立了企业跨国投资行为规范，为跨国企业提供了投资过程中争端解决渠道和依据，减少了投资过程中的不稳定性和不确定性，也为中国借助外资实现本国经济的发展创造了相对稳定的国际环境。早期投资协定的内容多为投资过程中相关事项的原则性规则，东道国和投资国在具体执行过程中有较大的解释权和操作空间。20 世纪 90 年代中后期，投资协定的内容有所改进，完善了在国民待遇和争端解决机制方面的内容，但整体上仍较为简单。

2001 年 12 月中国正式加入世界贸易组织，成为世界贸易组织的正式成员，加速了中国融入全球经济体系的进程，也使中国承接跨国投资的规模加速扩张。为适应国际经贸往来发展阶段特点的需要，中国在签订的双边投资协定的过程中开始从吸引外资和保护中国企业海外投资两个角度进行统筹。例如，在这一时期签订的中德、中韩以及中加双边投资协定中，对国民待遇、资本转移、金融服务等方面进行了补充完善。

随着全球经贸格局不断深入演进，我国早期签订的双边投资协定较难适应当今全球经济面临的挑战和问题，一是几乎没有涉及国际直接投资的非经济要求条款，如缺乏对公共卫生、环境保护和可持续发展目标的规定等；二是条款内容表述宽泛，权责界定模糊，规定不明确，执行效力低。作为目前全球主要的资本输入和输出国，中国一方面为引进外资不断提高外商投资的管理水平，另一方面为中国企业"走出去"实现全球化经营管理提供权益和利益保障，均促使我国投资保护条款和投资自由化条款相关内容的标准不断提高。为制定面向全球的高标准双边投资协定条款，我国与部分发达国家的双边投资谈判进程仍在艰难进行，例如，中国与欧盟国家的中欧双边投资协定谈判自 2013 年开始启动，2020 年底才最终完成谈判，与现有中国双边投资协定相比，提高了知识产权保护和补贴透明度要求，降低了市场准入条件，增加了劳工标准和投资监管程序等条款。

（三）中国双边投资协定面临的主要挑战

1. 中国将需要更高标准的双边投资协定

在全球经贸格局演变的过程中，区域集团化和贸易保护主义在相当程度上限制了国际投资的发展，在这个过程中双边投资协定的重要性进一步显现。目前中国企业进行跨国投资的对象多为发展中国家，相对来讲，这些国家国内的法律体系不健全不完善，在政府管理的过程中可能会损害我国跨国企业投资利益。中国企业需要通过政府间订立的投资保护协议维护自身权益。因此，政府需要积极主动作为，在考虑我国跨国企业投资分布的区域特点和产业特点的基础上，针对性地与相关国家订立并更新双边投资协定，有效维护我国企业跨境投资的权益。

2. 高标准投资协定对中国国内投资管理制度提出更高要求

高标准投资协定要求进一步细化传统投资协定中相关条款，如投资定义和范围、国民待遇具体标准、间接征收规定等。同时高标准双边投资协定增加了许多新的议题，包括高度自由化的市场准入、业绩要求、竞争中立、知识产权、环境保护、劳工议题等；在程序规则方面，实施高标准的投资协议要求进一步细化相关争端解决程序和调控，增强程序的可操作性和条款的实用性。

投资协定标准的提高有利于更好地维护我国跨国企业海外投资的合法权益，同时也对中国营造法治化、市场化和公平化的营商环境对吸引海外投资提出了更高的要求。因此，中国需要不断深化改革以破除外商投资壁垒，完善和落实环境保护和知识产权保护相关举措，推动政府简政放权和国有企业改革，增加市场自由度和行政透明度，增加中国对国际跨国公司的吸引力并保障跨国公司投资的合法权益。同时，中国需要通过经济安全审查机制、经济安全例外或金融审慎例外条款等制度设计，实现通过吸引外资拉动国家经济发展和维护国家经济安全的平衡。

3. 东道国投资争端解决

近年来，随着双边投资协定在区域经济发展中的作用不断凸显，双边投资协定签订的数量不断增加，这导致与双边投资有关的争议案件的数量也不断增加。由于发展中国家是目前跨国企业投资的主要目标国，且发展中国家自身法律法规体系相对不健全、执行力度不足，导致与发展中国家有关的跨国投资纠纷数量在投资纠纷总量中占据相当的比重。中国作为吸引外资和进行国外投资最多的国家之一，与中国有关的国际投资纠纷案件数量进一步增加。

二、边境经济合作区建设规划咨询

（一）边境经济合作区概述

1. 边境经济合作区内涵

边境经济合作区是指边境地区两国或多国政府间共同推动的享有出口加工区、保税区、自由贸易区等优惠政策的次区域经济合作区，是集投资贸易、出口加工、国际物流于一体的多功能经济区。

2. 边境经济合作区功能

从功能属性上看，边境经济区在推动双边贸易的基础上，实现了两国企业在生产、物流、人才交流、技术交流等多领域合作。在优势政策的支持下，边境贸易区的建立推动了区域内要素自由流动和产业自由转移，通过深化区域合作形成区域经济发展的合力。

　　跨边境经济合作区是继"成长三角""自然经济区""扩张型都会区"之后次区域合作发展的次级新形态。跨边境合作可以用微区域主义（也称为次次区域主义）来概括，是一种通过比较利益法则，让具有地缘邻接性但政治基础不同的区域彼此合作以提升区域竞争力的经济手段。区域合作在世界范围内具有广泛的历史基础，许多国家都通过与周边国家加强边境合作实现区域内乃至全国经济的发展，世界上较为典型的边境合作区主要有上莱茵河边境地区的经济合作、新柔廖成长三角等。近年来，中国在东亚、中亚和东南亚等区域建立的边境合作区也被视为区域经济合作的典型示范案例。

　　通过与周边国家开展边境区域合作是世界上大多数国家推进自由贸易进程的重要选择之一。在边境区域合作的过程中，两国或多国通过共同设立投资和贸易监管机构，为贸易和投资自由化奠定重要基础。全球经贸格局的深入演变也为各国开展边境区域经贸合作提供重要的推动力量。边境经济合作区通常是由领土包括领海接壤的两个或两个以上国家，在其国境交界处划定相关区域设立。在经济合作区发展中，双方或多方都充分利用了其地区和整体优势，并在优势互补的基础上充分发掘区域经济发展潜力，实现了区域经济整体发展和参与国际经济竞争的实力增强。加强边境合作是自古以来实现国家经济发展的重要手段，一个国家从诞生到发展进步，都与周边地区息息相关。漫长的发展周期和频繁的交流使区域内国家有着相近甚至相同的人文社会基础，这为邻近国家间加强经贸往来实现经济合作奠定了社会基础。在经济全球化过程中的区域经济一体化趋势也在不断发展，边境国家间加强经贸合作的需求日益增加。

　　3. 边境经济合作区形成的原因

　　边境经济合作区的形成主要是基于以下三点原因：

　　第一，合作区参与双方实现边境地区经济发展的客观需要。边境地区的经济发展水平都会落后于国家经济的中心地区，政府在客观上有通过带动落后地区发展实现国家经济平衡的动机。而合作区双方在资金、技术、资源等方面又存在优势互补的基础，跨国合作能够推动边境地区经济的发展。

　　第二，边境合作区的建立是符合经济发展规律的选择。加强经贸合作的最佳区域选择是在两国边境处，这可以显著减少物流等生产成本，实现要素自由化流动的基本目标。

第三，边境合作区的建立符合维护国家安全的基本原则，在边境区加强经贸合作可以有效避免政治领域的风险传导至经济领域，能够最大程度维护在边境区域生产经营的企业合法权益。同时，国家间边境区域经济合作多是以边境城市为基础展开的，这为边境经济合作区的顺利推进创造了基础设施和资金、市场、劳动力基础。

（二）边境经济合作区优势

1. 边界效应

传统区位理论认为，国家边界的存在是国家经济发展不平衡的重要原因，因为边境的存在使边境地区在经贸活动的"中心性"缺失，并从时间上和空间上增加了边境两侧的区域经济交流成本。传统区位理论的研究对象是封闭式经济，忽视了边境存在对加强国家间经贸沟通联系的可能性，而这种可能性恰恰是边境地区实现经济发展的重要优势条件。边境地区对经济发展具有中介效应和屏蔽效应。所谓中介效应，是指边境地区凭借其地缘位置的特殊性，可以发挥国家其他区域不可替代的物质交流和辐射功能，能够利用国内外的要素资源优势，并成为国内外经济连接的纽带；所谓屏蔽效应，指的是边境地区的存在加大了国与国之间经济交往的成本。认识边境地区在经济发展中的作用，要从中介效应和屏蔽效应的效果出发进行考量。当区域发展中的中介效应大于屏蔽效应时，边境区域的存在就促进了国家经济的整体发展；反之，则阻碍经济的整体发展。

2. 区位优势再造

边境经济合作区能够通过区位优势再造效应带动经济整体发展。所谓区位优势再造，是指通过加强边境经济合作，实现边境区域经济发展并进而实现边境区协调带动区域经济整体发展。边境经济合作区的经济合作基础并不局限于两国边境区域，通过边境区域的纽带作用，国家腹地区域为边境区域经济合作提供了物质基础和生产能力支撑。以边境区域为"跳板"，两国经济腹地间经贸往来日益密切，实现了两国经济整体发展。在这种情况下，边境区域成为了经济整体的新"中心"，这可以发挥两国经贸合作下边境区域经济发展辐射国家经济整体的作用，实现以新区域带动经济新增长。同时，边境经济合作会推动边境区域成为构筑中心与边缘互动体系的战略性支点，促进经济安全发展。因此，边境经济合作的收益将不仅局限于经济范围，还会增进国家间政治、军事互信，密切社会、文化等领域的沟通，对边境区域整体产生重要影响。

（三）中国参与跨边境合作的主要策略

中国参与边境区域经济合作需要以边境开放城市为中心建立边境城市群，实现边境区域经济总体发展，这是目前国际上实现边境地区经贸合作促进国家经济整体发展的可行举措之一。目前国内珲春、凭祥、红河等边境口岸城市具备实施边境经贸合作并发展成为边境区域中心城市的重要基础，通过不断完善交通网络等基础设施，能够实现将这些城市与国内目前的大中型城市链接，进而形成边境区域城市网络。在基础设施方面，政府可出台明确的基础设施发展规划，并按照规划扎实推进基础设施建设进程，在政府实施对外基础设施援助方面优先安排边境口岸城市的港口、车站、机场等基础设施建设，向国外投资者释放政府重视并开发边境地区的明确信号，进而实现边境地区承接外资规模的提高。

进一步完善物流体系，实施大物流通道策略，缩短腹地经济发达区域与边境口岸的交通距离，降低腹地与边境地区实现物资交换的成本。物流建设是发挥城市经济带动作用的重要基础，是实现区域间要素流动的重要前提，通过加强交通基础建设并形成通畅立体的交通网络，实现"经济腹地-边境开放城市-合作国家经济腹地"的经济联系加强，减少产品和要素流动的障碍，并降低要素和产品流动的成本，从而实现合作区互利共赢，成为建立和加强双边合作机制的重要推动力。

"市场主导、政府推进"是边境合作区运作的主要模式。参与边境合作区的企业在市场机制作用下在边境经济合作区开展经贸活动，并以自身利益和发展目标为基础，积极与经济合作区内其他企业开展技术交流和生产合作。将边境经济合作的基础建立在微观企业上，有效加强两国的经贸联系，避免了在边境经济合作进程中的根本性利益冲突。同时在市场机制的作用下，要素实现了更有效的利用，实现了生产效率提高和经济结构改善。政府在边境合作区建设中发挥了重要的推进作用，政府提供了企业的跨国界经营活动所必需的法律、通关、税制、土地租赁等直接涉及国家主权的软环境建设和交通、通信、电力、工业区开发等基础设施建设。在这个过程中，政府需要做好简政放权，对管辖领域进行限制，尊重市场在资源配置中的作用。

坚持经济合作区共同建设、共同推进的原则。"共建、共享、共赢"是跨境合作的重要基础，边境经济合作区的建设和发展需要双方合作共同推进。在跨境合作中，政治制度、行政管理体制、法律制度、技术和生产标准、环保要求等差异会形成区域经济发展的显性屏蔽效应，影响跨境合作的效率和效果。因此，简化边境合作程序，降低制度层面的各种阻碍，在确保国家安全的前提下加强区域经贸合作，是实现区域合作中需要重点关注的问题，这就要求加强两国间的交流和合作，探索可能解决上述问题的方式方法。

进一步实现政府关系的有效协调。跨边境合作区往往是次区域合作的重要组成部分，而中国参与或中国主导的次区域经济合作的突出特征是形式上国家整体参与和地方省份的直接参与相结合。实现跨边境合作区有序发展，需要处理好"中央和地方"与"地方和地方"的关系，实现整体范围内政策协调，而这要求进一步深化改革，并做好顶层设计，通过机制和内涵变动适应跨区域经贸合作发展的需要。在保证中央主动权的基础上，通过放权来调动地方积极性。同时，地方政府在建设跨边境合作区进程中也需要把当地经济利益同国家根本利益相结合。

（四）边境经济合作区建设案例

中国基于自身发展优势和周边国家的比较优势，建立了一批边境经济合作区，推动了中国经济发展的进程，其中中越跨境经济合作区、中俄珲春-哈桑跨国边境经济合作区是突出的代表。

1. 中越跨境经济合作区

在相似的经济、社会和人文基础上，中越在边境建立了跨境经济合作区，提升了区域经济一体化的水平，促进了两国经贸往来的发展。中越跨境经济合作区的宗旨是促进中越双方及与第三方的技术、贸易和投资领域的交流合作，是中国寻求建立稳定的周边经贸合作环境的重要成果。早在 2002 年，中越两国就开了中国红河—越南老街跨境合作区的建设筹备工作，2007 年广西地方政府与越南相关省份就建立中国凭祥-越南同登、中国龙邦—越南茶岭和中国东兴—越南芒街三个跨境经济合作区的合作框架和发展规划，中越边境经济合作区建设工作稳步推进。在经济合作区内，实行"两国一区、境内关外、自由贸易、封闭运作"管理模式和货物贸易、服务贸易和投资自由的开放政策。在法律允许的框架内，两国的货物入区贸易免征关税和相关环节税，区内商品进入区外境内市场减半征收关税和相关环节税。这些在税收方面的优惠和在监管领域的便利有利于两国间商品要素自由流动，降低了两国企业生产经营的成本，并形成两国企业相对第三方的经营优势，实现了经济发展的共赢。中越跨境经济区建立深化了两国的经贸合作，为中越"两廊一圈"——"昆明-老街-河内-海防-广宁""南宁-谅山-河内-海防-广宁"经济走廊和环北部湾经济圈——经济区建设乃至大湄公河次区域合作的开展开创了条件。

2. 中俄珲春—哈桑跨边境经济合作区

长吉图开发开放先导区的主要范围是中国图们江区域的核心地区，珲春地区是长吉图开发开放先导区的桥头堡，珲春地区地处吉林东部，与俄罗斯、朝鲜接壤，同时是中国进入日本海的最近通道，也是中国从水路到俄罗斯、朝鲜东海岸、日本西海岸以及北美、北欧的最近地点，交通条件便利，地理位置优越。珲春边境经济合作区自 1992 年就开始谋划建立，进入 21 世纪后，我国先后在珲春边境经济合作区内批建了珲春出口加工区和中俄互市贸易区，使珲春边境经济合作区成为目前中国唯一的集国家级边境经济合作区、出口加工区和互市贸易区三区于一体的区域。

珲春地区享受西部大开发、振兴东北老工业基地的国家级区域发展战略支持及国家级边境经济合作区、出口加工区、中俄互市贸易区等多项优惠政策扶持，是享受全国政策优惠最多的地区之一。珲春边境经济合作区是我国吸引俄罗斯、日本、韩国跨国企业投资的重要载体。珲春边境经济合作区探索了边境经济合作模式创新，合作区中的俄罗斯工业园由中俄双方通过组成俄罗斯工业园管理公司共同建设、共同经营，并共同管理。同时，珲春经济合作区创新了政府招商引资的模式，通过使用组织高层出访招商、小分队出访招商、以商招商、产业招商、网络招商、委托招商等方式，实现了招商引资效率的提升。

（五）边境经济合作区建设规划咨询重点

在边境经济合作区建设中，要考虑"为什么建""由谁建""建成什么样"和"建成后如何运营"四个方面的问题，并将其作为边境经贸合作区建设规划咨询的关注重点。

所谓"为什么建"，是指边境经济合作区的建立要经过充分的论证，分析合作区周边的国际经贸环境和国内经济基础，通过现状分析和国际对标，综合考虑安全和发展等因素对合作区建设的影响进行预测，提出风险应对预案，并形成合作区建设的可行性和必要性实施方案。所谓"由谁建"，是指明确边境经济合作区建设的投资主体，从权责对等的角度确定投资数量、资金结构和投资形式，并保证投资主体在项目建成后的利益。所谓"建成什么样"，是指在分析他国边境经济合作区发展特点和规划的基础上，结合本国和合作国家经济基础、产业结构、资源禀赋等制定切实可行的自由贸易区发展规划。"建成后如何运营"是指在完成上述分析后，通过制定切实可行的制度，为自由贸易区运营创造良好的基础设施条件、政策条件等，实现边境经济合作建成后稳定高效运营。

因此，边境经济合作区规划的咨询需要认真分析中国对外开放发展策略和发展目标，解读合作双方针对边境经济合作区的相关法律和政策规定，分析合作双方的经济条件、政治条件和社会文化条件，并基于上述分析对边境经济合作区建设和企业入驻边境经济合作区提供专业性咨询建议。

三、境外经贸合作区建设规划咨询

境外经贸合作区是指在中华人民共和国境内（不含香港、澳门和台湾地区）注册、具有独立法人资格的中资企业，通过在境外设立的中资控股的独立法人机构，投资建设的基础设施完备、主导产业明确、公共服务功能健全、具有集聚和辐射效应的产业园区。境外经贸合作区是目前国际经贸合作方式深入演化的重要表现形式，是全球化深入推进下企业跨国投资的重要承接平台。随着"一带一路"建设深入推进，境外经贸合作区成为中国企业"走出去"实现跨国经营的重要平台。

企业开展境外经济贸易合作区建设，应根据境外投资有关规定，在境内完成国家对外投资备案或核准手续，取得商务主管部门颁发的"企业境外投资证书"，并在境外依据东道国法律完成相关登记注册手续，成立合作区建区企业。建区企业通过购买或租赁的方式获得土地，完成完备土地法律手续。建区企业应对园区建设运营、产业定位制定清晰的规划，完成园区所需的水、电、路等基础设施建设，并制定清晰的针对入区企业的服务指南，吸引企业入区开展投资生产。

（一）境外经贸合作区发展历程

早在2005年，就有部分中国企业从自身发展的角度出发在境外投资设立加工贸易区等工业园区，如福建华侨实业公司在古巴投资设立境外加工贸易区，海尔在美国设立工业园，天津市保税区投资公司在美国设立商贸工业园等。但这些工业园区是企业同投资地政府订立相关协议产生的，是中国的企业自发行为，并服务于特定企业的生产经营规划，这种非官方渠道订立的协议在执行方面可能存在风险，进而可能导致企业投资利益受阻。在中国对外开放的进程中，企业"走出去"实现跨国经营的规模越来越大，造成跨国投资的风险和纠纷日益增加，因此，政府需要主动作为给企业跨国经营提供保障。2006年，商务部印发《境外中国经济贸易合作区的基本要求和申办程序》，开启了官方层面的境外经贸合作区招标审核工作，此后中国境外经贸合作区建设迅速推进，仅2006年和2007年两年就批准通过了19个境外经贸合作区的发展规划。受中国企业跨国投资发展经验及国际化管理水平和2008年爆发的全球金融危机影响，中国境外经贸合作区发展后续动力不足，截至2013年底，通过商务部和财政部考核的境外经贸合作区仅有9家。为进一步发挥境外经贸合作区的重要作用，在总结过去发展经验和参考国际示范案例的基础上，我国政府对境外经贸合作区的建设工作进行了重新规划，并创新了合作区建设和管理的方式方法。商务部对境外经贸合作区采取确认考核和年度考核相结合的模式，凡是符合重点支持类型的企业自建境外经贸合作区均可申请参与年度考核，通过确认考核或年度考核的合作区，可申请中央财政专项资金资助。同时，《对外投资合作专项资金管理办法》《外经贸区域协调发展促进资金管理暂行办法》

《中小企业国际市场开拓资金管理办法》《进口贴息资金管理办法》等配套政策的颁布和调整也为企业建设境外经贸合作区提供了重要便利。

（二）中国境外经贸合作区的发展特征

1. 中国企业占据主导位置

从中国境外经贸合作区的企业构成来看，目前经贸合作区内多为中资民营企业，东道国政府和企业投资相对较少，即便在少数中外企业合作经营的自由贸易区中，中方企业所占股份仍为多数。以尼日利亚莱基自由贸易区为例，在这个境外经贸合作区中，中资企业占了 60%，属于中方占比相对较少的合作区。

目前已建成的中国境外经贸合作区多为中方企业主导，这是由我国现阶段对外开放特点决定的。目前我国境外经贸合作区尚处于探索阶段，企业通过境外经贸合作区建设，实现跨国投资往往面临较大的风险和不确定性，实现跨国投资的企业多为行业领域内的龙头企业，并且从所有制结构看，大型民营企业比国有企业更愿意通过投资建立境外经贸合作区实现跨国经营。

2. 产业结构以中低端产业为主

目前中国境外经贸合作区内产业多集中在农业、轻纺工业、资源开采等中低端领域，劳动密集型和资源密集型产业是中国境外经贸合作区的主导产业，这是由中国改革开放四十余年经济建设形成的产业结构基础决定的。在四十余年的开放进程中，我国建立了外向型经济发展模式，中低端加工贸易产业相对发达。在国内产业转型升级的大背景下，将这些"夕阳产业"通过境外经贸合作区转移到更具有劳动力和资源比较优势的国家成了企业的共同选择。但以中低端产业为主的发展模式也造成合作区发展空间受限，因此在后续的合作区发展建设中应注重发展高端服务业、高新技术产业等具有高附加值的产业，推动境外经贸合作区良性发展。

3. 合作区分布以"一带一路"沿线国家为主

"一带一路"合作倡议是目前中国对外开放的重要举措，为企业"走出去"实现跨国投资创造了重要的平台，有力促进了企业跨国经营活动开展。"一带一路"沿线诸国也是中国境外经济贸易合作区主要分布地，相对来讲"一带一路"沿线多为发展中国家，这些国家市场制度和法律制度相对不健全，这给企业在这些国家投资带来了阻碍。"一带一路"不但完善了这些国家的基础设施，更加强了官方层面的投资协议订立，为企业跨国投资提供了保障，降低了企业跨国投资的风险。同时，由于"一带一路"沿线各国都具有各自的比较优势，通过跨国投资，企业能很好地利用这些国家的比较优势并与自身的优势形成互补效应，故"一带一路"沿线成为中国境外经贸合作区建立较多的地区。

4. 经贸合作区行业发展比较分散

中国境外经贸合作区建设面临着众多影响因素，因此中国企业在投资建设境外经贸合作区过程中要对东道国的经济基础、资源禀赋、人文环境的因素进行深入考察，在综合分析自身优势和发展战略的基础上，确定投资方式和主导产业。但目前来看，由于我国企业实现跨国投资经营的水平总体不高，我国跨国投资的总体规模不大并且较为分散，没有形成产业集群并发挥产业规模效应，这在相当程度上成为我国境外经贸合作区竞争力提升的制约因素。

(三) 境外经贸合作区建设模式

1. 政府层面大力推进模式

加强经贸合作区双方官方渠道的交流沟通，达成政府层面的共识，签署高层规划文件并建立完善的运行管理机制是实现经贸合作区建设和平稳有序运行的重要保障。从东道国的角度看，当他国与本国合作建立的境外经贸合作区政治经济地位较高时，东道国政府会增加合作区的基础设施等投入并及时落实相关政策优惠，推动经贸合作区发展提速。以 2015 年开工建设的中白工业园区为例，该项目是"丝绸之路经济带"上中国和白俄罗斯共同推进的重大区域经济合作项目，针对中白工业园建设，白俄罗斯政府先后颁发三道针对园区发展的总统令，同时中国政府也积极促进国内企业入园发展，招商局集团专门成立投资入园企业和优质项目的国家级基金。在双方政府高度重视和密切沟通下，中白工业园建设工作迅速推进，成为国际境外合作区建设的模范和标杆。

2. 立足东道国优势资源发展模式

中国企业对外投资的重要目标之一，是获取海外的优质资源，实现对产业链上游的控制以实现自身发展并维护经济安全。依托东道国优质的资源禀赋，一批中国企业牵头或主导的各类境外经贸合作区正在有条不紊地推进。例如，依托非洲矿产资源的赞比亚-中国经济贸易合作区、依托西伯利亚优质森林资源的中俄托木斯克木材工贸合作区和俄罗斯龙跃林业经贸合作区及依托南亚、非洲丰富农业资源的鱼皮农业合作示范区等，通过充分利用东道国的资源优势，中国境外经贸合作区建设取得了斐然的成绩，为东道国资源开发和经济发展注入了新的活力，实现了在境外经贸合作区建设和发展过程中的双方共赢。

3. 建区企业雄厚产业基础支撑发展模式

当建区企业为行业内龙头企业时，境外经贸合作区的建设可以发挥建区企业的产业基础、技术发展和管理经验方面的优势，以支撑合作区发展和壮大。以巴基斯坦海尔-鲁巴经济区为例，在参与境外经贸经济合作区经济活动的过程中，海尔集团选择了与当地强力企业合作，实现了企业经营的强强联合。通过发挥龙头企业的营销、管理、技术、品牌、本土化等方面的优势，实现了合作区建设带动园区内其他企业发展，形成了相对完善的产业链体系，发挥了产业集中带来的产业集群效应。

境外科技园区是境外经贸合作区的重要形式，企业在建设境外科技园区过程中应该重视以下几点经验：第一，专注科技园区创业服务。为入驻园区的企业提供全方位、多元化的服务配套的同时，专注、务实地为入园企业提供创业服务。第二，平衡投资企业与入园企业间的利益。不仅要为入园的中小企业发展提供服务，也要积极进行自身品牌建设，吸引聚集更多的中小企业和高科技人才。第三，重点关注东道国技术和管理水平。境外科技园区主要是利用东道国先进的技术和管理经验，要重点考察东道国技术和管理水平与成本，适应园区的发展需要。

4. 专业园区开发商主导发展模式

境外经贸合作区建设可以采用专业园区开发商管理的模式，例如，埃及苏伊士经贸合作区由天津泰达投资控股有限公司进行经营开发，天津泰达投资控股有限公司是以区域开发为主营业务的专业园区开发企业，拥有建设天津经济技术开发区的经验。通过将园区开发工作交由专业公司承担，在一定程度上降低了园区开发的成本，提升了园区经营的效率，弥补了园区建设中政府管理滞后性和非专业性可能带来的不足，为园区成功发展奠定了市场基础。

（四）境外经贸合作区规划咨询

随着我国境外经贸合作区不断发展演进，环境保护、可持续发展等要求不断强化，东道国更加期许环境友好的、具有相当发展潜力的企业入园经营，例如，中白工业园的产业定位就是"昨天的产业不要、现在的产业不要"，入园企业必须是面向未来的产业，以电子信息、生物医药、精细化工、新材料、高端制造、电子商务、大数据处理等为主导产业。入区企业不仅需要与园区产业定位相匹配还必须具备高科技含量和较高附加值，能够带动当地企业实现升级，投资金额要求不少于 500 万美元。但由于门槛过高造成早期招商工作受阻，之后将投资金额调整到 50 万美元并支持 3 年分期才改善了招商状况，吸引了一批中小高科技公司入区投资。在境外经贸合作区建设和发展中，平台基础设施建设是基础；落实平台优惠政策是重要发展条件；平台规范管理和高效运营是关键环节；平台风险有效防控措施是重要发展保障；积极履行社会责任是提升平台口碑和品牌效应的最重要途径。

境外经贸合作区规划咨询需要关注以下几点：顺畅的政府间合作沟通机制是平台发挥作用的基础；拓展海外资产融资渠道是海外平台建设的重要环节；打通劳务和通关等制约因素是平台发挥作用的关键；园区招商引资的有序推进是平台真正发挥作用的前提；充分利用前期调研资源研判投资的可行性，合理规划园区建设；对接整合东道国各种资源，有效降低经营成本；全方位、多层次争取国内和东道国政策资源支持；善用东道国法律资源，化解各种纠纷；整合全球供应链资源，提升运营水平；尽量使用各类风险防控资源，提高企业应对风险能力等。

因此，境外经贸合作区规划咨询的总体思路，应首先坚持在跨国投资咨询过程中履行社会责任，聚焦于推动对外投资产业结构的转型升级，并积极适应东道国投资新要求，适应跨国投资发展变动新形势，实现对东道国优势条件的高效可持续利用，促进东道国经济发展和产业升级，实现东道国国民生活改善和福利水平提高，树立中国企业海外投资正面形象。

1. 加强顶层设计，注重高层关注，形成政策扶持的多层保障机制

应发挥投资过程中政府的协商作用，通过政府间的交流沟通谈判，从顶层设计的角度出发订立有利于保障"走出去"企业合法权益的合作备忘录和合作协议，完善机制体制设计督促东道国政府落实承诺的优惠政策并保持稳定性，以更好地保障跨国投资企业的合法权益。建立政府间对等协商机制，发挥省市级政府在保障辖区内企业跨国经营权益中的作用，以更灵活的方式订立更有针对性的国家间投资政策，为企业平等安全高效地参与境外经济合作区经营奠定基础。

2. 拓展融资渠道，构建多方位资金支持系统

政府应制定有利于企业实现跨境投资的融资优惠政策，解决企业跨境投资过程中可能出现的"融资难、融资贵"的问题，形成面向不同行业、不同规模的全方位、多层次、具有普适性的融资体系。通过建立跨国金融平台，推动国内外金融机构达成授信合作，实现企业国际融资便利化。更好地利用政府供给东道国的无偿援助、低利率信贷等资金，优先支持跨国经济合作区基础设施建设，缓解经济合作区发展初期资金问题。

3. 控制增量、做活存量，提高在建合作区的运营效益

在境外经贸合作区发展过程中，区域间发展差异的情况显著，头部合作区吸引了绝大部分国内投资。截至2021年末，纳入商务部统计的103家境外经贸合作区分布在46个国家，累计投资507亿美元，上缴东道国税费66亿美元，为当地创造39.2万个就业岗位，其中通过确认考核20家合作区，累计投资超过投资总规模的一半。在大部分合作区投资工作推进缓慢的同时，各级地方政府仍在推动更多的新建境外经济合作区建设。在追求增量的同时忽视存量的做法造成了政府注意力及物质资源的浪费，增加了中国境外经贸合作区间的竞争压力。因此，应调整目前的境外经济合作区发展战略，将重点放到现有的境外经济合作区发展上，充分利用现有经济合作区的基础和条件，避免由于自由贸易区同质化建设带来的低效率竞争甚至恶性竞争。通过确认考核的境外经贸合作区名录见表4-2。

表 4-2 通过确认考核的境外经贸合作区名录

序号	合作区名称	境内实施企业名称
1	柬埔寨西哈努克港经济特区	江苏太湖柬埔寨国际经济合作区投资有限公司
2	泰国泰中罗勇工业园	华立产业集团有限公司
3	越南龙江工业园	前江投资管理有限责任公司
4	巴基斯坦海尔-鲁巴经济区	海尔集团电器产业有限公司
5	赞比亚中国经济贸易合作区	中国有色矿业集团有限公司
6	埃及苏伊士经贸合作区	中非泰达投资股份有限公司
7	尼日利亚莱基自由贸易区（中尼经贸合作区）	中非莱基投资有限公司
8	俄罗斯乌苏里斯克经贸合作区	康吉国际投资有限公司
9	俄罗斯中俄托木斯克木材工贸合作区	中航林业有限公司
10	埃塞俄比亚东方工业园	江苏永元投资有限公司
11	中俄（滨海边疆区）农业产业合作区	黑龙江东宁华信经济贸易有限责任公司
12	俄罗斯龙跃林业经贸合作区	黑龙江省牡丹江龙跃经贸有限公司
13	匈牙利中欧商贸物流园	山东帝豪国际投资有限公司
14	吉尔吉斯斯坦亚洲之星农业产业合作区	河南贵友实业集团有限公司
15	老挝万象赛色塔综合开发区	云南省海外投资有限公司
16	乌兹别克斯坦"鹏盛"工业园	温州市金盛贸易有限公司
17	中匈宝思德经贸合作区	烟台新益投资有限公司
18	中国·印尼经贸合作区	广西农垦集团有限责任公司
19	中国印尼综合产业园区青山园区	上海鼎信投资（集团）有限公司
20	中国·印度尼西亚聚龙农业产业合作区	天津聚龙集团

4. 注重产业基础，提高内生增长能力

实现产业良性发展是经贸合作区持续发展的基础。产业是境外合作区的基础，产业结构和发展潜力是合作区发展状况和潜力的集中体现。从合作区建设现状来看，目前合作区中的主导企业多为具有丰富海外投资经验的跨国企业，这些企业具有成熟的跨国经营体系和丰富的跨国投资经验。进一步推动跨国企业入区参与经营，能够保障境外经贸合作区的产业基础，提升自由贸易区内生增长能力，并形成对园区内外企业的带动效应，形成合作区产业和企业为核心的区域产业集团。有条件的境外经济合作区可以通过吸纳园区内龙头企业注资入股的形式实现企业和园区利益绑定，实现自由贸易区和龙头企业共赢共同发展。

企业在建立经贸区过程中应该慎重选择合作伙伴，好的合作伙伴可以使企业发展事半功倍；反之，则事倍功半。在选择合作伙伴之前，首先要客观地分析自身优势和不足，然后从合作互补的角度上寻求与自身实际需要相吻合的合作方；其次要对合作伙伴的诚信度进行多方面的考察，可靠的合作伙伴不仅可以帮助加快园区项目建设进程、减少前期投入，还可以在投资国政府与中方之间搭建起有效的沟通桥梁，避免和化解矛盾，为项目顺利建设提供保障。

5. 扎根中小企业发展需求，化解合作区招商瓶颈和盈利模式单一问题

中小企业是跨国经贸合作区重要参与者，增加境外经贸合作区对中小企业的吸引力是实现境外经贸合作区成功运行的重要抓手。因此，在境外经贸合作区建设过程中应重点关注中小企业的内在需求，通过营造有利于中小企业经营和发展的市场环境，吸引中小企业入区经营。这就要求进一步发挥龙头企业的作用，充分发挥龙头企业在市场开拓、技术研发、供应链和产业链体系搭建方面的作用，为中小企业的海外投资盈利提供保障。同时，建区企业和政府也应积极发挥引导和服务的作用，通过为中小企业提供详尽实用的咨询服务，化解中小企业跨国经营的担忧和顾虑，降低企业跨国经营的不确定性。

6. 注重本地化发展，提高合作区建设的社会效益

遵守地方法律法规和公序良俗是企业跨国投资建立或参与境外经贸合作区的基本遵循。企业在跨国经营过程中，应积极履行社会责任，尊重和维护员工的合法权益，积极保护东道国生态环境，实现企业跨国投资带来居民福祉水平的提高，赢得当地社会对投资企业的认同，树立中国企业的正面形象。以企业当地员工和管理人员为纽带，加强与当地社会和市场的联系，实现企业本土化发展。积极将新技术应用到境外经贸合作区的经营中，通过企业的产业和技术升级带动东道国企业发展，形成以中国企业为核心的区域产业链体系和产业集群，实现双方互利共赢。

【案例】积极承担社会责任

某中医药企业在境外某地区"咸潮"期间,为不影响疗效,不惜改用纯净水煎药,为此增大了成本,减少了利润,却以实际行动诠释了诚信为本的经营理念,赢得了消费者的充分信赖,为企业的长期可持续发展打下了基础。无论是在国内经营,还是在海外投资,诚信都是企业的立命之本。在现今高度竞争、高度透明、信息高度流通的时代,诚信经营这个问题就显得更为重要。企业产品质量问题方面的消息,特别是负面消息,会通过传媒快速传遍世界,对企业的品牌,乃至国家的形象,都会造成巨大的影响。"走出去"的企业,必须牢固树立诚信为本的经营理念,并将这一理念贯穿到日常经营活动中去。

A石化企业在非洲某国的油气勘探开发工作,曾经因遭遇环保危机而一度被东道国政府责令停工,而该企业寻求发挥非政府环保组织的作用,不仅使项目的环保危机得以化解,还提升了企业的环保美誉度。非政府组织的积极作用在本案例中得到了高度体现。国际上的非政府环保组织能够在化解环保危机中发挥显著作用,主要原因有如下两点:第一,非政府组织作为第三方,具有较强的国际公信力,容易被东道国利益相关方所接受,也容易被西方国家为代表的国际社会所接受;第二,非政府组织作为第三方,利益中立,能够较为公正地为我方企业进行环评工作,得出较为客观公正的结论,澄清媒体的不实报道和指责。

Y集团在欧洲某国通过提高当地采购比例,实现供货本土化,不仅减少了计量设备当地认证风险,同时大幅度减少了项目物流成本,有利于项目供货综合成本的控制。这种同当地竞争者和供应商分享利益、建立利益共同体的做法非常值得借鉴。第一,同当地竞争者或者供应商分享利益,有利于减少与当地企业的矛盾,有利于与当地企业和谐共处,获得可持续发展;第二,有利于我方企业降低在当地经营的供货成本和经营风险,提升在当地市场的竞争力。

四、国别经贸合作规划咨询

（一）国别经贸合作基本情况

1. 中国-欧盟经贸合作

中国是欧盟的第二大贸易伙伴，根据欧盟委员会数据计算，2018 年欧盟对华贸易额占欧盟对外贸易总额的比重高达 15.4%。与此同时，出口中国是欧盟货物进口的最大来源地，欧盟进口货物的 20% 来自中国。2019 年，中欧贸易总额高达 7051 亿美元，创历史新高。2020 年，中国已上升为欧盟（27 国）第一大贸易伙伴，中欧双边贸易额占欧盟贸易总额的 16.1%，中国为欧盟的第一大进口来源地。

（1）中国-欧盟经贸合作发展趋势。2019 年以来，欧盟基于国际环境变化、自身发展战略等因素，进行了一系列对外对内政策调整。欧盟对华关系也在不断调整，今后将更加重视其"战略自主"，以及经济领域的竞争力提升。

欧盟将中国视为合作伙伴与竞争者。欧盟委员会 2019 年发布的《欧中战略展望》是近年来欧盟定位欧中关系的总体文件。欧盟将中国既视为合作伙伴，也视为竞争者。欧盟认为欧中合作主要在经贸以及共同应对气候变化等全球挑战领域，竞争主要是在遵守公平规则下的良性经济竞争，此外也存在价值观的差异。

欧盟推动经济领域竞争力提升。欧盟以绿色转型和数字转型为重点，在绿色转型领域，发布多项行动计划，推动《欧洲气候法》立法等。在数字领域，强调"数字主权"，连续推出《人工智能白皮书》《欧洲数据战略》等文件，《2030 数字罗盘：欧洲数字十年之路》明确列出 2030 年数字领域所要实现的目标任务。在投资领域，欧盟建立统一的外资安全审查框架，意图对关键基础设施、战略性行业、关键技术、敏感信息等领域的外商投资加强安全审查。在贸易领域，欧盟通过构建自由贸易区网络，推动经济伙伴的多元化的发展。

（2）新形势下深化中国-欧盟经贸合作面临的机遇。当前，中欧都处于发展的重要历史节点。中国开启全面建设社会主义现代化国家新征程；欧盟积极推进经济社会的绿色化和数字化转型，其一体化发展也面临经济复苏不平衡可能带来的挑战。在此形势下，深化中国-欧盟经贸合作既面临新机遇，也面临新挑战，但总体看，机遇大于挑战。

一是中欧的理念相契不是减少而是增多了。随着全球政治经济形势的深刻变化，随着中国进入新发展阶段，中欧共同的价值理念没有减少，反而增多了，中欧在坚持开放发展，维护世界贸易组织（WTO）多边贸易体制。

二是中欧的优势互补不是减少而是增多了。随着中国经济社会发展，虽然中欧在一些领域的竞争有所增加，但是整体上优势互补更加明显，而且与过去相比，这种互补性发生了结构性的重大变化。过去，中国的低要素成本和强大加工制造能力，与欧盟的资本、技术和市场实现互补与有效结合。今后，中国优质优价商品与欧盟市场的互补性依然强劲。

三是中欧在新一轮科技革命和产业变革中的合作空间不是减少而是增多了。当前，以新一代人工智能为引领，包括物理、信息、生物等多领域科技突破的新一轮科技革命和产业变革蓬勃兴起，正在给人类社会带来难以估量的作用和影响。在这一轮科技革命和产业变革中，中欧同处第一梯队，合作空间广阔。

（3）新形势下深化中国-欧盟经贸合作面临的机遇。

一是欧洲一些保守势力给中欧合作制造障碍。欧洲一些保守势力基于虚假信息，借口所谓"人权"等问题对中国进行政治和外交上的攻击抹黑，并对中国有关个人和实体进行单边制裁。这些保守势力的兴风作浪，给中欧深化经贸合作带来不可忽视的障碍。

二是一些欧洲国家内部逆全球化力量有所抬头。英国"脱欧"是欧盟一体化进程的挫折。在英国"脱欧"影响下，欧洲大陆反欧盟、反欧元、反移民的力量抬头，在一些国家已渐成气候。在俄乌冲突的冲击下，欧盟各国经济复苏不平衡，可能导致欧盟内部出现收入分配差距拉大等问题，将给逆全球化势力抬头提供更多空间。

三是世界经济持续疲弱。在第四次工业革命没有大规模突破的情况下，受人口、资本、技术等因素影响，未来几年乃至更长时期，全球经济潜在增长率将继续大概率呈现疲软态势，导致世界经济维持弱增长。从人口看，全球人口增长继续趋缓和老龄化呈现不可逆转之势，这会对劳动年龄人口增长形成制约，从而降低全球经济潜在增长率。

2. 中国-东盟经贸合作

2022 年是中国与东盟建立对话关系 31 年，中国新发展格局的构建和区域产业链和供应链的重构、数字经济的发展和新型基础设施建设，以及《区域全面经济伙伴关系协定》（RCEP）的签署和实施等都为中国与东盟进一步深化经贸合作带来新机遇和新活力。

（1）中国-东盟经贸合作发展趋势。双边贸易规模迅速扩大，贸易关系日益深化。中国-东盟建立对话关系 30 年来，双边贸易规模一步一个台阶地实现了跨越式发展。1991 年双边贸易规模仅为 79.6 亿美元，至 2004 年历经 13 年突破千亿美元。中国 2008 年超越美国成为东盟第三大贸易伙伴，并于 2009 年超过日本和欧盟，连续 12 年稳居东盟第一大贸易伙伴地位。2010 年中国-东盟自由贸易区的建成使双边贸易规模呈井喷式增长，2011 年双边贸易额突破 3000 亿美元大关，东盟当年也超越日本成为仅次于欧盟和美国的中国第三大贸易伙伴，随后仅用一年时间便到达 4000 亿美元。2020 年，中国-东盟双边贸易总额增长至 6846 亿美元，中国继续成为东盟第一大贸易伙伴，东盟超越欧盟首次成为中国的最大贸易伙伴。

双向投资快速增长，投资存量趋向均衡。双方建立对话关系以来，中国对东盟的直接投资经历了从无到有、从小到大的变化。2003 年中国对东盟的直接投资额仅为 1.2 亿美元，2020 年已增加至 143.8 亿美元，年均增速高达 32.6%。同期，中国实际利用东盟的直接投资也从 29.3 亿美元增至 79.5 亿美元，年均增速约为 6%。截至 2020 年末，中国在东盟区域内的直接投资存量约为 1266.8 亿美元，东盟在中国的直接投资存量约为 1325.6 亿美元，双边直接投资存量超过 2500 亿美元。

多种经贸合作机制融合发展，打造区域经济合作典范。自 1991 年建立对话关系以来，中国与东盟建立了领导人、部长、高官等各层级、立体式的对话合作机制，为双边经贸关系的发展构筑起了坚实的基础。2018 年中国-东盟东部增长区（文莱、马来西亚、菲律宾、印度尼西亚）合作机制升级为部长级，成为中国-东盟又一个全新的次区域经济合作机制。2019 年中国-东盟自由贸易区全面建成 10 周年并成功实现升级，标志着双边贸易投资合作迈入新的阶段。

（2）中国-东盟经贸合作的新机遇。中国新发展格局的形成和区域产业链供应链重构，为双方的经贸合作创造了新增长动力。在全球经济不确定性增多影响下，全球产业链和供应链的脆弱性逐渐凸显，开始呈现产业链和供应链的本地化、区域化趋势。中国和东盟地理位置邻近，合作区位优势明显，经济互补性强，产业发展多样，生产要素充裕，在区域产业链、供应链合作上有很大的发展空间。目前，中国已与 9 个东盟国家建立了双边技术转移工作机制，中国-东盟技术转移与创新合作大会也已成功召开多届，为中国和东盟的企业、高校和科研机构创建了沟通交流渠道。在新一轮科技产业革命的影响下，中国向着资本技术密集型产业和价值链环节升级，东盟各成员国可结合本国经济技术和产业发展情况，通过经济技术合作进一步深化与中国的产业链和供应链融合，同时实现各国自身产业链、供应链和价值链的升级目标。

数字经济发展与新型基础设施建设，为双方经贸合作注入了新的活力。中国和东盟在数字经济发展和新型基础设施建设方面具有很强的互补性。中国的数字经济发展活力不断增强，新型基础设施建设持续推进，数字经济价值得到有效挖掘，积累了丰富的建设经验和一定的成本优势，为数字经济国际合作提供了良好条件。同时，中国和东盟关于数字经济的发展战略契合度很高，非常重视双边数字经济合作。2017 年，习近平总书记提出的"数字丝绸之路"倡议得到了东盟的积极响应，为此专门制定了《电子东盟框架协议》等指导性文件，构建东盟数字经济发展框架，希望通过数字"一带一路"，提高双方互联互通水平，促进双方市场更加紧密地融合。2020 年是中国-东盟"数字经济合作年"，第 17 届中国-东盟博览会以"共建'一带一路'，共兴数字经济"为主题，在双方的共同努力下，中国与东盟数字经济发展战略对接顺畅，合作机制不断完善，合作范围日益扩大。

RCEP 的签署与实施，为双方经贸合作带来新的发展机遇。RCEP 的签署为中国-东盟经贸合作拓展了新的空间，在区域贸易自由化和投资便利化上的实质性成果将为中国和东盟企业创造更优的合作条件。RCEP 缔约国均承诺采取立即降税和 10 年内逐步减税相结合的方式，最终使区域内零关税货物贸易超过 90%，通过负面清单等方式在投资准入和服务贸易的开放水平上高于原有"10＋1"自由贸易协定。RCEP 还可为中国-东盟命运共同体的构建提供新的机遇，中国将兑现协议中对东盟欠发达成员国的特殊优惠待遇，用自身成功的扶贫经验帮助欠发达地区的能力建设，克服数字鸿沟和信息藩篱，实现绿色、可持续的增长。双方互联互通水平的提高和人员交往的便利化措施还将助推双边商务合作和人文交往。

（3）中国-东盟经贸合作面临的新挑战。美国等域外国家频繁搅局，增加双方经贸合作的不确定性。中国与东盟 30 年的平等对话和友好协商，由政治互信助推经贸合作，经贸共赢又进一步夯实双方政治互信的基础。近年来，美国将中国视为"主要竞争对手"，联合"盟友"采取各类政经手段逼制中国的发展。处于中美大国竞争环境下的东盟各国势必成为美国制约中国发展的重要抓手，美国等域外国家恶意炒作中国与东盟部分成员国间的领海争端等问题，通过胁迫、拉拢等手段干扰中国-东盟经贸合作大局，对双边的经贸合作和东盟的平稳发展都产生了负面影响。

双方贸易不平衡有持续迹象，贸易结构有待优化。中国和东盟产业结构和要素禀赋的相似性造成双方出口商品具有一定的相似度，在机电产品、化工品和纺织品的第三方市场上存在一定的竞争关系。中国和东盟还存在广泛的产业内贸易，机电产品是中国对东盟出口和中国自东盟进口的第一大产品。除机电产品外，中国向东盟出口的产品以纺织产品和贱金属及其制品等工业制成品为主，产品附加值较高，而中国自东盟进口的产品则以矿产品、塑料和橡胶制品等产量有限且附加值较低的初级产品为主，这造成了双边贸易结构在一定程度上的不平衡。但随着中国内外双循环新发展格局的形成和东盟产业和价值链的持续升级，双方通过深化合作，相关问题必将会有所缓解。

双边投资不平衡加剧，各成员国对华经贸合作增速不一。与中国和东盟双向贸易持续增长不同，中国和东盟在双向投资领域的不平衡问题有加剧趋势。自 2010 年起，东盟对华直接投资稳定在每年 60 亿～70 亿美元之间，而中国对东盟的直接投资则迅速增长，从 2010 年的 44 亿美元增加至 2020 年的 144

亿美元，2020 年中国对东盟的直接投资额已是东盟对华直接投资额的约 2 倍。2014 年中国对东盟的直接投资首次超过东盟对华直接投资，且长期保持这一态势。此外，东盟各成员国与中国贸易投资的增速存在差异，或许会使东盟部分国家感觉在与中国的经贸合作中受益不均，从而影响双方的整体经贸合作。

东盟各国的经济差异和政治不稳定，制约了东盟一体化进程并影响中国-东盟经贸合作。东盟内部经济发展不平衡、决策和执行能力不足、区域内政局不稳等问题，制约着东盟一体化进程的推进，也影响了中国和东盟的经贸合作。2019 年，东盟经济体量最大的印度尼西亚的 GDP 为 11 192 亿美元，泰国、菲律宾、新加坡、马来西亚和越南 5 国的 GDP 超过 2500 亿美元，而缅甸、柬埔寨和老挝的 GDP 均未超过 700 亿美元，体量最小的文莱 GDP 仅为 135 亿美元。东盟各国经济规模的巨大差异，阻碍了东盟与中国经贸合作的高效开展。此外，东盟域内政治不稳定也是影响东盟一体化进程和对外经贸合作的重要因素。部分东盟国家处于经济转型时期，国内政局动荡不安，政府不得不将主要精力用于解决国内社会问题，延缓了东盟经济一体化进程，同时也严重影响来自中国等外国投资者的信心。

（二）国别经贸合作规划基本原则

为保证咨询结果可行高效，国别经贸合作规划咨询过程中应保持中立客观的立场，提出符合项目实际和发展趋势的意见建议，统筹兼顾各方利益诉求，秉承"独立、公正、科学、可靠"的基本原则，从项目基本属性出发因地制宜地确定咨询机构和咨询专家团队，合理选择咨询方法和咨询报告呈现形式。

1. 通盘考虑、统筹兼顾

深入分析中国与投资东道国的发展诉求及制约因素，寻求最佳利益结合点，求同存异、扩大共识、增进信任，逐步实现优势互补、互利共赢、共同发展。在经贸合作开展之前，需要对双边战略环境背景、地缘政治关系、政治合作基础及经贸合作的战略诉求，统筹考虑国家意志与企业利益、中外利益格局和双方诉求、中央和地方的利益、中方企业内部的利益、发展与遏制的矛盾、经济利益与政治安全进行系统分析。在跨国经贸合作中要充分发挥我国产业和资源禀赋的比较优势，以国家整体利益和发展规划为遵循，坚持统筹发展和安全两个目标，使我国掌握双边或多边经贸合作发展的主动权，并引导构建符合我国发展利益的国际经济合作新体制和新秩序。围绕长期合作战略，着力建设长期稳定的合作渠道。积极发展符合合作国需要的生产和运营项目，树立中国企业良好形象，扎实有序推进境外产业投资合作进程。

2. 合作领域及方向选择

在国与国的交往中，政治关系会影响经济关系，因此实现双边或多边经贸合作的过程中，要在考虑我国与对象国家经济关系基础的同时，分析两国政治关系和战略发展前景，作出综合判断。当然，经济关系是两国实现经贸合作最主要的影响因素。实现经贸合作顺利开展，要求两国在深入分析对方的投资环境特点、资源禀赋特征、经济发展水平、市场需求结构等因素基础上，合理规划双方经贸合作发展方向和发展步骤，在尊重两国利益总体诉求的基础上，通过平等谈判实现经贸合作促进双方共同发展。

3. 重点合作项目确定

重点项目是实现双方和多方经贸合作的关键，重点项目建设成功与否直接关系经贸合作整体的效果。在重点项目的选择方面，要注重项目的战略性、成长性、带动性、安全性以及可行性，实现以重点项目带动经贸合作整体发展，实现两国经贸合作良好有序推进。

4. 合作项目的实施

按照国际通行规则，积极推进企业间的公平合作。以市场为导向，积极开发适合国际市场销售的产品，促进企业实现利益最大化。逐步优化中资企业在东道国的投资领域和投资方式，逐步参与全球产业链开发，形成产业合力；以合资、独资、交叉持股等多种方式开展国际合作，降低合作国对中国投资的敏感度，创造良好的国际舆论环境。

项目合作需要以企业为中心，通过尊重企业在国与国之间经贸合作的主体地位，调动企业的积极性。发挥政府在管理、引导和服务方面的作用，在市场发挥资源配置决定性作用的同时更好地发挥政府的作用，保证项目规划合理落实到位，切实保障投资企业的合法权益。充分发挥企业市场主体作用，合理利用国际规则和国内外优势资源；政府通过创造良好合作环境，建立联络协调机制，完善国内税收、保险等相关政策方式，支持中国企业参与全球经贸合作。

（三）国别经贸合作具体模式

1. 初期以合资、入股为主要商业模式

合作的方式多措并举，在合作初期，以合资、合作、参股、中资企业与驻在国企业互持股份等为主要模式，参与当地企业经营和利润分配。合作领域包括技术合作、品牌合作、项目合作、产品合作等。合作目标以熟悉资源、市场、渠道、人文、法律为主，建立良好社会关系。条件成熟时，考虑回购股权，或以独资企业身份开发市场。

合资合作对象以驻在国本土企业为主，尤其是加强与投资东道国具备一定经济实力的华人移民或华人企业合作；合资合作过程中，中资企业要更多利用驻在国当地的生产、技术和管理人员；着重发展有形资产的同时，注重使用和推广中国的产品、生产配套技术、生产加工专利、专有技术和品牌等。

2. 适时开展海外企业并购模式

兼并、收购驻在国公司、企业或国际农产品贸易公司是推进中国与南美农业合作最快捷、高效的方式。兼并、收购方式可以采取整体收购、重组控股、增资控股以及股票收购等多种方式。并购重点为农业产业链条中的处于关键环节节点的核心企业或公司。并购以快速占领市场、扩大经营规模，避免同业竞争和利用原有企业品牌为中资企业创造利润等为基本目标。

3. 完整产业链协同跟进模式

按照产业链运作思路，加强对合作重点地域、重点建设项目的规划，吸引上下游企业协同跟进，共同开发，形成产业合力，实现产业链价值最大化。

4. 政府搭建合作平台推动模式

借助中国与投资东道国政府间的各项合作协议，推动大型基础设施、各类产业园区在东道国的开发建设。

（四）国别经贸合作中的政府担当

1. 编制国别合作专项规划，制定合作项目指导目录

根据中国与东道国合作的总体战略，细化与合作国的国别合作规划。加强与合作国政府、相关部门、大公司、农场主等的研究探讨，提出符合双方利益

需求的潜力地区、潜力品种，以及需要着力克服的发展瓶颈，共同确定具体合作地域、合作产业，合作步骤及开发项目。在此基础上编制投资项目指导目录，并及时联合发布，指导中国以及国际上的其他战略合作伙伴共同开发。

2. 牵线中资企业联合，抱团出海形成集群合力

逐步改变中资企业在进行跨国投资过程中的分散投资、各自发展、互不联系的被动局面。按照中国和投资国合作既定方向和总体战略目标，统筹中国企业投资行为。通过设立引导资金支持企业投资产业指导目录中的项目，充分发挥企业集群合力，通过企业的联合，形成整体合力，加快推进区域性合作开发进程。

3. 强化政府援助项目的依托作用

积极借助政府间的援助项目、国家间的技术交流合作项目，对未来合作过程中需要的品种、技术开展联合攻关、试验、示范，为中国企业产业合作创造良好社会氛围，奠定技术基础。以中国建设的技术示范中心、产业园为依托，积极推进中国技术在合作国的实验、示范，使之成为中国拥有知识产权技术的扩散中心，商业化和规模化生产的技术载体，促进示范产品的产业化开发。

4. 统筹援助项目间的相互衔接和配套

中国政府援外项目，在建设地点上、建设时序上尽量与中国与该国合作确定的重点地域、中国企业在该国的密集分布区相衔接。铁路、航运等项目的线路、站点设计过程中要统筹考虑多种产业需要，以充分发挥项目投资的综合效益，为中国企业的合作项目提供便利，大幅度减少中国"走出去"企业的配套投资，提高援助项目的整体效益。

（五）国别经贸合作规划基本内容

1. 国别经贸合作规划咨询概述

（1）国别经贸合作规划咨询的目的。保证项目及时落地并实现平稳有序发展是国别经贸合作规划咨询的最终目的。国别经贸合作规划咨询应该包括在众多可行的跨国投资方案选择中确定最优方案，确定落实最优方案的方式方法，评估目前的技术方法是否可行及是否与项目发展相匹配，并平衡在项目推进过程中投资国企业和投资东道国合作双方或多方的利益诉求。

（2）国别经贸合作规划咨询的方法。国别经贸合作规划咨询的方法应该与项目特点和发展目标相匹配。在针对项目的规划咨询的过程中，咨询公司应该使用多种研究方法，从不同角度应用不同手段对项目的可行性和可操作性进行综合评价分析，并使用定性和定量相结合的手段对项目发展进行规划，使跨国投资项目的发展在满足宏观趋势的同时具备微观基础，符合技术发展阶段性特点和长期趋势。具体看，项目分析方法需要理论与实际相结合，技术经济分析与社会综合分析相结合，资料分析与调查研究相结合，必要性分析与充分性分析相结合，政策分析与环境分析相结合，机制调整分析与制度创新分析相结合，单项分析、层次分析与综合分析相结合，对象分析与比较分析相结合，正向目标分析与逆向问题分析相结合，静态分析与动态分析相结合等。

2. 规划顾问

为了更好辅助项目工作顺利开展，国别经贸合作项目咨询机构需要从第三方角度针对项目整体或具体内容提供咨询意见。一般而言，可以将项目咨询划分为决策咨询、管理咨询和技术咨询三个层面，各层面间具有明显的勾稽关系，形成一个自上而下又自下而上的整体。其中决策咨询是针对国别经贸合作项目整体可行性和发展目标的咨询，决策咨询活动的开展为管理咨询和技术咨询活动的进行定下基调；管理咨询是针对国别经贸合作项目运行中管理活动的咨询，起到了承接决策咨询并确定技术咨询基本路径的作用，咨询服务对象多为企业、政府等项目运营方；技术咨询是针对国别经贸合作项目实施过程中相关技术方法选择的咨询，具有较强的专业性和应用性，技术方法的发展特点和趋势会制约项目决策咨询和管理咨询的最终结果。

（1）决策咨询。决策是国别经贸合作项目的起点和顶层规划，决策咨询活动对国别经贸合作项目全局有重要影响，一般而言决策咨询活动是在项目正式开展之前。在国别经贸合作决策咨询活动推进过程中，咨询公司应该对投资国经济、社会、法律和政治环境开展广泛而深入的调研，并在梳理调研结果的基础上，综合采用"头脑风暴"等方法综合专家意见为国别经贸合作项目发展战略和总体规划等提供思路和参考，保证项目报告具有较强的可行性和专业性。

（2）管理咨询。管理咨询的重要目标是明确国别经贸合作项目运营管理方并保证项目有序推进的权力和责任，我国涉外经贸合作项目的管理运营方主要是政府，因而在管理咨询过程中，咨询单位需要提出具有针对性的咨询结论，以方便政府进行审批。规划咨询要从各方利益出发提升项目的落地和执行的效率。在出具管理咨询意见的过程中，要重视各方的利益诉求。

（3）技术咨询。国别经贸合作项目规划和实施的过程中要面临大量的专业技术问题，因此需要引入技术咨询公司，对项目发展的技术问题的可行性和适配性进行论证，保证国别经贸合作项目运行中技术的应用与项目特点和目标相匹配，避免出现国别经贸合作项目规划单位由于自身专业性问题引起的技术性发展阻碍。在国别经贸合作项目技术选择过程中，第三方咨询机构可以按照主管单位的工作特点和工作要求直接承接指标核算的技术性专业性领域工作，提升国别经贸合作项目运行中技术方面内容的可行性和合理性。

3. 规划评估

规划评估是指对已提出的各级规划进行分析论证，提出实施与修改意见和建议的咨询服务。国别经贸合作项目规划评估咨询贯穿了项目发展的全过程，是规划动态实施机制的一个重要环节，规划评估可以及时有效地监测项目规划的实施情况，并通过与发展计划相比对，及时向有关方面反馈相关信息并提出修正、调整的相关意见，使项目稳定有序推进。

（1）国别经贸合作规划评估内容。国别经贸合作规划评估工作的内容主要包括三个部分，分别是对国别经贸合作规划编制成果、实施过程和实施效果的评估，通过对国别经贸合作项目规划事前、事中和事后及时分析和反馈，能够依据国别经贸合作项目发展过程中外部要素环境的变动及时调整国别经贸合作项目发展规划，从而为国别经贸合作项目成功运行提供全方位的保障。

（2）国别经贸合作规划评估要点。国别经贸合作规划评估工作不单单是评价项目发展是否与国别经贸合作项目规划相符，更是为了在国别经贸合作项目落实过程中适时调整相关规划以适应新变动带来的新要求，使国别经贸合作项目在推进和运行的全过程中能够选择最优路径，因此规划评估需要关注外部环境的变化过程、技术的发展变动和项目本身的可行性和未来发展空间。

（3）国别经贸合作规划评估方法。在规划评估方法方面，国别经贸合作项目规划评估通常使用定性和定量分析相结合的方法，分析项目发展过程产生的信息和外界环境变动的信息，可以对国别经贸合作项目发展阶段特点和前期规划的符合程度进行定量评价并采用定性评价的方式解释这种变动的成因和调整思路。在规划评估方法的选择上，应注重方法选择的实用性和综合性，注重评估规划和其他相关规划的相互融合。

第五章

外向型经济与经济安全咨询

第一节　国家经济安全及其影响

一、外向型经济与国家经济安全的关系

（一）国家经济安全的基本内涵

目前国际经济格局深刻调整，在经济全球化深入发展的同时区域集团化发展趋势进一步加强，全球经济呈现整体化和碎片化共同演进、相互交织的发展局面，贸易保护主义等"逆全球化"行为屡见不鲜。世界经济格局深刻调整的背后是各国经济比较实力的变动，作为全球经济旧秩序的制定者和维护者，美欧等发达国家出现经济结构失衡、制造业空心化现象，在社会矛盾的积累和推动下，国家经济社会安全面临较大的风险；同时作为全球经济旧秩序的挑战者，新兴国家通过承接欧美国家的产业转移并抓紧技术革命带来的发展机遇，实现了国家经济实力的增强。发展中国家和发达国家相对实力的变动奠定了全球经济格局变动的基础，使全球经济局势不确定性进一步增加，并连带全球政治军事局势深刻变动，对世界各国的经济安全都产生较大影响。

1. 国家经济安全概述

国家经济安全是指一国经济内部基础稳定、运行健康、增长稳健并具有可持续发展的动力和潜力，同时具有应对外部环境的自主性和竞争力的状态，即该国经济体系不会因内生或外部的冲击而溃散，能够避免发生局部性的经济危机并具有应对外部经济危机的能力。从国家的主权维度看，经济安全具有典型的"国家属性"。维护国家利益和国家基本经济制度是国家经济安全评价的重要标准，这是从保护国内市场的相关主体利益，控制并调节经济秩序角度出发

作出的必然选择。国家经济安全因为具有"国家属性"，故其能在国家经济发展中占据重要地位，是一个国家经济发展水平的重要体现。对一个国家来讲，推行各种改革实现经济发展的基础是确保主权独立，而国家经济安全是实现国家主权独立的重要保证之一，是在经济领域维护国家根本利益的体现。在具体实践中，实现国家经济安全的举措主要包括确保战略资源的稳定供给，确保产业生存和发展，维护金融系统的安全运行，优化和调整财政收支以获取既定的国家利益等。

在经济全球化时代，国家经济安全主要指的是在开放发展中免于因金融市场紊乱、大规模的贫困、通货膨胀、失业、商品不安全、生态危机等经济不稳定因素的冲击而处于稳定、均衡和持续发展的状态。因此可以从两个层面对此进行分析，第一个层面是国家经济的稳定性，是指在面对内生或外生的威胁，国家经济消化这些冲击并维持经济体系安定的能力；第二个层面是国家经济的发展性，是指国家在维持稳定性的基础上，实现经济可持续发展的能力。总的来看，发展是国家经济重要追求，稳定是国家经济实现发展的保障，一个国家只有在稳定的基础上实现了发展，其才能称之为保证了国家经济安全。

国家经济安全是一个与国情和国际环境有关的动态概念，可以从宏观、中观和微观三个层面进行解释。从宏观看，国家经济安全主要包括两个层面的内容：第一个是国内经济安全，指的是一国可以化解和平复各类潜在风险，确保经济稳定、均衡和可持续发展；第二个是参与国际经济活动中的经济安全，是指一国能够保障自身经济主权独立，能够抵御国际经济体系波动甚至危机带来的冲击。在经济全球化时代，国家经济安全的核心和重点发生了巨大的变化，由过去的防范和重视国内产业发展和金融体系带来的影响转向防范和重视由参与国际经贸活动带来的国际经济关联风险。中观维度的国家经济安全主要是制度层面的安全，指主权国家的产业发展和市场经济利益能够抵御外部威胁与内部失衡的影响，继而确保稳定、均衡、可持续发展的理想产业状态。这同样分两个层次：第一个层面是在外商投资"引进来"的过程中，国外跨国企业由于相对国内企业有相当的资金、经验和技术方面优势，因此可能占据国内市场，进而对整个行业形成垄断，从而造成国家产业安全；第二个层面是在国内企业

"走出去"的过程中，在进出口领域较为活跃的产业受国际市场挑战和冲击影响了产业利益。在微观层面，国家经济安全主要表现为技术安全，指的是国家产业发展和技术升级过程免受外部技术控制的影响，能够坚持技术的自主性和独立性。一国的技术安全通常表现为以下两个方面：第一个是由于国内企业受自身技术水平和研发能力所限，不能满足国内市场需求，并受制于国际跨国公司；第二个是在受到外部技术控制、技术封锁、技术垄断以及企业遭受并购之后出现的外部技术供给失位、本土工业技术流失等情况。

总的来讲，国家经济安全是一种综合的经济状态，与之相对应的是"国家经济危机"。国家经济安全是国家经济发展的基础，是社会稳定有序的保障。国家经济安全也可以表现为一种控制能力，社会主义市场经济制度要求发挥市场在资源配置中的决定性作用并更好地发挥政府的作用，保证国家经济安全是政府进行宏观调控的重要目标，政府需要在市场管不了和管不好的领域积极发挥作用，防范由市场失灵带来的经济危机和风险。政府要尤其注意经济全球化引发的各种风险，注重招商引资和保持本国经济独立性的平衡，在引进外资促进产业发展和技术进步的同时坚持产业活动的可控性和技术发展的自主性。同时，政府应关注未来经济安全，重视经济社会环境动态变化对经济安全的影响，及时处理在经济增长过程中出现的影响经济安全的因素，做到防患于未然。

2. 国家经济安全形势

从 20 世纪 60 年代后期开始，美国、日本和西欧部分国家就开始针对国家经济安全展开相关的研究，并根据国家发展阶段特点、发展战略、国际环境特点和发展趋势制定与保障国家经济安全相关的举措。1997 年东南亚金融危机后，世界各国政府都加快了研究并出台保障国家经济安全举措的进程，同时国际货币基金组织、世界银行和经济合作与发展组织等国际机构也开始研究国家经济安全问题，国家经济安全成为危机后全球经济体的主要关切。对于发展中国家国家经济安全的研究主要内容集中在其利用外资方面，但随着新兴经济体经济规模不断膨胀，其已然成为国际投资领域重要的资本输出地，因此这些国家在关注外商投资影响国家经济安全的同时也应注意本国企业跨国投资过程中的国家经济安全问题。

在深圳特区建立 40 周年庆祝大会上，习近平总书记强调："越是开放越要重视安全，统筹好发展和安全两件大事，增强自身竞争能力、开放监管能力、风险防控能力。"党的十九届五中全会提出，"'十四五'时期，要统筹发展和安全，实现经济行稳致远、社会安定和谐"。2021 年 7 月，在庆祝中国共产党成立 100 周年大会上，习近平总书记再次强调"新的征程上，我们必须增强忧患意识、始终居安思危，贯彻总体国家安全观，统筹发展和安全"。统筹好发展和安全两件大事，既是改革开放以来我国经济行稳致远的宝贵经验，也是"十四五"时期乃至 2035 年我国经济社会发展的基本指导思想。

商务部 2021 年发布的《"十四五"商务发展规划》，提出"健全外商投资国家安全审查制度，对影响或可能影响国家安全的外商投资开展安全审查"。通过审查外商投资以保障国家经济安全是世界各国特别是法律制度健全的国家通行的做法。面对国际经济格局深刻变化和国际经贸合作深入发展，欧美日等发达经济体陆续出台并完善了相关外商投资审查措施，并从国家经济安全出发，加强并完善了外商投资安全审查、反垄断调查和特定行业准入限制的相关制度，如美国就在 2020 年发布了《外国投资风险审查现代化法案》，并进一步扩大美国外国投资委员会在对外投资领域的审查权限。在日本方面，2020 年 5 月 8 日起日本重新修订的《外汇与外贸管理法》开始生效，加强了对国内重点领域外商投资的监管。2021 年 4 月 27 日德国通过了《对外经济条例》第 17 次修正案，将对外资审查的门槛由 25％降至 20％。对外商投资审核的加强是国家对外开放发展到新阶段的重要标志，是维护国家安全的重要举措。同时，要避免过度泛化国家安全的概念，避免对外商投资安全审查和反垄断调查不当限制或过度限制。

面对世界百年未有之大变局和国内经济结构及发展模式深度调整，在未来相当长的一段时期内，中国国家经济安全都是在经济发展中需要关注的重点内容。面对内部风险和外部冲击，中国在开放发展中需要有充分战略定力，充分平衡对外开放和经济安全的关系。随着中国开放发展进入新阶段，金融等领域外商投资限制减弱，传统领域的开放程度也进一步深化，金融是国计民生的关键领域，避免发生金融风险实现金融领域安全对实现国家整体安全有重要意义。在实现中华民族伟大复兴的征程中，经济高质量发展的要求和新发展格局将使中国面对更多更复杂的国内外经济环境，例如全球经济萎缩和停滞、全球政治格局调整带来的中国参与全球经济环境恶化等，因此要特别重视保证国家经济安全。

（二）外向型经济对经济安全的影响

随着全球政治、经济格局深入演化，实现国家经济发展成为越来越多国家的重要任务，在实现国家经济发展的过程中保障国家经济也是这些国家的核心关切。现行的全球经济体制是以发达国家的利益为中心建立的，在这种体制机制的驱动下，发达国家为了维护自身安全实现自身发展，在相当程度上牺牲了发展中国家在实现发展的同时维护自身安全的正当权益。这种以牺牲自身安全为代价的发展模式使发展中国家存在发展的"天花板"，因此在经济发展达到一定阶段后，大部分发展中国家都会结合自身经济实际，参考国际普遍经验，制定适应国际惯例和规则的国家经济安全保护制度，以破除经济发展的"天花板"，实现经济独立自主安全可控，保证经济健康稳定可持续发展，避免因开放发展导致的内生或外生冲击。

1. 世界经济全球化和区域经济一体化

经济全球化深入演进和区域经济一体化增强是国家经济安全问题重要性提升的重要原因。在全球产业链、价值链和创新链体系下，各国间经贸往来日益密切，在全球分工提升总体生产效率的同时，国家间经济依存度显著提高。经济全球化的重要支撑是各种区域经济集团，目前的经济集团主要是欧美等发达国家主导建立的，区域经济集团的出现降低了区域经贸壁垒，并在全球经济体系的基础上进一步密切了区域内国家的经济联系，对区域内国家经济结构调整和经济政策的制定及实施产生了深远影响。在这个过程中，尽管各国都制定了保证本国经济安全的各种政策，但在全球或区域间经济联系深入推进的大背景下，各国控制本国经济运行和发展的能力都在不断减弱。

2. 新科技革命冲击

以互联网为载体的信息化、数字化、智能化革命已经在全球深入开展，这对传统的国家安全观产生了重大冲击，经济安全成为一国政治安全、军事安全乃至总体安全的最重要影响因素之一，实现对高技术企业的控制并掌握全球贸易和金融的主导权成为一国维护本国经济安全并影响他国的重要遵循。随着世界进入以科学技术为主导的综合国力竞争时代，对高技术领域的占据和对高科技的掌握和垄断成为国家发展经济并增强国力的重要保障。科技因素成为国家维持经济安全乃至主权安全的重要影响因素，在国家内政、外交、军事、社会等方面都发挥重要影响，科技落后使国家的各方面安全都面临危机和挑战，这迫使世界各国都在孕育和发展新技术方面投入大量资源，力图在全球新科技革命冲击中维持自身地位并在一些行业和领域掌握话语权。

3. 对外贸易依存

对外贸易是国家开放发展的重要实现形式，在全球各国经贸往来和合作日益密切的背景下，对外贸易越来越成为一个国家经济发展的重要支撑，同时发展对外贸易与国家经济安全的关系也越来越成为各国在实现国家经济安全过程中的重要关切。在全球经贸体系中，发达国家是体系的建立者，具有较高的外贸依存度，因此这些国家更重视对外贸易依存度水平对国家经济安全的影响，并采取措施维护在外贸发展过程中的国家经济安全。以美国为例，美国为保证其在与全球各国经贸往来中占据优势地位，要求中央情报局情报搜集的重点由军事转向经济领域，并借此实现其在全球经贸往来中占据优势地位实现维护自身发展权益的目标。同时，各国也在通过经济手段实现在外贸发展中维护自身安全，通过产业结构调整、技术研发和出口结构及模式调整，各国实现了自身产品和产业在全球经贸活动中的竞争力。

4. 全球资源分配

世界各国的资源禀赋和经济基础存在巨大差异，全球经贸往来带来的资源配置进一步扩大了这种差异，使世界性的资源短缺和分配不均衡进一步巩固。资源是生产的基础和前提，广义化的资源是指一切能够投入生产、服务生产的有形或无形物质，资源的丰裕程度直接影响了生产活动的规模和效率。对资源的掌控是实现国家经济安全的重要基石，对资源的争夺也是由国家经济安全对政治和军事的投影，例如在全球范围内由石油资源的争夺引发的地区军事和政治冲突，在南亚地区各国对水资源的争夺也造成了区域间的冲突和对抗。在全球资源分配不均的基础上通过各种手段实现对短缺资源的掌控越来越成为各国政府在实现国家经济安全的重要遵循。

5. 国际经济竞争

对外开放对于一个国家来讲是一把双刃剑，在对外开放的过程中，国家凭借外商投资实现弥补自身在经济建设过程中的要素缺位，实现了国家经济发展。同时，在外向型经济发展过程中，国家不可避免地要参与全球经济竞争，并承受由于参与经济竞争带来的各种风险，这种正负两方面影响在发展中国家发展过程中表现得尤为突出。在全球经济竞争中，市场机制发挥着绝对的影响，但由于市场经济存在固有的局限性，其存在的盲目性、滞后性、自发性缺陷会造成经济基础本就薄弱的发展中国家在经济竞争中利益受到更大的侵害，进而使国家开放发展的收益与初衷背道而驰，并引发国家经济安全风险。

6. 要素自由流动的风险

经济全球化和区域经济一体化降低了全球范围内资源流动的壁垒，使全球范围内资源流动日益频繁，但市场机制会造成资源配置的"马太效应"，即生产要素会向丰裕的地方继续富集，造成生产要素匮乏的地区进一步贫困。在全球经贸体系中，发展中国家经济基础相对薄弱，生产要素相对匮乏，在要素流动的"马太效应"作用下，国内资源不可避免地流向具有更雄厚经济基础和更丰富要素条件的发达国家，造成这些国家在参与国际经济活动中进一步贫困，并影响国家经济安全。

7. 金融全球化

金融全球化是经贸活动全球化的最高表现形式，为获得金融资源实现本国经济发展，越来越多的国家在金融全球化框架内加快了吸引外商投资的步伐，这在实现了国家经济发展的同时也使本国进入了全球金融体系，受全球金融体系波动的影响。由金融业产生的冲击往往是国家经济波动甚至是全球金融危机的主要动因，从 20 世纪 90 年代至今，以亚洲金融危机、2008 年次贷危机为代表的各种全球性和区域性金融危机莫不是从金融领域产生进而蔓延至生产、社会乃至政治领域，对国家经济乃至主权安全产生了重大影响。

（三）外商投资对国家产业安全的影响

吸引外资是众多新兴经济体在开放过程中实现发展的重要手段，招商引资的数量和结构是国家发展速度的重要影响因素。新兴经济体由于在发展初期面临着众多生产要素特别是资本要素短缺的问题，利用外资弥补自身不足并更好地发挥国内部分丰裕要素的比较优势是这些国家在开放发展过程中的必然选择。在吸引外商投资的过程中，部分国家会通过制定针对跨国企业投资的优惠政策，给予跨国公司投资和经营的"经济特权"，以"让利"的方式增强本国对外资的吸引程度。这种以市场公正性为代价的引资在短期内拉动了国家经济的发展，但会使本土产业受到较大冲击，影响了市场的稳定性和产业的安全性，并且利用政策优惠，跨国公司可以实现迅速占领国内市场垄断国内产业，造成产业和市场独立性受到威胁，从而影响国家产业发展整体安全。

1. 经济主权风险

经济全球化进一步密切了国家间的经济联系，也使国际经济风险的传导渠道日益巩固，跨国企业的跨国投资行为可能在东道国、东道国所在区域乃至全球产生影响。对于对外商投资依赖较严重的国家来讲，若跨国企业所在国发生经济衰退进而造成国内外商投资规模下降，企业可能对投资东道国经济产生连锁效应。随着国际经济组织在国际经贸活动中的话语权和决定权不断提升，其在一定程度上取代了传统由主权国家行使的规则，使主权国家的权威在经贸领域被削弱。同时，跨国经贸活动的加强使跨国公司在东道国的影响力日益提升，并且这些影响力是跨国公司在东道国法律法规框架下凭借自身的相关优势依法获得的，因而在应用这些影响力的过程中限制相对较少，但这种影响力的存在意味着东道国将部分经济主权让渡至跨国公司，这影响了东道国的政策和法规制定，更造成东道国政府在进行宏观调控的过程中面临重重阻碍，影响了国家长远发展。

2. 外资结构风险

外商的国别结构和外商投资的行业和领域结构也会对国家安全产生重要影响。东道国如果吸引的外资国别结构相对单一，则表明其对该投资国的经济依赖程度相对较高，因而该国的经济波动会联动投资东道国的经济波动，若东道国的经济基础薄弱，这种来源于投资国的经济波动会进一步放大成为东道国的经济危机，进而对该国产业发展产生严重的负面影响。同时，招商引资的产业结构也是影响国家经济安全的重要因素。外商投资的产业选择依据是东道国比较优势和开放政策，若外商投资长期集中于某一个产业或某一个领域，其会造成东道国产业非均衡发展，这影响了东道国经济长期发展潜力，并削弱了东道国的风险应对能力。

3. 冲击本国企业风险

在招商引资过程中，政府往往会对外商投资和经营提供一定的政策优惠，形成了外商在本国的"超国民待遇"地位。这种非公平的竞争地位拉大了本就存在的本国企业与外资跨国公司的实力差距，使外资能够更容易地占据本国市场支配相关行业或产业。外商投资的产业和市场垄断压缩了本国企业的生存空间，使本国企业生产经营面临较大的风险，当这种风险由点及面传导至行业内所有内资企业时，东道国特定产业就置于外商投资的控制下，从而影响东道国产业安全。

4. 可持续发展风险

经济全球化实现了各国分工合作，并以此为基础构建了全球产业链、价值链和创新链体系，在这个体系中发展中国家位于底端，通过承接发达国家的产业转移发展劳动力密集和资源密集产业参与国际经济体系。在这种模式下，发展中国家的经济增长是以牺牲环境和经济潜力为代价的，这种粗放式发展破坏了国家的自然和生态环境，并阻碍了内生技术和资本积累的进程，影响了国家经济发展的可持续性。

5. 金融风险

通过国内融资的方式吸引外商投资不利于东道国经济的发展。对于发展中国家来说，吸引外商投资的重要目的是缓解国内资本短缺的局面，但在外商投资过程中，若其资金来源是国内金融机构，则这种投资并未带来国内资本丰度增加。进一步讲，外商若在投资中仅依靠少量自有资金加上当地融资杠杆实现项目落地，则外商可以攫取大量企业经营收益并将其带回投资国，但对于投资东道国来讲，这种投资没有带来应有的收益。并且考虑外商融资对本国企业融资的挤出，这种融资模式的外商投资对本土企业的发展产生了负面影响。

同时，外商投资国内融资也给本国的金融产业带来巨大的风险。这是由于发展中国家金融体系相对不健全，各种风险识别和预防的制度举措相对缺失，面对外商投资产生的巨大冲击往往会联动本国金融行业风险，在金融行业风险放大机制的作用下，这种风险会传导至各行业领域，甚至会造成社会、政治风险，影响国家总体安全。

（四）跨国并购对国家经济安全的影响

外资并购是外商投资的主要形式之一，外商并购活动显著增加了国家经济的对外依存度，在促进东道国产业发展的同时也使东道国产业暴露于全球经济体系中，增加了东道国国家经济安全受到全球市场波动带来的风险。

1. 垄断国内市场和产业风险

外资并购可能引发垄断行为，影响并威胁国内的市场安全和相关产业安全。外商并购带来的外资产业垄断会对东道国经济发展带来严重的负面影响。目前在中国的产业结构中，外商垄断相关产业的情况相当普遍，如微软公司垄断了中国计算机操作系统，米其林占有了中国子午线轮胎市场，利乐公司占有中国软包装产品市场，这种普遍存在的外商垄断行为引发了对经济安全特别是产业安全的更深层次的担忧。为了避免外商垄断行业现象的进一步蔓延，政府需要在外商投资并购前对可能发生的垄断行为进行审查和预防。

2. 民族企业发展风险

外资并购的过程对国内民族企业的发展也产生了一定负面影响，在相当程度上挤压了民族企业的发展空间甚至直接威胁民族企业的生存。民族企业是国内经济的重要支撑，是国家经济安全的有力保证。外资并购的过程中，外资企业可能通过市场占领和产业拓展的方式实现企业全球发展战略。尽管改革开放后我国民族企业得到了一定程度的发展，但相较于国外跨国公司，我国民族企业在资金、技术、品牌、管理经验等方面还存在较大的发展差距，在与国外跨国公司的竞争中处于不利地位，面临着被外商收购、挤兑或者消灭的局面。跨国公司通过对技术和销售渠道的垄断，建立了以自己为中心的全球产业链、价值链和创新链体系，并将一些国家的民族企业纳入其中。在这种全球生产体系下，跨国企业凭借自身优势和地位，影响了包括我国在内的一些新兴经济体民族企业的发展进程。在开放发展过程中，我国一大批企业被外商并购，失去了发展的主动权，甚至造成了民族品牌的消失，例如达能公司并购"乐百氏"、欧莱雅公司并购"小护士"、强生收购"大宝"等并购活动降低了这些原民族品牌的活力，同时熊猫洗衣粉、洁银牙膏、无锡威孚、佳木斯收割机也因外商并购导致这些品牌从国内市场消失。

3. 货币升值风险

外商并购同时会增加本国货币升值压力，进而可能会引发国内通货膨胀，并造成企业出口竞争力下降。外商并购活动增加了外币供给，同时提升了本土产业的生产能力，这两种因素叠加使国内货币升值风险显著增加。但对于外商并购引发国内产业和企业安全问题上，应注意适度原则。合理的外商并购活动是国内产业发展的重要助推剂，能够在短时间内实现本土产业转型升级并提升市场活力，形成对行业内其他企业改善经营方式并促进技术进步的倒逼机制，提升市场整体实力。针对外商并购活动的限制应该在保障国家经济安全的前提下维持最低标准，重点关注外商并购在重点行业、重点领域和重点技术方面的活动，实现外资并购带来效率提升与实现民族企业整体发展的平衡。

二、开放经济发展下维护国家经济安全的国际经验

通过在开放发展中对外资活动进行限制以维持国内经济安全是众多发达国家和部分发展中国家实现开放和安全平衡的普遍做法。随着国际政治局势变动带动国际经济形势变化，美日欧等发达经济体普遍加强了外商投资审查和反垄断调查的立法和执行力度，保障国家经济安全越来越成为一个国家开放发展中的重要遵循。发达国家经济体对外资限制的手段主要包括国家安全审查、反垄断审查和特定行业准入限制三种形式。

（一）美国维护国家经济安全的经验

20世纪70年代末以来，美国全面调整了其对外开放的策略，并将危机管理置于国家对外经济政策制定全过程核心位置。在这期间，美国修改、制定并通过了《外国投资研究法案》《国际投资调查法案》《改善国内外投资申报法》《农业外资申报法》《艾克森弗洛里奥修正案》《伯德修正案》《外商投资与国家

安全法案》等多项外商投资有关法案，以实现避免外商投资影响国内经济安全的目标。

1. 美国对外商投资的国家安全审查

美国是全球较早实施外商投资安全审查的国家之一，美国的外商投资安全审查工作主要由美国外国投资委员会负责。美国外国投资委员会是由美国财政部牵头设立的旨在审查外国投资影响国内经济安全的跨部门行政机构。美国外商投资委员会成立于 1975 年，1988 年美国国会通过了《综合贸易与竞争法案》，该法案允许美国总统可以以"国家安全"为由组织外国投资者并购美国企业，并将对外国投资的审查权赋予了美国外商投资委员会，这大幅增加了美国外商投资委员会的权力。2007 年 10 月开始实施的《外国投资与国家安全法案》进一步扩大了外商投资委员会的权力，该法案要求在外国投资者并购美国企业之前，外国收购方和并购目标企业需向美国外商投资委员会提交并购材料并接受委员会审查。2019 年 9 月出台的《外国投资风险审查现代化法案》实施细则草案将美国外商投资委员会的审查权力扩展至军事设施等敏感地区周围的外国投资、关键基础设施和关键技术的转让领域。

在跨国并购方面，美国政府制定并落实了一系列旨在防止外商并购活动影响国家经济安全的政策和法规。例如美国政府 1988 年通过的《美国贸易与竞争综合法案》中增加了"艾克森-弗洛里奥条款"，规定美国总统认为实施控制的外国实体有可能采取威胁国家安全的行动，而除了《国际紧急经济权利法案》外，其他法律条款又没有足够的授权以保护国家安全时，美国总统可以阻止外国公司对美国企业进行收购、合并或接管。1993 年，美国在《国家防务授权法案》中对"艾克森-弗洛里奥条款"进行了补充，规定如果收购者受外国政府的控制或者代表外国政府行动，收购"可能导致在美国进行跨州商务活动的个人被控制，这种控制可能影响美国国家安全"时，美国政府同样有权对其进行限制和阻止。根据"艾克森-弗洛里奥条款"，美国政府阻止了中国航天技术进出口公司对曼可公司进行并购。2009 年，美国外国投资委员会对外国投资者对本国企业的股权投资行为的相关法规进行了进一步修改，降低了美国外国投资委员会的安全审查标准，明确只要外国投资美国敏感行业企业涉及

"控制权变更"，美国外国投资委员会就有权开启国家安全调查进程。

2. 美国对外资的反垄断审查

美国是全球范围内较早实施反垄断限制的国家之一，早在1890年美国就颁布了全球第一部反垄断法——《谢尔曼法》，对企业竞争中的价格歧视、排他性交易和附条件交易等带有垄断性质的企业行为进行了限制。1976年，美国通过了《哈特斯科特——罗迪诺反垄断改进法》，对可能涉及垄断的企业行为进行了进一步明确，该法案要求企业必须对达到一定门槛的资产和股票并购活动进行申报，并规定了这些资产和股票并购活动的等待期。在等待期内，该法案授权美国相关部门对活动可能涉及的垄断行为进行审查和分析。

3. 美国对外资的特定行业市场准入限制

美国对外资特定行业的准入限制可以分为明令禁止外国投资者进行投资和限制外国投资者进行投资两类。其中，明令禁止外国投资者进行限制的行业主要包括核电及国防等，美国禁止外国投资者控制或通过控制本国公司控制国内原子能相关设施，禁止非美国企业经营美国沿海和内河航运产业。限制外国投资者进行投资的行业主要包括金融、能源矿产、基础设施、航空等，美国限制了在航空领域非美国公民的投票权最高比例，外国公司参与美国国内基础设施建设要以其所在国领域对等开放为前提。在金融领域，外国银行在美国设立分行、代理行或代表处必须经联邦储备局批准，且外国银行自身的资产质量、风险管理水平和母国金融监管能力等都需达到美国政府的要求。

（二）日本维护国家经济安全的经验

二战以后，在美国的帮助和扶持下，日本确定了"贸易立国"的开放发展方针，并通过美日同盟这个平台落实"综合安全保障战略"，保证了国家和平崛起和安全发展。日本的开放发展战略取得了显著的效果，20世纪80年代后，日本就超越众多欧洲国家成为世界第二大经济体，并长期保持这个位置。广场协议后，日本出现了严重的经济危机，在走出危机的过程中，保证国家经济安全成为日本制定对内和对外政策和法律法规的重要遵循。

1. 日本对外资的国家安全审查

日本对外资设置安全审查工作的推进基本是遵循美国的进程，《外汇法》

是日本在外商投资安全审查领域的主要法律规范。日本的《外汇法》于 1980 年通过并实施，《外汇法》规定了外国在日投资的事先审批制度，1992 年日本对《外汇法》进行了修订，将外商投资的事先审批制度修改为事后报告制度。1997 年，为维护国家的经济安全，日本将涉及国家安全、妨碍公共秩序、公众安全行业等行业和领域的外商投资活动的事后报告制度修改回事先审批制。2017 年以后，日本进一步加强了对外商投资的审查。2017 年 5 月通过的新《外汇法》增加了"一旦判断有损国家安全，将勒令中止出售股份"的规定，以防止危害国内安全并保障相关行业技术安全。2019 年 11 月通过的《外汇法》修正案将外国投资者在安保行业取得股份的申报额限制由 10% 下降至 1%。同时，日本规定的国内安保行业范围与美国《哈特—斯科特—罗迪诺反垄断改进法》规定的范围高度相似，主要包括武器装备、飞机、太空开发、核能、石油、电力、燃气、通信、广播、供热、铁路运输、网络安全等。

2. 日本对外资的反垄断审查

与对外商投资的安全审查相同，日本对外资的反垄断调查同样深受美国影响。二战结束后，在美国的指导下，日本通过并实施了《禁止垄断和维护公平交易法》即《日本反垄断法》，规定了垄断、不正当的交易限制、不公正的交易方法以及企业结合四个方面内容，并规定了不同情况下企业交易的申报标准。根据《日本反垄断法》，符合申报条件的企业在交易活动进行前应向日本公平交易委员会申报相关交易计划。日本公平交易委员会在法律规定的范围内批准并审查企业可能涉及垄断的活动，2020 年 10 月，日本公平交易委员会对亚马逊公司是否存在垄断行为进行了调查。次年 1 月，日本政府将《关于提高特定数字平台透明性及公平性的法律》适用对象标准拟定为单年度国内流通总额 3000 亿日元以上规模的电商平台运营方，从而加强了对国外电商的垄断行为调查。同时，日本还加强了与国家经济乃至整体安全有关领域企业反垄断调查，并加强了相关领域的情报搜集、整理及与他国的合作工作。

3. 特定行业外资准入规则

日本同时制定了广播、电信、物流、金融、能源矿产等行业的外资准入规则。日本将准入行业分为两大类：一类是基础设施相关行业，如通信、物流、水电煤等行业，日本禁止外国自然人、政府、法人等从事基干广播行业，限制了从事航空运输公司中外国自然人、法人的董事会席位和表决权占比，要求外商投资水电煤等居民生活相关基础设施需要获得经济产业大臣或厚生劳动大臣的批准；另一类是公共安全相关产业，如当铺、文物销售、猎枪或气枪销售行业，外商进入这类行业需要向警察署进行事前审批或备案。同时，日本法院和日本的行业协会也在保障国内行业产业安全中发挥了重要作用。

（三）德国维护国家经济安全的经验

1. 德国对外资的国家安全审查

德国对外商投资的安全审查工作正式开始于 2004 年，相较于美日两国，德国的外资安全审查开始时间较晚，但 2017 年以后德国的安全审查越发严格。2004 年，德国修改了《对外经济法》，并在其中增加了关于国家安全审查的相关内容。2009 年实施的《对外经济条例》规定德国经济和能源部可以审查欧盟以外的外来投资者收购德国企业股权比例超过 25％ 的项目，2017 年通过的《对外经济条例》第九次修正案对德国政府对外商投资安全审查权力进行了进一步强化，2018 年 12 月、2020 年 5 月和 2020 年 10 月通过的《对外经济条例》第十次、第十五次和第十六次修正案扩大了德国政府在外商投资基础设施领域、医疗卫生领域和高新技术领域的审查范围和权限。2021 年 4 月，德国政府通过《对外经济条例》第 17 次修正案，将审查的标准由之前外商投资占比的 25％ 降至 20％。

2. 德国对外资的反垄断审查

德国的反垄断审查工作历史要远早于其对外商投资安全审查的进程，是世界上最早立法开展反垄断和不正当竞争行为的国家之一，德国境内负责外资反垄断调查的机构是该国的联邦卡特尔局。目前德国境内针对反垄断行为法律是《反限制竞争法》和《反不正当竞争法》。《反垄断竞争法》是德国于 1957 年颁布的旨在防止市场垄断、限制竞争和过度竞争行为实现市场公平竞争的法律，从 1957 年颁布至 2021 年，该法律经历了十次修订。为保证在数字技术革命时代自身安全，2021 年德国议院通过《数字竞争法》，大幅加强了外商对德国互联网企业的并购行为反垄断审查力度，并为联邦卡特尔办公室引入了针对"数字守门人"的新工具。

3. 德国对外资的特定行业市场准入限制

德国对外商准入方面管理相对宽松，除了法律特别规定的行业外，在国内市场外资和内资地位平等。德国对限制外商限入的行业进行了明确规定，具体可以将限制外商准入的行业分为明令禁止和需要特殊审批两类：一是外资明令禁止的行业，主要是核能利用相关行业如核能发电和利用核能处理废物，法律明确禁止外国自然人或法人从事相关领域的经营。二是外商进入需要特殊审批的行业，如武器、弹药、药品、植物保护剂的生产及其销售；炼油和蒸馏设备的生产和销售；基础设施建设、发电和供暖公司等能源行业；银行、保险、拍卖等行业；运输和出租公司等。外资进入这些行业需要向地方或联邦主管部门申请，获批后才能正式从事相关领域的经营活动。

第二节 国家经济安全影响评价

一、国家经济及产业安全评价的基本思想

立足于"十四五"规划和二〇三五年远景目标纲要，要在新发展阶段调整对外开放的结构和方法并建立外向型经济发展新体制，使我国的对外开放进程与国家经济安全的原则和思路相匹配。通过综合运用国际通行的国家安全审查、反垄断审查和外商投资准入限制，立足国内大循环，通过国内国际双循环，提升利用外资的效率和质量。因此应在深入考察我国国情的基础上，参考国际成熟经验，以保障国家经济安全为前提构建外向型经济发展新机制，营造公平、法治和市场化的营商环境，充分激活内资和外资发展潜力，构建以健全对外资的国家安全审查制度为主体、以推动对外资的反垄断规范化和谨慎放宽特定行业的外资市场准入为两翼的"一体两翼"开放安全保障体系。

（一）合理界定国家安全的内涵，严格外资的国家安全审查

坚定不移地实施开放发展是我国经济建设的重要遵循，为保证国家经济安全，应进一步严格我国外资监管和风险防控，实现开放过程中统筹发展和安全。例如，现阶段开放发展的一个重要举措是推动金融等高端服务业领域的外

资准入限制降低，进一步激发我国金融市场的活力，并通过资金融通带动相关实体经济的发展，但同时金融领域的外资准入可能会引发金融风险进而影响我国的产业安全。金融业如此，其他开放领域亦然，因此在高水平开放的过程中应准确界定国家安全的内涵，规范对外资的国家安全审查。

1. 正确理解、合理界定国家安全的概念和内涵

近年来，以美国为代表的部分发达国家在政治动机的驱动下大肆推进贸易保护主义，通过泛化国家安全的概念限制外商投资。例如 2021 年美国联邦通信委员会以"安全风险"为由，撤销中国联通美洲公司、太平洋网络公司及其全资子公司在美提供电信服务的授权。这种以"国家安全"为理由借口，将国家安全概念泛化的保护主义行为严重损伤了外商投资的积极性，损害了政府的公信力和国内消费者的正当权益，不利于本国开放发展的持续性，同时推动了全球范围内的保护主义和孤立主义蔓延，对经济全球化产生了严重的负面影响。以此为鉴，我国应正确理解、合理界定国家安全的概念和内涵。《中华人民共和国国家安全法》第二条明确规定："国家安全是指国家政权、主权、统一和领土完整、人民福祉、经济社会可持续发展和国家其他重大利益相对处于没有危险和不受内外威胁的状态，以及保障持续安全状态的能力。"因此，应依法清晰界定国家安全的概念，避免国家安全概念泛化，在维持国家经济安全的原则下最大程度地保护和鼓励外商投资和经营活动。

2. 严格外商投资国家安全审查

严格进行对外商投资国家安全审查是目前全球主要发达经济体在开放过程中实现自身安全的重要遵循。外商投资审查是实现招商引资与国家经济安全平衡的重要手段，在我国外向型经济新体制建设中发挥着重要作用，是"十四五"期间乃至二〇三五远景规划中形成双循环发展格局的重要支撑。开展外商投资国家安全审查，首先要明确外资安全审查范围和结构，落实相关外商投资安全审查政策。目前我国规定外资安全审查范围和权限的文件是《外商投资安全审查办法》，应结合国际经济格局和国内经济发展态势，按照办法对需要进行安全审查的外商投资行业和领域开展相关审查和经济安全评价。要以技术为抓手，充分利用当前信息技术革命的先进成果，利用大数据、人工智能等对信

息技术进行搜集并处理外商投资相关信息，在降低安全审查工作量和工作难度的同时，及时处理可能涉及国家经济安全风险的外商投资相关行为。

（二）科学分类，谨慎评估特定行业的外资市场准入

放宽特定行业的外资市场准入限制是我国在新发展阶段坚持深化对外开放的重要举措，有利于提升利用外资的质量，推动国内国际双循环建设。事实上，我国是世界上对外资开放程度最高的国家之一，四十余年的开放经济建设极大地降低了我国外资市场准入的限制，在《外商投资准入特别管理措施（负面清单）（2021 年版）》中，全国和自由贸易试验区外资准入负面清单进一步缩减至 31 条和 27 条，在部分领域的外商准入限制已经降至世界最低水平。在国家经济安全影响的咨询评估工作中，一方面应遵循相关管理措施规定，另一方面应关注特定行业外商市场准入带来的负面影响，尤其是关注国计民生关键行业和敏感领域如核能、军事、能源等领域对外国投资者的投资和经营行为，因此在国家经济安全影响的咨询评估工作中应通过科学准确地界定不同领域不同行业在国民经济整体中的不同地位，按照相关规定，谨慎评估特定行业的外商准入。

二、产业安全评价的基本内容

（一）经济安全、经济依存与开放度

经济全球化推进模糊了国家经济领域的界限，密切了各国的经济联系，进而带动全球文化、社会、政治领域联系的加强。在全球化时代，任何一个国家都不能独立于其他国家而单独发展经济，全球范围的产业链、价值链和创新链体系将各国的生产活动进行了密切链接，形成了全球生产、运输、消费网络。经济全球化进程是一把双刃剑。一方面，其加速了大部分国家的财富积累过程，为相对落后的发展中国家实现本国经济发展创造了机会；另一方面，其增加了经济联动性风险产生的可能性，使国家经济安全面临更复杂的局面。因此，在参与经济全球化过程中，政府应将维护国家经济安全放在开放发展全过程中的重要位置，在参与全球经济竞争的过程中维持本国经济的独立性和自主性。

经济全球化的一个重要表现就是国际分工深化，国际生产分工的深化使各

国生产的专业性和局限性加强，在生产链条的作用下国家间经济关系不断加强。各国将自身产业体系融入全球产业链体系，并在全球物流体系的帮助下实现了生产过程相互嵌套和经济的相互渗透、相互融合、相互依赖、相互影响。在这个过程中，跨国公司发挥了重要的作用，跨国公司通过跨国投资在不同国家建立完善了相关产业，并将其纳入以自己为主导的全球产业链体系。这也导致了全球各国间经济联系日益密切，一国的产业波动会在全球产业体系的传导和放大机制作用下影响产业链上下游国家进而影响全球经济整体，形成关联性产业发展危机，这对维护国家经济安全工作提出了新的挑战。

在国家产业面向国际市场开放过程中一定会发生经济依存的现象，尽管国际经济和产业依存会带来产生经济危机的风险，但事实上开放和风险并不是完全等同的，因为在国家封闭发展阶段，其亦会产生经济风险。大部分经济风险是源自国家自身发展过程，在世界各国经济内生发展和产业内生演变的过程中，其自然有可能带来国家经济衰退乃至经济危机。但不可否认的是，经济全球化加剧了一国经济波动的影响范围和程度，使参与全球经济活动的国家面临更多的外生冲击，从而增加了本国经济发生波动的频次并扩大了受冲击产业的范围。但外生负面冲击的存在不可以是一国拒绝参与全球产业体系的理由，过分关注危机而进行封闭发展是因噎废食之举，会使国家错失经济全球化所带来的产业发展和技术进步红利，在大部分情况下会造成国家经济落后居民生活困顿。因此，寻找开放与安全的平衡是一国参与全球经贸活动必然选择，应通过建立完整的涉外经营审查和规范制度，在坚持国家经济安全底线的情况下鼓励企业积极参与全球产业链、价值链和供应链体系。

事实上，一国的经济安全和开放程度存在一个倒 U 形关系，在开放发展全过程中，国家经济安全风险通常会出现在开放发展初期和完全开放阶段，实现开放和发展的平衡，要以自身经济基础为遵循，在把握国家产业发展阶段性特点和国家经济发展方向基础上，寻找对外开放的最优程度，并通过及时调整开放政策和针对外资经营的法律法规将开放维持在最优点。

（二）经济安全评价的重要指标

1. 经济主权安全状况下的二级评价指标

（1）经济政策的自主制定率。国家主权是一个综合性的概念，是国际法中公认的国家基本权利原则，其体现了国家对内事务的最高统治权和对外事务的独立权，其中包括领土主权、政治主权、经济主权和文化主权等。国家的经济主权主要表现为国家对本国的财富、自然资源和经济活动等拥有完全独立且永久的权力。在对外开放与国家经济安全领域，国家对经济主权的行使主要表现为一国可以在免受第三国干涉的情况下独立自主地确定本国经济发展的方针和政策，制定相关法律法规，对外商的投资和经营行为进行干预和规范。

（2）重要国际经济组织的投票权重。目前全球主要的国际组织都将投票表决作为组织行为的基本遵循。表决制度是这些国际组织存在和发展的重要基础，国际经济组织通过合理分配成员间投票权的比例，提升组织运行的整体效率，密切成员间的联系。同时一国在国际组织投票权的比重反映了这个国家在组织中的重要程度，是衡量一国在组织中权力的重要标准，反映了一国能否平等参与全球经贸活动规则的制定，能否主导全球经贸规则的发展变动以构建有利于自身经济发展的国际经贸体系。

（3）重要海峡无危险通过率。物流是全球经贸网络维系的纽带，在目前的全球物流体系中，海运占据了绝对的份额。海峡是位于两块陆地之间并连通两片海域的狭窄水道，承担着大宗商品和石油运输的功能，一些地缘位置关键、用于国际航行的重要海峡，是海上战略通道的典型代表。《联合国海洋法公约》将用于国际航行的领海海峡的通航原则确定为"过境通行"，较为明确地规定了海峡沿岸国和使用国的权责范围，海峡的航运事务应由沿岸国管理，但沿岸国在平时和战时不得封锁海峡，不得妨碍使用国行使无害通过海峡的权利。然而，这一原则在不同的海峡却有不同的践行效果，各海峡因此呈现迥异的安全环境，重要海峡无危险可以测度一国自由利用国际通道的程度。

（4）重要资源的外资勘探率和开采率。对资源的掌握是一个国家经济独立的重要标志，允许外资进入重要资源探勘和开采是一国经济开放程度的重要表现之一。一国掌握重要资源和允许外资勘探和开采相关资源是并行不悖的，体现了国家对本国重要资源的支配力，以及国家希望在开放发展过程中借助外资力量提升本国资源开采效率和水平。对矿产资源开采领域的外资准入也是中国实现开放发展的重要体现。比如，在《外商投资产业指导目录（2017 年修订）》及其后的《鼓励外商投资产业目录》中，我国取消了非常规油气、贵金属、锂矿等领域的外资准入限制，但同时也加强了针对该领域外商经营的监管力度，避免外商运营矿资源产业带来生产安全、环保等问题，防止外商控制国内矿资源产业影响国家产业链安全进而影响整体安全。

（5）东道国产业中的外资比重。战略产业是一个国家经济安全的支撑，目前外商投资主要通过市场控制、股权控制、技术控制和贸易控制四个途径影响东道国产业安全。

所谓市场控制，是指外资利用自身在技术、管理经验、营销渠道、资金等方面的相对优势，进入并占领东道国市场，挤压东道国国内企业的经营和发展空间。外资对东道国市场垄断会在生产和消费两方面削弱东道国对本国产业的掌控能力，从而破坏东道国的产业结构完整性，并对相关产业发展产生关联负面影响。

所谓技术控制，是指外商为维持自身技术领先地位，在技术转移过程中，主要选择落后技术转移到东道国企业中，而自身则保留关键核心技术。这种技术控制维持了外资在创新链中的统治地位，形成了外资的技术垄断，使东道国企业产生了严重的技术依赖，严重削弱了东道国企业的自主创新能力和技术的独立性，从而对东道国产业发展产生重要影响。

所谓股权控制，是指在东道国开放初期，其往往选择限制外资股权比例的方式维持自身产业安全。但随着东道国开放过程的不断推进，政府会逐步放松对合资企业中外商控股比例限制，而外商通常也会抓住机会增加持股比例，通过控制大部分乃至全部股权的方式形成对企业的绝对控制，并以控制企业为支点，凭借自身在技术、资金、营销等方面的优势，形成对东道国产业的控制。

所谓贸易控制，是指外国投资者通过控制东道国的进出口规模和结构，实现对东道国贸易发展的控制。一般而言，跨国公司通常具有丰富的物流管理经验和完善的产品销售渠道。当外商投资规模较大而东道国经济规模相对较小时，外商会在自身优势下控制东道国进出口结构和规模，使本国产业产生对外商的依赖性，从而影响本国产业和经济安全。

2. 经济危机风险状况下的二级评价指标

（1）GDP负增长率。经济危机带来的直接后果就是国家经济衰退，而国家经济危机的集中体现是该国的国内生产总值出现负增长，国内生产总值负增长率水平是该国经济危机影响程度的表现。计算国内生产总值增长率或负增长率水平可以按照变价和不变价两种方法进行计算，两者的差异主要体现在按照变价方法计算的国内生产总值包括了物价变动即通货膨胀或紧缩水平。

（2）采购经理人指数。采购经理人指数（purchasing managers' index，PMI）是从生产、新订单、商品价格、存货、雇员、订单交货、新出口订单和进口八个方面衡量一国制造业企业发展情况。通过对新订单指标、生产指标、供应商交货指标、库存指标以及就业指标进行调查和加权汇总，能够预测产业发展的前景。采购经理人指数表现为百分比的形式，50%是制造业发展和经济整体发展强弱水平的分野，当指数高于50%时，说明制造业扩张，经济形势整体向好；当指数低于50%，尤其是低于40%时，则说明存在发生经济危机的风险；当指数处于40%～50%时，一般认为制造业处于衰退阶段，但经济总体仍在扩张。

（3）失业率水平。失业率是指某一时期内满足就业条件但未就业的劳动力数量占全部满足就业条件的劳动力总量的比例，一般用于衡量一个国家闲置劳动产能，计算失业率的公式为失业率＝失业人数/（在业人数＋失业人数）。失业率水平能够反映一个国家经济发展阶段性状况，通常认为失业率水平越高，国家经济发展程度越低。但在经济现实中，完全就业情况是不存在的，在各种现实经济摩擦因素的影响下，经济体只能维持一个自然失业率水平，因此对失业率与国家经济发展状况的分析多是基于现实失业率水平对失业率水平的偏移进行分析。

（4）社会固定资产投资负增长率。社会固定资产投资增长率是指当期新增固定资产投资额占固定资产投资总额的比重，反映了当期企业扩大再生产的情况。对于生产型企业而言，其若想达到实现企业产能增大的目标，则必须增加固定资产的投资，因此社会固定资产投资增长率能够反映生产能力的提升程度。由于企业实际资产会发生折旧，正常情况下社会的固定资产投资总是正增长。当社会固定资产投资出现负增长时，则表明当前企业没有扩大生产的意愿，甚至在收缩生产规模，这反映了社会生产能力的衰退，是经济危机的重要表现。

（5）财政赤字率。财政赤字是财政支出大于财政收入的差额，由于这种差额在会计处理上通常用红字表示，因此将其称为财政赤字。财政赤字的出现是政府以财政收入为支撑干预宏观经济的结果，而政府这种宏观经济干预行为多产生于经济下行的情境下，干预力度通常与经济下行的恶劣情况有关，故当经济下行趋势严重时，政府会倾尽更多的财政支出去拉动经济，同时在经济下行的背景下财政收入不能出现大幅增长，这种"此消彼长"的情形使财政赤字出现成为必然。因此，政府财政赤字率水平能够反映宏观经济运行及风险状况。

（6）通货膨胀率。总体来讲，物价水平在一段时间内会保持稳定，这是货币购买力和生产能力相对稳定的表现。但从更长的时间范围分析，在货币购买力和商品生产效率变动的作用下，物价会在正常范围内波动。但在部分特殊情况下，商品价格会出现整体的持续上升，即发生通货膨胀。温和的通货膨胀在一定程度上有利于经济的发展，但若商品价格短期剧烈上升即出现恶性通货膨胀，则会对经济产生负面影响，这通常是经济危机的体现形式之一。

（7）物价指数。通常而言，是否出现了通货膨胀是难以判断的，因此一般以物价指数来衡量是否出现通货膨胀及通货膨胀程度。虽然物价上涨和通货膨胀存在一定的区别，但物价指数是通货膨胀最直接、最全面的体现，在目前的统计口径中基本将通货膨胀和物价指数等同，并通过消费者价格指数来反映通货膨胀情况。

（8）贸易收支赤字率和资本收支赤字率。贸易收支亦称贸易差额，是国际收支经常项目中的重要科目，用于反映一国商品进出口贸易情况。在该项目中，商品出口记录在贷方，进口记录在借方，借贷差额即为贸易收支赤字或盈余，贸易收支赤字反映了一国出口大于进口，是外贸导向经济体贸易收支账户的常态，但赤字率若长期过高也不利于经济体长期健康发展。资本收支可以包括长期资本收支、短期资本收支、实物资本收支、货币资本收支，国外部门账户中的经常账户及资本账户与国际收支平衡表中的经常账户和资本账户在交易项目的设置上是基本对应的，相应的经常收支差额及资本收支差额也是一致的，资本收支赤字反映了一国长期进口大于出口。

（9）外汇资产安全率和外债偿付安全率。外汇资产是一国政府所持有的国际储备资产中的外汇部分，亦即一国政府在国外保有的以外币表示的债权。外债偿债率简称"偿债率"，即一国当年外债的还本付息额在当年商品和服务出口收入中所占的比率，用于衡量一国还款能力的主要参考数据。外汇资产安全率和外债偿付安全率反映了一国特别是外向型经济国家应对外部经济危机的能力。

三、外商投资项目安全评价

外资企业的跨国投资和经营活动为东道国带来了资金、技术、管理经验等，促进了东道国经济发展和产业升级。如果不对跨国企业的投资行为进行限制和审查，跨国投资活动很可能会对国家经济安全产生负面影响。对外资投资和经营活动进行审查已然成为全球各国特别是对外开放程度较高国家普遍做法。经过改革开放四十余年的经济建设，我国已成为全球开放程度最高的国家之一，同时也建立了相对完善的外商投资审查体系，这在开放发展过程中维护我国国家经济安全发挥了重要作用。根据 2020 年施行的外商投资法，在中国境内进行投资活动的外国投资者、外商投资企业，应当遵守中国法律法规，不得危害中国国家安全、损害社会公共利益。国家建立外商投资安全审查制度，对影响或者可能影响国家安全的外商投资进行安全审查。

（一）外商投资项目安全审查制度规定

1. 法律

（1）《中华人民共和国反垄断法》。2001 年中国正式加入世界贸易组织，加速了中国外向型经济发展进程，便利了跨国企业的跨国投资行为，推动了中国的市场制度建设和完善。外向型经济发展和市场制度建设极大改变了中国的市场环境并深刻影响了企业行为。为避免外商投资形成市场垄断并影响国家经济安全，2007 年全国人大常委会制定了《中华人民共和国反垄断法》，该法对国家安全审查的审查主体、机构、内容、标准作出了原则性规定。该法律沿用了过去的"国家安全"的概念，没有专注于国家经济安全，容易出现法律的适用面广但专业性不高的情况，对国家经济安全审查机制的宽泛规定容易损害国家经济安全审查机制的独立性。

（2）《中华人民共和国国家安全法》。为了在经济发展中更好地维护国家安全，我国于 2015 年出台了《中华人民共和国国家安全法》，规定了维护国家安全的一般性原则和义务。《国家安全法》第 59 条明确规定，"国家建立国家安全审查和监管的制度和机制，对影响或者可能影响国家安全的外商投资、特定物项和关键技术、网络信息技术产品和服务、涉及国家安全事项的建设项目，以及其他重大事项和活动，进行国家安全审查，有效预防和化解国家安全风险。"这在法律层面上确立了国家安全审查制度，并为外资并购国家安全审查制度的确立搭建了框架。

（3）《中华人民共和国外商投资法》。2019 年经全国人民代表大会审议通过的《中华人民共和国外商投资法》进一步完善了外商投资审查制度，该法第 35 条规定："国家建立外商投资安全审查制度，对影响或者可能影响国家安全的外商投资进行安全审查。依法作出的安全审查决定为最终决定。"这是在《国家安全法》的基础上，第一次从国家法律层面确立了外商投资国家安全监督审查制度。

2. 法规、规章和规范性文件

（1）法规限制。为了适应推动形成全面开放新格局的需要，在积极促进外商投资的同时有效预防和化解国家安全风险，我国于 2020 年发布《外商投资安全审查办法》，明确要求以下范围内的外商投资，应当在实施投资前主动向工作机制办公室申报：一是投资军工、军工配套等关系国防安全的领域，以及在军事设施和军工设施周边地域投资；二是投资关系国家安全的重要农产品、重要能源和资源、重大装备制造、重要基础设施、重要运输服务、重要文化产品与服务、重要信息技术和互联网产品与服务、重要金融服务、关键技术以及其他重要领域，并取得所投资企业的实际控制权。外商投资安全审查申报由国家发展改革委政务大厅接收。《外商投资项目核准和备案管理办法》第七条也明确指出外商投资涉及国家安全的，应当按照国家有关规定进行安全审查。

（2）产业政策限制。我国的外商投资产业指导政策是随着我国经济社会发展即时调整的，早在 20 世纪 90 年代初我国就开始指导外商投资产业和领域的工作，在 1995 年我国就颁布并执行了《外商投资产业指导目录》。《指导外商投资方向规定》《鼓励外商投资产业目录（2022 年版）》和《外商投资准入特别管理措施（负面清单）（2021 年版）》是我国在外商投资产业限制领域的主要政策遵循，三者虽然以指导、目录和清单为名，但在落实过程中具有法律法规等同的强制力。

外商投资准入负面清单之外，外国投资者和外商投资企业还需遵循《市场准入负面清单（2022 年版）》。国务院在该清单中明确列出在中国境内禁止、限制投资经营的行业、领域、业务等，各级政府依法采取相应管理措施。该清单包含禁止和许可两类事项。对禁止准入事项，市场主体不得进入，行政机关不予审批、核准，不得办理有关手续；对许可准入事项，包括有关资格的要求和程序、技术标准和许可要求等，由市场主体提出申请，行政机关依法依规作出是否予以准入的决定，或由市场主体依照政府规定的准入条件和准入方式合规进入；对市场准入负面清单以外的行业、领域、业务等，各类市场主体皆可依法平等进入。

（3）针对具体行业的外商准入规范。除了《外商投资安全审查办法》《鼓励外商投资产业目录》和《外商投资准入特别管理措施（负面清单）》等政策文件规范外，商务部等国家部委还在自身管辖范围内出台了一系列制度规范，形成了对以上文件的有效补充，增加了三个政策文件的可执行性和专业性。有些来自国务院和各中央部委的文件在某些领域突破了《鼓励外商投资产业目录》和《外商投资准入特别管理措施（负面清单）》的限制，例如医疗机构在2007 年版《外商投资产业指导目录》中是限制类产业，限于合资合作。而在2010 年国务院颁发的文中则明确规定："允许境外医疗机构、企业和其他经济组织在我国境内与我国的医疗机构、企业和其他经济组织以合资或合作形式设立医疗机构，逐步取消对境外资本的股权比例限制。"因此，外资企业在考虑某一领域投资的过程中，不但要考虑综合性政策文件，还应参考政府部门对具体行业设立的相关准入限制条款。

（二）外商投资项目安全审查具体要求

根据《外商投资安全审查办法》，我国建立外商投资安全审查工作机制，负责组织、协调、指导外商投资安全审查工作。工作机制办公室设在国家发展改革委，由国家发展改革委、商务部牵头，承担外商投资安全审查的日常工作。

1. 审查类型

外商投资安全审查分为一般审查和特别审查。

工作机制办公室决定对申报的外商投资进行安全审查的，应当自决定之日起 30 个工作日内完成一般审查。审查期间，当事人不得实施投资。经一般审查，认为申报的外商投资不影响国家安全的，工作机制办公室应当作出通过安全审查的决定；认为影响或者可能影响国家安全的，工作机制办公室应当作出启动特别审查的决定。工作机制办公室作出的决定应当书面通知当事人。

工作机制办公室决定对申报的外商投资启动特别审查的，审查后应当按照下列规定作出决定，并书面通知当事人：

（1）申报的外商投资不影响国家安全的，作出通过安全审查的决定；

（2）申报的外商投资影响国家安全的，作出禁止投资的决定；通过附加条件能够消除对国家安全的影响，且当事人书面承诺接受附加条件的，可以作出附条件通过安全审查的决定，并在决定中列明附加条件。

特别审查应当自启动之日起 60 个工作日内完成；特殊情况下，可以延长审查期限。延长审查期限应当书面通知当事人。审查期间，当事人不得实施投资。

2. 审查结果的应用

工作机制办公室对申报的外商投资作出通过安全审查决定的，当事人可以实施投资；作出禁止投资决定的，当事人不得实施投资；已经实施的，应当限期处分股权或者资产以及采取其他必要措施，恢复到投资实施前的状态，消除对国家安全的影响；作出附条件通过安全审查决定的，当事人应当按照附加条件实施投资。

工作机制办公室对申报的外商投资作出不需要进行安全审查或者通过安全审查的决定后，当事人变更投资方案，影响或者可能影响国家安全的，应当依照有关规定重新向工作机制办公室申报。

四、外资并购国家经济安全审查咨询

（一）外资并购类型

外资并购行为可以分为外国投资者并购境内企业和外国投资者取得实际控制权等基本类型。

外资并购境内企业的形式主要有四种：外国投资者购买境内非外商投资企业的股权或认购境内非外商投资企业增资，使该境内企业变更设立为外商投资企业；外国投资者购买境内外商投资企业中方股东的股权，或认购境内外商投资企业增资；外国投资者设立外商投资企业，并通过该外商投资企业协议购买境内企业资产并且运营该资产，或通过该外商投资企业购买境内企业股权；外国投资者直接购买境内企业资产，并以该资产投资设立外商投资企业运营该资产。

（二）外资并购国家经济安全审查制度

外资并购国家安全审查是指东道国政府依据一系列法律法规和政策，遵循保障国家经济安全的原则，对外商投资过程中的合规性、合法性进行行政性调查。而在这个过程中用以评估外商行为是否符合国家安全和对投资行为进行行政规范的法律法规和政策依据就是外资并购国家安全审查制度体系。在这个体系下，东道国政府能够及时准确地识别国外投资者并购活动对国家经济安全的负面影响，并按照体系规定的执行程序和执行标准，依法依规对外资并购行为进行行政干预，达到消除负面影响并维护国家经济安全的目的。

在经济全球化深入演进和全球经贸格局深刻调整的大背景下，国家经济安全在各国开放发展中的地位日益凸显，而作为外商投资和经营活动中对国家经济安全影响最大最直接的行为之一，外资并购活动越来越成为各国政府在维护本国经济安全中的重要关切之一。完善针对外资并购的法律法规和政策体系是实现外商投资活动规范化和政府行政管理透明化、专业化的基础和前提。《外商投资法》《外商投资安全审查办法》《指导外商投资方向规定》《鼓励外商投资产业目录（2022 年版）》和《外商投资准入特别管理措施（负面清单）（2021 年版）》等均适用于外资并购的安全审查。除了这些综合性的外商投资行为规范文件外，我国还出台了一系列针对外资并购及外商投资行为的行

政制度规范，如《关于建立外国投资者并购境内企业安全审查制度的通知》《实施外国投资者并购境内企业安全审查制度的规定》《外商投资项目核准和备案管理办法》等。

1. 商务部《关于外国投资者并购境内企业的规定》

2006 年出台的《关于外国投资者并购境内企业的规定》是我国首部明确提及"国家经济安全"的外商投资规章，该规定的第一条和第十二条直接点明了国家安全的概念，其中第一条规定："为了促进和规范外国投资者来华投资，引进国外的先进技术和管理经验，提高利用外资的水平，实现资源的合理配置，保证就业、维护公平竞争和国家经济安全，依据外商投资企业的法律、行政法规及《公司法》和其他相关法律、行政法规，制定本规定"；第十二条规定："外国投资者并购境内企业并取得实际控制权，涉及重点行业、存在影响或可能影响国家经济安全因素或者导致拥有驰名商标或中华老字号的境内企业实际控制权转移的，当事人应就此向商务部进行申报。当事人未予申报，但其并购行为对国家经济安全造成或可能造成重大影响的，商务部可以会同相关部门要求当事人终止交易或采取转让相关股权、资产或其他有效措施，以消除并购行为对国家经济安全的影响"。

2.《关于建立外国投资者并购境内企业安全审查制度的通知》

2011 年 2 月国务院办公厅发布了《关于建立外国投资者并购境内企业安全审查制度的通知》，对国家安全审查制度进一步予以细化，是我国积极关注国家安全问题特别是经济领域国家安全问题的具体体现。该通知将审查范围界定为"外国投资者并购境内军工及军工配套企业，重点、敏感军事设施周边企业，以及关系国防安全的其他单位；外国投资者并购境内关系国家安全的重要农产品、重要能源和资源、重要基础设施、重要运输服务、关键技术、重大装备制造等企业，且实际控制权可能被外国投资者取得。"规定并购安全审查内容为一是并购交易对国防安全，包括对国防需要的国内产品生产能力、国内服务提供能力和有关设备设施的影响；二是并购交易对国家经济稳定运行的影响；三是并购交易对社会基本生活秩序的影响；四是并购交易对涉及国家安全关键技术研发能力的影响。建立了并购安全审查部级联席会议，联席会议在国务院领导下，由国家发展改革委、商务部牵头，根据外资并购所涉及的行业和领域，会同相关部门开展并购安全审查。

（三）安全审查具体规定

1. 审查机构

在外资并购国家安全审查方面，我国实行部际联席会议制度，即以商务部和国家发展改革委为主要职能部门，其他相关部门参与其中。两者根据各自的职责范围，对外资并购活动开展国家安全审查。其中，外资项目的审查由发展改革委负责，外资企业的设立、合同以及章程的程序性审批等由商务部负责。在审查过程中，如果发展改革委和商务部的意见不一致，则需要报至国务院，由国务院作出最终决定。

2. 启动程序

启动程序分为主动申请、被动申请和审批机关监管申请三种。

（1）主动申请由外国投资方（非境内企业）提起，根据商务部2011发布的《商务部实施外国投资者并购境内企业安全审查制度的规定》（以下简称《商务部规定》），两个或者两个以上外国投资者共同并购的，可以共同或确定一个外国投资者向商务部提出并购安全审查申请。根据一般外资审查实践，我国对外国投资者身份的审查，主要是通过持股及持股比例进行审查，而不考虑外方通过人事、知识产权、财务等方式进行的控制。这就给外资设立"假内资、真外资"方式的企业监管造成空白。

另外，《商务部规定》保留了《商务部实施外国投资者并购境内企业安全审查制度暂行规定》的商谈机制，即在外国投资者提出正式申请之前，该外国投资者可就其并购境内企业的程序性问题向商务部提出商谈申请，提前沟通有关情况。该商谈机制类似于《外国投资者并购境内企业反垄断申报指南》的商谈程序。《商务部规定》明确商谈程序不具有约束力和法律效力，不能作为提交正式申请的依据。因此，企业在经过商谈程序后，所取得的意见并非商务部的正式反馈意见，企业仍有义务按照并购交易的情况主动向商务部提出并购安全审查申请。

（2）被动申请是指由第三方向商务部提出进行并购安全审查的建议。第三方的范围包括国务院有关部门、全国性行业协会、同业企业及上下游企业。提出审查建议的第三方必须向商务部提交情况说明，包括并购交易基本情况、对国家安全的具体影响等。商务部可要求利益相关方提交有关说明。

（3）审批机关监管申请是指地方商务主管部门在进行一般的外资审批时，对于属于并购安全审查范围，但申请人未向商务部提出并购安全审查申请的，应暂停办理，并在5个工作日内书面要求申请人向商务部提交并购安全审查申请，同时将有关情况报商务部。但是实践中，通常会采取口头建议或书面要求的方式。

3. 审查程序

审查程序共分一般审查和特别审查两个阶段。一般审查时限为30个工作日，审查形式为联席会议书面征求有关部门意见。如果被征求意见部门均认为没有影响，由联席会议在收到全部书面意见后5个工作日内提出审查意见，并书面通知商务部；如果被征求意见部门认为可能对国家安全造成影响，联席会议应在收到书面意见后5个工作内启动特别审查程序。只要一个部门认为并购交易可能对国家安全造成影响，联席会议就应当启动特别审查程序。

特别审查程序时限为60个工作日，审查形式为联席会议组织安全评估，根据评估意见进行审查。如果意见基本一致，由联席会议提出审查意见；如果存在重大分歧，由联席会议报请国务院决定。一般审查和特别审查的结果由联席会议书面通知商务部，并由商务部书面通知外国投资者。在安全审查过程中，外国投资者可向商务部申请修改交易方案或撤销并购交易。

4. 审查结果

如果交易不影响国家安全，外国投资者可按照《关于外国投资者并购境内企业的规定》《外商投资企业投资者股权变更的若干规定》《关于外商投资企业境内投资的暂行规定》等有关规定，到具有相应管理权限的相关主管部门办理并购交易手续。如果交易可能影响国家安全且并购交易尚未实施的，当事人应当终止交易。申请人未经调整并购交易、修改申报文件并经重新审查，不得申请并实施并购交易。

外国投资者并购境内企业行为对国家安全已经造成或可能造成重大影响

的，根据联席会议审查意见，商务部会同有关部门终止当事人的交易，或采取转让相关股权、资产或其他有效措施，以消除该并购行为对国家安全的影响。

5. 并购后续审查

尽管《商务部规定》明确规定了并购交易安全审查的期限为十五个工作日，但是同时也规定情况变化时，已通过审查的并购交易可能需要再次申请。

《商务部规定》明确，外国投资者并购境内企业未被提交联席会议审查，或联席会议经审查认为不影响国家安全的，若此后发生调整并购交易、修改有关协议文件、改变经营活动以及其他变化（包括境外实际控制人的变化等），导致该并购交易属于《国务院通知》明确的并购安全审查范围的，当事人应当停止有关交易和活动，由外国投资者按照规定向商务部提交并购安全审查申请。

根据规定，即使已经完成并购交易，在发生调整并购交易、修改有关协议文件、改变经营活动以及境外实际控制人变化等其他变化时，也需要按照规定再次进行并购安全审查申请。这对于交易双方为了规避审查而采用分步骤交易、境外交易等措施能够起到限制作用。

第六章

外商投资项目决策咨询

第一节　我国外商投资的主要特征及政策演进

一、新时期我国吸引外商投资的主要特征

（一）新时期我国吸引外商投资的目标诉求

1. 提高外商投资项目的价值含量

尽管我国在外向型经济建设中吸收了大规模的外商投资，但从外商投资的行业和产业分布来看，我国外商投资主要集中于劳动密集型和资源密集型产业，这种外资分布情况是由改革开放后我国资源禀赋和比较优势条件决定的，与中国经济发展的阶段特点相适应，为改革开放之初的中国经济建设作出了突出贡献。但随着中国经济的进步，这种产业结构的弊端也逐渐显现，使中国长期停留在全球价值链体系的低端，不利于中国经济的长期发展。在经济新常态背景下和高质量发展目标驱动下，中国必须改变过去招商引资的模式，将招商引资的重心由规模扩大转向质量提升，积极引进资本密集和技术密集产业，提升中国在全球价值链体系中的地位，实现中国产业转型升级，以外资引进为主要手段，推动中国制造产品价值含量提升。

2. 提高外商投资的溢出效应

充分发挥外商投资在促进中国产业发展和技术进步方面的溢出效应，实现外资高效率利用。通过营造公平化、法治化、透明化的市场经营环境，进一步激活外资的经营活力和动力，发挥外资企业在激发市场经济活力的"鲇鱼效应"，带动中国企业生产效率提升。降低人才、技术、管理经验等方面的流动阻碍，充分发挥外商在技术研发和企业管理方面优势的溢出效应。降低外资企

业发展对中国本土企业发展的挤出，通过强化外商经营国家安全审查制度，避免外资的市场垄断、恶意收购、技术控制等现象的出现，减少外资企业发展抢占本土企业的研发骨干人才、抬高研发成本、削弱本土企业的独立研发能力甚至压迫本土创新企业的生存空间现象的出现，为中国企业发展创造稳定而有保障的环境基础。

3. 因地制宜实施差异化吸引外资优惠政策

在经济发展新阶段，要提升对外开放的整体水平和利用外资的整体质量。在这个过程中，要将利用外资与我国区域发展战略结合起来，在调整外资利用结构的同时实现我国区域经济整体协调发展。因此应充分考虑不同地区的经济基础、要素禀赋、社会文化条件等发展阶段特征，由中央政府统一规划，充分尊重地方政府的积极性，鼓励地方政府结合自身发展阶段特征和长期发展战略，因地制宜地制定差异化招商引资优惠政策。总的来看，应推动东部地区招商引资结构优化升级，支持东部地区引进高端制造业、高新技术产业、现代服务业、新能源和节能环保产业，鼓励东部地区引进跨国公司地区总部、研发中心、采购中心、财务管理中心、结算中心以及成本和利润核算中心等功能性机构。以东部地区相对优厚的经济基础为依托，将招商引资产业结构升级作为东部地区产业结构升级的重要抓手。支持中西部地区依托自身发展禀赋和其在国家经济发展战略全局中的定位，因地制宜引进与自身条件相匹配的外资产业，严格限制产能过剩产业、高污染高能耗产业和资源出口产业落地西部，以优惠的政策为依托，放大中西部地区的劳动力成本、土地成本和资源成本的优势。通过完善的交通物流网络沟通东部和中西部地区，加强区域间的产业联系，形成新的招商引资空间格局。

（二）新时期我国吸引外商投资的新趋势

1. 外资来源渠道出现多元化趋势

近年来，中国利用外资的区域结构越发多元化。改革开放之初，我国外资的主要来源地是港澳台地区。入世前后，欧美日发达国家取代了港澳台地区成为我国吸引外商投资的主要来源地。随着中国对外开放进入新阶段，中国利用外资的空间结构越发多元化，以2018年为例，当年亚洲地区是中国吸引外资的主要来源地，中国香港、中国台湾、中国澳门、新加坡、韩国、日本等地区和国家对中国大陆投资占我国吸引外资总额的 90％以上。同时，"一带一路"合作倡议的推进和相关协议的订立也为我国吸引东南亚、南亚、中东及欧洲地区的投资打开了机会窗口，使中国外资来源渠道日趋多元化。

2. 利用外资方式日趋多样化

外商在我国投资是以设立外资独资企业和中外合资企业两种形式为主，并辅之以多样化的投资模式。在改革开放初期，在法律规范和政策的引导下，外商投资主要是通过与中国企业合作设立中外合资企业实现的，这种外商投资模式充分发挥了外资在资金、技术和管理方法等方面的优势和国内在劳动力成本、原材料成本、本土化水平等方面的优势，双方合作共同开发国内市场，实现了双方合作共赢。外商独资企业是外向型经济发展到一定阶段后的产物，相较于中外合资企业，外商独资企业对东道国经济影响更为显著，其能够更好地发挥外国投资者的自身优势，在市场机制的作用下带动中国企业转型升级，增加中国消费者的福利水平。同时，中外合作企业、外商投资公司、外商参与政府和社会资本合作项目等也成为中国目前利用外资的重要形式，反映了中国利用外资方式多样化的发展趋势。

3. 利用外资产业结构和区域布局更加合理化

随着中国经济发展进入新阶段，我国外向型经济发展的基本模式也发生了重大变化，在招商引资方面表现为由重视招商引资的数量和规模转向引进外资的质量和效率。在这个基本特征下，中国招商引资的产业结构也深入调整，不断合理化，这表现为：

第一，第三产业在招商引资中的作用超过第二产业，并成为目前招商引资中外商投资的主要方向，对高端服务业的引进成为我国招商引资活动的重点之一；

第二，技术密集型和资金密集型制造业取代劳动密集型和资源密集型制造业，成为我国招商引资活动的主攻方向，并在国民经济中发挥着重要作用，其与高端服务业一道为中国企业技术升级和中国产业结构整体转型升级提供了重要助力。

在中国区域发展战略的支持和引导下，国内利用外资的区域布局也更加合理化。在改革开放后的相当长的一段时间内，外商投资主要集中于东部地区特别是东部沿海地区，这有力地促进了东部地区经济发展。但这种外商投资空间分布不均衡的区域结构也成为中国区域经济非均衡发展的重要原因。在对外开放新阶段，政府以西部大开发、中部地区崛起为支撑，加大了对中西部地区吸引外资的政策优惠，提升了中西部地区在开放发展中的地位，增加了中西部地区吸收外资的规模和效率。通过将劳动密集型和资源密集型产业由东部地区转移至中西部地区，实现了外商投资区域结构优化，形成了东西互济的对外开放经济建设格局。

4. 利用外资政策逐步完善化

在开放型经济新体制建设过程中，中国政府正积极调整针对招商引资的相关规定和政策，以建立健全针对外资的政策体系来适应对外开放新阶段出现的新特点和新需求。例如，《鼓励外商投资产业目录》和《外资准入负面清单》等文件的发布和不断完善就进一步放宽了外商投资的限制，通过同时应用"正面清单"和"负面清单"制度，中国利用外资政策逐步完善，不断向外释放积极的发展信号。在以《鼓励外商投资产业目录》为基础的正面清单制度的支持下，中国政府实现了主动引导外商投资产业结构调整，实现了外商利用质量和效率的升级。在以《外资准入负面清单》为基础的负面清单制度支撑下，外商投资的主动性得到了充分的尊重，充分激发了外商投资的积极性。在尊重外商积极性和主动性基础上发挥政府在招商引资中的引导作用，有利于建立规范化、法治化、完善化的外资经营体制。

二、我国吸引外商投资的政策演进

（一）改革开放初外资政策的探索与调整期

新中国成立之后，在计划经济体制和国内外政治环境的影响下，中国实施相对封闭的经济发展模式。党的十一届三中全会作出以经济建设为中心实施改革开放的重要决策，中国正式开启了外向发展阶段，通过落实一系列与外商投资和经营活动相关的法律法规，积极引进外资以解决改革开放之初国内资金和技术短缺引发的生产迟滞问题。在这一时期，中国对外探索主要是通过"摸着石头过河"渐进尝试的方式实现的，政策的重点是外商的法律地位的确定、外商投资的制度保障和针对外商活动的监管举措，从开放领域和外资地位的角度提出了部分针对外商投资活动的政策。

1. 法定地位、制度保障与监管机构的设置

1979 年公布的《中外合资经营企业法》首次对外资企业的合法地位进行了确认。1982 年修订后的《中华人民共和国宪法》规定允许外商"依照中华人民共和国法律的规定在中国投资，同中国的企业或者其他经济组织进行各种形式的经济合作"，这是对外商合法地位的进一步确认。除了相关法律外，政府也积极改革行政机构设置和职权划分，重视外商投资和经营活动的行政规范和服务工作，并于 1982 年设立了对外贸易部，主要负责协调和处理外资相关事务以实现更好地利用外资。

为更好地规范并服务外商投资活动，增加市场的透明度和法治化程度，在这一阶段中国针对外商活动特点和需求制定并落实了《涉外经济合同法》《外资企业法》《中外合作经营企业法》《中外合资经营企业法》及《外商投资企业和外国企业所得税法》等法律和《关于鼓励外商投资的规定》《指导吸引外商投资方向暂行规定》等行政规定，初步形成涉外经济法律法规体系，营造了有利于外商经营和发展的市场环境，从制度上为外商投资活动提供了安全保障。

2. "摸着石头过河"与渐次开放的沿海地区

在对外开放初期阶段，中国采取的是渐进式开放的策略，这种渐进式开放表现为开放区域和开放领域两个维度逐步推进。"先试先行"是中国积累对外开放经验的重要方法，通过对外开放政策进行区域试点，中国有效积累相关经验，总结出普适性的发展规律并将其应用至更广大的区域。在改革开放初期，中国选取了深圳、珠海、汕头和厦门四个城市作为承接外商投资的经济特区，外商投资有效促进了对外开放特区经济的发展，因此政府进一步开放了 14 个沿海港口城市并在大连设置了第一个国家经济技术开发区，随后又将海南确定为第五个经济特区。进入 20 世纪 90 年代后，以开发上海浦东新区为标志，中国区域开放的步伐进一步加快，并以长江这一水运通道为依托，开放了一批沿江城市。总的来讲，这一阶段中国实施了一系列有利于外向经济发展的政策并

推动了大片区域开放发展的进程。但由于缺乏相关经验积累，这一时期对外开放过程可以概括为"摸着石头过河"，并以开放城市为支点扩大了外商投资在东部沿海地区的规模，使东部地区成为这一时期带动中国经济发展的重要引擎。

3. 由"谨慎"开放部分行业到外资的"超国民待遇"

在改革开放之初，外资能够涉足经营的行业和领域相对狭隘，并存在诸多限制。1983 年通过的《中外合资经营企业法实施条例》允许外资企业与国内企业合作在部分行业中成立中外合资经营企业，同时条例还对中外合资经营企业经营中进出口、人员培训、原材料使用等方面活动提出要求并进行限制。1986 年，中国开始寻求加入世界贸易组织，同时出台了《关于鼓励外商投资的规定》，对外商投资政策优惠进行了归纳和拓展，取消了外资优惠的行业和地区限制，使外资在中国具有了"超国民待遇"。但总的来讲，这一阶段外商投资还是以中外合资经营企业为主，在各种硬制度和软约束的作用下，外商独资企业的占比相对较少。尽管出台了一些有力的引资政策，但由于中国市场机制建设相对欠完善，大部分外国投资者仍然采取了观望的态度，总投资规模相对较小，增长速度相对较慢。

（二）外资准入政策快速推进期

1992 年邓小平同志南方谈话为改革开放进一步注入强心剂，同年召开的党的十四大提出要建立社会主义市场经济体制的改革和发展目标，这是中国改革开放发展历程的重要节点。为适应建设社会主义市场经济制度的发展目标，中国对包括外商准入政策在内的许多涉外经济政策都进行了调整，并在 1999 年就以中国入世为条件与美国达成协议，进一步调整改革了中国在外资准入方面的政策限制，以期通过减少外商投资的限制性规定并增加优惠条件推动中国对外开放事业进一步发展。

1. 开放区域进一步全面扩大，由沿海扩展到内陆

在这一阶段，中国扩大了内陆地区开放发展的进程，1992 年中国先后开辟了芜湖、九江、岳阳、武汉和重庆五个城市作为沿长江经济开发区和合肥、南昌、长沙、成都、郑州、太原、西安、兰州、银川、西宁、乌鲁木齐、贵

阳、昆明、南宁、哈尔滨、长春、呼和浩特 17 个内陆开放城市，并进一步推动从东北、西北到西南地区，黑河、绥芬河、珲春、满洲里、二连浩特、伊宁、博乐、塔城、普兰、樟木、瑞丽、畹町、河口、凭祥、东兴等内陆边境延边城市开放工作。初步形成了沿江、省会、沿边等全方位、多层次、宽领域的区域对外开放格局。

2. 产业准入实施差别化待遇，开始追求引资质量

随着对外开放由东部沿海拓展至全国，较早推进改革开放的东部地区开始进行吸引外资产业结构的升级，其将招商引资的重点由数量转向质量，积极引进外资资金密集型和技术密集型产业。1995 年发布《指导外商投资方向暂行规定》和《外商投资产业指导目录》两个重要文件，标志着中国招商引资进入新阶段。《外商投资产业指导目录》对招商引资的产业以国家经济安全、国家长期发展战略和经济现阶段特点为遵循进行了划分，其将引资产业划分为鼓励、允许、限制和禁止 4 类，这标志着中国开始实施产业差异化的外资引进思路，开启了利用产业指导目录作为基本政策依据的外商投资管理模式，为负面清单制度的制定和落实奠定了重要基础。《外商投资产业指导目录》发布后，中国利用外资的结构发生巨大变化，主要表现为高技术产业及资本密集型和技术密集型产业在引进外资中出现并增加。同时《外商投资产业指导目录》进一步放宽了外商投资的行业限制，外商开放进入零售、金融、货运和软件业等服务业领域并发挥重大影响。

3. 实际利用外商投资数量与质量皆得到改善

1992 年后，中国利用外资数量开始快速增长，1993 年中国利用外资接近400 亿美元，同比增长超过 1 倍。1993 年当年利用的外资数量超过 20 世纪 80年代利用外资的总和。在利用外资数量提升的同时，中国利用外资的质量也得到了大幅改善，欧美日等发达国家代替港澳台地区成为中国吸引外资的主要来源地，大量发达国家跨国公司进入中国开展投资，美国最大的跨国企业一半以上都对中国进行投资，日本前 20 名工业企业中的 19 家在中国开展了投资活动，德国前十名企业中九家在中国开展了投资，韩国经济的主要支撑企业如三星、LG、现代等都在中国开展了相关投资活动。

（三）加入 WTO 与外资准入政策有序调整期

1999 年中美签署《关于中国加入世界贸易组织的双边协议》，标志着中国入世双边谈判工作基本结束，中国开始不断调整贸易政策和修订完善相关法律法规，为正式加入世界贸易组织做好制度准备。此后，中国在世界贸易组织框架下不断完善相关法律法规和政策，促进了新阶段利用外资规模高速膨胀，也实现了外资利用结构深度调整。

1. 适应 WTO 规则，进一步完善外资相关基础法律

为了适应世界贸易组织相关规则，中国在 2000 年和 2001 年调整修订了《外资企业法》和《中外合资经营企业法》。例如，2001 年修订的《中华人民共和国中外合资经营企业法》取消了对中外合资企业生产所需原料的来源地限制，允许企业在国外市场购买相关原料，同时取消了外资企业生产计划必须向主管部门报备的限制。同时，《外资企业法》和《外资企业法实施细则》的修订则取消对外商独资企业在设立条件、减资、设备出资、内销和出口比例等方面的限制。

2. 积极发挥产业准入政策的基础引导作用

《外商投资产业指导目录》在这一阶段经多次修改，发挥了在引导招商引资结构调整和质量提高方面的作用，在对外开放新阶段发挥了更大的作用。为进一步提升内陆地区对外开放水平，实现中西部地区外向型经济发展，在这一时期中国政府先后出台了《外商投资企业境内投资的暂行规定》《关于扩大开放中部地区、提高吸引外资水平、促进中部崛起的指导意见》等文件，并对《中西部地区外商投资优势产业目录》和《外商投资产业指导目录》等规定进行了调整，放宽了中西部地区在招商引资方面的限制，提升了中西部地区的开放水平，促进了中西部地区的产业升级和结构改善。

（四）十八大以来利用外资进入高质量发展期

1. 从促进出口到扩大进口，从高质量"引进来"到高水平"走出去"

党的十八大以来，我国对外开放向更高质量、更深层次拓展，中国与世界经济向更宽领域、更深融合。一是我国不断扩大出口，优化国际市场布局，促进贸易创新发展；二是积极扩大进口，释放内需潜力，把强大国内市场打造成

自身发展的主引擎、共同发展的加速器；三是高质量"引进来"，通过不断扩大市场准入，营造良好营商环境，让外商在中国安心、放心、有信心；四是高水平"走出去"，推动我国企业深度参与国际分工，提升全球资源配置能力，向价值链高端攀升，打造更加开放、更具韧性、更有活力的产业链供应链。在此期间，我国取消了抗癌药等药品进口关税，放宽汽车等行业外资股比限制，允许外资控股合资券商，连续多次自主降税，2021 年我国进口关税总水平已降低到 7.4%。

2. 从审批到备案，从指导目录到准国民前待遇＋负面清单

2016 年 9 月 3 日，全国人大常委会审议通过《关于修改〈中华人民共和国外资企业法〉等四部法律的决定》，外资四法规定的外商投资企业的设立和变更，不涉及国家规定实施准入特别管理措施的，由逐案审批制改为备案制的管理模式。随后，国家发展改革委、商务部发布了"2016 年第 22 号公告"，规定外商投资准入特别管理措施范围按《外商投资产业指导目录（2015 年修订）》中限制类和禁止类，以及鼓励类中有股权要求、高管要求的有关规定执行。《外商投资产业指导目录（2017 年修订）》改变了 2015 年指导目录延续多年的分类结构，将鼓励类、限制类和禁止类项目修改为鼓励类项目和实施外商投资准入特别管理措施（外商投资准入负面清单）类项目；其中，外商投资准入特别管理措施对鼓励类有股权比例要求的项目以及限制类、禁止类项目又进行了进一步的整合，统一列明限制性的措施（股权要求、高管要求等）。由此我国外商投资正式开启"准入前国民待遇 ＋ 负面清单"的管理制度，即政府以清单的方式明确列出禁止和限制外商投资的行业，外资应首先满足准入负面清单的要求，准入后再根据其所属行业与其他国内市场主体适用同样的管理措施，即享受国民待遇。

党的十九大提出，要推动形成全面开放新格局，实行高水平的贸易和投资自由化便利化政策，全面实行准入前国民待遇加负面清单管理制度。习近平总书记在博鳌亚洲论坛上指出，过去 40 年中国经济发展是在开放条件下取得的，未来中国经济实现高质量发展也必须在更加开放条件下进行，中国将采取对外开放重大举措，大幅度放宽市场准入，上半年完成负面清单修订。作为对外商

投资实行准入前国民待遇加负面清单管理制度的基本依据，负面清单之外的领域，按照内外资一致原则实施管理，不得专门针对外商投资准入进行限制。

《外商投资准入特别管理措施（负面清单）（2021 年版）》和《自由贸易试验区外商投资准入特别管理措施（负面清单）（2021 年版）》于 2021 年 12 月 27 日发布，自 2022 年 1 月 1 日起施行。2021 年版全国和自由贸易试验区外商投资准入负面清单进一步缩减至 31 条、27 条，压减比例分别为 6.1%、10%。主要变化包括进一步深化制造业开放，在自由贸易试验区拓展服务业开放试点范围，提高外资准入负面清单管理的精准度，优化外资准入负面清单管理。其中，自由贸易试验区负面清单制造业条目实现清零。

3. 三法合一，《外商投资法》正式出台

2013 年，国务院常务会议通过《中国（上海）自由贸易试验区总体方案》，在该试验区先行先试多项扩大开放的外商投资政策。2015 年，我国开始就《中华人民共和国外国投资法（草案）》开始征求意见，历经几次修改（名称也变更为《中华人民共和国外商投资法》），并于 2019 年 3 月 15 日审议通过。《中华人民共和国外商投资法》及其配套规定《最高人民法院关于适用〈中华人民共和国外商投资法〉若干问题的解释》《中华人民共和国外商投资法实施条例》于 2020 年 1 月 1 日起施行，外资三法（即《中华人民共和国外资企业法》《中华人民共和国中外合资经营企业法》《中华人民共和国中外合作经营企业法》）及其实施条例或实施细则以及《中外合资经营企业合营期限暂行规定》同时废止，这意味着我国外商投资政策正式进入了三法合一的时代，一并生效的配套规定也构成了我国新时代外商投资法律制度的基本框架。《外商投资法》及其《实施条例》从外商投资的概念、投资促进、投资管理、投资保护、法律责任等重要方面对外商投资体系进行了规定，标志着外商投资管理理念、模式进入一个新的、日趋成熟的阶段。

4. 金融业开放有序推进，《合格境外机构投资者和人民币合格境外机构投资者境内证券期货投资管理办法》正式实施

2020 年 11 月 1 日起实施的《合格境外机构投资者和人民币合格境外机构投资者境内证券期货投资管理办法》及其配套规则，新增允许 QFII、RQFII

投资全国中小企业股份转让系统挂牌证券、私募投资基金、金融期货、商品期货、期权等，允许参与债券回购、证券交易所融资融券、转融通证券出借交易。2021年3月19日公布的《关于修改〈中华人民共和国外资保险公司管理条例实施细则〉的决定》，明确外国保险集团公司和境外金融机构准入条件，完善股东变更及准入要求，取消外资股比的限制性规定。2021年12月3日，中国银保监会发布《关于明确保险中介市场对外开放有关措施的通知》，允许有实际业务经验并符合银保监会相关规定的境外保险经纪公司在华投资设立的保险经纪公司经营保险经纪业务，允许外国保险集团公司、境内外资保险集团公司在华投资设立的保险专业中介机构经营相关保险中介业务。外商投资部分主要法规的历史演变见表6-1。

表 6-1　　　　　　　　　　　外商投资部分主要法规的历史演变

年份	立 法 事 件
1979	颁布、实施《中华人民共和国中外合资经营企业法》（于1990年、2001年、2016年修订，2020年1月1日废止）
1983	颁布、实施《中华人民共和国中外合资经营企业法实施条例》（于2001年、2014年修订，2020年1月1日废止）
1986	颁布、实施《中华人民共和国外资企业法》（于2000年、2016年修订，2020年1月1日废止）
1988	颁布、实施《中华人民共和国中外合作经营企业法》（于2000年、2016年9月、2016年11月、2017年修订，2020年1月1日废止）
1990	颁布、实施《中华人民共和国外资企业法实施细则》（于2001年、2014年修订，2020年1月1日废止）
1990	颁布、实施《中外合资经营企业合营期限暂行规定》（于2011年修订，2020年1月1日废止）
1995	颁布、实施《中华人民共和国中外合作经营企业法实施细则》（于2014年、2017年修订，2020年1月1日废止）
1995	颁布、实施《指导外商投资方向暂行规定》（2002年废止）
1995	颁布、实施《外商投资产业指导目录》（指导目录于1997年、2002年、2004年、2007年、2011年、2015年、2017年修订，并于2017年增设负面清单，负面清单于2018年、2019年修订，现行有效）

年份	立 法 事 件
1995	颁布、实施《关于设立外商投资股份有限公司若干问题的暂行规定》（2015年修订，2020年1月1日废止）
2000	《关于外商投资企业境内投资的暂行规定》（2015年修订，现行有效）
2002	颁布、实施《指导外商投资方向规定》（现行有效）
2004	颁布、实施《外商投资项目核准暂行管理办法》（2014年废止）
2005	颁布《外国投资者对上市公司战略投资管理办法》，并于2006年1月31日起实施（于2015年修订，现行有效）
2006	《关于外商投资的公司审批登记管理法律适用若干问题的执行意见》（现行有效）
2006	颁布、实施《关于外国投资者并购境内企业的规定》（于2009年修订，现行有效）
2010	颁布、实施《外商投资合伙企业登记管理规定》（于2014年、2019年修订，现行有效）
2010	关于审理外商投资企业纠纷案件若干问题的规定（一）（现行有效）
2014	颁布、实施《外商投资项目核准和备案管理方案》（2014年12月修订，现行有效）
2016	《外商投资企业设立及变更备案管理暂行办法》（2017年、2018年修订，2020年1月1日废止）
2019	颁布《中华人民共和国外商投资法》《最高人民法院关于适用〈中华人民共和国外商投资法〉若干问题的解释》《中华人民共和国外商投资法实施条例》《外商投资信息报告办法》，并于2020年1月1日起实施
2020	颁布《外商投资安全审查办法》（2021年实施）、《合格境外机构投资者和人民币合格境外机构投资者境内证券期货投资管理办法》

第二节　外商投资决策咨询的主要任务

一、外商投资政策咨询

（一）外商投资问题诊断

1. 外资的技术溢出效应问题

我国招商引资的目的主要是进一步激发市场经济活力，拉动内需增长并促进产业结构升级，提升我国技术应用水平和技术创新能力。其中，提升技术创新能力是现阶段实现我国产业转型升级实现高质量发展的关键。改革开放四十余年的开放经济建设使中国利用外资规模大幅增长，并维持在一个较高水平，但量的增长与质的提升并非线性关系，特别是在技术发展与创新领域，外商投入的技术溢出效应并未得到完全发挥，这主要表现在以下方面：

（1）在外资企业经营过程中，外国投资者对关键技术和核心技术实施严格管控，其通过将技术研发和产品生产活动分离并将其置于不同区域实现了关键技术和核心技术应用和升级工作保密运行，使我国国内的外商投资企业和相关科研人员没有机会接触这些技术研发工作，这大大降低了外国技术发展对产业技术升级的带动作用。

（2）尽管我国多次通过落实文件和发布相关优惠政策推动外商投资产业结构高端化演进，但外资企业中位于产业链、价值链和创新链低端的产业依然占据绝对多数，高技术产业在外商投资产业总体中占比相对较低。同时，我国产业体系大而不强的特征也限制我国吸收、转化、应用先进技术的能力，从而进一步降低了外商投资技术溢出效应的效果。

2. 外商绿地投资压抑国内企业创新冲动的问题

外资企业具有人才、技术、资金和管理经验方面的优势，在新兴产业领域相较于国内初创公司有显著的竞争优势。随着正面清单限制不断放宽和负面清单制度不断落实，外商产业特别是新兴产业投资的壁垒逐渐消失，这在加速新兴产业产生并发展的同时，也出现外国投资者占领国内新兴产业并挤出国内企业的现象，极大地抑制了国内企业的首创精神。这种创业精神与技术创新精神一样是中国经济长期发展的重要支撑，这种创业精神的缺失会使中国经济缺乏长期增长动力并增加对外资的依赖，从而影响国家经济安全。

3. 外资企业国民待遇问题

落实外资准入前国民待遇是在对外开放新阶段中国进一步实现提升对外开放水平的重要举措，尽管党和国家领导人曾多次指出依法在中国注册设立的外商投资企业都是中国企业，应享受国民待遇，但实际落实外资企业国民待遇还存在较大的问题。例如政府在采购招投标活动中，对企业的所有权方面作出了相关规定，使外资企业不具备投标资格。在产业扶持政策落实过程中，政府往往会对扶持对象的所有制进行限制，这通常会排除外资企业，从而使外资企业在扶持产业领域与国内产业具有不对等的竞争基础。

4. 市场准入隐形限制问题

改革开放四十余年特别是加入世界贸易组织二十余年来，中国不断放宽市场准入，通过将正面清单和负面清单制度相结合，为外商入华投资工作提供了有力的支撑。虽然各种显性的制度障碍被不断降低乃至破除，但外资在实际经营中依然面临着较多的隐形制度阻碍。

5. 知识产权保护问题

在以世界贸易组织规则为代表的一系列贸易规则的推动下，我国知识产权保护法律得到了相当的完善，保护力度也得到了极大的提升，但仍有相当大的进步空间。在国际经贸格局深度演变和全球经贸往来深度发展的背景下，参与全球经贸活动对知识产权保护提出了新的更高的要求，因此我国需要进一步完善和加强知识产权保护工作，针对知识产权保护领域出现的新特点和新情况及时采取新方法和新举措，及时高效地解决侵权问题，确保知识产权得到有效保护。

6. 政府行政管理能力和服务意识问题

在外向型经济发展过程中，政府需要进一步提升行政管理能力，为外商投资和经营创造法治化、透明化的制度环境，提升行政管理的效率和水平，并减少不必要的行政干预，尊重外商投资和经营的主动性。在政策执行的过程中应严格依法行政，避免过度执法，避免出现恶意以财政增收为目的恶意处罚企业行为的出现。同时，政府需要进一步强化服务意识。在地方招商引资的过程中，存在地方政府在企业投资前积极许诺但投资后不兑现承诺的情况，这在侵害了外资合法权益的同时也损害了政府的公信力，因此政府应在招商引资前期谨慎承诺，并在企业投资过程中积极主动及时落实相关承诺。政府也应进一步深化改革简政放权，降低外商投资的审批复杂度并压缩审批时间，为外商创造便捷的投资和经营环境。

（二）提升我国招商引资能力的政策导向

1. 进一步扩大市场准入

建立公平竞争的市场经营环境是增加外资吸引力、提升外商经营活力的重要支撑。这就要求政府不断完善外资准入的负面清单模式，降低外商准入的领域限制，清理、消除已开放行业中的不合理限制。通过提升政府行政效率简化外商市场进入审批手续，压缩审批时间，促进外商市场进入透明化、便利化，以外商经营准入带动我国市场环境整体改善和企业生产效率整体提升。

2. 建立稳定规范的法律政策和立法体系

从政策系统性、规范性、稳定性和连续性角度出发，政府应在政策制定之前进行广泛的意见征询，将外资企业的利益关切作为重点考量并将其在政策制定过程中重点关注。在法律的订立过程中，应该遵循公平、公正、透明的原则，明确各方主体的相关责任，避免出现相关事项模糊处理的情况。

3. 加大知识产权保护力度

以完善立法为依托，加大知识产权保护力度，建立和完善知识产权长效保护机制。通过加强知识产权保护，进一步加强我国对外商投资的吸引力，并积极与他国签订更高水平的投资和贸易协定。通过保护知识产权来更好更稳定地发挥外商投资技术溢出效应，推动国内技术创新和转型升级，实现我国产业结构整体优化和经济快速发展。

4. 建立多部委联合的办公机制

外商投资活动的开展受国家发展改革委、财政部、工业和信息化部、市场监管总局和海关等多个政府相关部门共同管理，在相关沟通协调机制相对缺乏情况下，相关政策的制定容易出现标准和目标不一致的情形。因此应建立多部委联合办公机制，通过定期召开相关会议加强监管部门间的沟通协调，保证政策的稳定性和一致性，创造稳定的政策环境。

二、外商投资项目可行性研究

(一) 投资项目可行性研究的基本内涵

投资项目可行性研究是外商投资项目确定的重要环节，可行性研究结果是确定项目是否落实的决策关键参考。外商投资项目可行性分析是指在项目投资前期对拟建外商投资项目的技术经济可行性进行综合论证和评价，从经济收益和技术现状及发展的角度对项目是否可行进行研判，或通过对项目不同实施方案的可行分析结果进行比较选择项目实施方案。项目可行性分析是项目实施前阶段最为重要的工作内容之一，是项目实施的总规划和项目成功运行的重要保障。在进行项目可行性分析阶段，项目单位或项目单位聘请的外部咨询公司需要对项目融资方案、项目投资方案、项目投资发展规划和项目发展方向进行综合研判，实现最优项目决策过程选择并为最优决策落实提供指导。

外商投资项目可行性研究可以分为初步可行性研究和正式可行性研究两个阶段，事实上这两个阶段的工作内容基本相同，但正式可行性研究在数据精确度和调研过程严谨度方面要求更高。在可行性研究推进过程中，通过收集资料，实地勘察，调查分析和工程或实验室试验，对外商投资项目可行性进行综合判断并对不同实施方案的结果进行比较和选优，提出系统可行的项目建设建议。外商投资项目可行性研究报告是外商投资项目最终能否落实和以什么方式落实的重要依据，外商投资项目初步可行性研究和正式可行性研究需要重点考察的内容主要包括市场研究、项目的营销战略、资源研究、建厂地区和厂址选择、项目设计、项目规模和产品方案、环境影响评价、劳动安全卫生与消防评价、组织机构与人力资源配置、项目实施进度、财务及经济评价、社会稳定风险评价等内容。

（二）外商投资项目的可行性研究报告的内容要求

外商投资项目可行性分析结论是外国投资者进行投资决策的重要依据，一般来讲，外商投资可行性报告的内容主要包括以下方面。

1. 总论

总论作为可行性研究报告的第一章，主要概述外商投资项目及其建设单位（或申报单位）的基本信息、报告编制的主要依据、可行性研究的主要结论和建议等，为报告各章节设置及其内容起到导引作用，便于包括投资者或决策者在内的读者快速掌握项目总貌。外商投资可行性分析报告的总论部分主要包括：

（1）项目的名称、项目性质、项目业主单位、项目负责人基本情况，可行性研究主要技术负责人、经济负责人基本情况，项目建议书的审查情况；

（2）项目提出的背景，研究工作的依据和范围；

（3）项目的社会影响等方面的说明；

（4）产品在国内、外的生产和销售概况；

（5）项目主办单位的基本情况和现有条件。

2. 项目方案

（1）如果为合资经营，应确定合资的模式及合资年限。

（2）企业资本情况。明确双方出资比例、出资方式、贷款及担保情况和出资到账时间。

（3）项目的布局和范围。对项目产品的特征、产品销售模式和渠道、产品生产规模和产品生产相关配套举措进行明确。

（4）技术及工艺流程的选定。通过对多种技术方案进行比较，确定项目建设和运营的技术方案，这要求对技术成熟程度和领先水平、技术成本、技术与生产配套程度进行分析。

（5）设备的选用。在技术方案和生产规模确定的情况下，购置相关生产设备、辅助仪器和相关工具，并结合可得性和所在国相关法律法规要求选择合适的相关设备、仪器和工具的采购渠道。

（6）土建工程。可行性分析需要从气候、水文、地质、地形等自然条件，经济、社会、交通运输等方面对建厂条件进行综合描述和分析，从而确定建厂地区和工程建设方案。

3. 资源、原材料、燃料、动力供应方案

（1）从当地资源的可利用量、自然资源品质、资源赋存条件、资源开发价值、资源的可替代性等角度评价项目所在地的矿产资源和能源条件。分析资源可利用量，从资源储量角度对项目的建设规模进行评估；分析自然资源品质，对自然品质能否满足项目技术方案的要求进行评估；分析资源赋存条件，从地质构造、自然条件等角度对资源开采难易程度进行评估；分析资源开发价值，从资源是否值得开发利用的角度计算项目能否取得预期经济收益；分析资源的可替代性，从资源的前景及有无替代资源对资源开采工作进行判断。

（2）从主要原材料的原料、元器件、零部件、配套件、半成品等的需要量、供应渠道、供应来源的可靠性角度对项目建设和运营中的原材料的需求和供应进行分析。这需要结合项目建设和运营特点对原材料的品种和规格进行分析和评估，使原材料的品种和规格与项目生产技术要求相符合；结合项目特点对原材料的数量供应特点进行分析，以满足大规模生产的需求；结合市场供需现状及发展方向对原材料价格及其变动趋势进行分析，以确保产品生产成本的稳定性；结合当地的物流条件和特点对原材料的运输方式、距离和费用进行分析，降低项目建设和运营过程中的运输成本；从建设和生产的周期性角度对原材料储存设施条件进行评估，通过原材料持续稳定供应保证建设和生产稳定可持续；从项目生产运营的角度对主要原材料的供给稳定性情况和供给方式进行分析，通过保证主要原材料的供应维持项目生产和建设的稳定。

（3）通过辅助材料的需要量与供应，包括辅助材料的种类、数量及其来源和供应条件分析辅助材料的供应情况。辅助材料与原材料的可行性分析内容基本相同，两者可以相互借鉴。

（4）对使用何种燃料、各阶段对燃料的需求、各种燃料的供应渠道及其运输方式进行分析。首先，需要分析和确定项目所需能源的种类、数量、品种、规格，并分析这些能源的可替代性和安全性；其次，在确定项目技术特征和项目设备特点的基础上，对项目建设和生产过程所需能源质量和满足质量的能源渠道进行分析；再次，在确定了项目所需能源种类和质量的基础上，结合外部市场环境特点，对能源的价格和变动趋势进行分析；最后，在上述因素皆分析完毕的基础上，结合所需能源的区域分布和当地的物流条件，对项目建设和生产中的能源运输方式进行确认。

4. 环境影响评价

（1）环境影响的分类。环境影响指人类的各种活动对环境的作用和导致的环境变化以及由此引起的对人类社会和经济的效应。从影响的来源来看，可以将其分为直接影响、间接影响和累积影响；从影响效果分，可分为有利影响和不利影响；从影响的性质划分，可分为可恢复影响和不可恢复影响。

（2）我国环境影响评价的基本准则。

1）符合国家环境保护法律法规和环境功能规划的要求。

2）对于所选工艺和污染物排放状况要结合能源和资源利用政策去评价其技术经济指标的先进性。

3）实行预防为主，防治结合的政策。尽量在生产过程中解决环境问题，而不是等环境污染和资源破坏产生以后再去想办法治理。

4）坚持"三同时"原则，即环境治理设施应与项目的主体工程同时设计、同时施工、同时投产使用。

5）实行污染者负担、受益者补偿、开发者恢复的政策。

6）注重资源综合利用，对环境治理过程中项目产生的废气、废水、固体废弃物，应提出回收处理和再利用方案。

7）力求环境效益与经济效益相统一。在研究环境保护治理措施时，应从环境效益和经济效益相统一的角度进行分析论证，力求环境保护治理方案技术可行和经济合理。

5. 企业组织与人力资源安排

在组织架构和方案确定后，在项目可行性分析阶段需要对项目建设和运营中涉及的生产、管理、行政、后勤保障等人员的数量和结构进行确认，以计算项目建设和运营成本中的工资、福利、社会保障等工作人员相关费用。

（1）人力资源配置的依据。

1）国家、部门、地方有关的劳动政策、法律和规章制度。

2）项目的建设规模与设备配备数量。

3）项目生产工艺及运营的复杂程度与自动化水平。

4）人员素质与劳动生产率要求。

5）组织机构设置与生产管理制度。

6）国内外同类项目的情况。

（2）人力资源配置的内容。

1）研究制定合理的工作制度与运转班次，根据行业类型和生产过程特点，提出工作时间、工作制度和工作班次方案。

2）研究员工配置数量，根据精简、高效的原则和劳动定额，提出配备各职能部门、各工作岗位所需人员的数量。技术改造项目，应根据改造后技术水平和自动化水平提高的情况优化人员配置，所需人员首先由企业内部调剂解决。

3）研究确定各类人员应具备的劳动技能和文化素质。

4）研究测算劳动生产率。

5）研究测算职工工资和福利费用。

6）研究提出员工选聘方案，特别是高层次管理人员和技术人员的来源和选聘方案。

（3）组织结构设计的原则。

1）统一协调原则。项目的组织结构必须与项目发展的整体目标一致，实现在同一目标的引领下，项目各细分部分和各阶段相互匹配，形成一个统一的有机整体。

2）精简高效原则。项目的组织架构必须精简高效，保证项目运行的制度成本和沟通成本实现最低。这要求在进行组织架构设计过程中，要把单位机构和人员数量维持在最低限度，并通过合理划分各机构责权利，实现项目整体高效运行。

3）因事设职与因职用人相结合。对责权利的划分是实现项目高效建设和高效运行的重要保障，对责权利的划分的前提是能够明确项目涉及的工作任务和责任，并据此确定相关岗位并赋权，保证目标活动每一项内容都能落实到具体部门并确定至具体岗位，实现因事设职，并从职位所需人员素质出发，做好目标人才的招聘和培训工作，使岗位工作人员满足职位要求，实现因职用人。

4）责权一致性原则。权责一致性原则是项目相关组织结构设置的基础和前提，合理分配项目各部门各岗位的责任和权力是组织整体高效稳定运行的重要保障。在落实责权一致原则的过程中，要保证各岗位权力合理划分，与其岗位责任相匹配，避免出现滥用职权或权力不够带来的组织管理混乱。

（4）影响组织机构设计的因素。

1）经营规模。经营规模是组织机构设计的基础和前提，组织结构的规模和结构要与项目的经营规模匹配。经营规模越大，组织内部间信息传递通道就越长，就越需要建立专业化组织架构，降低企业内部信息流动的障碍。同时，考虑经营规模可能会影响公司的管理层级单位时间需要处理任务量，因此在组织结构设置时需要做好分权和授权工作。

2）组织战略。战略与组织机构存在着重要关系，公司战略反映了公司长期发展目标，因此公司在设置组织结构时必须考虑公司战略并根据战略对公司组织架构进行实时调整，使公司组织架构成为公司战略目标实现的重要保障。

3）技术复杂程度。项目建设和生产过程中的技术复杂程度对组织内部关系具有重要影响，一般而言，项目生产和经营过程中应用的技术越复杂，其对公司各部门各岗位的沟通协调机制的专业化程度要求就越高，公司就越需要建立复杂专业且高效的沟通协调机制。

（5）组织机构设计的步骤。

1）从项目全过程出发对公司组织目标进行分解，将公司总体目标分解成各部门各岗位工作目标，并借此确定公司各部门的责任，确保公司各部门各岗位工作目标相互协调并与公司总体工作目标相一致。

2）对各部门各岗位的工作特点进行明确，并根据各岗位的工作特点及其在组织中的作用对各职能部门从事的工作任务进行明确，避免出现由于职能混淆带来的组织设计中的关系不顺。

3）将组织中的不同工作落实到具体部门，并根据部门之间的工作关系建立部门间联系和沟通机制。在联系和沟通机制建立过程中，需要遵循简便高效的原则，避免无效重复的活动。

4）根据项目特点确定合适的管理层级划分和管理架构，一般采用组织结构图的方式来表述各项工作的划分、活动的组织、管理层次的设置、部门之间的相互联系等。

5）对各部门各岗位的具体工作职责和权力进行具体描述，特别要对关键岗位的责权边界进行细致描述，并通过书面形式将岗位的责权利落实到具体员工。在这个过程中，要注意责权利相匹配和因事设职与因职用人相结合的原则。

6）制定职员招聘、员工培训计划。在明确公司整体架构和各部门各岗位职责的基础上，有序开展员工招聘计划，并通过建立完善员工培训体系，使员工技能结构和素质与公司目标相匹配。

6. 投资估算

投资估算是在对项目的建设规模、技术方案、设备方案、工程方案及项目实施进度等进行研究并基本确定的基础上，估算项目投入总资金并测算建设期内分年资金需要量的过程。投资估算是项目建设前期的重要环节和步骤，需要从项目融资方案和经济评价的角度对项目进行完整、准确、全面的投资估算。

（1）投资估算的内容。总投资一般由建设投资、建设期利息和流动资金三项构成。因此，在对项目投资情况进行估计时，需要对上述三项内容进行分别估计。投资估算的具体项目内容主要包括主体生产项目、附属及辅助生产项目、厂内运输系统、厂内外生活福利设施、专用铁路线、公路线等所需投资额等，在估算工程中需要对这些项目从筹建、施工直至竣工投产所需的全部费用进行统筹，并考虑包括建筑工程费、设备及工器具购置费、安装工程费、工程建设其他费用、基本预备费、涨价预备费、建设期利息、流动资金等在内容的具体费用。

（2）投资估算的步骤。投资估算应首先确定并估算各单位所需的建筑工程费、设备及工器具购置费、安装工程费，然后汇总各单项工程费用以估算工程建设其他费用，进而在对工程费用和工程建设其他费用估算的基础上，估算基本预备费用，在确定工程费用分年投资计划的基础上估算涨价预备费，最后汇总求得建设投资。

7．经营成本测算

（1）总成本费用，包括制造成本、管理费用、销售费用、财务费用。

1）制造成本是指生产活动的成本，即企业为生产产品而发生的成本。生产成本是生产过程中各种资源利用情况的货币表示，是衡量企业技术和管理水平的重要指标。包括直接材料费、直接工资、其他直接费用以及分配转入的间接费用。

2）管理费用是指企业行政管理部门为组织和管理生产经营活动而发生的各种费用。

3）销售费用是指企业销售商品和材料、提供劳务的过程中发生的各种费用。

4）财务费用是指企业为筹集生产经营所需资金等而发生的费用。

（2）经营成本。

经营成本也称运营成本，是指企业所销售商品或者提供劳务的成本。经营成本主要包括主营业务成本、其他业务成本。

（3）单位成本，包括固定成本和单位可变成本的计算。固定成本包括由企业提供和维持生产经营所需要的设施所发生的成本，包括企业为特定业务活动而发生的成本。固定成本是企业在特定的业务量范围内不受业务量变动影响，而且一定期间的固定成本总额能保持相对稳定的成本。

变动成本，一般包括产品的原材料费用及直接工人计件工资，这部分成本增加与产量成正比，单位可变成本是指单位商品所包含的变动成本平均分摊额，即总变动成本与销量之比。单位可变成本的计算公式为

$$单位可变成本＝（总成本－固定成本）/销售量$$

8. 财务指标分析

财务方案是统筹考虑项目类型、项目性质、项目目标和行业特点等影响因素，在投资估算和融资方案确定的基础上构建财务模型，考察和分析项目的财务盈利能力、偿债能力和财务生存能力，据以判断项目的财务可行性，明确项目对财务主体与投资者的价值贡献。财务方案是项目决策与评价的重要依据，其分析结果还可反馈到建设方案研究中，用于方案比选，优化方案设计，使项目整体策划更趋于合理。

（1）编制必要的基本情况表。主要包括：

1）项目实施计划进度表（包括工程建设计划进度表、生产设备安装投产计划进度表）。

2）项目总投资构成表（包括总投资分类表、资金构成比例表、资金使用计划表、流动资金需要量计算表）。

（2）编制财务分析表。包括：

1）成本构成与成本分析预算表。

2）产品销售及利润分析表。

3）现金流量表。

4）企业损益表。

（3）财务指标分析。

1) 现金流量分析。由于现金流量分析是项目财务可行性分析的主体内容，因此在财务指标选取过程中应重点考虑项目现金流量相关指标。现金流量是指投资项目在其整个寿命周期内实际发生的资金流出或资金流入。项目建设中的现金流出项目主要包括投资、生产原料购置和工资发放和纳税等，现金流入项目主要包括融资、营业收入、出售固定资产等，从这个角度看财务的基础数据测算主要包括项目总投资及其资金来源和筹措、总成本费用计算、营业收入和营业税金和附加计算、营业利润的形成和分配及借款还本付息测算等。

2) 项目总投资及其资金来源和筹措。建设项目评价的总投资包括建设投资、建设期利息和流动资金。它们在项目建成投产后形成固定资产、无形资产、其他资产和流动资产。在进行投资测算的过程中，需要根据项目建设和运营特点，分季度和分年度对项目相关支出具体数额进行测算，并制定详细的资金筹措计划，包括阐明资金筹措方法、筹措金额和筹措时间等，以保证项目资金能够及时满足项目需求。

3) 营业收入与营业税金及附加。营业收入是指项目运行过程中销售产品或提供服务所获得的收入。营业收入和税金要按照当年产品产量与产品单价进行估算，而营业税金是指项目生产期内因经营活动而发生的从营业收入中缴纳的税金，包括营业税、消费税、城市维护建设税及教育费附加等。

4) 营业利润的形成与分配。营业利润是指项目的营业收入扣除营业税金及附加和总成本费用后的盈余，是企业经营情况的集中体现，也反映了企业的融资能力。从分配上看，企业营业利润需要弥补往年亏损、缴纳企业所得税、提取盈余公积金、偿还借款和给股东分红。

5) 借款还本付息测算。借款还本付息是指在项目投产后，按国家规定的资金来源和贷款机构的要求偿还建设投资借款本金及利息。在项目可行性分析阶段，需要对项目本金和利息数量、偿还时间等进行测算。

9. 不确定性及风险分析

事实上，尽管前期进行了详尽准确的规划，但在项目建设和运营过程中仍会出现由项目内部要素或外部环境变动引发的各种风险，这导致项目推进与计划不匹配情形的出现，使项目效果的预测与实际相偏离，增加了项目风险，因此应对可能导致项目风险的内外部因素进行准确衡量，并估计项目对不确定性和风险的承受能力，从而增加项目的稳定性和可靠性，一般而言项目的不确定性引发的风险主要表现为项目数据前期统计偏差、未预期的通货膨胀、技术进步、产品和原材料市场供求结构的变动及其他可能的外部影响因素。

（1）风险识别。在对前述各部分内容进行研究的基础上，对项目建设和运营过程中的主要风险因素进行归纳，包括社会风险、资源风险、环境风险、资金风险、政策风险、外部协作条件风险以及其他风险，为项目决策提供完整信息。

（2）风险分析。根据项目的具体情况和要求选取风险评估方法，对风险因素的严重程度和可能性进行分析，并确定其风险等级。可行性研究可选用的风险分析方法包括定性分析方法和定量分析方法。

（3）风险评价。将已经对严重性和可能性进行赋值的风险因素程度（严重性和可能性的组合）与预先制定的可接受程度进行比较，来确定风险程度的高低。

（4）风险控制。在预测主要风险因素及其风险程度后，根据不同的风险因素提出相应风险控制措施。在可行性研究阶段风险控制主要对策有风险回避、风险控制、风险转移、风险消解、风险降低、风险容忍、风险分担、风险自担等措施。

10. 结论及建议

在前述各部分研究论证的基础上，归纳总结，提出择优比选后的推荐方案，并进行总体论证，提出结论和建议。在肯定拟推荐方案优点的同时，指出可能存在的问题和遇到的主要风险。明确作出项目和方案可行与否的结论，为投资项目决策提供依据。

（1）推荐方案的总体描述。方案的总体描述是在汇总各分项评价的基础上，对拟建项目的必要性和可行性在全面分析和综合评价的基础上提出肯定或否定的意见，对于报告中各部分内容和方案存在的重大问题提出意见，提出包括投资额、建设规模等在内的项目方案。对不能确定的重大问题提出建议，供主管或决策部门决策时参考。将其数据资料进行检验审核和整理，对比分析、归纳判断，提出最终结论意见和建议。

（2）比选方案的总体描述。可行性研究过程中，应对未被推荐的一些重大比选方案（局部的或整体的）进行描述，阐述方案的主要内容、优缺点和未被推荐的理由，供投资决策者从不同角度进行思考和比选。

（3）主要研究结论。通过对推荐方案的总体描述及其存在的主要问题与风险的分析，明确提出项目可行与否的结论意见。

（4）主要问题及解决措施。通过对项目的可行性研究分析，指出项目目前所存在的问题，如工程技术、移民、土地利用、节能、环境影响等。

（5）今后工作建议。

1）对项目下一步工作有哪些重要意见和建议。如环境保护、移民安置、社会影响、产品设计、组织实施、融资等需要引起重视的问题和工作的意见建议。

2）对项目实施中需要有关方面协调解决的问题和政策支持的意见和建议。

11．主要附件

主要包括：中外投资各方的企业注册证（营业执照）、商务登记证及经审计的最新企业财务报表（包括资产负债表、损益表和现金流量表）、开户银行出具的资金信用证明；投资意向书，增资、购并项目的公司董事会决议；银行出具的融资意向书；省级或国家环境保护行政主管部门出具的环境影响评价意见书；省级规划部门出具的规划选址意见书；省级或国家国土资源管理部门出具的项目用地预审意见书；以国有资产或土地使用权出资的，须有有关主管部门出具的确认文件。

三、外商投资项目核准备案咨询

国家发展改革委制定并实施宏观经济发展战略和计划，统筹和监督国民经济发展。如果外商投资项目涉及固定资产投资项目，则需要办理投资项目核准、备案。

（一）外商投资核准论证的目的

对外商投资项目进行核准的主要目的就是确保外商在华投资尽可能规避资源滥用和环境破坏、危害公共利益等风险，充分发挥中外合资、中外合作、外商独资、外商购并境内企业、外商投资企业增资等各类外商投资项目的积极作用，通过整合国内国外两种资源，为我所用，确保资源合理开发、生态和环境良好保护、公共利益充分保障、资本项目有效管理，推动我国社会经济高质量发展。除此之外，对外商投资项目进行核准论证还应力求达到以下目的。

（1）有效带动国内投资，合理规划国内配套产业发展，推动区域产业集群建设。

外商投资作为拉动经济增长的动力源泉之一，是拓宽我国经济建设的主要资金来源渠道。外商投资可以通过带动国内投资增长并形成乘数效应，形成对国内投资的"挤入作用"，持续推动国民经济快速健康发展。外商投资的不当利用也可能对内资增长产生"挤出作用"，形成外商投资造成对国内投资的压制，当外商直接投资增加一美元，而国内投资少于一美元时，即认为发生了"挤出效应"。

产业集群是指一组在地理上靠近的相互联系的公司和关联机构由于同处在一个特定的产业领域，由于具有共生性和互补性而联系在一起所形成的产业聚集形态。产业集群的存在能够显著发挥企业聚集的规模效应，从而降低企业间信息、要素、技术、中间产品、人力资本流动成本，从而整体提升企业的经营效率。引导外商投资以外资企业为支撑加强产业集群建设，能够更好地发挥外资企业在技术、管理经验等方面领先优势的溢出效应，从而对国内企业经营和发展产生积极的带动效应，实现区域产业链体系完善和升级并带动整体产业体系转型升级。在这个过程中，政府也应发挥积极的引领作用，通过完善配套基础设施，为产业集群正面效应的发挥创造重要的基础，通过提供统一的配套的基础设施，提升产业集群整体竞争力，促进产业链体系整体高效运转。

（2）进行市场准入管理，规范外商投资竞争行为，维护经济安全，规避垄断风险。

习近平总书记强调，要将发展和安全放在同等重要的位置，维护国家经济、社会、军事乃至政治安全是外商投资过程中需要重点关注的因素。外国投资者投资建厂的市场准入行为可能带来市场挤占，进而可能引发产品生产和销售的垄断，这会损害国内企业的正常经营，并对国内消费者整体福利带来负面影响。对这些负面行为的关切是外商市场准入过程中的关注重点。外资企业凭借自身在技术、资本、管理经验等方面的优势，占据了高技术领域，形成了对国内产业链、价值链和创新链体系的把控，会严重影响国家整体安全，因此政府主管部门应积极发挥作用，提升自身的行政管理水平，结合国家经济发展实际和国家战略发展方针，积极制定有利于国家安全的政策，在维护外商投资主动性基础上，实现发展和安全的兼顾。

（3）引导通过外商投资引进国外先进技术，提升外商投资对中国技术进步的贡献。

引进外商投资的重要原因之一就是可以利用外资先进的技术，通过对外资企业的技术学习，减少本土企业在技术发展中的试错成本，压缩技术从研究到应用的周期。在经济高质量发展目标的驱动下，引导外商投资从而更好地发挥外资在技术领域的作用，能够在中国产业转型升级的关键时期为各企业在技术发展方面提供一定的助力。在通过外商投资引进先进技术的过程中，要注意保持我国技术的独立性，以坚持提升我国企业自主研发能力为国家技术发展的主线，避免外资通过技术控制我国相关企业乃至产业，从而影响我国经济安全。关注并采取相关举措限制外商技术扩散对我国经济安全的负面影响，是维护我国经济安全的核心和关键步骤，因此应在引进外商技术的过程中对外资的技术积极消化和创新，使其变成自己的技术基础，避免国内企业处在依赖跨国公司提供技术和不断引进技术的被动地位，通过企业技术创新能力实现科技强国建设。

（二）外商投资核准申请报告的编写

外商投资项目核准是国家投资主管部门对于外商投资行为着重从维护经济安全、合理开发资源、保护生态环境、保障公共利益、防止出现垄断以及市场准入、资本项目管理等方面进行审核而依法作出的行政决定。随着中国对外开放深入发展，政府对外商投资项目管理的模式也由审批制改为核准备案制，将原来审批外商投资项目建议书和可行性研究报告改为只核准项目申请报告。

（1）《外商投资项目核准和备案管理办法》对于项目申请报告的主要内容提出了规定，要求报送国家发展改革委的项目申请报告应包括以下内容：

1）项目及投资方情况；

2）资源利用和生态环境影响分析；

3）经济和社会影响分析。

（2）对于外国投资者并购境内企业项目，其申请报告应包括并购方情况、并购安排、融资方案和被并购方情况、被并购后经营方式、范围和股权结构、所得收入的使用安排等。

（3）报送国家发展改革委的项目申请报告应附以下文件：

1）中外投资各方的企业注册证明材料及经审计的最新企业财务报表（包括资产负债表、利润表和现金流量表）、开户银行出具的资金信用证明；

2）投资意向书，增资、并购项目的公司董事会决议；

3）城乡规划行政主管部门出具的选址意见书（仅指以划拨方式提供国有土地使用权的项目）；

4）国土资源行政主管部门出具的用地预审意见（不涉及新增用地，在已批准的建设用地范围内进行改扩建的项目，可以不进行用地预审）；

5）环境保护行政主管部门出具的环境影响评价审批文件；

6）节能审查机关出具的节能审查意见；

7）以国有资产出资的，需由有关主管部门出具的确认文件；

8）根据有关法律法规的规定应当提交的其他文件。

（三）外商投资项目的核准和管理

外商投资项目的核准管理流程如图 6-1 所示。

1. 项目核准权限

根据《政府核准的投资项目目录》（简称《核准目录》），实行核准制的外商投资项目的范围如下。

（1）《外商投资产业指导目录》中有中方控股（含相对控股）要求的总投资（含增资）3 亿美元及以上鼓励类项目，总投资（含增资）5000 万美元及以上限制类（不含房地产）项目，由国家发展改革委核准。

（2）《外商投资产业指导目录》限制类中的房地产项目和总投资（含增资）5000 万美元以下的其他限制类项目，由省级政府核准。《外商投资产业指导目录》中有中方控股（含相对控股）要求的总投资（含增资）3 亿美元以下鼓励

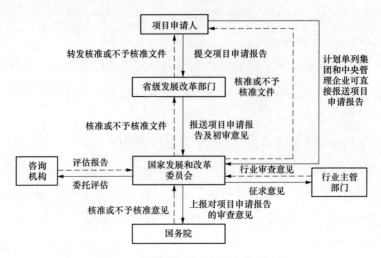

图 6-1　外商投资项目的核准管理流程

类项目，由地方政府核准。

（3）前两项规定之外的属于《核准目录》第一至十一项所列的外商投资项目，按照《核准目录》第一至十一项的规定核准。

（4）由地方政府核准的项目，省级政府可以根据本地实际情况具体划分地方各级政府的核准权限。由省级政府核准的项目，核准权限不得下放。不属于以上范围的外商投资项目则由地方政府投资主管部门备案。

2. 项目核准程序

对于应当由国家发展改革委核准或者审核后报国务院核准的项目，国家发展改革委制定并颁布《服务指南》，列明项目核准的申报材料和所需附件、受理方式、办理流程、办理时限等内容，为项目申报单位提供指导和服务。

按核准权限属于国家发展改革委核准的项目，由项目所在地省级发展改革委提出初审意见后，向国家发展改革委报送项目申请报告；计划单列企业集团和中央管理企业可直接向国家发展改革委报送项目申请报告，并附项目所在地省级发展改革部门的意见。

项目核准机关在受理项目申请报告之日起 4 个工作日内，对需要进行评估论证的重点问题委托有资质的咨询机构进行评估论证，接受委托的咨询机构应在规定的时间内提出评估报告。对于可能会对公共利益造成重大影响的项目，项目核准机关在进行核准时应采取适当方式征求公众意见。对于特别重大的项目，可以实行专家评议制度。

项目核准机关自受理项目核准申请之日起 20 个工作日内，完成对项目申请报告的核准。如 20 个工作日内不能作出核准决定的，由本部门负责人批准延长 10 个工作日，并将延长期限的理由告知项目申报单位。这里规定的核准期限，委托咨询评估和进行专家评议所需的时间不计算在内。

3. 核准条件及效力

对外商投资项目的核准条件：

(1) 符合国家有关法律法规和《外商投资产业指导目录》《中西部地区外商投资优势产业目录》的规定；

(2) 符合发展规划、产业政策及准入标准；

(3) 合理开发并有效利用了资源；

(4) 不影响国家安全和生态安全；

(5) 对公众利益不产生重大不利影响；

(6) 符合国家资本项目管理、外债管理的有关规定。

对予以核准的项目，项目核准机关出具书面核准文件，并抄送同级行业管理、城乡规划、国土资源、环境保护、节能审查等相关部门；对不予核准的项目，应以书面说明理由，并告知项目申报单位享有依法申请行政复议或者提起行政诉讼的权利。

对于未按规定权限和程序核准或者备案的项目，有关部门不得办理相关手续，金融机构不得提供信贷支持。

(四) 外商投资项目备案

拟申请备案的外商投资项目须由项目申报单位提交项目和投资方基本情况等信息，并附中外投资各方的企业注册证明材料、投资意向书及增资、并购项目的公司董事会决议等其他相关材料；外商投资项目备案须符合国家有关法律法规、发展规划、产业政策及准入标准，符合外商投资产业准入相关政策。

对于不予备案的外商投资项目，地方投资主管部门应在 7 个工作日内出具书面意见并说明理由。

第七章

境外投资项目决策咨询

第一节　我国境外投资的主要特征及变化趋势

一、我国境外投资发展现状及特点

（一）我国境外投资发展现状

1. 对亚洲投资占据绝对比重，而对欧美地区投资则存在较大的增长空间

从对外投资的区域选择上看，亚洲和拉丁美洲的对外投资是现阶段我国企业对外投资的主要目的地，其中亚洲地区是目前大部分企业跨国投资的首选地。商务部《中国企业对外直接投资统计公报》数据显示，2018 年中国企业在亚洲投资的比重占总投资的 74%，而对拉丁美洲地区的投资占比则从 2005 年的 52% 降至 10%。同时，尽管中国企业在欧美地区的投资有所增加，但占比相对较小。中国企业在美国的投资受美国贸易保护政策影响严重。2008 年金融危机后，中国企业大幅增加了对美投资的规模，2007 年中国企业在美投资金额仅 1.96 亿美元，而到了 2016 年，中国企业在美投资金额达到了近 170 亿美元。但在美贸易保护相关政策的影响下，美国对中国企业开展了一系列旨在限制其发展的调查活动，使中国企业在美投资出现大幅下降。

同时，中国在其他区域的投资也存在较大差距，根据商务部《2019 年度中国对外直接投资统计公报》，2019 年中国企业对欧洲的投资金额约为 105 亿美元，主要投资目标国包括荷兰、瑞典、德国、英国、卢森堡、瑞士、意大利等；对亚洲的投资金额约为 1108 亿美元，其中对中国香港的投资约为 905 亿美元，占对亚洲投资金额的 81.7%。对拉丁美洲的投资约为 64 亿美元，其中英属维尔京群岛、巴西、智利、阿根廷、秘鲁和墨西哥是主要投资目标国。对

非洲的投资约为 27.1 亿美元，其中刚果（金）、安哥拉、埃塞俄比亚、南非、毛里求斯、尼日尔、赞比亚、乌干达、尼日利亚是主要投资目标国。

2. 对"一带一路"沿线国家投资稳步增长

2013—2019 年，中国对"一带一路"沿线国家的累计直接投资超过 1173 亿美元，其中，2019 年中国企业在"一带一路"63 个国家实现了近 187 亿美元的投资，并累计设立了 1.1 万家境外企业涉及国民经济 18 个行业大类。其中制造业、批发和零售业、建筑业、金融业是中国企业在"一带一路"沿线投资的主要选择。从主要投资目标国看，中国企业的对外投资主要集中在新加坡、印度尼西亚、越南、泰国等国家。

3. 境外投资行业流向结构日趋优化

从中国企业境外投资的总体行业分布看，2019 年中国企业境外投资主要集中于批发和零售业、制造业、租赁和商务服务业。从具体分布上看，批发和零售行业企业占中国境外投资企业总数的 27.3%，数量超过 1.2 万家，制造业企业约为 8600 家，租赁和商务服务企业约为 5800 家，是目前中国企业跨境投资的主要支撑。同时，科技类企业在跨国投资中也占据了一定比重，从事信息传输/软件和信息技术服务业的企业占企业总数的 6.2%，从事科学研究和技术服务业的企业占 5%，反映了中国企业跨国投资结构优化趋势。

4. 中央企业和单位对外投资较快增长，地方企业则存在下降趋势

长期以来，国有企业都是中国企业对外投资的主力，在拉动中国对外投资增长中发挥了重要作用，是我国企业对外投资的"领头兵"和"先行者"。一般而言，相较于民营企业，国有企业有资金、人才和政策方面的优势，并具有较强的抗风险能力。2019 年，中央企业和单位对外非金融类直接投资流量 272.1 亿美元，同比增长 18%；地方国有企业 97.4 亿美元，同比下降 8.7%。从国有企业跨境投资的区域分布差异看，2019 年东部地区国有企业对外投资金额约为 715 亿美元，较上年下降 5.6%；中部地区国有企业对外投资金额约为 91 亿美元，同比下降 10.2%；西部地区国有企业对外投资金额约为 78 亿美元，同比下降 2.4%；东北地区国有企业对外投资 12.6 亿美元，广东、上海、山东是中国国有企业对外投资规模最大的地区。

5. 非公经济控股主体投资规模略高于公有经济

从开展对外投资活动主体的所有制结构看，目前非公有企业已然超过公有制企业成为对外投资的主力。2006 年以来，非公有制企业对外投资在对外投资中的占比不断提升，从不足 20% 快速增长至 2018 年的 52%，尽管 2019 年投资规模有一定下降，但占比仍高于国有企业。非公有制企业对外投资的高速发展是在政策和投资环境利好下自身发展主动性实现的结果，其凭借灵活的商业模式、较强的创新能力及强大的品牌、营销和市场意识，快速适应了跨国经营并取得了良好的成绩。

6. 对外并购逐渐成为中国企业对外投资的主要方式

2010—2019 年，中国企业对外并购 5788 宗，总金额约为 18.35 万亿元，其中出境并购（并购买方为境内企业而标的为境外企业）2820 宗，总金额约为 5.6 万亿元人民币。现阶段，中国企业海外投资并购的动机主要是横向整合和多元化扩张，同时财务投资、资产调整和战略合作也是中国企业海外投资的重要动机。从投资方式看，跨国并购和绿地投资都是中国跨国公司业务海外扩展的重要实现形式，中国企业的跨国投资在支撑"一带一路"合作倡议的过程中发挥着重要作用。

7. 跨国公司稳步成长，国际化水平逐步提升

实现公司生产、研发、销售、服务等链条布局的国际化是企业跨国经营的重要特征。联合国贸易发展会议使用跨国公司海外收入占比、海外资产占比和海外员工占比衡量特定企业的跨国指数，数据显示近年来我国大型跨国公司的全球化经营水平有大幅提升，但与世界领先水平还存在着较大差距。从具体指标上看，2011—2019 年，我国百强跨国公司的海外资产占比和海外员工占比呈现大幅提升态势，入围百强跨国企业的海外资产门槛由 2011 年的 7.7 亿元上升至 2019 年的 98.6 亿元，同时中国百强跨国企业的资产总规模由 2011 年的 32 505 亿元增长至 2019 年的 95 134 亿元，海外员工数由 2011 年的 41.5 万人增长至 2019 年的 139 万人。从百强企业的所有制分布看，2019 年百强企业中中央企业有 38 家，地方国有企业 35 家，民营企业仅 27 家，国有企业在总资产、海外收入、海外员工数等规模指标上均领先于民营企业。

（二）境外投资决策的主要动因

1. 顺应"走出去"战略，开拓境外市场

我国提出要以"一带一路"建设为重点，坚持引进来和走出去并重，遵循共商共建共享原则，加强创新能力开放合作，形成陆海内外联动、东西双向互济的开放格局。政府在通过各种政策推动国内企业转型升级的过程中，积极鼓励符合有国外市场需求的国内企业和行业有序地向境外转移产能，支持有条件的企业进行境外并购，深化境外资源互利合作，提高对外工程和劳务合作的质量。这种政策是在国内部分产业产能过剩、竞争低端化、技术水平相对落后等因素综合作用的结果，充分利用国际市场和国际资源并积极进行全球资产配置实现企业产业和行业结构整体改善是扭转上述因素的重要手段。

2. 提高中国企业国际竞争力

改革开放特别是加入世界贸易组织以来，中国经济总体规模实现大幅增长，在外商投资在中国经济总体中的作用越发突出的同时，中国企业境外投资的总体规模也在不断扩大，通过加强与国际市场和国际区域的联系与合作，在国际环境中不断提高企业自身影响力。

由于目前大部分企业还是以国内经营为主，其在跨国投资和经营的过程中往往会存在不适应的情况，其尽管在国内有较高的知名度和较为成熟的本土管理经验，但相较于发达国家的跨国企业其在管理策略、品牌知名度和销售渠道方面还存在较大的不足，因此在全球竞争中往往会处于弱势地位。实现自身国际竞争力增强，必须进行跨国经营，在国际市场上锻炼和培育企业的经营能力和管理水平，形成学习先进、科学的管理经验的"倒逼机制"。

3. 降低出口成本，规避贸易壁垒

在国内市场竞争加剧的背景下，开拓境外市场越来越成为众多企业的重要选择，但部分国家奉行贸易保护政策，并利用关税或者非关税等手段限制中国产品进口，在这种经贸环境下，部分中国企业会选择在境外设置加工贸易基地，规避相关国家的贸易保护政策，利用各地劳动力、能源、原材料等优势资源，并充分利用全球各国的产业优惠政策，在降低企业出口产品制造成本的同时，有效规避相关贸易壁垒，实现企业自身效益的整体改善。

4. 有效利用境外资源，实现持续发展

从资源现状来看，目前国内资源总量较大，但人均不足，空间分布不均衡。在国内生产大规模扩张的背景下，资源的短缺现象越发显著，这在相当程度上限制国内生产活动的持续开展。积极推动企业开展境外投资活动，能够实现资源利用范围的时空扩张，避免国内市场的过度竞争导致的资源配置低效率，缓解国内在原材料、能源、土地、环境等方面的压力，从而实现行业良性发展和企业可持续发展。

5. 促进国内产业结构转型

改革开放极大地改变了我国经济发展的基本结构，使我国生产力水平得到大幅提升，成为全球制造业中心地区之一，但外向型经济建设也造成我国企业生产能力在某些行业过于集中，从而产生了产能行业过剩的情况，这种畸形的经济产能分布结构不利于经济整体长期高效发展。通过企业开展跨境投资活动对改善上述情况有着重要作用。企业跨国投资的展开实现企业的研发、生产、营销等环节在全球范围内进行优化配置，实现国内过剩产能的高效利用。同时，企业在境外投资过程中，通过并购外资企业和与外资企业进行竞争，其自主创新能力和国际经营水平将会得到大幅提升，从而实现中国企业的生产效率和生产能力大幅度提升，促进国内产业结构优化升级。

（三）我国境外投资当前呈现的主要特点

1. 境外投资操作流程更加规范

过去我国对境外投资活动的监管方式相对粗放，导致出现一些不合规甚至不合法的境外投资活动。事实上，对境外投资活动监管的缺失不利于国内企业对外投资效率提升和结构改善。企业开展境外投资活动应带动国内优势产能、优质装备、适用技术输出，提升我国技术研发和生产制造能力，弥补我国能源资源短缺，推动我国相关产业提质升级，但在相关监管缺乏的情况下，部分企业仅是"为了投资而投资"，对实现上述目标并无任何作用，更无益于我国经济结构改善和长期发展。

为了扭转过去境外投资粗放式发展带来的一系列负面影响并实现对外投资效率整体提高，从 2016 年起，国家发展改革委、商务部、国资委等中国企业境外投资管理部门相继出台了一系列旨在加强对企业境外投资行为监管的政策文件，包括《中央企业境外投资监督管理办法》《企业境外投资管理办法》等，这些文件的出台标志着政府对中国企业境外投资行为监管进入了一个新阶段。通过构建境外投资事前、事中和事后的全面监管框架，确立了政府在引导企业对外投资活动中的角色定位，有效帮助企业调整对外投资的结构和规模，实现对外投资效率的整体提升和质量的整体改善，使境外投资活动行为更加规范，风险更加可控，可预期性更加稳定。使企业的对外投资活动对我国乃至全球经济的正向溢出效应更加显著地发挥，从而推动中国乃至世界经济整体结构改善和生产效率整体提高。

2. 企业更加注重履行社会责任，注重当地融合发展

履行社会责任是企业在海外投资和经营过程中营造良好营商环境的基础条件，中国企业在投资和经营的过程中越来越多地将履行社会责任作为开展经营活动的重要遵循，通过加强与当地政府的关系来创造良好的政商关系，通过与本土企业加强合作交流创造良好的产业关系，通过参与当地公益活动、为当地劳动力提供更多的就业机会来创造良好的社会关系。

在中国企业通过履行社会责任来创造良好的营商环境的过程中，政府发挥了重要的引导和维护作用，相关部委针对中国企业海外投资特点，结合各地经济实际，相继出台并完善包括《境外中资企业（机构）员工管理指引》《对外投资合作环境保护指南》《境外投资管理办法》在内的一系列文件，从劳工、环境、企业文化建设等方面为企业对外投资中涉及社会责任方面提供了有益的建议和规范，帮助了中国企业更好地融入当地社会环境，实现了中国企业营商环境的进一步改善。在企业履行社会责任的过程中，相关行业协会、商会等社会团体也给予了重大支持和帮助，例如，中国纺织工业协会针对纺织企业的特点制定了 CSC9000T《中国纺织企业社会责任管理体系》，帮助中国纺织企业在"走出去"实现跨国经营过程中更好履行社会责任。

在企业的自身努力和政府及各种社会组织的帮助和支持下，中国企业履行社会责任的能力和效果得到不断提升，这在促进企业自身发展的同时也有效带动了东道国经济增长和国民生活福利的改善，实现了投资双方的互利共赢，更

得到了东道国的广泛好评。社会责任的履行提升了中国企业整体的社会形象，为中国企业对外投资长期发展创造了良好的基础条件。

3. 越来越多的中国企业对外投资意愿增强，国际化经营步伐加快

中国经济增长正处于增长速度换挡期、结构调整阵痛期、前期刺激政策消化期三期叠加状态，中国经济发展和体制改革的风险进一步聚集，严重影响国内产业转型升级和经济的正常发展。面对国内产能过剩、环保趋严、出口下降、技术受限的阶段性负面因素，更多的企业将开展跨国投资实现跨国经营作为企业实现长期发展的重要战略选择。这些企业基于自身的比较优势，以国家相关政策为支撑积极顺应国家战略发展方略，在跨国投资和经营中不断提升自身的国际化能力和水平，实现了企业的长期健康可持续发展，并推动了中国产业结构整体改善和升级。

4. "抱团集群出海"成效明显，成为我国企业对外投资的新方式

我国企业对外投资的规模超过吸收和利用外资的规模，是全球资本输出最多的国家之一。中国大规模的资本输出反映了中国企业高涨的对外投资热情。中国企业对外投资发展历史相对较短，因而从总体上看我国企业对外投资的发展模式相对不成熟，在海外资产并购和运营方面的经验相对不足，企业的国家管理水平相对较低。因此，越来越多的企业会选择"抱团集群出海"，这种抱团出海的模式降低了企业跨国经营中的成本并显著提升了各个企业的经营效率，并降低了企业经营中的各种风险，从而帮助企业更好地实现了跨国经营。在企业通过抱团出海实现跨国经营的过程中，政府也出台了一系列支持性的政策，如国务院出台的《关于推进国际产能和装备制造合作的指导意见》，提出要营造基础设施相对完善、法律政策配套的具有集聚和辐射效应的良好区域投资环境，引导国内企业抱团出海、集群式"走出去"。

在企业自身努力和政府政策的支持下，中国企业抱团出海取得了显著的成就，在实现自身经营取得良好效果的同时，也帮助东道国建立了完善相关产业的体系和结构，实现了多方共赢。例如，由江苏省纺机协会牵头，无锡丝普兰喷气织机制造有限公司、常州市宏大电气有限公司、无锡新联印染机械有限公司、博路威机械江苏有限公司、江苏省纺织工业（集团）进出口有限公司 5 家

纺机企业共同发起的中国苏纺纺机联盟在南亚和东南亚地区取得了良好的经营效果，并帮助当地完善了纺织业体系。中国企业抱团出海投资减少了企业间可能出现的恶性竞争行为，实现了中国企业海外资产配置的整体优化，促进了企业间互利共赢，是在对外投资发展过程出现的新模式和新选择。

二、全球化新趋势及我国境外投资的政策趋势

（一）全球化新趋势

1. 国际竞争更激烈

在全球经济格局深入演变的趋势下，主要发达国家纷纷进一步加大其在技术、产品、产业方面的研发投入力度，以期通过掌握技术和产业上的主动权来维护和巩固自身在传统经济格局中的优势地位。近年来，我国研究与试验发展经费投入总量不断攀升，成为世界上研发经费投入最多的国家之一，但在研发投入占 GDP 的比重上与全球主要发达国家还存在较大差距，这种技术投入的不足在一定程度上限制了我国技术发展的速度，从而影响了我国经济长期发展的主动权和经济的国际竞争实力。同时，高质量的新的区域贸易协定的订立是全球经济结构调整的重要特征，这些经贸协定的签订为对外贸易投资活动提出了新的要求。中国企业在开展对外投资的过程中，必须重视培养核心竞争力，掌握发展的主动权，通过自身技术创新能力和国际经营能力提升来实现自身国际竞争优势，以更好地适应全球经贸格局变动和经济竞争环境变化。

2. 贸易的区域化属性和供应链本地化转型正在增强

从 20 世纪 80 年代末、90 年代初开始，全球经济区域一体化趋势就开始大幅增强，日本贸易振兴会数据显示，1996 年存在 112 个国际合作组织中有超过六成是在 20 世纪 90 年代后建立的。进入新世纪后，每年新成立的区域贸易协定数量都在 10 个以上，2008 年金融危机进一步推动了全球范围内双边和区域自由贸易协定的发展，在充满不确定性和任性退群、单边主义盛行的逆全球化背景下，《美加墨新贸易协定》出炉，《全面与进步跨太平洋伙伴关系协定》正式生效，《区域全面经济伙伴关系协定》谈判总体结束，中国-东盟、中日韩等区域经贸关系不断巩固。周边国家越来越成为企业跨国投资重要选择，这进一步调整了全球产业链和价值体系，降低了产业链和价值链体系的空间长

度，通过更好更高效地应用数字基建、云服务、物联网技术、大数据、人工智能、区块链技术等新技术，提升了企业跨国投资的效率，降低了包括物流、管理等在内的一系列企业跨国经营相关成本，并有力地推动了区域经济融合发展。

3. 疫情强化贸易体系碎片化和区域化

第一，全球经济秩序和全球化合作表现出更多的区域化和双边性特征。在经济全球化深度调整过程中，受政治因素及经济负面因素的影响，保护主义、孤立主义等思潮开始盛行，"逆全球化"势力不断壮大，使全球经济发展的不确定性进一步凸显。这导致全球经贸活动规模增速放缓、世界贸易组织改革陷入僵局，双边或多边区域性的经贸体系建立并不断巩固，区域性的经贸合作中心在全球经济中的影响力不断增加，全球经贸体系碎片化发展。同时全球外商直接投资流量持续下滑。在全球信用体系受到严重冲击的背景下，全球金融活动总体规模增速放缓。发达国家集团为维持自己在全球经贸合作中的优势地位，通过签订经贸合作协议加强了彼此间的经贸联系，通过形成区域间的经贸关系实体来增加其在全球经贸格局变动中的话语权，如在七国集团框架下，美国试图牵头建立欧美日自由贸易区，并实现自由贸易区内生产要素和商品流动零关税、零壁垒、零补贴。

第二，全球产业链、供应链出现产业布局需求化，关键产业本土化、重要产业可控化和产业链条备分化的变化趋势。经济全球化的深度调整带来全球要素配置和产业结构的重大变革，实现了全球范围内资源的更优化配置，全球生产过程的产业联系日益密切，产业链体系细分化、专业化发展趋势明显。2018年全球贸易活动中七成以上的贸易物品为生产的中间产品，全球生产的最终产品中的绝大部分都是由多国企业合作完成的，全球产业链体系在生产中的重要性不断凸显。但在全球政治和经济冲突不断凸显的影响下，全球产业链体系的脆弱性被充分暴露，使越来越多的国家对自身参与全球产业链分工体系的影响进行了重新审视，这些国家纷纷开展了一系列政策措施对本土产业链体系配置模式和本土产业链关联全球产业链的模式进行深度调整，从而带动了全球产业链整体框架的重构。为实现产业链安全进而实现国家经济整体安全，一些国家通过落实一系列有利于"产业回归"的优惠政策，以期建立国内完整的产业体系以维护国家经济安全，这一进程在疫情的影响下被进一步加速。

第三，疫情冲击后全球跨国公司巨头化趋势逐渐变形为"小型化＋碎片化"趋势。在全球智能化、数字化、信息化的推动下，企业通过跨国投资参与全球竞争的门槛被进一步降低，各种具有技术优势和生产灵活性的中小企业成为全球经贸活动的主力，推动了全球经贸活动新形势、新趋势和新模式的产生。同时，在美国等发达国家采取一些系列吸引制造业回流的举措，虽然在市场要素配置的影响下这些政策的实际影响有限，但在一定程度上会影响现有的制造业产业体系配置格局，使全球制造业体系破碎化发展，进而带来全球经济格局破碎化演进。在将来的产业链体系配置过程中，风险因素越来会成为跨国企业开展跨国投资的重要考量，使全球产业链配置由重点强调效率转变为强调效率和风险相平衡。

（二）我国境外投资的政策趋势

1. 对外直接投资政策从"谨慎"到"鼓励"

中国企业对外投资活动是与改革开放进程同步进行的，1978 年党的十一届三中全会在作出改革开放的重大决定的同时，强调"在自力更生基础上，积极发展同世界各国平等互利的经济合作"，这为中国企业走出国门开展跨国经营活动奠定了重要政策基础。1979 年国务院《关于经济改革的十五项措施》明确指出"允许出国办企业"，这对企业开展跨国投资活动提供了明确的政策支持，并将支持国内企业开展境外投资上升至国家战略层次。此后一系列政策的开展为改革开放初期企业开展跨国投资提供了重要便利，也使中国对外开放的质量不断提高，结构不断改善，使中国企业充分利用了开放发展带来的红利，促进了企业经营效率不断提高，推动了市场经济制度完善和企业做大做强目标的实现。

进入 21 世纪后，中国经济对外开放发展进入新阶段，企业对外投资模式和效率也得到了规范和提升，针对企业对外投资的政策也越发完善。在这一阶段，"走出去"战略制定，并在政府制定针对企业跨国投资的政策过程中发挥重要的引领作用，为中国企业开展对外投资活动提供了重要支撑，有力地提升了新世纪初中国企业对外投资的总体规模，使 2005 年中国企业对外投资流量突破 100 亿美元。2008 年金融危机的爆发带来全球经贸格局深度调整，在综合分析国内经济基础、发展战略和国际经贸环境的情况下，中国政府调整了部分与企业对外投资活动有关的政策，并制定了一系列新政策以实现对企业境外投资进行更有效的引导，如"一带一路"合作倡议等。我国对外开放政策的演进历程见表 7-1。

表 7-1　　　　　　　　　　　我国对外开放政策的演进历程

年份	政策文件或会议	内　　容
1998	党的十五届二中全会	鼓励支持中国有实力有优势的国有企业"走出去"，"走出去"战略基本确定
1999	《关于鼓励企业开展境外带料加工装配业务意见的通知》	提出鼓励中国具有比较优势的轻工、服装加工等企业到境外开展带料加工装配业务
2000	全国人大九届三次会议	把"走出去"战略提高到国家层面
2001	《国民经济和社会发展第十个五年计划纲要》	鼓励能够发挥中国比较优势的对外投资，扩大国际经济技术合作的领域、途径和方式
2002	党的十六大会议	明确提出坚持"引进来"和"走出去"相结合，全面提高对外开放水平
2004	《关于境外投资开办企业核准事项的规定》	支持和鼓励有比较优势的各种所有制企业赴境外投资开办企业，金融机构安排"境外投资专项贷款"
2005	《关于推进信息产业企业"走出去"的若干意见》	支持和鼓励中国信息产业"走出去"
2007	党的十七大会议	把"引进来"和"走出去"更好地结合起来，标志着中国对外直接投资进入新阶段
2007	《关于鼓励支持和引导非公有制企业对外投资合作的意见》	鼓励和支持中国轻工业、纺织服装业等非公有制企业进行境外投资合作
2012	党的十八大会议	加快"走出去"步伐，增强企业国际化经营能力，培育一批世界水平的跨国公司

续表

年份	政策文件或会议	内　容
2013	党的十八届三中全会	提出"一带一路"倡议,为"走出去"提供战略支撑,为对外直接投资开辟广阔天地
2015	党的十八届五中全会	提出"创新、协调、绿色、开放、共享"新发展理念,推行更深度、更高质量的"走出去"与"引进来"相结合
2015	《关于推进国际产能和装备制造合作的指导意见》	充分体现立足国内优势和市场需求,推动铁路、电力、航空航天装备等国际产能和装备制造业大力度"走出去"
2016	国家"十三五"规划纲要	坚持"引进来"和"走出去"并重,发展更高层次的开放型经济,积极参与全球经济治理和公共产品供给
2016	《促进中小企业国际化发展五年行动计划(2016—2020年)》	大力支持中小企业积极融入全球价值链和产业链,努力加强对外经济合作
2017	商务部例行发布会	支持国内有能力、有条件的企业,开展真实合规的对外投资活动
2018	全国商务工作会议	加强规划,鼓励并引导有能力、有实力的民营企业积极"走出去"参与全球市场的竞争
2019	商务部例行发布会	继续鼓励有实力、信誉好的各类企业,按照市场原则和国际惯例开展对外投资合作

2. 外汇管理政策从"管制"到"放松"

改革开放之初,中国外汇资源相对短缺,政府从维护国家经济安全、集中主要力量实现国家经济阶段性发展战略的目标出发,通过外汇管理体制对企业的对外投资行为进行管制。在这一阶段,对外开放发展的重点在于引进外资,因此表现为外资企业"引进来"相对宽松,中国企业"走出去"相对严格,这种对资金宽进严出的管理结构限制了中国企业对外投资工作的正常开展。

进入21世纪,中国政府以国内经济发展阶段特征为基础,结合中国经济长期发展规划和世界经济发展趋势,通过落实企业"走出去"战略举措,为企业走出实现跨国经营提供了重要支持。其中,外汇管理制度的放松是实现企业走出去的重要保障。中国企业的外汇储备由1978年的1.67亿美元上升至

2000 年的 1656 亿美元，外汇储备的增加为中国政府改变过去外汇限制政策奠定了物质基础，在国家开放发展战略的支持下，中国政府开始不断放松并下放外汇资金来源审查权限，并于 2006 年和 2007 年相继取消了企业用汇额度和外汇资金来源审查两项限制。通过对外汇资金流动限制的降低，实现了企业在跨国投资过程中资金限制的降低，促进了企业用汇需求更加平稳化、可控化，用汇动机更加理性化。

3. 投资管理体制从"严格"到"简化"

1978 年决定实施改革开放初期，中国开展境外投资的企业数量极少，并且这些企业多是基于实现国家的战略目的而不是企业长期发展经济利益，同时这些企业严重缺乏国外投资和经营的相关经验。20 世纪 80 年代中后期以后，中国政府根据国内外经济形势发展变化对中国企业对外投资的管理体制进行了不断改革，不断放宽了企业在境外投资方面的限制，但总体来讲，这一阶段政府企业境外投资的审批管理制度相对比较严格，审批文件相对繁冗，审批程序相对复杂。同时政府的境外投资审批工作缺乏明确清晰的标准，对不同规模不同类型的企业对外投资审批工作往往会依据当时国家间的政治关系和经济长期发展方略而采取不同的审批标准，导致企业在开展跨境经营活动之前就面临较大的不确定性。

2003 年，商务部出台的《关于做好境外投资审批试点工作有关问题的通知》和《关于简化境外加工贸易项目审批程序和下放权限有关问题的通知》为核准制的实施奠定了重要基础。2004 年国务院发布《关于投资体制改革的决定》文件出台，标志中国企业境外投资管理的核准制正式出台，但中国企业在一些领域的跨境投资仍需主管部门批准，同年发布的《关于内地企业赴香港、澳门特别行政区投资开办企业核准事项的规定》和《关于境外投资开办企业核准事项的规定》两个文件使对外投资的核准制正式取代了审批制。后续政府进一步完善《境外投资管理办法》并发布了《关于做好境外投资项目下放核准权限工作的通知》，在压缩了企业境外投资核准要求并简化核准程序的同时，也不断下放项目核准权限，降低了企业进行跨国投资的门槛。由审批制转为核准制是中国对外投资管理制度的重要改革，契合了政府简政放权以更好地发挥市场配置资源决定性作用的改革方向。

2013 年国务院下发新的《政府核准的投资项目目录》，规定除少数另有规定的行业外，政府对中国企业进行境外投资活动一律以备案代替审批管理，实现了企业境外投资的管理方式由核准制向备案制进一步转变，2014 年，商务部对 2009 年下发的《境外投资管理办法》进行修订，减少了 98.5% 的核准事项，确立了"备案为主，核准为辅"的管理模式。2017 年国家发展改革委发布《企业境外投资管理办法》，取消项目信息报告制度和地方初审、转报环节，放宽履行核准、备案手续最晚时限的要求，进一步加大了"简政放权"的力度，提高了行政管理效率，形成了制度化、系统化、科学化的企业跨国投资管理体制，为企业跨国投资活动提供了重要保障，也为新阶段企业积极开展跨国投资提供了重要支持。

三、境外投资决策面临的主要风险及防范

（一）境外投资决策需要关注的主要风险

在企业跨国投资的过程中，企业会面临来自各方面的不确定性因素的影响。一般而言，在企业境外投资决策咨询中，企业的境外融资风险、投资决策风险、投资环境风险和境外投资保护风险是四个需要重点考虑的领域。

1. 企业境外融资风险

企业境外融资主要通过向国际金融机构和投资东道国金融机构申请贷款及在国际资本市场发放债券和公开募股的方式进行。企业投资资金的充足度是影响企业跨国投资能否顺利开展的重要因素。尽管我国金融市场建设已经取得了相当的成绩，但在支持企业跨国投资方面还存在诸多不足。随着国内外经济发展环境的变动和调整，企业投资中国内融资不足和对外国金融机构过度依赖的局限性逐渐显露，这表现为国家和企业的债务负担加重，企业正常跨国投资经营活动受汇率和利率影响明显。企业投资活动对资金的需求规模和灵活度要求存在相当的差异，例如企业的新建投资行为要求企业必须通过现金、资产或两者融合的形式进行实物出资，这对企业资金要求相对较高；而企业跨国并购开展对出资方式的要求相对较为宽松，其可以通过股权收购、杠杆收购、承担债务收购和混合收购等手段开展并购，这些可以通过国内外资本市场运作即可完

成，相对而言对企业的资金要求较低。同时目前企业可利用的境外融资渠道相对较少，且这些渠道缺乏灵活性，在一定程度上限制了企业正常经营活动的开展和自身规模扩张。

2. 投资决策风险

境外投资决策风险是指企业投资决策是否与企业的发展目标一致、投资回报水平是否稳定等情况。规避投资决策风险要求企业避免盲目决策行为，建立完善的决策风险分析和控制程序，在项目目标和企业发展总体目标的指引下，对企业境外投资活动开展设立多个备选方案，同时对备选方案的效果和其与企业长期发展目标的匹配程度进行预测和比较，以选择最优的备选方案。一般而言，企业投资决策风险的缺失多产生于企业投资前对东道国尽职调查不足、信息预警机制缺失、境外投资方式选择和境外投资决策后续监管是导致企业境外投资决策失败的重要因素。

从企业的尽职调查来看，东道国的政治经济环境是影响企业投资决策能否成功的关键因素，随着全球经济"逆全球化"趋势演进，全球政治形势变动带动经济形势复杂化演进，使全球政治和经济形势变得越发不明朗。例如，2018年中美贸易摩擦背景下，美国外资委员会要求对中资企业的跨国投资进行严格审查，一定意义上阻碍了企业跨国投资的正常开展，因此企业在投资过程中需要对东道国政治经济情况进行深入调查，充分了解并掌握东道国市场、政策、社会环境的现状并预测其发展变动。同时需要注意的是，长期以来国有企业在投资过程中主要依赖政府发展战略及规划指引，对境外投资活动开展前的尽职调查重视程度不够，缺少对拟投资国家或地区在风俗习惯、市场环境、优惠政策等各方面的深入细致了解，这种流于形式的尽职调查可能导致企业跨境投资行为与企业自身特点和发展规划存在不一致性。

从信息预警机制上看，企业跨境投资的过程中需要对突发性的事件采取及时有效的应对举措，以最大程度避免负面事件对企业发展产生冲击和影响，确保在经营过程中企业生产活动稳定、员工人身安全和自身利益实现。目前，在开展境外投资过程中，企业普遍缺乏预警机制，这导致企业的投资决策行为的风险加大，这种风险预警机制的缺失主要表现为：第一，企业缺乏预警信息搜集整理体系，表现为企业对风险预警的重要性认识不到位，对社会环境、经济环境和政治环境的变动不敏感，缺乏全面搜集并整理相关信息的预警体系；第二，企业缺乏全面预警信息反应体系，表现为即使企业接收到相关风险信息，但由于缺乏科学有效的信息反应机制，企业也难以对这些信息进行处理和反应，从而导致企业的预警反应延迟；第三，企业缺乏可靠的预警反应执行体系，企业跨国经营的一个重要问题是其信息传递和决策执行链条过长，导致企业从接收信息到进行决策再到执行决策存在较长的时滞，从而降低了对相关风险处理的最终效果。

从境外投资方式选择上看，选择科学有效的投资方式是企业实现决策有效合理的重要保障，但部分企业在跨国投资的方式选择上，往往会忽视对投资环境和自身优势及劣势分析，从而导致企业的投资方式存在较大的随意性，与企业的战略发展目标存在一定的不一致性。例如一些地方国企在开展跨国并购的过程中，其往往过分关注境外企业的弱势地位，并以此开展境外企业收购活动，但忽视了自身在资金、技术、管理等方面的不足，从而导致企业的投资活动低效率、碎片化，缺乏相关宏观统筹投资策略。

从境外投资监管看，对投资决策后续监管的缺失会影响企业投资决策的可靠性，由于企业开展跨国经验相对不成熟，因而跨国投资监管的过程可能存在较大的阻碍，从而可能导致投资活动的实际开展与投资活动的初始目标存在较大的悖谬，表现为企业投资活动失败。因此应建立完善配套的监管和控制机制，保障企业的投资计划和方案与投资经营实际相匹配，并针对投资环境和企业的经营情况变动对项目投资活动进行及时调整。

3. 投资环境风险

企业的投资行为受东道国的政治、经济、社会及自然环境的发展变动影响严重。全球政治和经济形势一直处于发展变动的过程之中，并且政治和经济是相互影响相互交融的，当国家间政治关系发生变动时，其经贸关系也会产生联动影响。同时，东道国的市场、社会和自然条件的发展变动也会对企业跨国投资效果产生重要而深刻的影响。

企业在跨国投资中的政治风险主要表现为所在国的政治环境剧烈变动，如政权更迭或两国间政治关系不稳定。如果我国政府与东道国政府建立了良好的政治关系，那么我国企业在开展投资过程中将会面临较少的政治风险；反之，若我国与东道国的政治关系恶化，那么企业在投资过程中面临的政治不确定性就会上升，中美贸易摩擦、中日钓鱼岛争端等皆是这种情形的集中体现。

跨国投资的经济风险则表现跨国投融资过程中汇率变动、利率变动和产业链结构变动等，这是企业境外投资过程中的主要风险，企业的跨国经营活动的实质是将自身资源与东道国的经济基础相结合，实现两者互利共赢，但若东道国经济环境发生重大变动，可能会造成企业的资源投入收益极大受损。

跨国投资的社会风险是政治风险和经济风险的延伸，也是政治风险和经济风险的基础，在多数情况下，东道国和投资公司所在国的人文环境存在巨大的差异，因此企业在投资过程中需要调整自身的经营模式并积极履行社会责任，使其与东道国的社会环境相适应，以规避社会风险。

4. 境外投资保护风险

境外投资保护风险的缺失是政治风险的延伸，这意味着东道国缺乏清晰明确且长期一致的外资保护法律规定，从而使中国企业的跨境投资除却要承担商业性风险外还要承担一定的政治风险。国外投资保护风险的存在是企业、本国政府和东道国政府共同作用的结果。从本国企业的自身因素来看，企业在投资前开展相关信息调研时可能存在不严谨的问题，导致对投资东道国的相关信息了解不多，从而使企业在跨境投资中可能面临较多的制度风险。从本国政府的角度看，由于单个企业在投资过程中可能存在盲目性和无序性，在政府引导职能缺失的情况下，部分企业跨国投资产生境外保护风险。从东道国政府的角度看，企业的境外投资过程中若政府间没有订立合理的投资保护协定，或本国的外资保护法律法规体制不健全或没有执行到位，也会引发企业境外投资安全问题。

目前，对中国境外投资影响较大的是各国制定的投资安全审查制度越发严格，造成企业境外投资活动的正常开展存在极大的不确定性。例如，在贸易保护主义和政治因素的影响下，美国、澳大利亚等国纷纷强化了对他国特别是针对中国投资者的投资安全审查政策。以美国为例，美国的投资如果引起了有关利益集团的关注，可能就会激活美国的安全审查机制。美国外国投资委员会将对收购方和被收购方的资产、融资和收购方式、是否涉及敏感技术、对美国国家安全及其他美国公司利益的影响等内容进行审查。并且一旦外国投资者的投资活动进入安全审查程序，其在国内利益集团的影响下，大概率会以投资失败告终。

【案例】　G公司境外投资风险应对经验

G公司在非洲的房建项目合同签订后，随着项目的逐步实施，公司总部和该国项目部坚持风险跟踪，不断加强风险的识别、分析和控制，采取措施得当，有效地避免和减少了损失。其基本经验大致有如下几点：

第一，对东道国市场风险认识到位，在形势不明朗的情况下没有在该国新签合同；

第二，就该国项目业主违约情形针对性地购买了信用保险，未雨绸缪；

第三，由于坚持风险跟踪管理，公司在该国项目部没有垫资施工，有效控制了风险；

第四，项目部大量使用第三国工人，撤退规模相对较小，因此项目部在撤退中遇到的困难也相对较少；

第五，项目部注重当地雇员的培训和使用，公司撤退和撤退后相关事务的处理，当地雇员作出了积极的贡献。

（二）风险防范的主要措施

1. 企业应采取的措施

（1）认识境外经营风险实质，风险控制贯穿全程。与境内经营相比，境外经营存在较大的不确定性，因而也存在着更多的项目经营风险。在境外投资和经营过程中，相关风险其实伴随着项目全过程，这些风险涉及项目的方方面面，同时对任何阶段任何方面风险的缺失都会导致项目投资损失，甚至导致项目失败。

在项目的初始阶段，项目风险应对工作的重点是识别相关风险，这个工作的基础是项目信息搜集，首先要对项目业主的真实性加以核实，这是决定跟踪项目前的最基本的工作。其次，还要了解与项目相关的技术可行性、经济可行性、各类法规政策、环保要求、资金落实等情况。在针对项目风险进行管理的过程中，应明确投资风险管理目标，做好风险的预测、分析和规避工作，将项目风险对企业经营环境的影响降至最低限度，减少项目风险对企业、企业利益相关主体乃至国家的影响是项目风险分析和应对的重要任务。

这就要求首先要完善风险管理信息系统。风险管理信息系统是企业相关人员从防范整体经营风险出发，将信息技术应用于企业整个风险管理流程，并对企业面临风险的各种信息进行分析、评价、防控，以实现企业安全保障的最大化。风险管理信息系统针对项目经营的所有业务，在系统运行过程中企业首先要采用技术手段对各个阶段和各个部分的风险进行准确的识别和评估，及时发现引发风险的相关因素，为风险防控提供预警机制。其次要组建风险事件应急小组，通过对应急小组成员的培训、突发事件的演习，提高实战能力，减少风险损失。最后要提高企业员工的风险意识，让员工更多地参与到风险管理工作中。企业可以针对员工的所在部门，分别建立风险信息管理子系统，将员工汇集的各类信息进行统计分析，为企业实现风险的有效防控提供基础数据。

风险防控机制指企业为预防或减少风险突发事件对企业造成的损失而制定的一系列方案、计划、组织制度等，完善风险防控机制对保障企业正常经营有重要意义。风险防控机制是由全风险预警机制、风险评估和识别机制、风险决策机制及风险应对机制组成。所谓全风险预警机制，是指企业要明确防控总体思路，细化风险管理流程，建立风险防范责任体系，使企业能够及时准确识别和预测项目过程中的各种风险来源。所谓风险评估和识别机制，是在风险预警的基础上，对已发生的风险事件特征和影响进行准确的判断，这既要关注对企业整体发展目标与业务活动目标的制定和衔接，也要关注对内、外部风险的识别，还要认清影响目标实现的变化因素。所谓风险决策机制，是在对相关风险信息进行统筹和整合的基础上，理性分析风险的特征并对其作出科学的决策，并形成完善的流程处理体系。这就要求决策者具备较强的判断力和较高的心理素质，熟悉投资过程中的重大决策、重要人事任免、重大项目安排和大额资金运作的流程和重点关切。所谓风险应对机制，就是在对项目风险进行梳理并制定相关风险应对预案的基础上，对已经发生的风险采取有效举动进行有效应对，形成完善高效的风险处理流程，提升公司风险治理效率，进一步完善和加强公司的风险管理流程。风险管理流程是指在企业生产经营过程中，风险的形成、发生、应对及处理过程。风险管理流程的强化和完善要求企业对项目投资和运营中各个阶段的风险进行严格管理。

（2）对投资所在国政治、经济形势的正确评估。企业在开展跨境投资之前必须对投资东道国的经济基础和优势条件、政治环境和与他国特别是与本国政治关系及该国对跨国投资的态度进行详细周到的评估。境外企业设立后也需要公司当地负责人对当地的各种情况及其发展动向进行汇总整理，并交由公司进行评估和决策。公司海外经营风险主要关注政治风险和经济风险。

政治风险是指一个国家或政府的政局不稳定、政权更替、政策变动等给境外投资企业带来的、可能让其蒙受经济利益损失的不确定性风险。这种风险一般出现于发展中国家，但在贸易保护主义的影响下，政治风险也在部分发达国家产生并影响越发突出。发展中国家特别是新兴经济体在发展中过程中吸引了大量海外投资，但由于国内的法律基础相对完善、经济活动法治化程度相对较低并且政府行政过程中法律意识相对淡漠，加之可能出现的社会和政局动荡，使企业在该国的跨国投资活动开展面临较大的政治风险。企业在投资前需要对当地的政治环境进行调查和评估，对可能导致企业投资失败的主要政治力量和政治因素进行重点关注。事实上，许多国家都设立了专业政治风险评估机构。英国《欧洲货币》杂志、美国标准普尔和穆迪公司等权威渠道每年都发布国别政治风险评估报告，可成为有关企业的参考资料来源。同时，企业可以通过中国政府发布的《国别投资指南》和政府驻外机构特别是在东道国的中资企业充分了解东道国的有关情况。

经济风险是指企业在跨国投资和经营过程中由于本地或国际市场供需关系、产业关系和汇率水平等发生变化导致企业投资基础环境发生重大调整，从而出现企业投资和经营的外汇风险、经营风险、管理风险以及财务风险等的现象。经济风险的存在会直接影响企业投资活动的效果和收益。部分发展中国家由于经济基础相对薄弱，其本国金融市场受外部市场冲击影响较大，表现为本国货币币值不稳定、国内通胀和国际汇率波动，从而影响了企业在东道国生产和销售的成本和价格，造成企业投资回报存在极大的不确定性。企业可以通过本土化政策来降低东道国国内市场和国际市场中相关要素冲击的负面影响，通过在生产中使用本土材料、本地工人并将产成品销往本地市场降低成本波动和货币币值波动的影响，以更好地适应当地的经济环境，同时大规模雇佣当地工人也可以为企业创造良好的社会基础。

（3）完善公司治理结构。完善的公司治理结构是企业应对风险的重要基础。企业通过完善人才培养和管理体系强化企业内部针对人才的激励和约束机制，建立与公司发展阶段特点和长期发展方略相匹配的公司治理结构，将自身的抗风险和应对风险能力提升至较高水平。企业最宝贵的资源就是人才，在推进跨国投资的过程中，企业需要选择熟悉当地金融、法律、财务、技术和营销策略的专业性人才和具备较强风险应对和处理能力的管理型人才，以预防和处理公司在投资和经营中遇到的各种困难。

同时，开展跨国投资活动的部分公司特别是大型跨国公司均建立了风险管理部或其他具有相似或相同职能的部门，并以该部门为基础落实公司的风险管控制度，这在相当程度上为公司的境外经营风险管控奠定了基础并提供了保障。但很多企业的风险管控组织和制度通常只服务于企业内部，缺乏针对企业跨境经营中相关风险的制度举措。因此，企业应该围绕境外业务风险的特点，通过学习借鉴具有成熟对外投资经验的企业的相关做法，从自身特点出发建立有针对性的境外风险管控制度体系，为控制境外风险提供保证。

在境外投资过程中，企业应建立项目风险管理小组，并明确项目风险管理小组成员的相关职责，落实小组组长负责制度，在给予项目组长相关权力的基础上任命组长对项目风险负全责。同时，可以充分发挥项目小组的积极性和主动性，允许项目组充分借助外部资源降低企业投融资和经营过程中的相关风险，发挥项目风险管理小组的资源组织和协调职能，寻求公司在风险管理方面的专家服务和制度建设。在专家服务方面，企业的境外投资风险管理小组应以企业境外投资业务和境外风险特点建立企业的风险专家库，选择相关方面的企业内外的专家入库，遵循专家意见来处理专业性较高和紧迫性较强的风险事务。在制度方面，企业境外投资风险小组和企业风险管理部门应进一步完善相关风险管理制度规范，结合公司境外业务情况制定符合其发展的风险管控制度，这些制度包括《境外风险识别和评估管理办法》《风险库更新管理制度》《境外风险预警管理制度》《环境风险管控制度》《非传统安全风险管控制度》《境外劳务管理制度》《合同风险管控制度》《境外经营风险监督检查办法》《境外经营风险跟踪评价管理制度》《境外经营保险投保管理规定》等，企业可以结合实际情况自行制定，也可以委托专业的咨询机构协助制定。

（4）实行海外企业本地化战略。企业在跨境投资中的许多风险特别是许多政治风险来自该国多种政治势力对外商的排外性歧视。从这个角度出发，实行企业海外投资的本地化战略是企业规避相关风险的重要选择。企业可以通过本土化经营和合资经营等方式实现企业的本地化战略。从本土化经营上看，企业在从事生产活动中，应该尽可能使用当地的原材料、劳动力，在当地组建生产线生产相关商品，并以当地作为商品主要市场。这种本土生产销售一体化的经营模式有利于解决当地的劳动者就业问题，并盘活当地上下游产业，在相当程度上促进了当地经济发展和产业体系完善，实现了企业利益与东道国产业利益绑定，在避免相关政治风险的同时增加了风险抵抗能力。从合资生产的模式来看，企业在开展跨国投资的过程中通过与本土企业合作，有利于在一定程度上获得本土企业身份，从而可以享受外资优惠和本地企业相关优惠，并分散经营和投资成本，同时实现了对政治风险的规避。同时，如果投资主体能够在技术、品牌、管理经营等方面有一定优势，则其可以采取特许经营的形式与东道国企业进行合作，从而进一步降低相关直接投资风险。

（5）依靠多方资源应对多种风险。企业在开展境外经营活动的过程中，除技术类风险需要依靠企业自身的技能外，其他非技术类的各种风险的管控均需要很强的专业技能，而这些技能往往不是企业所具备的。因此针对这种企业不能独自应对的风险，企业应积极寻求外资资源的帮助，以实现风险的高效应对并保证自身投资和经营安全。

首先，企业要充分利用自身的人、财、物资源，并将之作为应对项目推进过程中所有风险的基础。"人"是指企业在境外投资过程中的人才依赖，通过任命具有相当风险敏感度和处理能力的专业人才担任投资风险管控负责人员，并在一定范围内给予其管理权限和管理责任，保证企业在境外投资过程中的风险可知可控。无论是前期风险评估，还是中后期购买相关保险或采取相关举措消除风险，都需要一定资金支持，而"财"是指企业在任命风险管控人员的同时应该给予其充分的资金支持，确保企业投资过程中风险保障支出足额及时。"物"是指各类保障设施要到位，包括针对消防风险的各类消防设施，针对安全风险的应急物料、食品、水、工具等应急物资等。其次，尽管企业自身的人、财、物资源在应对跨国投资相关风险中发挥了基础性的作用，但在实际经营过程中企业会面临一系列单靠自身资源识别不到或解决不了的问题，面对这种问题企业应利用好外部各种资源，使这些资源在政策层面、突发危机、善后处理等方面为企业提供有效的帮助，为企业的风险防控提供有效支持，企业可以寻求外部支持的机构或组织主要有政府、商会、金融保险机构、律师事务所、会计师事务所等。

2. 政府应采取的措施

(1) 完善我国境外投资保险制度。海外投资保险是指海外投资企业通过购买投资保险和担保的方式，将政治风险转嫁给保险公司。境外保险制度是母国为其境外投资企业规避政治风险所提供的损失补偿制度，是企业跨境投资过程中风险应对和收益保障的重要制度举措，具有开拓市场、提高信用、便利融资、化解风险和补偿损失等功能。境外投资保险制度起源于美国并被多国效仿和借鉴，经过数十年时间的发展，该制度已经具备成熟的制度体系，为保护企业对外投资中的正当利益起到了重要作用，也在政府引导企业对外投资并落实国家整体对外投资战略的过程中扮演了关键角色，目前世界著名的政治风险投保机构有美国的"境外私人投资公司（OPIC)""北美保险公司"、英国的"出口信贷保证部"，以及世界银行集团的多边投资担保机构（MIGA）和亚洲开发银行（ADB）等。目前，相较于世界上较早开展境外投资活动的国家，我国在境外投资保险制度方面还存在较大的完善空间。我国开展境外投资保险承保服务的机构主要是中国出口信用保险公司，相较于中国企业"走出去"实现跨国经营的总体规模，我国目前开展境外保险业务的单位相对较少，提供的保险品种相对较为单一，承保业务的覆盖范围还不够充分，风险补偿标准相对较低，导致企业投保的总体规模相对较小，在相当程度上限制了企业通过境外保险制度来规避风险的努力。为适应新阶段企业境外投资规模扩展和结构调整的需要，需要进一步完善我国的境外投资保险制度，以双边投资保证协定的订立为基础，提升中国境外投资保险制度适用国家范围和行业范围的广泛性，将国内相关法律法规完善和国际双边和多边协定的紧密配合作为完善和落实境外投资保险制度的重要保障。

（2）建立投资工业园。在企业"走出去"实现跨国经营的过程中，不可避免地会遇到来自企业内部或外部的各种风险，如果企业规模相对较大或具备较为成熟的跨境投资和经营经验，则其可以较好地对这些风险进行规避，但如果企业规模较小且未开展过跨国投资活动则其往往会因为存在一定风险而回避境外投资行为，这在一定程度上没有实现资源的更优化配置。在这种情况下，政府可以发挥其对企业跨境投资活动的引导作用，通过与他国订立相关双边或多边贸易协定，在国外设立投资产业园区，降低企业跨境投资相关壁垒和相关风险。在投资工业园区内，企业可以"抱团取暖"，充分发挥投资和生产活动的规模效益，帮助中小企业降低投资活动中的相关风险，达到协同互补、降低成本、促进中小企业"走出去"的作用。事实上，以境外投资工业园区为代表的一系列境外经济合作区已然成为中国企业开展跨国投资行为的重要支点，通过引进多种类型的产业和行业企业，境外投资工业园区依然成为一个具备相对完善产业体系的企业聚集区域。在政府通过开发境外投资工业园带动企业跨国投资的过程中，应注意与东道国政府开展全面有效的沟通，确保工业园区相关法律法规及安全、土地开发和基础设施配套及时，以政府层面的合作为企业开展跨境投资提供保障，有重点、有层次、有选择地推进和引导合作区建设和发展。

（3）完善政府与企业协调配合的体制机制。企业走出去实现跨国经营是一个长期复杂的过程，因此政府不但要服务好企业开展跨国投资活动前期工作需要，还应对企业在实际经营活动开展中的各种需求进行重点关注，针对特定企业在特定地区的相关风险隐患制定特定的服务和问题解决方案。事实上，不同东道国的政治经济风险的侧重和大小都存在显著差异，如果缺失了政府提供投资东道国相关信息，单独企业难以对东道国情况形成完整且具体的认识。为了减少企业在投资前对东道国情况的研判工作，应有效利用投资风险评估和咨询专业机构，向投资企业提供关于东道国的基本情况信息，并为企业做好信息、法律、财务、知识产权和认证等方面的服务。

（4）通过对企业投资行为进行规范，确保国家产业政策得以贯彻执行。

推动企业"走出去"实现跨国经营对优化我国要素配置效率和产业结构，实现产业结构优化升级和经济高质量发展有着重要意义。但需要看到的是，过去一段时间内中国企业"走出去"经营的质量还有待提升，存在企业为了走出去而"走出去"的现象，这种低效率的资本外流不但影响了产业健康发展，也在一定程度上威胁了国家经济安全。因此，为实现推动企业"走出去"与国家战略发展方针相匹配，在推动企业跨国经营的过程中平衡好经济总体发展和安全，政府应发挥自身在经济宏观调控中的作用，本着对国家负责、为企业服务的精神，做好企业走出去过程中的引导和规范工作，尽可能及时向投资者披露相关信息，引导企业选择正确的投资行为。在这个过程中，政府应以我国经济基本情况和长期发展战略为基础，对全球各国的经济情况进行综合研判，出台规范性的境外投资引导文件和有导向性的优惠政策，实现对企业境外投资活动的引导和规范，以确保国家产业政策落地和战略方针实现。

第二节 境外投资咨询的主要任务

一、境外投资项目策划及可行性研究咨询

（一）境外投资项目咨询

1. 战略及政策咨询

跨国公司是一个相对严密且架构清晰的组织框架，是现行企业制度下专业化程度最高和管理方式最先进的组织模式。在不同的经济环境、法律法规制度和社会基础条件下，跨国公司投资策划有其不同特点。公司总部是公司的决策和控制中心，负责集中决策并统一控制、分级管理、相互协调公司各职能部门。各职能部门在公司总部的统一规划下，根据自身职能定位和当地社会经济

环境，开展经营活动。

跨国公司由母公司、子公司、孙公司等构成多层次经济实体。跨国公司的管理者是公司董事会的代理人，其管理活动的目标是实现公司股东利益最大化，跨国公司董事会、管理机构、子孙公司等之间往往形成多层次的委托代理关系，并且由于管理层级较多和地理上的空间分割，跨国公司的委托代理成本往往要高于一般公司。

基于上述基本特征，咨询公司在开展针对跨国公司的投资战略规划的咨询时，需要从全球经济的角度出发，以跨国公司经济优势条件为基础，制定符合跨国公司发展实际的全球性战略目标，并以这种目标为遵循，为跨国公司开展全球资产配置和经营活动提供专业可行的建议。这就要求咨询公司要将全球市场作为跨国公司开展活动的舞台，为跨国公司在世界范围内进行资产配置和开展生产经营提供建议，帮助跨国公司追求市场份额最大化、生产成本最小化、经济利润最大化和经济竞争中的绝对优势地位。

2. 境外投资策划咨询

（1）境外投资项目信息准备。按照投资项目实行项目法人责任制的要求，跨国公司应由负责组织项目实施的项目法人负责项目的组织实施并开展项目前期研究工作，并按要求准备项目基本信息、项目年度信息、项目竣工投产信息、项目批复信息、项目单行材料等。项目基本信息包括项目概况信息，描述项目基本情况。项目单行材料包括管理项目单行材料信息，项目年度信息包括项目年度基本信息、项目资金来源信息。项目批复信息包括项目建议书、项目可研报告、项目初步设计等信息资料。

（2）项目投融资策划。项目顺利进行的重要基础之一就是能够获取及时足量的资金。企业的大规模跨国投资和经营是一个周期非常长的过程，在实现项目全过程安全稳定发展的过程中，项目资金的筹措和运用具有重要影响，在项目发展全过程不同阶段具有不同的特点。因此，咨询单位在项目实施中应针对项目不同阶段不同部分的特点分别制定有针对性的融资计划。该项工作最终的策划成果是项目商务计划书。

（3）项目投资管理策划。项目投资管理策划是对项目实施的任务分解和任务组织工作的策划，包括设计、实施采购招标、合同结构，项目管理的机构设置、工作程序、制度及运行机制的制定，项目管理组织协调，管理信息收集、加工处理和应用等的策划。

（4）项目投资的控制策划。项目投资的控制策划是对项目实施系统及项目全过程控制进行的策划。

3. 项目投资策划的组织实施

企业的境外项目投资规划涉及产业分析、市场调研、管理、经济、财务、规划、法律、工程技术等多方面的内容，由于企业自身能力存在一定的局限，因此为保证境外投资策划的质量并加强决策的科学性和可行性，企业应积极寻求外部专业咨询机构的帮助，在具备境外投资策划能力的专业机构的组织牵头下，组织各方面的专业人才或组织完成企业境外投资项目的策划工作，组织实施流程见表 7-2。

表 7-2　　　　　　　　　企业投资项目策划的组织实施流程

策划类型	主要内容
项目总体构思	背景条件研究
	项目定位： 包括投资主题与项目定位等
	项目类型与结构： 包括投资目标与项目特性等
	项目投资规模
	项目总进度： 包括项目发展方向及开发时序
可行性论证	环境分析： 如环境背景分析、资料收集、宏微观环境分析
	规划目标与策略分析： 如规划方案优化、初步设计或技术设计优化、项目实施阶段优化
	资金规划、成本费用估算、经济效益计算、风险分析
	项目投资评价： 如项目经济、社会、环境及综合评价
投融资策划	项目财务分析
	项目投融资策划

（二）境外投资项目的可行性研究

可行性论证关乎跨境投资能否推进及如何推进这种关键性问题，是投资项目前期策划过程中的重要工作。项目可行性分析工作时间长、涉及面广，其以跨国投资项目的建设、投资和运营为核心内容，从项目总体目标出发，对项目投资所在地的社会经济情况及其发展趋势进行分析及预测，并对项目投资落实后的生产原料和最终产品的供需情况进行分析。项目可行性分析结果要以项目可行性研究报告的形式呈现。项目可行性报告的可靠性和科学性直接影响项目投资决策的成败。

1. 项目工程可行性研究

（1）可行性研究报告的任务。中国企业目前开展境外投资项目的可行性研究，基本按照国内规范要求开展，包括应开展的工作、报告编写的格式，以及可行性报告的评审要求等。但需要注意不同国家对可行性报告要求的差异性，要注意投资东道国对可行性报告编写的规范要求，尤其是注意东道国政府对可行性报告的规范和审查。

（2）可行性研究报告的内容。可行性报告是企业开展境外投资决策的重要依据。在实际操作中，由于企业境外投资环境相较于境内更为复杂，因此对可行性报告范围的全面性和内容的专业性和准确性要求更高。

原则上，境外投资可行性报告除了需要涵盖境内投资项目可行性分析相关内容外，还需要对境外投资经济、社会、政治、文化环境差异造成的可能风险进行重点关注，并据此提出具体的风险应对方案。

（3）投资项目可行性研究应做的工作。为了编写符合要求的投资项目可行性报告，需开展以下工作（以火力发电厂项目为例）。

1）进行项目建设必要性和可行性论证。

2）做好备选方案比选和推荐。比较内容包括技术先进性、生产可行性、建设可能性、经济合理性等。

3）开展必要的调查、勘测和试验工作。

4）落实环境保护、水土保持、土地征用与拆迁范围及相关费用，接入系统、热负荷、燃料供应、水源、交通运输（铁路、码头等）、储灰渣场地、区域稳定及岩土工程、脱硫吸收剂与脱硝还原剂及其副产品处置等建厂外部条件，并进行必要的方案比较。

5）对厂址总体规划、厂区总平面规划以及各工艺系统提出工程设想，提出主机技术条件。

6）投资估算满足相关要求并进行造价分析。

7）确定切合实际的财务分析边界条件。

8）说明合理利用资源情况，开展节能分析、风险分析及经济与社会影响分析。

9）委托有资质的单位开展相关专题报告编制，并取得相应的审查意见。

（4）境外投资可行性研究中应该注意的问题。项目境外投资可行性研究的内容和国内投资存在一定的差异，具体来讲，在境外项目可行性研究中需要重点关注东道国可行性研究审查和标准问题、对当地社会环境影响、边界条件的合理性及技术难度与处理能力问题和勘探等问题。

1）东道国可行性研究审查和标准问题。东道国投资者、政府和其他利益相关者需要通过可行性报告对项目的合理性和可行性进行分析。例如，如果可行性报告中的技术方案不合理或投资成本计算不准确，则可能导致东道国相关项目利益相关者投资受损。因此，有些东道国政府会从技术标准、工程标准以及安全管理等的角度对项目可行性研究报告进行审查，有的甚至还会要求按照东道国的可行性研究规范编写相关报告。

2）对当地社会环境影响的问题。企业的境外投资和运营活动要求有良好的社会环境基础，这就要求企业在进行境外投资项目可行性分析过程中需要对项目运营的社会环境影响进行充分考量，重点关注可能存在的环境污染问题、施工烦扰问题、生计影响问题、宗教乃至价值观冲突问题等。事实上，由于社会观念冲突而造成项目推进存在重大障碍的情况在全球企业跨国投资中时有发生，例如，某西方企业在秘鲁开展的矿产资源开采项目就曾因当地居民的环境保护观念、宗教等因素而被迫中断，福田汽车在印度建厂的项目也因影响了印度当地居民的宗教活动而受到强烈反对。

3）边界条件的合理性问题。在跨国投资的过程中，可能存在投资东道国相关资料特别是降雨量、风能资源等需要长期观测的资料不足或者前后矛盾的问题。同时也会出现项目代理方故意"加工"出乐观的数据误导中资企业，而这些都是重要的项目边界条件，对项目投资活动具有重要影响。同时，如果企业在开展跨国投资可行性分析的过程中使用的方法不够专业或对项目方提供的材料审核不够严格，项目投资的可行性结果就要大打折扣，这往往会表现为项目投资计划的余度过大，从而造成资源的浪费，影响企业相关战略的持续开展。

4）技术难度与处理能力问题。技术问题长期以来都是企业开展跨境投资的重要影响因素。由于技术存在发展性和不可控性，这就对企业在开展项目前期可行性分析提出了新的更高的要求。在企业跨境投资实务中，尽管企业可能已经具备较高的技术水平，但其仍可能遇到由于东道国自然条件、法律规范等特殊性情况造成的技术风险问题，因此企业在提升自身技术水平的同时，还需要在可行性分析阶段针对东道国相关基础条件和企业自身技术能力进行详尽具体分析，并提出可行性意见。

（5）可行性研究报告审查。对项目可行性分析报告进行审查是企业科学决策和项目合规性管理的必然要求。开展项目可行性研究报告分析和审查可以实现对相关领域专家、组织的意见建议的更为广泛征集和采纳，进一步优化项目可行性研究的结论，从而提升项目可行性研究的可靠性和可行性。

一般来讲，项目可行性报告的审查工作开展的方式包括企业内部审查和权威组织的外部审查。企业内部可以开展项目可行性报告分析的机构主要是企业的技术经济评价部门，有资质开展项目可行性报告审查的外部组织主要包括设计院或者工程咨询机构等。项目可行性研究报告的审查内容主要包括投资必要性、市场分析预测的合理性、项目规模的合理性、设计方案的适用性与先进性、重大技术问题和工程安全问题应对方案、建设和运营投资的合理性、环境和社会的可持续性、经济效益的合理性、项目风险及应对策略等重大问题。

2. 项目融资可行性研究

项目的可行性研究内容除工程可行性之外，还要进行融资可行性研究。只有融资可行，工程可行才有意义。融资可行性研究包括融资方式研究、融资途径研究、项目的可融资性构建、融资机构比选、融资币种方案设计等。

（1）融资方式研究。要探讨境外融资问题，首先要了解有哪些融资类型，各种类型有哪些特点。对于许多规模、信用有限的企业甚至是有一定实力的民营企业而言，要获得境外项目的融资有时是困难的，因此迫切需要进行融资模式创新，优化融资方式。在实务操作中，可供选择的融资方式可能包括信托借款、公司债、夹层融资、售后回租式融资租赁、债务重组、债权转让、应收账款收益权转让、资产支持证券、特定收益权转让、股权收益权转让、战略引资、关联方借款、特殊信托计划、定向增发、夹层式资管计划、委托贷款、银团贷款、银行承兑、股票质押和对外担保、短期融资券等多种方式。

（2）传统国际多边金融机构融资。

1）世界银行。世界银行融资的特点如下：一是利率和期限优势突出，可以提供低息、无息贷款和赠款，贷款偿还期限可达 20～30 年，利率也低于市场利率；二是可带动其他金融机构积极跟进，共同融资；三是倾向性明显。世界银行贷款虽然没有国际货币基金组织（IMF）那样突出的附加条件，但也有倾向性：除了项目本身的可行性之外，项目投向侧重于教育、卫生、公共服务、基础设施、农业、环境和自然资源保护等领域；只向有主权担保的成员方的项目提供贷款，且该成员方要配资 50% 以上、有偿还能力且能合理有效地运用资金；要改革公共部门，理顺政府间的财政关系；要符合贸易自由化、反腐败和遵守法律的要求；要专款专用，进行严格的贷款审查和使用监督，包括招投标、工程进度、物资保管、工程管理等的全过程监督。一旦出现欺诈行为、腐败活动、共谋行为、胁迫行为、阻碍行为等问题，相关企业很可能被列入制裁的"黑名单"。

2）亚洲开发银行。亚洲开发银行的项目贷款主要为亚洲及太平洋地区国家服务，有利率和期限优势，还贷期限长达 10～30 年，利率低于市场利率。其他方面和世界银行项目贷款的要求相近，包括：审贷严格，且含有隐形的经济政治原则；政府透明度、意识形态要能通过考核，所获贷款要能促进经济向市场化转轨，能促进金融体系的改革开放；审贷时间较长，手续烦琐，效率较低；贷后管理严格，尤其是分包管理、环保管理、雇佣管理、招投标管理、社区协调等方面不能出现问题。

（3）新兴市场多边国际金融机构融资。除前述传统的国际多边金融机构外，还有亚洲基础设施投资银行、金砖国家新开发银行等新兴市场国际多边金融机构。

1）亚洲基础设施投资银行。亚洲基础设施投资银行是首个由中国发起设立的多边金融机构，旨在促进亚洲地区的经济发展和区域经济合作，改善其基础设施条件。该机构贷款的特点如下：一是不包含政治因素，不介入公共管理和政治领域；二是致力于在商业性与政策性之间的平衡，不过多介入贷后微观管理；三是符合环境防治、资源效率、社会影响、脆弱群体保护、文化资源、工作条件、社区习俗、劳工使用等评估要求，不得违反东道国法律或国际公约，强调债务要可持续，要保证绿色可持续发展。

2）金砖国家新开发银行。金砖国家新开发银行是由金砖国家联合成立的多边金融机构。其宗旨是为金砖国家和其他新兴经济体和发展中国家的基础设施建设和可持续发展项目提供资金支持。从其贷款投向看，主要是清洁可再生能源项目和城市建设、环保项目等。其价值理念和运作方式与传统国际多边金融机构相近，但投向更倾向于金砖国家和发展中国家。

（4）国内政策性金融机构融资。国内从事境外投资项目贷款的政策性银行主要是国家开发银行和中国进出口银行。

1）国家开发银行。国家开发银行是全球最大的开发性金融机构，是"走出去"信贷的中坚力量。其贷款包括项目融资、买方信贷专项贷款、专项投资基金等。其投向侧重于"两基一支"（基础设施、基础产业和支柱产业）项目，实力强大。长期贷款可达15年，利率根据中国人民银行规定、客户信誉、项目情况等进行调整。其提供的贷款多为有限追索的项目融资方式，融资利率中等，但担保要求较高，普遍要求母公司承担完工担保。

2）中国进出口银行。中国进出口银行作为政策性金融机构，除了提供项目融资、买方信贷专项贷款、专项投资基金外，也提供"两优"贷款。中国进出口银行和国家开发银行类似，贷款方向以设施联通、经贸合作、产业投资、能源资源合作等为主，也多为有限追索的项目融资方式。

（5）商业性金融机构融资。商业性金融机构包括境内商业银行和境外商业银行。

1）境内商业银行。境内商业银行例如中国工商银行、中国银行、中国农业银行、中国建设银行等实力强大的银行。随着"一带一路"建设的推进，他们纷纷加入境外项目贷款服务的行列。但总体来看，他们在项目融资方面做得比较少，专业经验不如国家开发银行、中国进出口银行等政策性银行，但在为并购项目提供过桥贷款等方面相当积极，且一些商业银行在境外分支机构众多，能提供更为便利的服务。

2）境外商业银行。境外的不少商业银行也可为中资企业的境外投资提供中短期贷款、再融资等服务，但贷款规模比较有限。有些银行（如澳新银行）的贷款方式比较灵活、效率较高。有的境外商业银行只要项目好且有较强的管控介入权，还愿意提供完全无追索的项目融资，中资企业的部分项目已经成功进行了尝试。和中资银行比，境外商业银行的风格更为国际化，即把可融资性评估的重点放在对项目的专业判断上，而不是简单地通过母公司担保来控制融资风险。

（6）专项投资基金融资。除了银行等金融机构，一些专项投资基金也提供境外投资项目的融资支持。既有主权性质的基金，有外汇储备出资等因素，如丝路基金、中非发展基金、中非产能合作基金、中拉产能合作基金等，也有金融机构和企业等以有限合伙制形式设立的非主权类境外投资基金，如中国中东欧投资合作基金、中俄地区合作发展投资基金等，还有一些由国有或民营企业自发设立的以境外业务为主的基金，如华安新丝路基金、国投瑞银新丝路基金、前海开源"一带一路"基金、博时新丝路基金等。

1）丝路基金。丝路基金由中国外汇储备、中国投资有限责任公司、中国进出口银行、国家开发银行共同出资成立，为"带一路"项目提供投融资服务。首期规模 100 亿美元，其后又新增 1000 亿元人民币。该基金还根据需要成立了子基金，如 20 亿美元规模的中国哈萨克斯坦产能合作专项基金。

丝路基金能提供中长期的股权投资和贷款，期限比一般私募基金更长，能协助解决资本金不足的问题，还能撬动其他贷款和投资的跟进，对"一带一路"项目有明显倾斜。项目投向是有重要意义的中长期项目，与东道国的发展需求相对接，按市场化、国际化、专业化原则运行，融资代价较高，风险控制要求也较高。

2）中非发展基金。中非发展基金是中国首只对非合作的基金，由国家开发银行承办，总规模 100 亿美元。该基金秉持政府指导、企业主体、市场运作、合作共赢的原则，选择项目兼顾中非合作的战略必要性、项目自身的财务可平衡性、机构发展的可持续性等因素，重点支持非洲"三网一化"（高速铁路网、高速公路网、区域航空网、工业化）及互联互通、产能合作和制造业"走出去"、农业民生、资源开发和工业（经贸）园区等领域的项目。

中非发展基金既可开展普通股的股权投资，也可开展优先股、可转换债等形式的准股权投资，还可以投资于其他基金。投资领域多数为基础设施、产能装备、农业民生、能源资源开发项目。

3）中非产能合作基金。中非产能合作基金主要由中国外汇储备投资、中国进出口银行共同出资成立，总规模 100 亿美元。该基金秉持商业化运作、合作共赢、共同发展的理念，坚持市场化、专业化、国际化原则，服务于非洲的"三网一化"建设，覆盖制造业、高新技术、农业、能源、矿产、基础设施和金融合作等领域。

中非产能合作基金既可以股权投资为主，也可以进行债权、子基金、贷款等多种类投资；既可以开展优先股、可转换债等形式的准股权投资，还可以投资于其他基金。投资领域多为基础设施、产能装备、农业民生、能源资源开发项目领域。2019 年年初，中非产能合作基金和中拉产能合作基金已经合并管理。

4）中国-中东欧投资合作基金。中国-中东欧投资合作基金由中国进出口银行牵头，联合匈牙利进出口银行等多家投资机构共同发起设立，是中国首个非主权类境外投资基金，基金规模 100 亿欧元。

中国-中东欧投资合作基金按照政府支持、商业运作、市场导向的原则运作，重点支持中东欧 16 个国家的基础设施、电信、能源、制造、教育及医疗等领域的发展，可开展股权投资、夹层债务或混合金融产品等业务。

5）中俄地区合作发展投资基金。中俄地区合作发展投资基金是由国家电力投资集团公司、中国核工业集团公司等发起的有限合伙制基金。基金首期规模 100 亿元人民币，总规模 1000 亿元人民币。该基金按照政府引导、市场化运作的原则，重点支持中俄地区项目。

6）其他投资基金。专注于境外投资的基金有很多。由企业设立的境外专项基金，一般规模较小，投向特定项目、特定客户，目的是以少量投入带动其他配资，对项目回报的要求高，时间短，一般要求 3~8 年就要退出。再如，外国的养老基金、退伍军人基金等的规模盘子往往也很大，要求的回报率不高，主要投向回报稳定的长期投资项目。

（7）机构投资者融资。机构投资者既有国有的，也有民营的，还有国外的。他们有的实力很强，合作形式很灵活，如国新国际投资公司，致力于支持服务中国企业"走出去"，既可采用债权形式，也可采用股权投资，有些基金的规模很大。既可直接参与项目，也可作为公司战略投资者，比较灵活。这类基金要求的回报条件合理，也不要求控股，不参与管理，很受中资企业欢迎。有些机构投资者实力一般，但专注于特定的境外业务目标，决策迅速。有些外国的机构投资者实力不弱，尤其喜欢购买中资企业境外发行的债券。

3. 提升境外投资项目的可融资性

境外投资项目要获得融资，须有明显的可融资性。

（1）银行关注点。要判断项目的可融资性，首先要了解银行关注的重点。在项目融资模式中，银行最关注的不是投资项目的收益率，而是项目的稳定性和风险的可控性。也就是说，项目评估的预期投资收益率再高和银行也没关系，银行的利益只体现在双方商定的融资利率上。一旦项目的稳定性不足、风险不可控，银行就很可能产生重大损失。另外，项目的预期收益率高，并不能代表项目的稳定性和风险的可控性就好。

例如，某中资企业在东南亚某国的电厂投资项目，通过相关运作沟通后，获得了购电方较高的电价承诺，测算的项目收益率较高。但该企业在项目决策时，不少人认为这样反而风险很大。因为该项目的电价和该国同类型、同规模的项目相比偏高，今后会被反对党、民族主义人士等当作攻击目标，而且项目开发权是未经公开招标获得的，届时很可能会出现颠覆性问题。

1）项目的稳定性。以电厂投资项目为例，项目的稳定性可以从以下几个方面观察。

一是是否缺电严重，是否有购电协议等加以保障。

二是项目的技术、工艺是否成熟。项目技术和工艺若不够成熟，项目建设就可能不顺利，生产就不一定能够连续稳定，产品质量也就很可能难以达到预期。

三是项目建设管理是否可控。包括 EPC 队伍的能力，EPC 合同的完善性，工期、质量、投资控制是否有得力措施。

四是生产运营是否有重大制约，包括原料供应、产品销售、生产条件是否可以确保，运营队伍能力、设备健康状况、电费结算方式是否符合要求。

2）风险的可控性。项目的风险是否可控，可着重从以下方面观察。

一是许可保障。项目投资、建设、运营等审批许可是否已经得到确认且不会再有变化。

二是东道国担保措施。是否有东道国的财政担保或其他有效担保。

三是市场保障措施。比如，供电项目是否能签订有量价保障的电力购买协议。如果收入完全靠市场化竞争，则应关注项目是否有足够的市场相对竞争力。

四是政治风险锁定措施。是否购买政治保险，是否对征收、汇兑限制、战争与动乱，甚至收入保障进行投保。

五是东道国的法律救济措施。是否有公平的法律环境、对国际法律救济机制是否认同。

六是经济评价裕度。虽然经济效益高低不能说明风险可控的程度，但如果经济评价过于乐观，经济测算模型合理性、边界条件取值裕度有问题，则风险无疑会增加。

七是其他风险锁定措施。这些风险不锁定，经营可能出问题，对还贷也有影响，包括汇率风险的锁定机制、环保风险的控制措施等。

另外，银行为提高风险的可控性，还可以在贷款条件中加上一些锁定机制，包括投资方的完工担保，项目公司在分红前应留足偿贷准备金，银行要对EPC队伍、运维队伍的素质能力和合同进行把关确认等。

（2）融资价值优化构建。境外投资项目除了原已具备的条件，还可以通过商业模式和投资架构设计以及谈判沟通等工作优化项目的融资价值。工作重点如下。

1）有说服力的还款能力。有说服力的还款能力是银行关注的重点，体现为项目的预期收入是否可覆盖还款的金额和周期，包括收入金额是否满足还款数额、项目收入到账的时间是否能与还款日匹配。另外，从项目借款方的角度，在项目收入现金流丰沛的情况下，应考虑提前还款安排。

2）控制各类风险。风险控制有力，不仅有利于获得融资，也有助于降低融资成本。一是要做好完工和超支风险、政治风险、汇率风险、环保合规风险、原料风险、销售风险等的控制应对措施；二是要做好详尽的尽职调查、合理的规划和预测、充分的保险安排工作，还要优化项目利益相关方之间合理的风险分担机制。

3）严谨且有利的商务合同。有些商务合同的瑕疵会对融资造成实质性影响。例如，原料合同中成本的增加，如果在销售合同中没有相应的疏导机制，将会导致项目的收益不稳定；EPC合同中如果没有足够的保护项目公司的承包商赔偿条款、拖延工期的保函措施等，将无法获得完工延期的充分赔偿。因此，可在商务合同谈定之前就让融资银行介入一起甄别风险，也可在商务合同谈判阶段引入熟悉银行信贷政策的律师团队共同把关。

4. 融资机构选择

当项目具有较好的可融资性，有意愿的贷款方又不止一家时，融资方就可进行融资机构的比选，因为不同融资机构的融资条件、融资成本、融资效率都不相同。

（1）融资条件。银行提出的融资条件和企业期望的吻合度如何，是比选融资机构的首要考虑因素。包括：

1）能否做成完全无追索的项目融资。

2）可否做成有限追索的项目融资，其担保条件是物理完工担保还是财务完工担保，担保的具体要求是母公司全额担保还是安慰函、支持函，抑或是只对 EPC 担保。

3）对项目经营有哪些限制，如还款期分红限制、解除担保限制等。

4）是否一定要投保政治保险（会增加成本、延长融资关闭时间），是否必须承保电费支付违约保险。

5）是否可以提前还贷。

6）是否可以少贷款或者适当多贷款。

7）还贷最长周期，有没有还贷宽限期。

8）是否外方股东的融资也要中资企业超股比担保。

9）是否提款时贷款方的配资比例要求很高。

（2）融资成本。融资成本既影响项目效益，也影响项目竞标的成功率，所以十分重要。包括：

1）利率情况。利率是高还是低，是浮动利率还是固定利率。

2）费用情况。融资成本中除了融资利率，往往还包括前端费用、杂费、安排费等各种费用，这将造成融资综合成本的明显增加。

3）还贷计算基数。是将剩余融资额作为基数，还是将实际提款额或协议融资额作为基础，需要明确。

4）本息的偿还方式。是等本息还款，还是等本金还款。不同的偿还方式成本不同，对经营的压力也不同。

（3）融资效率。对于境外项目的融资而言，融资效率实际上极为重要。一旦无法按期实现融资关闭，将面临履约保函罚没、项目被取消的风险。因此，在进行融资机构比选时，要重点关注以下问题：

1）有无确保按时实现融资关闭的口头或书面承诺，有无耽误融资时间时的控制措施或补偿机制。

2）是否能在政治保险正式批准前实现首次放贷。有时候为银行融资配套的政治保险审批手续比较麻烦，可能因受该东道国的其他因素影响而延误我国财政部门的审批时间，所以需要银行灵活处置，按期发放融资关闭的首笔贷款。

　　例如，某中资企业在东南亚某国的投资项目。由于该中资企业在该国的上一项目的理赔尚在进行中，且有关部门希望多个项目一起打捆审批，因此该项目的政治保险审批进程就慢了下来，但融资关闭期限临近。于是，银行在判断政治保险审批没有颠覆性障碍的情况下，果断支付了首笔贷款，避免了企业违约、履约保函被扣的风险。

　　3）后台风险控制部门与前台业务部门的沟通是否顺畅。前后台应及时沟通，如果后台在最后阶段才接触该项目，对项目情况难以快速消化和判断，就很可能出现无法融资或超出融资关闭时间的大问题。

　　4）银行的业务团队是否专业，双方是否有合作经历。一些刚开展此类业务的银行虽然态度很积极，也能够通过一些运作获得企业境外项目的融资机会，但管理层的契约意识不足，业务团队的经验缺乏，其结果很可能是提出许多不够专业的问题和风险控制要求，需要大量的沟通解释，或者补充做许多无意义的复核工作，以至于最终延误融资关闭时间。

　　5）是否有足够的实力独家提供融资。银团融资是常见的境外项目融资方式，但各方之间往往沟通困难，时间也较难控制。一旦有机构在融资谈判的后期突然退出，则牵头银行是否有责任感、是否有实力独自承担融资任务就显得十分关键，否则就会造成客户的项目机会损失和保函损失。

　　例如，中资企业东南亚某投资项目。由某银行牵头，和另一家银行共同为该项目提供融资。但在离融资关闭最后期限仅剩 10 天的时候，跟投银行突然发函表示不再参与。于是，牵头银行果断决定独立负责全额提供融资，从而保证了按期融资关闭。

　　再如，中资企业欧洲某项目。某银行主动要求提供融资，企业按银行答应的融资关键条款进行了项目经济评价和投资决策。但决策通过后，该银行突然变卦，融资利率要无端提高 0.8%。该企业的负责人想通过与银行高层进行对话来解决问题，但对方不予理睬。该企业只能重新研判、重新决策，工作陷入被动。

　　（4）其他需要重视的问题。

　　1）并不是只要融资条件合适、融资成本低、融资效率高的融资机构就可以合作。因为有些机构的钱是不能随便使用的，如一些机构在融资条件中可能带有显性或隐性的政治条款，尤其是对政治体制、选举制度、社会改革、金融开放、经济自由化等的要求，即使融资利率再优惠，也不适合我方融资。

2）执行项目时要做到完全国际化的要求，我方要对自己的履约能力进行评估，以免因违反协议要求而被列入"黑名单"。这些国际化的要求包括所有的产品和服务要全球采购、所有工作和文件要全程公开、程序和行为要完全按照国际法和国际商业规则、对企业道德要求过高、融资方毫无通融的介入权等，许多企业往往难以完全做到。

3）设法改变银行的优势地位。有的银行有"店大欺客"的情况，态度强硬，条件过高，甚至出尔反尔，缺乏换位思考和平等协商的意识。因此，要通过融资创新，包括非银行间接融资、境外机构融资等方式，通过银行之间的竞争，通过据理力争和耐心沟通，改变投资方过于被动的局面。

4）自身要做好融资条件、融资成本和融资效率之间的取舍和平衡。事情往往很难十全十美，是减少股东甚至是母公司对融资的担保，还是尽量降低融资成本，抑或是优先确保按时融资关闭，这些都需要企业及时作出判断和抉择。

例如，国际货币基金组织在对成员国经济陷入危机时进行资金援助时可能会附带很多条件，包括受援国可能要实行经济紧缩政策、要实施金融开放、要进行私有化等。经济紧缩政策包括利率上调、削减政府开支、汇率浮动、削减民众补贴、政府不得对企业提供国际担保等，这很可能造成民众生活困难、失业率增加、公务员不满等问题。金融开放则会造成东道国的金融业惨遭外资低价洗劫，金融业快速被外资控制。私有化政策则可能造成东道国许多关乎国民经济命脉的企业被迫"贱卖"，以至于经济控制权掌握在他国手中。因此，如果国际货币基金组织的资金使用不当，以上问题还很可能导致受援国的政局动荡。

5. 融资币种方案设计

境外投资项目往往涉及多个币种。在建设阶段，可能需要投入美元、欧元、人民币、东道国货币；在运营阶段，可能需要支付美元、欧元、人民币、东道国货币，收入美元、欧元、东道国货币。不同币种之间必然存在汇率波动风险甚至汇兑限制风险，因此需要进行贷款币种方案的优化。

二、境外投资项目审查及核准咨询

企业在开展境外投资活动的过程中需要向多个政府机关对特定事项申请核准或备案，例如，按照我国现行法律规定，中国企业需要通过国家发展改革委的境外投资审查、商务部的境外设立企业审查、国家外汇管理局和银行的购付汇登记，对国有企业开展境外投资活动的，还需要经过国资委的境外投资监管。

（一）发展改革部门的投资监管

2017 年，国家发展改革委出台《企业境外投资管理办法》，对 2014 年施行的《境外投资项目核准和备案管理办法》进行了重要调整，是政府深化"放管服"改革的重要举措。

1. 境外投资监管范围

相较于《境外投资项目核准和备案管理办法》，《企业境外投资管理办法》进一步扩大了国家发展改革委对境外投资活动的监管范围。《企业境外投资管理办法》将企业境外投资范围分为两大类：一是境内投资主体直接投资；二是境内投资主体通过其控制的境外企业进行投资。

境内投资是指境内企业直接或通过其控制的境外企业，以投入资产、权益或提供融资、担保等方式，获得境外所有权、控制权、经营管理权及其他相关权益的投资活动。具体包括以下情形：

投资主体为境内企业或境内企业控制的境外企业，但不包括境内自然人。目前，境内自然人不能直接向境外投资，但境内自然人通过其控制的境外企业对境外开展投资则属于《企业境外投资管理办法》监管的范围。控制是指直接或间接拥有企业半数以上表决权，或虽不拥有半数以上表决权，但能够支配企业的经营、财务、人事、技术等重要事项。

投资方式包括直接或通过境内企业控制的境外企业，以投入资产、权益或提供融资、担保等方式。需要注意的是，投资主体通过其控制的境外企业开展境外投资的监管方式并不是都要办理核准或备案手续，如境内投资主体通过其控制的境外企业开展投资额 3 亿美元及以上大额非敏感类项目，投资主体在项目实施前通过在线平台提交项目情况报告表向国家发展改革委报告即可，即此种情况下，投资主体无须办理发展改革委的备案手续。如果境内投资主体通过其控制的境外企业开展投资额 3 亿美元以下的非敏感类项目，则无须向国家发展改革委报告。

投资后取得的权利形式包括获得境外所有权、控制权、经营管理权及其他相关权益。权益形式不仅包括取得境外企业的所有权、控制权、经营管理权，还包括通过债权投资、提供担保或信托、协议控制等方式获得的债权、担保权、收益权等相关权益。

如下 8 种主要投资情形均属于《企业境外投资管理办法》监管的范围：①获得境外土地所有权、使用权等权益；②获得境外自然资源勘探、开发特许权等权益；③获得境外基础设施所有权、经营管理权等权益；④获得境外企业或资产所有权、经营管理权等权益；⑤新建或改扩建境外固定资产；⑥新建境外企业或向既有境外企业增加投资；⑦新设或参股境外股权投资基金；⑧通过协议、信托等方式控制境外企业或资产。

2. 核准与备案范围及核准与备案机关

根据《企业境外投资管理办法》规定，国家发展改革委根据不同情况对境外投资项目分别实行核准或备案管理。国家发展改革委核准或备案的境外投资项目范围如图 7-1 所示。

（1）核准范围和核准机关。投资主体直接或通过其控制的境外企业开展的敏感类项目实行核准管理。核准机关是国家发展改革委。根据《企业境外投资管理办法》，境外投资项目核准管理的范围是投资主体直接或通过其控制的境外企业开展的敏感类项目。《企业境外投资管理办法》中所指敏感类项目包括：①涉及敏感国家和地区的项目；②涉及敏感行业的项目。

敏感国家和地区包括：①与我国未建交的国家和地区；②发生战争、内乱的国家和地区；③根据我国缔结或参加的国际条约、协定等，需要限制企业对其投资的国家和地区；④其他敏感国家和地区。

敏感行业包括：①武器装备的研制、生产、维修；②跨境水资源开发利

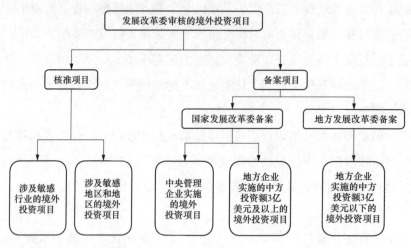

图 7-1 国家发展改革委核准或备案的境外投资项目范围

用；③新闻传媒；④根据我国法律法规和有关调控政策，需要限制企业境外投资的行业。

《关于进一步引导和规范境外投资方向的指导意见》（国办发〔2017〕74号，以下简称《指导意见》）和《境外投资敏感行业目录（2018)》规定，以下行业属于境外投资敏感行业：①武器装备的研制生产维修；②跨境水资源开发利用；③新闻传媒；④房地产；⑤酒店；⑥影城；⑦娱乐业；⑧体育俱乐部；⑨在境外设立无具体实业项目的股权投资基金或投资平台。这样，《企业境外投资管理办法》《指导意见》和《境外投资敏感行业目录（2018)》规定的境外投资敏感行业范围存在一定的差异。

（2）备案范围与备案机关。实行备案管理的范围是投资主体直接开展的非敏感类项目，也即涉及投资主体直接投入资产、权益或提供融资、担保的非敏感类项目。

实行备案管理的项目中，投资主体是中央管理企业（含中央管理金融企业、国务院或国务院所属机构直接管理的企业）的，备案机关是国家发展改革委；投资主体是地方企业，且中方投资额 3 亿美元及以上的，备案机关是国家发展改革委；投资主体是地方企业，且中方投资额 3 亿美元以下的，备案机关是投资主体注册地的省级政府发展改革部门。

3. 项目申请报告的编写

项目申请报告应当包括以下内容：

（1）投资主体情况。

（2）项目情况，包括项目名称、投资目的地、主要内容和规模、中方投资额等。

（3）项目对我国国家利益和国家安全的影响分析。

（4）投资主体关于项目真实性的声明。

4. 核准、备案程序与时限

（1）核准程序与时限。国家发展改革委核准涉及敏感类项目的具体核准流程及时限如图 7-2 所示。

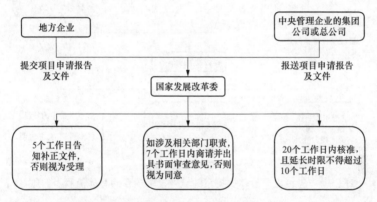

图 7-2　国家发展改革委核准涉及敏感类项目的具体核准流程及时限

1）核准程序。投资主体应当通过国家发展改革委投资项目在线审批监管平台向核准机关提交项目申请报告并附具有关文件。其中，投资主体是中央管理企业的，由其集团公司或总公司向核准机关提交。投资主体是地方企业的，由其直接向核准机关提交，而无须先向省级发展改革部门提交，再由其转交国家发展改革委。

2）核准时限。如项目申请报告或附件不齐全、不符合法定形式的，核准机关应当在收到项目申请报告之日起 5 个工作日内一次性告知投资主体需要补正的内容。逾期不告知的，自收到项目申请报告之日起即为受理。核准机关受理或不予受理项目申请报告，都应当通过在线平台告知投资主体。投资主体需要受理或不予受理凭证的，可以通过在线平台自行打印或要求核准机关出具。项目涉及有关部门职责的，核准机关应当商请有关部门在 7 个工作日内出具书面审查意见。有关部门逾期没有反馈书面审查意见的，视为同意。核准机关应当在受理项目申请报告后 20 个工作日内作出是否予以核准的决定。项目情况复杂或需要征求有关单位意见的，经核准机关负责人批准，可以延长核准时限，但延长的核准时限不得超过 10 个工作日，并应当将延长时限的理由告知投资主体。

（2）备案程序与时限。省级发展改革委备案的境外投资项目的具体流程及时限如图 7-3 所示。

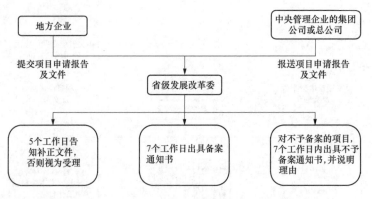

图 7-3　省级发展改革委备案的境外投资项目的具体流程及时限

1）备案程序。投资主体应当通过在线平台向备案机关提交项目备案表并附具有关文件。其中，投资主体是中央管理企业的，由其集团公司或总公司向备案机关提交；投资主体是地方企业的，由其直接向备案机关提交。

2）备案时限。如项目备案表或附件不齐全、项目备案表或附件不符合法定形式、项目不属于备案管理范围、项目不属于备案机关管理权限的，备案机关应当在收到项目备案表之日起 5 个工作日内一次性告知投资主体。逾期不告知的，自收到项目备案表之日起即视为受理。备案机关受理或不予受理项目备案表，都应当通过在线平台告知投资主体。投资主体需要受理或不予受理凭证的，可以通过在线平台自行打印或要求备案机关出具。备案机关在受理项目备案表之日起 7 个工作日内向投资主体出具备案通知书。对不予备案的境外投资项目，应当在受理项目备案表之日起 7 个工作日内向投资主体出具不予备案书面通知，并说明不予备案的理由。

（3）取得核准文件或备案通知书的时限要求。属于核准、备案管理范围的项目，投资主体应当在项目实施前取得项目核准文件或备案通知书。项目实施前是指投资主体或其控制的境外企业为项目投入资产、权益（项目前期费用除外）或提供融资、担保之前。属于核准、备案管理范围的项目，投资主体未取得有效核准文件或备案通知书的，外汇管理、海关等有关部门依法不予办理相关手续，金融机构依法不予办理相关资金结算和融资业务。

（二）商务部门境外投资企业监管

《境外投资管理办法》（商务部令〔2014〕3 号）和《对外投资备案（核准）报告暂行办法》（商合发〔2018〕24 号）是商务部开展企业境外投资监管的主要文件依据。

1. 核准权限及流程

（1）核准权限。根据《境外投资管理办法》的规定，企业境外投资涉及敏感国家和地区、敏感行业的，实行核准管理。实行核准管理的国家是指与我国未建交的国家、受联合国制裁的国家。实行核准管理的行业是指涉及我国限制出口的产品和技术的行业、影响一国（地区）以上利益的行业。

（2）核准流程。根据《境外投资管理办法》规定，对属于核准情形的境外投资，中央企业与地方企业均应向商务部提出申请，具体核准流程如图 7-4 所示。

根据《境外投资管理办法》的规定，商务部核准境外投资应当征求我国驻外使（领）馆经济商务处（以下简称经商处）意见。经商处应当自接到征求意见要求之日起 7 个工作日内回复。商务部应当在受理中央企业核准申请后 20 个工作日内（包含征求经商处意见的时间）作出是否予以核准的决定。申请材料不齐全或者不符合法定形式的，商务部应当在 3 个工作日内一次告知申请企业需要补正的全部内容。逾期不告知的，自收到申请材料之日起即为受理。对予以核准的境外投资，商务部出具书面核准决定并颁发《企业境外投资证书》。

（3）核准所需材料。境内投资主体在办理对外投资备案或核准手续时，除

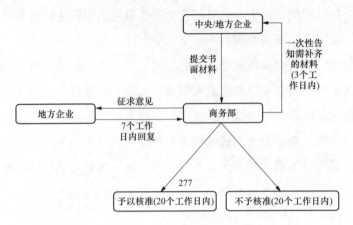

图 7-4 中央/地方企业境外投资商务部核准流程

按现行规定提交《境外投资备案表》或《境外投资申请表》、营业执照复印件外，还需提供以下材料：①对外投资设立企业或并购相关章程（或合同、协议）；②相关董事会决议或出资决议；③最新经审计的财务报表（全套）；④前期工作落实情况说明（包括尽职调查、可行性研究报告、投资资金来源情况的说明、投资环境分析评价等）；⑤境外投资真实性承诺书；⑥属于并购类对外投资的，还需在线提交《境外并购事项前期报告表》。

2. 办理境外投资核准与备案手续的注意事项

（1）关于境内投资主体。商务部要求境内投资主体必须是企业和非企业法人，即排除了自然人身份开展跨境投资的可能。同时规定没有具体境外业务的平台公司不予备案，但如果平台公司转为项目公司同时产生了一定的实际业务营收的，可予以备案。这种要求对投资基金公司的备案工作提出了更多的要求，当基金公司无项目时其作为平台公司不能备案。

（2）关于备案权限问题。企业投资项目金额在3亿美元以上的，需要向商务部进行备案，企业投资项目金额在3亿美元以下的，由省级商务部门负责项目备案工作。从备案程序上看，企业投资金额在3亿美元以上的需要经由省级商务部门初审，初审通过后上报商务部并由商务部审核，商务部审核完成后将相关情况反馈至省级商务部门，最终仍由省级商务部门负责办理备案工作。

（3）关于备案原则。以发债为目的的平台公司应取得发债主管部门同意后予以备案，为上市融资而开展对外投资活动目的的公司由商务部进行核准备案，路径公司可以进行备案，境外投资路径第一层级是外汇管理局给资金放行的依据，因此必须进行备案。第一层级的路径公司可以是多家，应根据企业的实际情况进行安排，但是境内投资主体要有合理的说明。

（4）关于备案时间。商务部或省级商务主管部门应根据提交的备案材料进行相关审查，符合要求的予以正式受理，受理后3个工作日内予以备案，而不是自收到备案申请表3个工作日内予以备案。

（5）关于境外再投资是否需要备案的问题。境外再投资是指境外企业利用从境外获得的利润进行再投资的行为，这种情况不需要再办理备案，但需要在完成境外再投资后向商务主管部门报告。涉及中央企业的，中央企业通过管理系统填报相关信息，打印《境外中资企业再投资报告表》并加盖印章后报商务部；涉及地方企业的，地方企业通过管理系统填报相关信息，打印《境外中资企业再投资报告表》并加盖印章后报省级商务主管部门。

（三）国资监管部门境外投资监管

根据《中央企业境外投资监督管理办法》，国务院国资委应对中央企业在境外从事的固定资产投资与股权投资进行监管。境外投资监管主要有四个方面的特点：一是强调依法监管、注重厘清国资委与中央企业的权责边界；二是强调全方位监管，注重加强投资监管体系建设；三是强调全过程监管，注重事前事中事后监管并重；四是探索创新监管，试行投资项目负面清单管理。国资委境外投资监管主要内容见表7-3。

表 7-3　　　　　　　　　　　国资委境外投资监管主要内容

阶段	国资委对中央企业境外投资监管内容
事前	制定中央企业五年发展规划纲要，对"特别监管类境外投资项目"审核把关，对"非主业投资"审核把关
事中	对境外重大投资项目进行随机监督检查
事后	对中央企业境外投资项目后评价工作进行监督指导，建立中央企业国际化经营评价指标体系，组织开展中央企业国际化经营年度评价

1. 监管流程和方法

（1）制定境外投资项目负面清单。国务院国资委根据国家有关规定和监管要求，建立发布中央企业境外投资项目负面清单，设定禁止类和特别监管类境外投资项目，实行分类监管。列入负面清单禁止类的境外投资项目，中央企业一律不得投资；列入负面清单特别监管类的境外投资项目，中央企业应当报送国务院国资委履行出资人审核把关程序；负面清单之外的境外投资项目，由中央企业按照企业发展战略和规划自主决策。

（2）境外投资事前管理。

1）制定中央企业五年发展规划纲要、企业发展战略和规划。中央企业应当根据国资委制定的中央企业五年发展规划纲要、企业发展战略和规划，制定清晰的国际化经营规划，明确中长期国际化经营的重点区域、重点领域和重点项目。

2）国资委对"特别监管类境外投资项目"审核把关。列入中央企业境外投资项目负面清单特别监管类的境外投资项目，中央企业应当在履行企业内部决策程序后、在向国家有关部门首次报送文件前，报国资委履行出资人审核把关程序。中央企业应当向国资委报送以下材料：①开展项目投资的报告；②企业有关决策文件；③项目可研报告（尽职调查）等相关文件；④项目融资方案；⑤项目风险防控报告；⑥其他必要的材料。

国资委根据相关法律、法规和国有资产监管规定等，从项目风险、股权结构、资本实力、收益水平、竞争秩序、退出条件等方面履行出资人审核把关程序，并对有异议的项目在收到相关材料后20个工作日内向企业反馈书面意见。国资委认为有必要时，可委托第三方咨询机构对项目进行论证。

3）国资委对"非主业投资"审核把关。中央企业原则上不得在境外从事非主业投资。有特殊原因确需开展非主业投资的，应当报送国资委审核把关，并通过与具有相关主业优势的中央企业合作的方式开展。

（3）境外投资事中管理。中央企业因境外重大投资项目决策涉及年度投资计划调整的，应当将调整后的年度投资计划报送国资委。中央企业应当按照国资委的要求，分别于每年第一、第二、第三季度终了次月10日前将季度境外投资完成情况通过中央企业投资管理信息系统报送国资委。季度境外投资完成情况主要包括固定资产投资、股权投资、重大投资项目完成情况，以及需要报告的其他事项等内容。部分重点行业的中央企业应当按要求报送季度境外投资分析情况。

（4）境外投资事后管理。中央企业在年度境外投资完成后，应当编制年度境外投资完成情况报告，并于次年1月31日前报送国资委。年度境外投资完成情况报告包括但不限于以下内容：①年度境外投资完成总体情况；②年度境外投资效果分析；③境外重大投资项目进展情况；④年度境外投资后评价工作开展情况；⑤年度境外投资存在的主要问题及建议。

境外重大投资项目实施完成后，中央企业应当及时开展后评价，形成后评价专项报告。国资委对中央企业境外投资项目后评价工作进行监督和指导，选择部分境外重大投资项目开展后评价，并向企业通报后评价结果，对其有益经验进行推广。

（5）境外投资风险管理。中央企业应当将境外投资风险管理作为投资风险管理体系的重要内容。强化境外投资前期风险评估和风险控制预案制定，做好项目实施过程中的风险监控、预警和处置，防范投资后项目运营、整合风险，做好项目退出的时点与方式安排。

中央企业境外投资项目应当积极引入国有资本投资、运营公司以及民间投资机构、当地投资者、国际投资机构入股，发挥各类投资者熟悉项目情况、具有较强投资风险管控能力和公关协调能力等优势，降低境外投资风险。对于境外特别重大投资项目，中央企业应建立投资决策前风险评估制度，委托独立第三方专业咨询机构对投资所在国（地区）政治、经济、社会、文化、市场、法律、政策等风险进行全面评估。纳入国资委债务风险管控范围的中央企业不得因境外投资推高企业的负债率水平。

中央企业应当重视境外项目安全风险防范，加强与国家有关部门和我驻外使（领）馆的联系，建立协调统一、科学规范的安全风险评估、监测预警和应急处置体系，有效防范和应对项目面临的系统性风险。

中央企业应当根据自身风险承受能力，充分利用政策性出口信用保险和商业保险，将保险嵌入企业风险管理机制，按照国际通行规则实施联合保险和再保险，减少风险发生所带来的损失。

中央企业应当树立正确的义利观，坚持互利共赢原则，加强与投资所在国（地区）政府、媒体、企业、社区等社会各界公共关系建设，积极履行社会责任，注重跨文化融合，营造良好的外部环境。

2. 地方国资委对当地国有企业境外投资的监督管理

为了贯彻和落实《中央企业境外投资监督管理办法》的相关要求，我国各省市、地方国资委相继制定了地方国有企业境外投资监督管理办法，规定地方国资委作为监管主体，督促当地国有企业建立健全境外投资管理制度，监督检查企业境外投资管理制度的执行情况、境外投资项目的决策和实施情况；制定并发布地方国有企业境外投资项目负面清单，对企业境外投资项目进行分类监管；组织开展境外投资项目后评价，对境外违规投资造成国有资产损失以及其他严重不良后果的行为进行责任追究；指导企业之间加强境外投资合作，提升协同力。

3. 国有企业境外投资财务监管

《国有企业境外投资财务管理办法》对国有企业境外投资的财务管理作出了全面规定，明确财务管理应贯穿境外投资决策、运营、绩效评价等全过程。

国有企业股东（大）会、党委（党组）、董事会、总经理办公会或者其他形式的内部机构（以下统称内部决策机构）按照有关法律法规和企业章程规定，对本企业境外投资企业（项目）履行相应管理职责。

国有企业以并购、合营、参股方式进行境外投资，应当组建包括行业、财务、税收、法律、国际政治等领域专家在内的团队或者委托具有能力并与委托方无利害关系的中介机构开展尽职调查并形成书面报告。

国有企业应当组织内部团队或者委托具有能力并与委托方无利害关系的外部机构对境外投资开展财务可行性研究。对投资规模较大或者对企业发展战略具有重要意义的境外投资，国有企业应当分别组织开展内部和外部财务可行性研究，并要求承担可研的团队和机构独立出具书面报告；对投资标的的价值，应当依法委托具有能力的资产评估机构进行评估。

国有企业应当建立健全境外投资绩效评价制度，定期对境外投资企业（项目）的管理水平和效益情况开展评价。

第八章

境外并购项目决策咨询

第一节　我国境外并购的主要特征及变化趋势

一、境外并购的特点及演进趋势

（一）并购及其类型

1. 并购的基本内涵

并购活动是企业实现做大做强最快和最有效的途径之一。与并购相关的一个概念是合并，是两家或两家以上的独立企业合并形成一家企业。在合并过程中，通常由一家具有相对优势的公司吸收其余一家和多家公司，新形成的企业不同于参与兼并的任何一家企业，参与合并的所有企业自身独立性都发生了改变。具体看，并购活动可以划分为兼并（merger）和收购（acquisition）两种活动。兼并（merger）是并购企业购买被并购企业产权的一种投资行为，被并购企业法人地位丧失或者虽然被保留但变更其投资主体。收购（acquisition）是指并购企业用股票或者资产购买被并购企业产权，获得被并购企业的控制权。被并购企业法人地位丧失。无论是兼并还是收购，都是涉及企业产权的交易，其动因和实际表现基本相似，因此在实际操作中一般不对两者进行具体区分，统称为企业的并购行为。

在经济现实中，并购是企业实现自身战略目标的重要工具，通过开展并购活动，企业可以获得能够和自身原有资源相互补的外部资源并将其内部化。并购活动的实质是企业控制权和各种要素的转移，参与并购双方根据自身实际需求对企业的控制权和要素进行交换，其中并购方通过让渡部分要素获得被并购企业的控制权，而被并购企业的所有者则通过让渡控制权获得收入，实现了并购双方的共赢。从被并购方的角度看，并购最直接的表现是企业的控制权在不同主体间发生了转移。

2. 并购的类型

（1）按照功能分类。从并购的功能和组织特征来看，可以将并购分为横向并购、纵向并购和混合并购三种类型。

横向并购是指并购行为发生在同一个行业相互竞争的两个或两个以上的企业之间，例如两个手机生产企业间的并购活动就是一种横向并购活动。在全球经济格局变革带来的企业、行业乃至产业调整背景下，企业间的横向并购活动越发活跃。通过开展横向并购，行业内部很好地实现了资源整合，并通过扩大行业内部企业规模提升了行业内部的资源配置整体效率。并购带来的企业和行业效率提升是通过规模效应和协同效应实现的。所谓规模效应，是指企业通过合并活动实现了生产和销售规模的扩大，从而降低了要素采购价格和商品生产的平均成本；所谓协同效应，是指合并后的企业整体不单单实现了规模扩大，并实现了技术、销售等生产活动影响因素互补，增加了企业在行业中的竞争力并实现了产业链地位的提升，实现了"1+1>2"的效果。横向并购主要出现在一些制药、石化、汽车制造等大规模制造业和一些服务行业，是目前企业跨国并购的主要形式之一，在全球化潮流复杂演进和各国产业政策调整的背景之下，横向并购活动在全球经济中的影响力越发突出。

纵向并购是指发生在产业链或供应链上下游具有直接关系的企业间的并购活动。通过纵向并购行为，企业实现了对产业链上游或下游企业的整合，将企业间的交易成本转化为企业内部交易成本并降低生产和交易中的不确定性，从而实现生产过程效率提升和成本降低，提升企业的整体收益。规模效应和生产的稳定性是纵向并购发生的重要动因。纵向并购行为发生后，企业生产的总体规模得到了提升，使并购企业获得规模经济收益。同时，对产业链上下游企业的合并使产品生产的原材料供应和产品销售渠道更为通畅，降低了生产和销售环节中可能的不确定性对企业生产活动的影响，实现了生产活动稳定推进。与横向并购不同，参与纵向并购的主体间的关系是合作而非竞争。总的来讲，纵向并购是一种企业在产业链条上开展纵向一体化的行为。

混合并购是指没有产业横向或纵向关系的两个或多个企业间开展的并购行为，企业开展这种类型并购的主要目的是通过开展多元化经营来分散经营和销售活动风险并实现自身规模经济的进一步深化。在单一产业面临竞争越发严峻的背景下，通过混合并购以更有力、更便捷地开展多元化经营是企业的重要选择。在多元化经营的作用下，企业生产风险得到了有效分散，并在范围经济的作用下，企业的生产效率得到了一定的提升。尽管不存在产业上的相互关系，但混合并购在目前全球并购活动中的比重有较为显著的增加趋势，成为全球在某一领域具有竞争优势企业开展多元化经营行为并在多个领域巩固自身竞争优势地位的重要举措。

在跨国并购实际中，通过哪种方式开展并购活动是企业基于自身条件、国际经济环境和相关法律法规及政策作出的选择。目前中国企业开展国际并购主要会选择通过横向并购的形式实现，这是在政府调整对外开放政策的大背景下企业基于自身优势并研判全球经济发展趋势，作出的实现自身收益最大化的选择。同时，企业也会基于保障自身生产和销售活动的稳定性之目的，开展一些纵向并购活动。中国企业开展纵向并购活动相对频繁的领域主要集中在能源、化工、钢铁等对原材料要求较高的行业，这些行业开展并购活动的目的主要是通过保证原材料供应数量和价格的稳定以稳定成本和保证收益。同时，混合并购活动也是企业开展全球竞争活动的重要选择。

（2）按照方式分类。按照并购的方式和并购规模，企业的并购活动可以划分为持有部分股权、控股并购和整体并购三种主要方式。

持有部分股权的并购行为是指主并方并未收购被并购方全部或一半以上股权，不能通过控股来决定被并购方的生产经营决策，但可以通过持有部分股权对被并购企业产生重大影响，从而达到主并企业战略目标。例如，2013 年中航国际控股公司通过增持股票的方式成为德国洪堡公司第一大股东，并由此派出一位副总经理，使中航国际控股公司能够影响德国洪堡公司的经营决策。

控股并购是指主并企业通过收购被并购企业一半以上股份的方式实现了对被收购企业的控制，相较于持有部分股权的并购行为，这种并购方式能够确保主并企业对被并购企业生产经营决策的支配，但又无须动用大量资源获得被并购方的全部资产，并降低了并购过程中的阻力，是企业利用有限资源实现自身战略目标的举措。例如，2012 年徐工集团与德国施维英公司进行了股权交割，交割完成后徐工集团拥有德国施维英公司 52% 的股权，形成对德国施维英公司的绝对控制。

在整体并购活动中，主并企业收购被并购企业全部产权，并以被并购企业总资产为标的进行定价并支付相关价款或转让相关资源。整体并购活动是主并企业掌控被并购企业全部资产的活动，保证了主并企业能够最大限度地管理和掌控被并购企业的经营活动和发展战略。相较于控股并购和持有部分股权，整体并购对主并企业的资金调配能力提出了更高的要求。2012 年，三一重工的控股子公司联合中信基金与普茨迈斯特公司签署《转让及购买协议》，共同收购普茨迈斯特公司 100% 的股权，出资额为 3.24 亿欧元。

（二）企业跨国并购的理论动因

在现有的西方经济学研究框架中，学者往往会从多种角度对企业并购行为的成因和影响进行分析，因此提出了规模经济理论、范围经济理论、交易费用理论、市场优势理论和资源基础理论等具有代表性的解释企业并购行为的理论。

1. 规模经济理论

规模经济理论是较早被应用于分析企业并购行为的理论，持该理论的经济学者认为，企业开展并购行为的初始动机是为了扩大生产规模，而并购行为对企业最大的收益是实现了规模收益。该理论的基础是生产的边际成本降低和边际报酬递增理论，即认为在一定范围内，企业产量增加会带来边际成本降低，在产品不变的情况下，企业生产的边际报酬会增加。因此，并购活动的开展扩大了企业的生产规模，从而实现了边际成本降低和边际报酬递增。在这个基础上，规模经济表现为生产的最小有效规模、采购的规模经济、技术的规模经济、生产的经验曲线以及范围的经济性等方面。

2. 范围经济理论

与规模经济存在一定相似之处的是范围经济理论，与规模经济以边际成本降低为基础不同的是，范围经济理论主要从需求端的变动去解释企业开展并购活动的动机及收益。范围经济理论认为，企业的并购活动使其业务活动更具多样性，而这种多样性有利于提高企业的产品销量、增强债务能力和降低赋税。在范围经济理论框架下，企业并购活动的收益是通过提升其最终产品的多样性和经营地域的广泛性实现的。从最终产品的广泛性看，企业通过开展多元化经营，实现了产品销售的相互协调相互带动，从而提升了企业的总体收益；从经营地域的广泛性看，企业通过分散化经营降低了企业相关风险，通过利用不同地区的要素禀赋和政策优势，企业实现了自身资源更优化配置。

3. 交易费用理论

交易费用理论是新制度经济学解释企业并购行为的重要依据。新制度经济学学者认为，企业是对市场配置资源的重要替代，企业存在的原因是其可以以更高效率和更低成本的方式实现资源配置。从这角度出发，当企业发展并购特别是纵向并购后，在产业链上下游的资源市场配置就变成了生产环节内的资源企业配置，这显著地降低了资源的交易费用。交易费用理论是目前经济学界研究企业跨国并购行为的重要支撑。在研究中，交易费用的概念内核也由企业生产环节的相关物料成本不断拓展至制度及政策壁垒、社会环境和自然环境等领域。例如，企业在东道国开展绿地投资可能会面临一些隐形的准入和经营限制，而通过并购东道国企业，主并企业可以显著降低相关政策壁垒，从而降低生产和经营的制度费用。

4. 市场优势理论

市场优势理论认为企业并购行为的动因是通过扩大生产规模并整合产业链关系降低生产成本以获得市场优势地位。因为企业开展并购后，在规模效应和交易费用降低的影响下，企业可以维持低于竞争对手的生产成本，从而有效提升自身的利润规模，并实现市场份额的扩大，从而获得长期性市场优势地位。这种市场优势理论在解释金融企业间的并购行为方面表现较好。因为在金融行业，企业的规模可以直接表现企业的实力，从而影响企业的受信任程度。所以企业规模的扩大可以直接增加客户对企业的信任，从而增加企业的市场规模，这个角度也解释了经济全球化和金融自由化背景下各国金融业的大规模并购现象。

5. 资源基础理论

资源基础理论从企业自身层次而非交易层次对企业开展跨国并购的动机进行分析。该理论的前提和基础是企业是通过获得并占据稀缺、有价值、可替代性和可模仿性低的资源实现自身长期竞争优势的，这种资源不但包括各种原材料、能源等实体物质资源，还包括技术、经营管理和人力资本等非实体资源，而并购能够实现资源的企业间转移，使主并企业获得了被并购企业的独特资源，并通过资源的整合实现了"1+1＞2"的效果，从而实现了企业自身和相关行业的生产效率和能力整体提升。同时该理论认为，资源的转移是存在一定成本和效率差异的，这种资源转移成本大小和效率差异与主并企业和被并购企业间的组织结构、企业行政能力及效率和企业文化差异相关。

（三）中国企业海外并购的主要特征

1. 企业海外并购总体规模不断扩大

改革开放特别是加入世界贸易组织后，中国企业在全球并购活动中的影响力越发突出，成为影响全球并购市场发展的重要力量。在对外开放和"引进来""走出去"政策的支持下，中国成为全球引进外国直接投资和对外直接投资最多的国家之一。与对外投资增长同步进行的是中国企业海外并购的规模和数量扩张，中国已然成为全球海外并购规模最大的国家之一。

2. 企业海外并购地区显著趋向美欧市场

在四十余年的改革开放进程中，中国企业的对外投资区域选择发生了三次较大的调整。改革开放初期到20世纪80年代末，中国企业的海外投资目的地主要是东南亚地区的发展中国家；20世纪90年代末到2008年金融危机爆发前，中国企业开始尝试对欧美发达国家进行小规模的对外投资；2008年金融危机爆发后，中国企业抓住危机后欧美经济发展疲软、国内企业经营陷入困顿的重要机遇，开始大规模地向欧美地区投资，反映了改革开放后中国企业在技术、资金和管理水平等方面得到了极大的提升。目前欧美地区已经成为中国企业进行海外投资和开展企业并购的主要活动区域，中国企业在欧美地区的并购规模已经超过其在全球并购规模的一半。

3. 多元化的企业海外并购格局已基本形成

现阶段中国企业海外并购的产业特征呈现多样化发展趋势。从并购金额上看，对第二产业中企业特别是能源和矿产资源开采企业的并购在并购总规模中占据较大比重，这是由能源和矿产资源开采企业的特点决定的，例如，中海油2002年开展的三次跨国并购，由于收购的主要是石油开采公司，因而每次跨国并购的规模都在3亿美元以上，其中最多的一次超过了10亿美元。同时石油冶炼、化工、电气、网络、汽车制造以及家电等行业也是中国企业开展跨国并购的重要目标。相对来说，现阶段中国企业在并购过程中对外国第三产业相关企业关注不多。根据产业分布分析，中国企业跨境并购的主要目标区域，对能源和矿物原料开采的跨境并购主要集中在东南亚、俄罗斯、澳大利亚、拉丁美洲等原材料较为丰富的区域，对其他产业的跨国投资主要集中在欧美发达国家和发展中国家中的新兴经济体。

4. 企业海外并购向价值链高端发展趋势明显

从价值链体系上看，中国企业的海外并购活动高端化发展趋势明显。近年来，中国企业越发注重获得高附加值相关产业，并对欧美产业体系中高附加值的产业开展了大量并购活动，这些产业集中在高端制造业、金融服务业、互联网等领域，并希望获得一定的高质量创造性资产。例如，作为走出去实现跨国经营的代表性企业，万向集团在收购美国A123系统汽车业务资产及其硬件设施的同时，还承接了该公司所有技术专利、产品生产和相关客户关系工作。同时美的集团在并购库卡集团的过程中也实现了"中国制造2025"和德国"工业4.0"有效衔接，实现了企业以并购活动为支撑向高端化发展。

5. 民营企业日益成为企业海外并购生力军

过去相当长的一段时间内，中央和地方国有企业都是企业海外并购活动的主力军。但在政策和市场制度的帮助下，国内民营企业得到了极大的发展，其自身实力得到了极大的提升，成了社会主义市场经济体系中重要力量之一，在中国企业对外投资活动中的占比不断提升。目前，在中国企业开展对外并购活动中，国有企业和民营企业齐头并进的格局基本形成。尽管相较于国有企业，民营企业在资金、技术和政策支持方面还存在较大的差距，但在开展跨国并购中民营企业凭借其组织和制度上的灵活性形成了独特的优势。民营企业的民间背景可以极大地缓解部分被投资国家对本国企业被并购而带来的经济安全隐患方面的鼓励，并且民营企业的组织制度相对灵活、利益导向性明显，这帮助了民营企业能够很好地利用各种政策优惠，通过开展跨国并购实现企业"走出去"，提升资产的全球配置效率。

（四）我国境外并购投资的政策趋势

1. 以对等开放突破东道国政治与政策壁垒

改革开放四十余年的经济建设在实现了招商引资规模扩大化的同时，也为中国企业"走出去"实现跨国经营创造了良好的条件，使得中国已经由一个纯资本流入国转变成为一个资本双向流动且净资本流出，中国企业在全球对外投资中的影响力进一步扩大。但中国企业开展对外投资的过程并非一帆风顺，在全球经贸格局调整和全球范围内"逆全球化"思潮抬头的背景下，部分国家从本国政治和经济利益出发，制定了一系列旨在限制中国企业在本国开展投资和经营活动的政策，使中国企业对外投资的进程面临一定阻碍。例如，中美贸易摩擦背景下，美国政府以安全审查和国家安全为由，对在美中国企业的投资和经营活动的正常开展进行行政干预，极大地损害了在美中国企业的相关利益。中国政府在维护企业正当权益的政策选择中，对等开放是优先选择的政策工具。对等开放的基本遵循就是中国通过自身开放换取相关国家在相关领域的开放，以实现特定领域特定资源的双向流动，从而降低相关政策壁垒以为中国企业开展跨国投资活动提供便利。

2. 加大对符合产业发展要求的跨国并购的政策支持

尽管改革开放后特别是加入世界贸易组织后我国企业对外投资的进程明显加快，且规模不断扩大，但总体上我国企业开展跨国并购经验还稍显不足，企业在开展跨国并购的过程中存在盲目性和缺乏系统性现象，例如，企业将资金用于并购与企业长期发展战略不相关领域或无益于国家产业结构调整升级领域，这种低效率的并购造成了资源浪费。为避免这种低效率并购行为的出现，政府应强化政策引导，制定包括财政、融资、外汇、税收等在内的相关产业优惠政策，引导企业主动调整对外投资产业结构。在实际操作中，政府需要对企业对外投资的各种产业进行评估，对有助于带动国内出口、提高产品质量，有助于技术水平提升、增强研发能力、提升企业在相关产业价值链中地位的企业投资行为给予审批、税收、外汇、融资等方面的支持，重点关注新兴产业的发展，鼓励企业通过开展跨国并购实现关键资源获取并以此推进企业技术创新和生产转型升级。

3. 为企业跨国并购构建服务体系

在企业的跨国投资和经营活动中，政府应发挥好服务职能，为企业的投资和经营活动提供高质量全方位的支持，成为企业跨国投资顺利开展的重要保障。目前开展跨国投资的信息不通畅、信息获取成本过高、信息正确性难以得到保障是企业开展跨国投资中的重要阻碍。例如，由于国内相关投资中介服务相对不健全，企业开展跨国投资需要聘请国外中介机构，而国外中介收费一般占到收购标的的3%左右，大规模企业跨国投资的标的金额巨大，从而造成企业开展跨国投资的中介服务成本过高。从这个角度出发，政府应积极主动作为，以"人才强国"战略为指引，做好会计、广告、法律、知识产权、管理咨询等方面人才的培养和引进工作，并为其开展跨国中介服务提供足够的政策支持。同时，政府也应发挥提供信息服务的职能，以驻各国使领馆、涉外政策性金融机构、行业协会、商会、企业家协会等机构与组织，做好投资东道国信息搜集和整理工作，努力为企业开展跨国投资提供包括国别法律状况、政治风险、东道国社会文化等方面廉价易得且准确及时的信息，为企业的跨国投资提供咨询服务。

4. 慎防跨国并购中的"中国溢价"现象

所谓跨国投资的中国溢价，是指中国企业在开展跨国并购中容易出现"扎堆"的现象，即多家中国企业竞标同一家目标企业彼此相互抬价，使目标企业最终成交价格高于甚至远高于目标企业的市场真实价格。跨国并购的"中国溢价"是中国企业"走出去"实现跨国投资的阶段性特征，标志着中国企业的跨国投资规模和数量达到一个相当的水平，但过高的"中国溢价"也造成企业资源的浪费和闲置，同时一些别有用心的国家和企业会利用这种"中国溢价"现象，通过同时邀请多家中国企业参与相关企业的并购活动来提升出让价格。因此，政府应积极主动作为，通过加强引导和构建企业间的沟通交流渠道等方式，最大程度避免企业开展跨国投资中可能存在的"中国溢价"。同时，企业也应积极与同行业相关单位沟通，规避并购中的恶性竞争。

5. 重视跨国并购后的整合问题

跨国并购活动并非企业资产的简单加总，其成功与否在于并购双方的战略发展方向、组织结构、企业文化传统的整合效率和效果密切相关。企业进行并购后，需要尽快与被并购企业进行有形和无形资源的整合，通过统筹协调使两个企业成为一个有机整体，使两个企业间资源形成"1＋1＞2"的效果并最终实现企业的并购目标。在中国企业跨国并购实践中，企业往往会忽视主并企业和被并购企业资源的整合问题，从而造成企业跨国投资经营决策的失败。事实上，由于跨国并购涉及两个不同国家的企业，存在社会制度、法律环境、文化环境的差异，因此并购后整合工作是企业开展投资前必须进行深刻分析的内容。从这个角度出发，为避免企业在并购后出现资源整合障碍而导致投资活动整体失败，企业应尽量选择并购与企业主业相关、有优势的目标企业。

二、境外并购投资决策面临的主要风险及防范

（一）主要风险

中国企业在境外投资并购的目标企业主要集中在能源、矿产资源、房地产、高端技术和高端品牌等领域。在企业并购目标行业、产业和所在区域差异的影响下，国内主并企业面临着不同的相关风险，主要包括国家安全审查风险、反垄断调查风险、资产权属真实性和完整性风险、资产价值风险、税收法律风险、目标国法律法规限制性规定风险、外资准入限制风险、整合风险、劳工风险、许可证照风险、财务风险等。

1. 国家安全审查风险

中国企业境外投资并购的目标企业如果涉及一国敏感行业或领域，那么该项投资或并购必须通过东道国的国家安全审查。在政治因素的影响下，全球范围内贸易保护主义思潮在部分国家特别是部分发达国家盛行，在一定范围内造成国家安全审查滥用，并在相当程度上影响了正常跨国并购活动的推进。例如，2016 年我国福建宏芯基金收购德国芯片设备制造企业 Aixtron（爱思强），在本已获得许可的情况下又被德国联邦经济与能源部重启调查程序，其声称因涉及国家安全信息，最终导致此项收购"流产"。受中美贸易摩擦的影响，美

国政府对中国企业在美投资行为开展了更为严格的安全审查，中海油收购尤尼科、华为与三一重工在美收购都被美国的外国投资委员会（CFIUS）以威胁美国国家安全为由予以否决，财信集团联合相关投资者收购美国某证券交易所的并购案也被美国政府以国家安全为由否决。

在当前和未来一段时期内，国家安全审查风险是中国企业在对外投资并购特别是对欧美发达国家投资并购过程中需要重点关注的风险。事实上，部分国家以国家安全审查为由将并购行为政治化的举动使中国企业通过该国安全审查的难度不断加大，因此中国企业尤其是国有企业在开展对美欧发达国家并购活动应保持最大程度的审慎。在针对这些国家开展并购活动之前，应制定完善相关预案，选择合理的并购模式，积极与东道国政府进行沟通以减少信息不完全，从而避免东道国政府的战略误判并减轻其相关顾虑。同时，在审查过程中企业应做好公关工作，通过聘请公关顾问采取适当的方式向公众进行解释与宣传，从而减少审查机构迫于民众与舆论压力而否决交易的风险。

2. 反垄断调查风险

企业的跨国并购活动最直接的影响是实现企业生产规模扩大和市场份额提升，而这恰恰有可能会给企业带来一定的市场垄断力量。为避免企业并购过程中的市场垄断行为出现，各国政府通常会对企业并购活动设置反垄断调查程序。例如在 2017 年中国化工集团收购瑞士农药种子集团 Syngenta（先正达）案中，美国联邦贸易委员会和欧盟委员会将对此案的审查重点放在了此次并购对该行业内企业间份额分配的影响，并有条件地批准了该项并购活动。与国家安全审查类似，中国国有企业在开展并购活动中会面临比民营企业更为严格的反垄断调查，其如果被目标国反垄断审查机构认为与其他国资委控制的国有企业间缺乏独立性，在计算营业额时很可能会以被国资委控制的所有国有企业的营业额为计算标准，使其通过东道国安全审查的难度大大加大。

3. 资产权属真实性与完整性风险

资产权属真实性和完整性是企业开展投资活动中需要重点关注的问题。从真实性的角度看，主并企业需要关注卖方对标的资产是否拥有完整的所有权或处置权，比如卖方是否拥有拟出售矿产许可证、房地产、专有技术、专利、商标等的完整所有权或处置权。主并企业需要确认被合并资产是否是共同所有资产，若卖方只是标的资产的共同所有权人，则其需要获得其他共同所有权人的一致同意才可以出售。未确认资产的所有权，主并企业需要到标的资产的登记机关进行查询与确认。从标的资产的完整性角度看，企业应该确认标的资产权属是否存在权利限制情形，比如标的资产是否已对外进行了抵押、质押或存在已被法院查封等情形。

4. 资产价值风险

企业开展境外并购活动前期的重要工作就是对并购目标企业进行估值，可以基于收益、资产和现金流等各种指标进行，通常情况下企业会以未来预期实现收益的大小与时间性预期作为评估的依据。事实上，对目标企业进行准确估值是一件较为困难的事情，因为企业资产特别是技术、专利、商标等知识产权的准确价值是非常难以确定的。目前在对企业资产估值方面，全球企业比较通行的做法是聘请专业的评估公司对标的资产的市场价值进行评估，但在实际并购过程中，主并企业可能没有足够充足的时间对被并购企业进行全面调查，因此目前国内很多企业的跨国并购都是以自身相关经营和并购活动经验为基础进行的，但相对来讲经验判断的可靠性和准确性很难比得上专业评估机构通过科学和客观的评估方法作出的评估结果，因此可能引发企业收购过程中被收购企业资产价值风险。

5. 税收法律风险

在并购实务中，企业往往面临着较股权投资或绿地投资更高的税负。主并企业可能会因为资产大大增值而需要缴纳高额的增值税和所得税，同时还要关心被并购企业在资产持有和经营期间是否依法向税务部门缴纳了足额税款。因为被并购企业在经营过程中若存在偷税漏税行为，则主并企业在并购完成后需要向所在国税务机关补缴大量税款和税收滞纳金。同时，主并企业开展并购活动还需要对后续其再次转让或处置标的资产时如何有效降低税负进行事先筹划，以达到降低或免除后续转让时需要缴纳高额税款的风险或起到递延税款的作用。

6. 目标国法律法规限制性规定风险

对专利、高新技术、知名品牌等知识产权获取是我国企业对欧美国家企业开展收购的重要目的，通过将这些无形资产应用到企业的生产和经营活动中，企业能够提升自身在本土和全球市场中的竞争力。但欧美国家的一些法律对外国投资者对本国高技术企业和高品牌价值企业的收购活动进行了一定的规定，限制或禁止了某些高新技术的出口或转让。这要求中国企业在开展投资并购前需要对东道国的相关法律规定进行明确，了解清楚标的企业的相关资产是否存在法律限制的情形。同时，被收购企业和所在国政府也会担心主并企业收购活动的目的，是否会出现主并企业获得被并购企业相关技术后便会关停被并购企业，从而引发失业等问题，因此，被并购企业也会与主并企业进行约定，收购完成后多长时间内不得转移相关高新技术、专利、品牌等知识产权。比如，美的收购德国机器人库卡公司时，库卡公司就要求若干年内美的不得转移其知识产权。因此企业在并购过程中应该就这些限制性的附加条件进行明确。

7. 外资准入限制风险

目前全球各国开放领域、开放程度上存在一定差异，一些国家特别是发展中国家在外商并购方面存在一定的限制，这就要求企业在开展针对这些国家投资并购活动时应提前了解该国的并购限制规定，否则一旦贸然在该国主管单位或法律禁止领域开展投资并购活动会使企业蒙受巨大损失。因此，建议企业在开展投资前咨询该国相关律师事务所，明确该国在特定领域投资的规定。例如，印度尼西亚规定国外投资者设立合资企业经营 P2P 的持股比例不能超过85%；又如在外国企业在越南经营电信业务，对非以设备为基础的服务，其持股比例不得超过 65%，对以设备为基础的服务，其占股比例不得超过 50%。企业的投资和并购活动若违反了所在国相关法律，则项目合同或协议很可能会被认定无效，从而造成投资活动失败。

8. 整合风险

贝恩管理咨询公司的调查研究表明，约有 80% 的跨国并购失败案例是由于直接或间接源于企业并购之后的整合。企业并购交易结束并非并购活动结束，更不意味着并购活动成功，企业只有经历了并购后的整合风险考验才能被称为并购活动取得良好效果，企业的并购整合风险的产生主要是由于不同国家的基础环境差异和在这种环境下企业发展特点差异。企业在开展并购的过程中，需要注意的整合风险主要包括经营整合风险、人力资源整合风险和文化整合风险。

（1）经营整合风险。企业经营风险主要源于主并企业和被并购企业的目标市场定位、经营策略、销售策略和发展战略存在一定差异，这造成并购活动结束后企业的营运能力和盈利能力没有达到预期水平。

（2）人力资源整合风险。并购活动的开展可能会遭遇一些被并购企业内部的阻力，这种阻力在主并企业和被并购企业整合阶段会表现人力资源整合风险，这种风险主要是由于并购后对并购企业相关人员安置不合理，从而导致员工产生抵触情绪，影响企业整体工作效率。

（3）文化整合风险。并购过程中企业间和国家间的文化差异也是并购结果的重要影响因素。每个企业都有各自成长的社会文化土壤，其在长期发展中形成自身独特的企业文化，企业间的文化会成为企业并购后整合与否的重要影响因素，这需要主并企业做好并购后信息交流沟通工作，实现企业价值观融合。

9. 劳工风险

境外投资的劳工风险是企业跨国投资并购过程中企业面临的主要风险之一，无论企业是开展绿地投资还是并购原有企业，都会涉及生产组织中劳动者问题。相较于绿地投资，企业跨国投资并购中的劳工问题更为复杂，其不但涉及新员工招聘问题，还涉及既有员工安置问题。劳工风险和投资东道国的经济发展水平和法律法规密切相关。事实上，各国法律中对劳动者权益和企业与劳动者关系的规定存在较大差异，若企业在投资的过程中对此不加重视，则极易引发劳工风险，导致跨国并购效果低于预期。

10. 许可证照风险

投资并购和经营的许可证照是企业开展跨国并购投资和经营行为前置条件，这就要求企业在开展并购和经营活动之前对该国的法律和政策规定进行充分了解，重点关注企业拟投资和经营前需要获得哪些相关监管部门审批或许可，需要获得哪些许可或执照才能开展业务，以及办理上述证照所需审批、许可的复杂程度和所需时限等内容，进而对其中潜藏的相关风险进行预估。

11. 其他风险

事实上，除了上述风险外，投资国和东道国间政治体制、政府工作、国家安全、社会治安、当地市场、适用的建筑标准和规范、适用的法律、风俗习惯、医疗条件、工程项目管理、分包商供应商的选择、外汇与项目资金管理、税务会计管理等方面各种差异都会产生投资并购过程的衍生风险，因此，企业在开展并购前需要对并购可能涉及的各个因素开展广泛有效的评估，并相应地制定科学可行有针对性的风险防范方案。

（二）并购风险防范

1. 并购需要重点关注的问题

（1）制定明确的收购计划。开展跨境并购活动会长期影响企业的经营和发展，在并购过程中企业需要注意统筹短期利益和长期发展战略。企业开展并购前要从企业发展战略层面对被并购企业与企业长期发展规划匹配程度进行分析，并制定并购后整合计划。例如，企业要在技术上实施横向一体化战略，则需要对被并购企业的技术阶段特点和技术研发能力及方式进行分析，判断并购后能否为主并企业技术完善和发展提供相应助力；如果企业要实现生产纵向一体化战略，则需要对被并购企业与主并企业的产业链和价值链关系进行判断，分析被并购企业是否处于主并企业产业链和价值链上下游位置。如果企业在并购过程中缺乏相关战略分析，则会严重影响并购后整合工作的有序开展，从而可能导致并购引发企业经营风险。因此，企业在开展跨国并购之前需要明确，并购并非企业实现国际化经营和发展的唯一选择，甚至在相当多情况下很难称之为最佳方式。除了并购外，企业也可以通过内部发展、联盟等方式实现规模扩大和国际化的经营。因此企业在开展并购前，必须对实施并购与实施相关外部发展方式的效果和影响进行比较分析，若比较分析结果确认并购是符合当期和远期发展战略的最优抉择，则企业需要制定一个明确的海外收购计划，对企业包括战略上的评估和业务上的整合，交易结构、支付手段、支付节奏和风险防范的设计，以及并购后的经营方针、整合策略等。

企业在进行收购前，首先要对被并购企业的政治、社会文化和自然环境进行深刻的考察和分析，若主并企业和并购目标企业所处的政治、文化环境差异较小，则并购活动的成本就相对较小，并购活动的总体风险就较为可控，并购后实现成功经营的可能性就越高。其次需要对被并购企业的规模、技术水平、生产经营情况等基本特征进行分析和判断。以规模为例，主并企业应从自身经营状况出发，选择与企业发展战略最为符合企业进行并购，避免"蛇吞象""小鱼吃大鱼""老虎吃蚂蚱"等并购双方规模差距过大的情况出现，从而实现并购资源的高效利用。从企业发展生命周期来看，主并企业在计算并购收益时要以持续经营假设为基础，避免过分看重短期收益而忽视长期回报行为的出现，企业应从其经营和发展生命周期及集团整体发展战略出发，将并购活动的重点目标放在实现企业长期发展前景和远期发展潜力上，这就要求企业在选择被并购方的过程中进行仔细甄别，优先选择处于具有长期发展前景行业和自身具有较大发展潜力的企业，对于所在行业发展处于衰退阶段且自身技术实力、发展潜力较小的企业，不应因其可能带来一定的短期回报就贸然开展并购活动。

在企业明确了并购对象后，应该对目标企业各个方面的特点进行准确详尽的调查，并对目标企业的长期发展趋势进行科学的判断。在这个过程中企业应积极寻求外部专业机构的帮助，例如，聘请相关投行对目标企业的所在行业前景进行判断，分析目标企业的财务状况和盈利能力，并对并购后主并企业的远期收益进行预测。在外部机构帮助下，主并企业可以获取相对准确的并购目标企业的相关信息，并以这种信息为基础对企业并购活动的后果作出相对准确的判断。在这个过程中，对并购目标企业进行估值是关键环节，估值方法主要包括现金流量法、账面价值法、市盈率法、清算价值法，具体使用什么方法要结合企业的特征，同时主并企业也可以选择一种以上的估值方法对被并购企业进行综合判断，以得到相对科学可靠的估值结果。

事实上，对并购企业自身和其所处环境的深刻了解并制定可行的并购计划是企业开展并购的重要基础，但许多海外并购失败的案例表明部分中国企业在开展海外并购过程中对被并购企业信息了解不充分并缺乏相关并购计划。因此，企业应在开展并购前制定周密的并购计划，在充分了解被并购企业相关特征的基础上，做好并购后企业间资源整合工作。

（2）熟悉法律环境。熟悉东道国的相关法律环境是企业规避相关法律风险的重要内容。对相关法律法规的了解和遵循是企业开展投资并购的基础和前提，企业需要厘清东道国的相关法律体系并了解该国政府对海外并购的政策规定，在这个过程中企业可以借助外部中介机构的帮助。事实上，中国企业在开展跨国并购的过程中具有相当的资金优势，但开展跨国并购仅仅具备相当实力是不够的，企业还需遵守当地的反垄断法等相关规定并考虑当地政府对并购行为的管制举措，例如当年首钢收购秘鲁铁矿，也是因为对当地的法律文化环境，特别是对当地的劳动法、工会法知之不深而导致并购活动失败。因此，企业在开展并购前必须熟悉当地的法律环境。

（3）将收购和管理团队合二为一。企业的跨境并购活动是一个全生命周期的过程，并购后整合对企业的长期发展具有关键作用，这要求企业要重点关注并购后整合相关问题。实现企业并购后整合成功的一个重要原则就是避免将企业的收购过程和整合过程割裂化，而实现这一原则的重要举措就是将企业的收购和整合团队合二为一。这种收购和整合团队合二为一的做法可有效避免相关责任划定问题，避免出现在前期收购中相关人员为保证收购顺利进行隐瞒或搁置相关风险因素问题，实现了企业并购全过程的权责统一。

（4）注重管理整合。在政策和市场的帮助下，我国企业取得了相当的发展，但由于我国对外开放时间相对较短，国内市场制度还有进一步完善的空间，这导致我国企业在经营管理特别是跨国经营管理方面的经验相对欠缺。在这种情况下，可能出现国内主并企业相较于国外企业管理经验和方法上处于劣势情况出现。事实上，采取何种管理方法要依据企业的自身特点。在并购整合阶段中的管理方法选择不能一味求新，同时要注重管理方式和组织模式的稳定性和连续性，这要求在吸收并购双方企业优秀管理经验的基础上，制定新的管理制度，形成新的管理方法。根据内外环境的变化对企业管理模式进行调整，是海外并购后面临的一项长期任务。

2. 完善境外并购的财务管理体系

在海外并购策划过程中，公司财务部门的重要地位同法律、战略部门等同，财务部门应该在信息沟通、财务报告、资产管理、统一的财务基础工作制度、预算控制和资金管理等方面尽快建立起保障海外发展目标实现的财务管理控制系统，保障公司并购活动中相关信息能够及时准确地传递至决策部门，以实现对并购活动具体内容进行及时准确的纠正，形成以财务管理控制为主线的绩效管理策略。

（1）信息沟通和财务报告。在对目标公司的估值工作完成后，企业就需要进行筹资工作。企业的融资能力和规模决定企业支付并购对价的方式，企业应结合自身资本结构、控制现金流的能力、资产流动性、可能的股权稀释率和股价波动情况，慎重考虑并购的交易规模。因此，主并企业应该依据所在国的会计规定建立相应的会计科目体系和与之配套的海外财务报告标准格式，以此保证基本会计信息的准确性和可读性。同时应借鉴国外相关跨国公司的成熟做法，在传统的财务分析报告基础上建立经营分析报告编报制度，其中各经营单位需综合分析并报告基本经营信息变化、关键绩效指标、生产经营、安全环保和人力资源等方面的综合信息。通过建立完整的信息沟通和财务报告机制，主并企业决策层可以掌握海外机构相关信息并及时对相关情况作出反应，实现并购后管理的规范化。

（2）资产管理。企业开展跨国并购会带来资产管理模式重要调整，这要求企业：

1）严格落实区分资本性支出和经营性支出的原则，并监控落实情况；

2）组织每年不少于一次的资产盘点以及年度审计中与审计师海外机构的协调；

3）与公司采办部门分工负责制定海外机构实物资产管理办法和采购管理办法，其中应明确海外机构可在年度预算范围内在当地独立采购资产，但必须将询价方案和有关支持合同提前上报公司采办部门审查备案，在采购完成后根据收到的信息制作并发出标准的固定资产标签。

（3）统一的基础财务工作制度。主并企业的财务管理部门中各单位要结合自身工作职责和专业职能，对海外机构的管理环境特点和地方性法规体系进行事先整理和分析。并结合公司已有的相关内部政策规定文件形成专业财务指导手册，同时在培训、业务指导和实施沟通等方面制定标准化的制度、流程和时间表，以便于实施。

3. 重视人力资本

人才是企业的基础和灵魂，"遇人不淑""用人不当""乏善可陈"是大部分并购风险的根源之一，因此，企业在并购活动中需要重视人力资本的利用工作。这就要求企业在开展并购过程中寻找具有专业技能和相关并购经验的人才主持并购工作，充分尊重人才的主动性并发挥人才在并购过程中的重要作用，将人才的专业知识和技能作为并购成功的重要保障，为企业在并购开展方面提供相应的支持。

4. 重视经验积累

企业并购经验是帮助企业规避并购风险实现并购成功推进的重要保障。从全球企业并购历程来看，特定企业的并购经验来源主要包括自身并购活动的经验积累和学习借鉴相关企业并购活动。由于我国企业开展并购活动的历史相对较短，企业在开展并购过程中应注重借鉴国际跨国公司的并购经验，以提升自身并购活动成功的概率。在这个过程中，企业的并购学习机制应发挥重要作用，将并购知识由个别项目的经验形成系统化的组织知识，促进知识在后发并购项目中的应用。在并购学习机制的作用下，企业通过集体讨论、任务报告等形式实现个体和集体学习认知能力提升，实现公司对并购活动隐性知识的掌握和记录，并形成相关文件以保障企业的并购活动有序成功开展。

第二节　境外并购决策咨询的主要任务

一、境外并购战略及政策咨询

（一）设计并购战略

企业开展的并购活动是一个风险和收益并存的行为，在这个过程中存在较大的不确定性。美国《商业周刊》杂志对美国 20 世纪 80 年代的并购案例分析后认为，在企业并购的全过程中，并购战略发挥了重要作用，明确可行的并购战略是企业实现成功并购的前提和保障。因此对企业来讲，在并购开始前就要从企业发展全局和战略出发，制定明确的并购战略并以此指导企业整个并购活动。

1. 明确公司层面整体目标

对公司层面整体目标的明确是企业制定并购战略、开展并购活动的重要基础，这就要求企业对自身的经营环境和企业核心能力进行全面系统的把握，并对企业经营环境发展变动和企业核心能力发展趋势进行预测和研判。事实上，企业的并购活动是企业核心能力扩展的重要方式，可以维持企业竞争的优势地位，因此并购企业选择并购战略的基础是全面分析企业所处的产业环境、所具备的和所需要的战略资源以及核心能力的状态和培育方向。

通常看，企业开展并购活动的整体战略目标主要包括：第一，有机增长，即通过收入、市场占有率和毛利的增加，或者改进资产利用率来增加企业的收益；第二，技能强化，即吸引人才保持竞争力；第三，投资组合管理，即管理业务组合，提升现有的和不断发展的能力，降低风险，或者对业务进行重新定位；第四，防卫行为，即避免潜在的被收购，或者纠正已存在的业务/运营问题；第五，机会主义，即投资于独特的市场/竞争机会或者正在发展的商业模式；第六，全球化，即扩张市场份额，增加国际范围的销售。

2. 并购能力资源环境分析

（1）并购企业核心能力的分析。识别现有的核心能力是并购企业选择并购战略的第一步。企业核心能力是支撑企业在特定行业实现竞争优势地位的重要保障，因此在进行并购战略选择时，企业应从自身的核心能力出发，寻找与其核心能力相匹配的行业和领域，并对该领域的发展特点和发展趋势进行分析，形成企业并购后经营的优势地位保障。企业可以通过实行横向并购，使原有核心能力在同行业中得以扩展和渗透。同时企业以其并购为支撑，通过获取外部资源实现对自身核心能力有效补充。

（2）并购企业战略资源的分析。核心能力的本质是企业独特的、专用性的知识和资源，但表现形式可以呈现出知识、专长、信息、资源、价值观等不同形态存在于人、组织、环境、资产、设备等不同的载体之中。因此在并购过程中，需要对与企业核心能力存在重要关系的相关战略资源进行识别、获取和利用。这就要求企业在制定并购计划的过程中，要依据企业相关战略资源选择并购策略，并明确相关战略资源的具体作用。通常来讲，在明确并购目标企业后，就可以基本确定实现对目标企业并购的关键资源要素。然后企业将这些关键资源要素与企业核心能力进行比较，以此来确定企业是否具备相应的并购整合能力，如果企业不具备可以使并购成功的相应核心要素，则企业可以通过接触外部资源支撑并购活动。

（3）并购企业产业环境的分析。在分析了企业的核心能力和资源特性之后，企业还需要对现存的产业结构特性进行分析。企业的产业结构特征会影响企业并购战略和并购后整合方法选择，在进行产业结构特征分析的过程中，主并企业需要深刻把握行业的技术特点、发展周期特征和主并企业及并购对象的市场地位和未来发展规划。例如，如果目标企业所处的行业表现出高度专业化的技术结构，则企业的核心能力价值将会被锁定在相关行业内；反之，则可以以技术为支撑实现行业间并购拓展。同样，当目标企业所处行业正处于萌芽并快速发展阶段，则主并企业可以以核心能力为依托，开展横向或纵向并购。

（二）制定并购战略

一是跨国并购整合成功应具备如下要素：从发现并购机会开始由专门的整合经理负责；有明确的整合计划；进行全方位的沟通；提出更高的业绩标准。二是跨国并购应避免如下常见误区：并购前不进行文化兼容性的调查；整合与并购是两个分立的过程，并购协议签订之后，整合过程才开始；只注重资产财务整合不注重人力资源的整合；仅凭被并购公司的业绩决定其高层主管的去留；缺少系统评估和全面挽留其他管理和技术人员计划；以慢速整合来促进双方的融合。

从这些问题出发，企业在确定开展并购业务之前，需要对所有可用资源进行识别，并了解这些资源的相关使用限制。例如从财务角度来讲，主并企业可以通过现金流预测来评估公司的运营资金情况并分析资本投资要求，并以此来判断公司执行收购战略的资金基础。一般认为，企业并购中需要考虑的企业总体发展战略主要包括业务战略、运营战略、财务战略和税务战略。

1. 业务战略

业务战略是企业发展总体战略的核心和关键，其他战略都是以业务战略为牵引开展的，业务战略的主要内容是指导企业结合外部环境进行业务发展以获得更大盈利及成功的决策与选择。在企业生产操作实际中，一个完整的业务战略应该聚焦于选择目标客户、确定相关产品和开展有效生产活动。企业业务战略的主要目标是实现企业经营利润增加。在这个过程中，企业需要对产品线进行优化升级，对产品结构和组合进行战略调整，并依据市场变化和竞争对手活动调整产品价格，压缩产品生产成本。概括来讲，公司的业务战略设计主要是用于回答五个关键问题，即"我们的目标和愿景""在哪里竞争""如何取胜""需要哪些能力以及怎样的组织""需要怎样的执行设计"。

2. 运营战略

运营战略是实现公司业务战略目标进而实现公司总体战略目标的中间环节。运营战略是指通过协调外部市场需求与内部运营资源，来界定企业长期运营能力及其作用的战略决策的总体模式。在公司运营战略组织实务中，其需要以公司总体战略作为出发点，从质量、速度、可靠性、灵活性和成本的角度保障公司业务战略的顺利落实。企业需要在绩效总体目标的指引下，对新产品/服务开发、计划与控制、采购管理、生产规划、订单交付和配送规划进行细化的战略设计，并以企业基础资源为基础，对公司战略总体发展计划进行支持。

3. 财务战略

财务战略是公司在总体战略基础上，以财务活动控制为基础，以确保实现公司发展的短期和长期目标。在并购活动中，财务战略是指并购方在并购过程中利用财务手段选择并购目标，通过对财务资源的有效配置，沟通和联络并购双方不同层次的战略关系，实现企业价值增值。通过以财务活动为纽带，实现并购过程中并购价值评估、并购支付、并购融资、税务安排以及并购会计处理等活动联系，促进并购收益最大化。

4. 税务战略

税务是并购过程中有重大影响却又极易被忽视的问题，制定税收战略对于降低并购成本并避免相关税务法律风险有重要意义。税务战略是指并购方在并购过程中利用税务手段，在纳税行为发生之前，在不违反法律、法规的前提下，通过对纳税主体在并购过程中涉及的纳税行为和活动等事项作出事先安排，以达到少缴税或递延纳税目标的一系列谋划活动。

5. 撤出投资策略

对并购目标企业非核心业务进行剥离是企业在开展并购过程中需要重点关

注的问题。在具体操作中，剥离非核心业务的过程与收购新业务存在较大的相似性，但其往往不被主并企业管理层所重视，从而在一定程度上造成了并购资源浪费和并购后运营效率降低。因此认为，企业应增强对剥离被并购企业非核心业务活动的关注度，通过制定成本最低效率最高的非核心业务剥离策略降低对企业员工士气的影响、对客户和供应商的不确定性的影响以及对整体运营的影响，从而实现并购后效率最大化。

剥离非核心业务的时机和方式是影响剥离非核心业务成本和收益的重要因素，与公司和行业整体发展下行周期相比，上升周期出售相关非核心业务将带来更高收益，因此公司在出售非核心业务的过程中应注重时机和风险的平衡。

（三）并购评价及其应用

1. 并购绩效及方式

从超长收益的角度看，并购绩效一般指被收购方股东获得显著的正的超常收益；企业在境外并购的过程中需要综合考虑各种影响因素，灵活选择资产收购或股权并购的方式。以下要素需要重点考虑：并购动机的差异影响企业的选择，选择资产收购方式的主要动机是为了获取被并购企业的实物资产和技术、品牌、市场渠道等无形资产，选择股权收购方式主要是为了获取目标企业的股权；对并购对象负债风险的考虑影响企业选择。资产收购操作中，收购公司只要关注资产本身是否存在产权纠纷就基本可以控制收购风险，而股权收购存在一定的负债风险；税收方面的差异可能改变企业选择，境外资产收购中，纳税义务人是被收购公司和外方目标公司，根据目标资产的不同需要缴纳不同的税种，而股权收购中的纳税义务人是被收购公司和外方目标公司的股东，与目标公司无关；第三方权益影响也需重视考虑，资产收购中，资产的转让必须得到相关权利人的同意，或者必须履行对相关权利人的义务，股权并购中影响最大的是目标公司的其他股东，因此股权收购可能会受制于目标公司其他股东。

2. 并购成功标准、可能性和价值

在并购过程中，可能存在主并企业和被并购企业股东、管理者、员工等相关主体利益不一致情形，为保证并购活动成功，要寻找并购双方利益的最大公约数，并以利益最大公约数为支撑，实现并购活动多方利益主体共赢。对主并企业来讲，并购活动应能满足企业发展战略需要，提升其核心竞争并扩大企业的有效市场份额，从主并企业的角度对并购活动成功与否进行判断要采用综合的指标，从企业经营长期发展出发进行判断分析。

一般认为，并购只是一种相对中性的工具，并购活动在不同时期与不同的主客观条件相结合，将产生不同结果。对并购的评价应将并购的目的与结果相比较而进行，只要结果达到主体当时的并购目的，就可认为具体并购行为是有效的。

二、境外并购规划咨询

（一）企业并购的重要节点

1. 签署交易前期文件

为保证交易工作顺利有序开展，咨询单位需要对并购双方将前期商定的内容和后续工作节点安排进行整理汇总，并为并购双方准备投资意向书、谅解备忘录、条款清单等前期交易文件。同时，为保证交易相关敏感信息安全，咨询单位和并购双方需要签署保密协议。

2. 与境外投资监管机构进行事先沟通

目前，我国负责监督企业跨境投资和并购活动的单位主要是国家及地方发展改革委、商务部门、外管局、国资委等，咨询单位在开展跨境并购咨询活动前需要与这些单位进行沟通，明确主并企业开展的投资或收购项目是否符合国家的监管政策，详细了解并购活动的开展需要按照什么方式向国家审批、核准或者备案，及审批、核准或者备案过程中的相关要求，以避免国内政策的不合规影响主并企业跨境并购活动的整体推进。

3. 开展尽职调查

尽职调查是企业开展境外投资活动的重要环节，对并购决策进行尽职调查是我国相关监管单位对企业的要求。事实上，咨询单位在并购正式开展前为主并企业对目标企业进行法律、财税等方面尽职调查是主并企业实现成功并购的保障。过去一段时间内，由于我国企业开展跨境投资的经验不多，一些企业在开展跨境并购中忽视了尽职调查工作便贸然开展并购，使并购的最终结果不甚理想。一般情况下，尽职调查会包括法律、财务、税务尽职调查，还可能会涉及技术、商业、人力资源尽职调查等内容，尽职调查的具体内容要根据主并企业和被并购企业的特点和其所处行业确定。企业开展尽职调查需要注意以下问题：

（1）尽职调查应涉及并购目标公司的深层次问题，避免流于形式。

（2）在调查过程中，要保持必要的谨慎和怀疑。

（3）积极采用趋势分析、结构分析等分析程序对目标企业的资料进行分析，从而发现可能存在的重大问题。

4. 搭建境外投资交易架构

由于不同国家在政治制度、经济发展、社会文化、法律制度等方面存在较大差异，因此在开展跨境投资的过程中，咨询公司帮助境内企业利用好境外投资交易架构就显得格外重要。事实上，搭建境外投资交易架构是境内企业进行境外投资或收购时最容易忽视但却极为重要的环节。好的境外交易架构可以帮助企业规避相关境外交易法律风险，并通过税务策划降低企业的交易成本，还可以在后续收付汇、便利退出等方面发挥积极作用。

（二）企业并购规划需要重点关注的问题

作为一项庞大而复杂的系统工程，中国企业在境外并购的过程中常常要面临各种复杂的资产关系，有效识别并善于处理是企业重点考虑的问题。为此，需要做到：理顺各种错综复杂的产权关系；识别各种经常化的关联交易，对关联交易的利用可以成为并购方实现其发展战略与经营策略的重要手段；形成多层次的财务决策，并购方在确定母公司主导地位的基础上，充分考虑不同产业、地区、管理层次企业不同情况，合理处理集权与分权的关系，最大限度减少内部矛盾，调动被并购方及各子公司的积极性和创造性。

1. 制定明确的收购计划

在决定海外并购之前，咨询公司需要帮助企业明确：并购并不是企业发展的唯一方式，也不一定是最佳方式，内部发展、联盟与并购各有短长，企业决策者必须在海外并购和其他外部发展方式之间进行战略抉择，以确保企业正确的发展方向。如果全球市场与境外资源对于企业的发展的确举足轻重，则咨询公司需要帮助企业制定一个明确的海外收购计划，包括战略上的评估和业务上的整合，交易结构、支付手段、支付节奏和风险防范的设计，以及并购后的经营方针、整合策略等。尽管瞬息万变的海外并购往往有计划赶不上变化的事情，但明确的收购计划会降低失败的可能性。

许多失败的海外并购案例表明，中国企业在走出去之前都缺乏明确的收购计划，主要表现在两个方面：一方面是中国企业囿于本身的经验和能力，很多企业从一开始便被动地参与谈判，往往未能对所有可能的备选方案作全面分析，便匆匆投标，结果无论是对收购目标还是范围的确定都带有很大的随意性；另一方面则表现在许多中国企业历来不重视并购后的整合工作，似乎产权交割后任务就完成了，殊不知整合才是并购中最艰难的挑战。因此，一项全面的并购计划是咨询公司为企业走出去开展跨国投资必须提前准备的文件。

2. 熟悉法律环境

中国企业仍然存在低成本优势，有的企业也初步具备了海外并购的资金实力，但对于一起成功的并购来说，仅有资金和低成本是远远不够的。因为被并购企业所在国家的反垄断法和政府对资本市场的管制，均可能制约并购行为，尤其是当地劳工法的限制。有的企业在海外上市，把国内"行得通"的"圈钱"方式带到了海外；有的违规违法经营，甚至涉嫌犯罪。因此，咨询公司需要帮助企业熟悉国际规则及国际惯例，特别应该使其了解和研究投资经营所在国当地的法律制度和文化。

3. 建立包容的企业文化

包容的企业文化同样是咨询单位在开展并购咨询中需要重点关注的事项，包容的企业文化能够帮助企业并购后成功运营。企业文化的整合是在并购后整合过程中最困难的任务，但中国企业海外并购还面临企业文化差异挑战。中国企业在海外的形象通常与低价格的产品和低效率的企业联系在一起，被并购企业所在国的员工、媒体、投资者甚至是工会仍然对中国企业持一种怀疑的态度和偏见，由此带来双方在业务及组织上的整合都受到阻碍，整合的难度将大幅度增加。中国企业要想把文化的冲突降到最低程度，就要学会如何建立起一种共同的文化，而不是非此即彼地选择一种文化。问题的焦点不应放在两种文化有多大的差异上，而应该权衡长期保持这些差异的利弊得失，成功的企业通常能够在文化整合和企业对一定自主权的需要方面找到平衡，而过于激进但错误的文化整合会直接导致资产价值的流失。

4. 打造能留住海外人才的环境

咨询单位在设计并购方式时需要建立完善的人才发展和激励机制。很多并购案例表明，人才的流失是并购失败的一个重要因素。但对于习惯"一朝天子一朝臣"的中国企业来说，并购之后被并购企业核心管理层大面积流失的例子俯拾皆是。然而，大多数中国企业都缺乏海外市场的运作经验，如果能借力于被并购企业原有核心人才，显然是完成并购整合的捷径。虽然相对于国内而言，海外市场有大批职业经理人可用，而且代理成本也远比国内市场低，但是如果没有把握能留住被并购企业的核心人才，那么中国企业就应该仔细审视并购计划，因为新引进的职业经理人通常需要一个过渡期，这无疑会给整合带来更多变数，因此放弃并购显然是最好的选择。

三、境外并购项目尽职调查及核准审查

尽职调查又称谨慎性调查、审慎调查，是指投资人在与目标企业达成初步合作意向后，经协商一致，投资人对目标企业一切与本次投资有关的事项进行现场调查、资料分析的一系列活动。尽职调查的目标是解决并购活动双方信息不对称问题，其往往是由并购企业发起组织实施，以对并购企业相关信息开展相关调查，当并购活动是以换股的方式推进时，被并购企业也需要对并购企业开展相关尽职调查工作。尽职调查的实施主体一般为会计师、律师和行业专家等中介机构，从调查类型上看，一般可以将尽职调查分为企业经营管理、法律关系、企业财务、企业文化等不同类型。

并购审慎调查是在并购过程中必须进行的一个环节，其属于尽职调查的一个部分。在企业并购合并中，尽职调查的最终目标是对目标企业作出合理的估价，与目标企业在并购价格上达成共识。审慎调查是估价的前提条件，通过审慎调查，企业可以对目标企业的资本状况、运作过程、预计收入的可行性、未来的业绩、可能的债务风险、并购后需要追加的投资、管理层的能力、员工的稳定性与积极性、企业与政府间的关系等有一定程度的把握。

（一）尽职调查的原则及目的

1. 尽职调查的原则

审慎调查的重要作用要求企业在开展审慎调查前应做好调查方案的策划工作，主要是对调查的范围、调查时间的分配、并购专家团队的组成与分工等进行合理规范。确定审慎调查范围的一般流程是：并购团队拟定调查的内容和范围，形成审慎调查范围报告书，呈报给被调查公司，目标公司针对并购买方调查范围的要求给出相关意见，双方进行协商，最终确定范围。在实际操作中，主并企业应该尽可能扩大调查范围并延长调查时间，从而保证调查结果的广泛性和可靠性。主并企业应做好调查时间的利用工作，从实现人员高效配置的角度实现有限时间内调查成果最大化，尽量减少调查业务的重叠，对于需要重点调查的范围，应指定不同专家从多个角度进行调查分析。调查前，并购企业应对团队内的专家进行合理的工作分配，以便提高团队的调查效率。

2. 尽职调查的目的

（1）尽早判明潜在的致命缺陷和它们对收购及预期投资收益的可能影响。

（2）寻找并提出对估值及交易价格存在影响的问题发现对交易结构的设计存在影响的因素。

（3）寻找可能影响交易及融资方案的事项：①流动资金；②抵押资产和现有融资条款的制约；③卖方的声明、保证及赔偿。

（4）寻找并量化影响财务模型的事项：①独立成本；②实际税率；③现金流不足以支付债务利息。

（5）寻找为交易增值的机会：①税务规划；②节省开支。

（6）制定或完善交易后事项。

3. 尽职调查的执行方式

目标企业会根据投标的情况进行选择，被选择的买家才有资格对目标企业进行审慎调查。一般目标企业根据自身情况以及投标情况选定3家左右的潜在买家。审慎调查的形式多样，包括经营管理层访谈、企业现场察访、进入资料库收集相关资料等。

4. 审慎调查的内容

并购团队进行审慎调查的内容目录见表8-1。

表 8-1　　　　　　　　　　　并购团队进行审慎调查的内容目录

内容	相关信息
1. 企业基本信息	(1) 营业执照、公司章程、税务登记证（在确认企业资产所有权时使用）
	(2) 股东会议记录和董事会议记录（确认董事选举的合法性和以往的重要交易活动）
	(3) 股东名录及股权架构
2. 财务报表和审计报表等	(1) 结算凭证及审计报告等主要资料
	(2) 业务计划及资产现状、营业现状等内部资料
3. 主要资产清单	(1) 有形资产目录、资产评估报告、所有权凭证、担保状况等资料
	(2) 特殊行业政府许可证、是否具有从第三方获得的特别许可等
	(3) 专利、商标、著作权等无形资产权证
4. 重要合同	(1) 原材料供应合同及产品的长期销售合同
	(2) 企业主要管理人员的聘用合同、过去高层人员的合同、大股东之间的合同
	(3) 租赁合同、许可合同、特许合同
	(4) 借款合同（借款条件、利率、期限、担保、贷款人、能否延长等）
	(5) 优先认股权、拒绝权、统一条件转让权等股东之间的合同
	(6) 员工劳动合同、保险合同、年金、养老金、福利等
	(7) 公司内部规章制度
5. 向经营管理层提出的问题	(1) 过去的业绩分析与计划
	(2) 产品竞争力、市场占有率及相对的收益率
	(3) 合同可能发生违约的情况
	(4) 正在进行诉讼的情况
	(5) 关于企业的承包、购销、库存、产品定价等政策性问题
6. 外部途径可获取的信息	(1) 经济、产业报告
	(2) 主要客户对该企业产品的满意度
	(3) 业务相关银行掌握的资信状况
	(4) 房地产权证，要注意是否已抵押给银行

5. 调查内容的分配

并购调查的具体内容需要由并购团队内的各工作组分别完成。划分工作组有很多方法，最常用的是由麦肯锡开发、迈克尔·波特教授改良的价值链模型，将各个工作组划分为项目调查负责人和主要工作组，主要包括采购部门调查组、生产部门调查组、营销部门调查组、人事部门调查组、财会部门调查组、法律部门调查组、研发部门调查组和 MIS（管理信息系统）部门调查组等。并购团队各工作小组调查内容分工表见表 8-2。

表 8-2　　　　　　　　　并购团队各工作小组调查内容分工表

分组	负责内容
项目调查负责人	（1）协调各工作组之间的业务，对目标公司管理层进行评估
	（2）了解管理层的管理思路，作出战略评价
	（3）了解管理层人员在并购完成后的去留意向，要求的留任报酬
	（4）了解目标公司管理层对目标公司的理解程度
采购部门调查组	（1）对主要的供货渠道、与供货商的关系及对以后的运营方案的评估，对长期采购合同的评估
	（2）产业规模扩大的可能性，预计价格，预计需求等信息
	（3）并购后的采购战略，采购原材料的种类和数量，与采购有关的其他事项
生产部门调查组	（1）对生产工艺的综合评估以及并购后需要改善的事项，质量管理的组织结构和管理效率
	（2）场地的利用效率，以后可否扩张，扩张时需追加的投资额
	（3）对自动化系统的评估，以过去的生产统计为基础，评估整体的生产效率
	（4）生产设备的新旧程度，替代费用，电、水、气等配套设施现状，设备的效率以及扩张的可能性
	（5）产品及原材料的储藏、运输、卸货设施的评估
营销部门调查组	（1）长、短期营销战略与计划，并购后的营销战略
	（2）对营销能力的评价以及对销售的预测，销售收入是否真实
	（3）产业信息的收集与评估，新产品的开发计划
	（4）对客户企业的评估及并购后的营销战略
	（5）就定价战略、销售策略、品质、目标市场等问题与竞争对手进行比较
	（6）其他关于营业或营销的信息收集、评估、整理
人事部门调查组	（1）是否与员工签订劳动合同，劳动合同对经营的影响
	（2）各部门、各职位级别、各职能员工现状及其效率评估
	（3）分析人力成本、集体合同内容、工资协商制度、过去发生过的劳资纠纷等问题

续表

分组	负责内容
人事部门调查组	（4）员工的福利现状，社会保险、年金、奖金等各种福利制度
	（5）安全管理手册的制作与执行状况，过去的安全事故处理资料
	（6）劳动合同中是否规定了经营权变更时适用的特殊条款
财会部门调查组	（1）最近五年的财务报表、审计报告等
	（2）过去五年的费用、收益季度报表或月报表
	（3）非正常费用的发生或发生的可能性
	（4）经营资金使用结算和预算，经营项目支出和资本项目支出预算、结算
	（5）应收账款、应付账款、库存等的周期分析和预测，销售毛利率、经营收益率等的分析和收益率的预测
	（6）分析企业与银行等金融机构的关系
	（7）使用现金流量法评估企业价值而推测的现金流量表
	（8）成本明细、成本变动计算表、本量利分析资料等文件和报告书
	（9）税务申报表、应纳税金、税务部门审查、有关并购的会计处理方法以及税收上的影响等问题的分析，研究并购完成后的预计税负水平
法律部门调查组	（1）通过章程、营业执照、其他登记文件等确认公司实际存在与否
	（2）企业的全部关联公司
	（3）章程中有可能影响并购的规定
	（4）与公司业务有关的政府部门的限制性规定、法律、许可等
	（5）对产品和员工提起诉讼的可能性
	（6）正在进行或可能进行的诉讼、胜诉的可能性、相关费用及预计损失
	（7）对现存资产目录和有关权利证书的审查
研发部门调查组	（1）最新开发的技术和已经投入商用化应用的技术，或正处在开发、商用化过程的技术以及可行性
	（2）与工程技术、制造技术有关的专利、商标、许可等内容
	（3）与竞争对手相比具有优势的技术及对其价值的评估
	（4）研发人员与技术人员的劳动合同
	（5）项目的预计费用和成功的可能性
	（6）目标公司的技术与买家技术的兼容性
	（7）是否有技术人员参加解决客户投诉，并把这些反映在技术开发中
MIS部门调查组	（1）硬件、软件、业绩等有关MIS的分析
	（2）有关MIS的战略和预期投入
	（3）掌握公司内部网络

（二）财务尽职调查

1. 概述

财务尽职调查即财务专业人员针对目标企业与投资有关财务状况的审阅、分析、核查等专业调查，又称谨慎性调查。企业财务尽职调查的重要目标是帮助主并企业了解被并购单位的财务价值和风险，以实现主并企业谈判的主动权。

2. 工作范围

通常情况下，公司开展财务尽职调查的工作范围包括分析被并购单位的盈利能力；资产质量情况、负债和未入账债务水平、或有负债水平、承诺和风险情况；营运资金和现金流；关联方交易；业务分立和资产剥离；会计系统和内部控制缺陷等。

3. 财务尽职调查报告

财务尽职调查报告的内容主要根据客户的交易目的、客户的特定需求、目标公司所处的行业特点和具体的工作范围来确定，并运用图表、数据汇总、问题描叙等方法展现尽职调查工作中发现和数据分析结论。主要包括以下部分：

（1）与交易相关的重大问题。

（2）财务数据的分析概览。

（3）尽职调查调整（包括会计调整和模拟正常化调整）汇总和重要调整说明。

（4）目标公司股权架构、经营状况、模式、规模和重要客户、供应商情况概述。

（5）历史盈利能力分析，资产负债表各重要科目数据分析。

（6）现金流量和营运资金分析。

（7）对外承诺或有负债和潜在风险分析汇总。

（8）税务风险和税务尽职调查发现。

（三）运营尽职调查

1. 概述

运营尽职调查是指主并企业通过分析被并购企业的运营流程以了解其经营

情况、内部管理等，评估目标公司的组织业务操作的效率，判断目标公司的内在价值以及对并购交易的影响。运营调查主要包括对被评估企业内部职能、外部机构和管理制度方面的调查。对被并购企业内部职能的调查主要包括销售与市场、采购生产、物流、产品技术等方面；对外部机构的调查包括经销商、代理商、供应商、服务商等方面；对管理制度的调查包括组织架构、业务模式、流程、绩效、系统、工具、模板、数据等方面。

2. 工作范围

（1）销售与市场尽职调查：对目标公司的销售情况与市场营销，如品牌、渠道、人员等方面进行更深入的分析，重点关注收入核实、客户合同检查、成本及客户检查。

（2）采购、生产、物流尽职调查：对采购、生产、物流关键环节进行运营诊断，识别导致收入、成本、交货时间、效率等方面问题的根因，识别交易完成后的协同效应和举措。

（3）产品技术尽职调查：针对目标公司与产品技术相关的战略目标、产品计划、专利技术、商标版权、研发人员等方面进行深入了解。

（四）法律尽职调查

1. 概述

法律尽职调查是律师根据客户的委托和服务项目的需要，遵循法律法规及职业道德规范的要求，对项目中有关联性的法律事实进行调查及核查，并对调查及核查的结果进行法律分析和判断。

2. 工作范围

（1）目标公司主体资格调查。针对目标公司的设立、变更事项，确认目标公司是否合法设立且存续。针对目标公司股权结构及股东出资，考量目标企业当前的股权结构及合法性，目标企业股权结构的变革过程及其合法性，目标企业股权是否存在争议、混乱、矛盾与不清晰，目标企业各股东出资是否符合在工商部门备案的章程的规定。针对目标公司章程的审查，主要涉及章程的合法性、完整性。

（2）资产权属调查。

1）针对房屋、土地类不动产权属及其完整性，考虑权证的办理及其法律风险、权利完整性，以及几类特殊土地的权属及其完整性。

2）针对无形资产权属及其完整性，考虑知识产权、特许经营权和其他无形资产情况。

3）针对其他类型资产的权属及其完整性，包括除土地及房屋之外的其他有形不动产及动产权属的独立性、完整性、稳定性。

（3）同业竞争调查。检查公司与控股股东及其子公司的经营范围是否相同或相近，是否在实际生产经营中存在同业竞争。

（4）关联方及关联交易调查。确认关联交易是否公允，是否损害公司及其他股东的利益以及关联交易是否履行了法定批准程序。

（5）诉讼、仲裁或处罚。公司是否存在诉讼、仲裁或处罚事项。

（五）企业价值评估和核准审查

1. 企业价值评估

价值评估是指买卖双方对标的（股权或资产）购入或出售作出的价值判断。主要工作内容阐述如下。

（1）了解标的企业和所属行业，包括业务性质、业务流程、经营阶段、经营策略、资本结构、主要财务政策、拥有的无形资产、公司发展战略。进行基于内外部竞争环境和竞争条件下的态势（SWOT）分析，调查市场占有率、主要竞争对手、市场竞争环境、行业进入壁垒、市场供给/需求分析、市场销售价格及原材料价格走势。

（2）了解行业法律法规、整体行业及子行业分析、行业发展预测；查询国家政策、国家风险、国家的宏观经济发展预测。

（3）分析历史财务数据，包括收入、毛利及利润波动、资本支出及现金流量表季节性影响，发现并剔除一次性收益/费用，使利润正常化，发现非经营性负债及表外负债。

（4）选择正确的评估方法进行价值测算。价值评估后，分析评估结果的合理性。

2. 境外并购项目的核准审查

（1）国家发展改革委和省级发展改革委。国家发展改革委和省级发展改革委的权限见表 8-3。

表 8-3　　　　　　　　　　国家发展改革委和省级发展改革委的权限

核准/备案机关	权限	适用范围	时限
国家发展改革委	核准	涉及敏感国家或敏感行业（其中，中方投资额＞20 亿美元的，由国家发展改革委提出审核意见报国务院核准）	受理后 20 个工作日内
	备案	中方投资额 3 亿～20 亿美元或中央管理企业的境外投资项目	受理后 7 个工作日内
省级发展改革委	备案	中方投资额＜3 亿美元	由省级发展改革委参照相关规定决定

1）核准：国家发展改革委 2014 年 5 月 8 日起施行的《境外投资项目核准和备案管理办法》（简称"9 号令"）对中国企业跨境投资并购的审批作出了规定，并于 2014 年 12 月进行修订。

2）备案：根据《境外投资项目核准和备案管理办法》规定，不涉及敏感国家和地区、敏感行业的境外投资项目实行备案管理。其中，中央管理企业实施的境外投资项目、地方企业实施的中方投资额 3 亿美元及以上的境外投资项目，由国家发展改革委备案；地方企业实施的中方投资额 3 亿美元以下境外投资项目，由各省、自治区、直辖市及计划单列市和新疆生产建设兵团等省级政府投资主管部门备案。

（2）商务部及地方商务主管部门。按照商务部《境外投资管理办法》规定，商务部和省级商务主管部门按照企业境外投资的不同情形，分别实行备案和核准管理。企业境外投资涉及敏感国家和地区、敏感行业的，实行核准管理。企业其他情形的境外投资，实行备案管理。

商务部要求我国驻外经济商务参赞处对中央企业在当地的收购项目提出意见，该意见为商务部审批的报送文件之一。商务部《境外投资管理办法》规定，核准境外投资应当征求我驻外使（领）馆经商处意见。涉及中央企业的，由商务部征求意见；涉及地方企业的，由省级商务主管部门征求意见。征求意见时，商务部和省级商务主管部门应当提供投资事项基本情况等相关信息。驻外使（领）馆（经商处室）应当自接到征求意见要求之日起 7 个工作日内回复。商务部和省级商务主管部门实行备案和核准管理的适用范围和时限见表 8-4。

表 8-4　商务部和省级商务主管部门实行备案和核准管理的适用范围和时限

核准/备案机关	权限	适用范围	时限
商务部	核准	涉及敏感国家（地区）或敏感行业的中央企业	受理后 20 个工作日内
	备案	其他中央管理企业境外投资项目	受理后 3 个工作日内
省级商务部门	核准	涉及敏感国家（地区）或敏感行业的地方企业	受理后 30 个工作日内
	备案	地方企业投资项目	受理后 3 个工作日内

第九章

跨国投资税务筹划及财务分析

第一节　跨国投资税务筹划

开展税务策划工作是企业在开展跨国投资过程中保证企业经营收益的重要举措，落实合理有效合法合规的税务策划举措能够有效降低企业税收负担并节约相关经营成本。企业开展税务策划必须以遵守相关国家法律和税收规定为前提，按照税收政策法规的要求，选择税收利益最大化的纳税方案，处理生产、经营和投资活动。

一、跨国投资项目税务筹划的基本概念

（一）概述

1. 国际税收

国际税收（international taxation）是指两个或两个以上国家和地区，在对跨国纳税人行使各自征税权利的过程中所发生的税收分配关系。国际税收问题的本质就是税收管辖权问题，其目标是解决国家间的双重征税问题。

2. 国际税务策划

国际税务策划是指跨国纳税人从减少跨国投资和经营活动中的国家纳税义务这一目标出发，对企业活动中的税收相关事项进行事先规划，以在法律允许的范围内实现企业跨国经营收益最大化。企业的国际税务策划行为是不同于国际逃税和国际避税行为的。国际逃税是指开展跨国经营业务活动的纳税人通过瞒报信息、伪造凭证等违反税法手段减少或逃避纳税义务。国际避税是指开展跨国经营业务活动的纳税人利用国家间税法或国际税收协定差别、漏洞、特例和缺陷，通过转让定价等方式，规避或减轻其纳税义务。就广义而言，国际税

务策划行为也是一种国际避税行为，但在实际操作中，大部分国家的政府认为，企业开展合法避税行为是企业的权利，但要注意避税手段的正当性，避免出现不当避税的现象。

3. 国际税收协定

国际税收协定是指两个或两个以上的主权国家为了协调相互间在处理跨国纳税人征纳事务方面的税收关系，本着对等原则，通过政府间谈判所签订的确定其在国际税收分配中的关系的具有法律效力的书面协议或条约，也称为国际税收条约。税收协定属于国际法中"条约法"的范畴，它对当事国具有同国内法效力相当的法律约束力。国家间签订国际税收协定的目的是处理企业在开展跨国经营过程中的双重征税问题，实现各国情报交换以减少企业国际经营中的偷税漏税行为，并保障平等税收负担原则落实。联合国专家小组提出的《关于发达国家与发展中国家间避免双重征税的协定范本》和经济合作与发展组织提出的《关于对所得和财产避免双重征税的协定范本》是目前各国订立国家间税收协定的主要范本。

国际税收协定适用范围可以分为适用人的范围和适用税种的范围。

（1）人的范围。国际税收协定适用的纳税人的范围一般为缔约国一方居民或同时为缔约国各方居民的自然人、法人和没有法人地位的所有直接税纳税实体。协定中规定的居民是指在一方或双方的居住者，这是采取户籍标准行使居民管辖权，而对于少数仍采取国籍标准的国家，一般可以在协定或协定的议定书中声明保留行使公民管辖权。对居民身份的确定要依据本国而非缔约国另一方法律，对同时成为双方居民的人，也要列入判定其归属于缔约国一方的程序规则。非协议规定的一方或双方的居住者，就不能列入协定的适用范围，也不能享受协定所规定的各种税收优惠权利。

（2）税种的适用范围。所谓税种的适用范围，是指双方签订协定适用于哪些税种。一般在税收协定中规定的税种范围主要包括足以引起缔约国各方税收管辖权交叉的、属于所得税和一般财产税类的税种，其中财产税和所得税是指对全部所得和某项所得及对全部财产和某项财政课征的税收。事实上，由于各国的税制都处于不断改革变动之中，因此协议中规定的税种适用范围也是动态调整的，因此在协议缔结实务中，缔约双方通常都会要求对方将自身税收相关法律法规实际变动情况特别是新增加或替代的税种清单及时告知对方，以保证协定的税种范围具有准确性和连续性。

（二）跨境投资税务风险及税务策划的必要性

1. 跨境投资税务风险

企业海外投资税收风险是指开展纳税人在开展跨国投资和经营过程中所面临的一些系列税务风险，这些风险的直接诱因可能是企业采用了一些主动的、激进的国际税务筹划方法，或虽未采取任何主观性税务规划，但因对受资国税收法规和国家间的税收协定理解错误。事实上，未争取到受资国税收优惠政策而导致的利益流失也是企业海外投资税务风险的重要表现。

一般而言，企业海外投资税务风险主要表现在以下几个方面：

（1）对东道国税收政策不熟悉所带来的风险。对企业活动进行征税是所在国政府的重要权力，但不同税种的税率大小在国家间存在巨大差异，这种差异在区域内部和区域间都有显著的表现，例如，在欧盟内部不同成员国间对增值税税率的规定存在较大的差异，卢森堡法律规定该国的增值税税率为17%，欧盟成员国中增值税税率最高的匈牙利为27%。所得税亦然，欧盟成员国中所得税最高的法国与最低的保加利亚税率相差23.33%。同时特定税种的区域间也存在差异，亚洲国家的企业所得税税率大约在20%～30%，而很多非洲国家的所得税税率在30%以上。因此，企业在开展跨国投资之前，必须了解东道国相关法律，熟悉各国税收征管方面的相关规定，避免因对相关法律法规不熟悉造成的相关税务风险。

（2）对国际税收协定不熟悉带来的预提税风险。我国已与100多个国家订立了国际税收协定，但这些税收协定的具体内容存在一定差异，例如我国签订税收协定中一般规定企业股息的预提税税率为10%，但对于一些经济发展水平相对较低或者不征收股息预提税的国家，我国在税收协定中一般将其定为5%，同时我国还对部分国家的股息预提税确定为15%。如果是与中国尚未签订国际税收协定的国家，若从投资国获得股息、利息、特许权使用费等投资收益，对方国家一般征收10%～30%的预提税。

（3）对海外投资没有进行税务筹划带来的利益损失风险。企业开展海外投资由于相关税务知识不足、专业人才欠缺，其在进行税务策划方面能力不足，从而在一定程度上损害了企业的经济利益。双重征税问题是企业在开展海外投资中税务策划能力不足导致利益受损的重要表现。例如，在美国或者是在非洲国家的投资过程中，当地的企业所得税税率要高于我国规定 10% 左右，从事海外投资的中国企业若会运用转让定价、资本弱化和投资架构设计，则可以减少企业在当地的纳税收入基数，从而降低企业需要缴纳的所得税数量。

2. 海外投资税务筹划的必要性

在开展海外投资的过程中，企业面临着与国内相差较大的政治、法律和人文环境，为保障投资活动顺利高效进行，企业需要对当地的市场环境、劳工政策、环保政策等进行详细了解，并对所在国针对企业投资相关税收规定和优惠政策进行重点关注，并以此为基础开展跨国经营和投资的税务策划工作，开展海外投资税务策划有利于稳定企业的全球战略布局并加强企业全球业务的财务管理。

（1）海外税务策划有利于稳定企业的全球战略布局。开展跨国经营是中国经济进入新发展阶段后中国企业顺应全球经济发展新局面作出的重要选择，跨国经营的实现有利于为中国企业产品销售提供更为广阔的市场，并以此开辟企业发展的新空间。但企业的跨国投资和经营活动受东道国政治、法律和市场环境影响严重，为保证企业在跨国经营取得成功，其需要对东道国各方面信息都进行关注，其中税收制度和税收优惠信息是企业需要重点关注的方面，原因为其可以直接影响企业跨国投资的收益。因此，企业应积极进行税务策划，合理规划控股架构、融资来源、利润分配等，以保证企业经营所得稳定。

（2）海外税务策划有利于加强企业全球财务管理。现金流是企业的血液，资金是企业的命脉，而企业的财务管理活动则是企业现金流稳定和资金稳定的重要保障。在企业的跨国经营中，财务管理活动起到了至关重要的作用，其通过开展税务策划帮助企业减少相关现金流出，从而稳定了企业的经营活动和经营利润。事实上，在进行海外投资税务策划过程中，企业财务人员必须掌握各国的税收政策，保证跨国企业总部能够实现对各国的财务活动进行统筹管理。

（三）税务策划的特点

1. 合法性

合法性是企业税务策划活动的基本特点，是税务策划开展的重要前提和基本遵循，也是税务策划区别于偷税漏税行为的标志。企业在跨境投资经营中的税务策划行为基准是各国税法对纳税人权利和义务的相关规定，企业必须在遵守相关税收法律法规的基础上，利用各国税收规范差异和跨国贸易协定作出合理的纳税方案筹划，避免法定纳税义务之外的纳税支出。

2. 目的性

税务策划活动是目标性极强的活动，其最终目的是实现企业在开展跨国投资和经营过程中的税负最低化，从而保证企业收益最大化。尽管不同企业开展税务策划的具体方法存在一定的差异，并且同一企业在发展的不同阶段的税务策划目标可能存在一定差异，但总的来讲企业税务策划活动的具体目标通常包括：减轻税负以降低企业投资和经营中的成本；递延纳税，实现相关税款的时间价值最大化；降低涉税风险，避免可能存在的税收监管风险。

3. 复杂性

企业的海外投资和经营涉及设计咨询、投融资、土建施工、成套设备采购及安装、测试、运营等各项工作，具有周期长、金额大、组织实施复杂等特点。在不同的投资和经营环节，企业都会面临一定的税收负担，这就要求企业针对各个环节特点制定相应的税务策划方案，并实现项目各个环节的税务策划方案有效衔接。

4. 整体性

在进行税务策划的过程中，要重点关注项目整体利益，税务策划活动要从项目整体出发，不应仅仅局限于某一环节某一阶段的税收负担，而应保证项目整体税收负担最低。

5. 前瞻性

企业的税务策划活动必须要进行事先规划、设计和安排，要求税务策划必须具备相当的前瞻性，在企业相关经济行为开始和相关经济后果产生之前就对该行为或后果的可能税负影响进行评估，并制定切实有效的计划，以保证税负影响最小化。

6. 风险性

事实上，企业的税务筹划并非存在唯一确定最优解的活动，其受企业内部或外界各种不确定性因素影响而表现出一定的风险性，这些风险主要表现为如下方面：

（1）在进行纳税核算过程中，企业由于缺乏对税收政策的整体准确把握，在纳税信息填报的表面或局部上出现与税法规定相悖的现象，从而表现为偷税漏税并因此面临税务处罚。

（2）企业在运用所在国税收优惠时，其与该国规定的税收优惠前置条件不一定相符，从而会导致后续的税务处罚。

（3）企业在进行税务策划方案制定的过程中，由于缺乏对企业发展基本状况和发展趋势的深刻把握，导致税务筹划的方案与企业当前和长期发展阶段存在较大的不一致性，从而导致企业的税收方案可行性不高。

（四）世界主要国家税收制度

在开展税务策划活动前，企业需要了解目前世界范围内现行的相关税收管理体制。一般来说，目前世界现行的税收管理体制主要有以美国为代表的"分散立法、税源共享、自上而下资金补助"的模式，以德国为代表的"税权适度集中、税种共享、财政平衡"的模式，以日本为代表的"集中税权、分散事权、税种让予、专项补助"的模式和以法国为代表的"大权集中、小权分散、中央补助"的模式。

1. 分散立法、税源共享、自上而下资金补助的分税制模式

一般认为，美国的分税制模式的特点为"分散立法、税源共享、自上而下资金补助"，在美国的联邦制政体下，政府机构分为联邦、州、地方三级，各级之间不存在明确的领导与被领导关系。与行政体制相适应的是，美国的税收管理体制同样是三级分权，联邦、州、地方三级政府在事权和征税权方面有明确的独立性。该国税收制度的特点具体表现为以下方面。

（1）联邦税、州税和地方税各成体系，主要税种同源分享征收。联邦税以所得税、社会保障税为主体，辅之以货物税、遗产税和赠予税、关税。州税以

营业税为主体，另外还有个人所得税、公司所得税和货物税。地方税以财产税为主，此外还有地方政府的营业税和个人所得税。联邦、州和地方三级政府之间还存在复杂的税源共享关系。

（2）三级政府税收立法权、司法权及执行权相互独立。联邦税、州税和地方税分别由各级政府立法并执行，三者共同组成美国联邦税收体系。在这个体系下，各州和各地方税收规定存在一定的差异，各级政府间不存在明确的领导关系，各级政府都配备有自己的税收管理结构，但各级政府间会就税收相关事项进行工作上的配合。

（3）实行从上而下的补助金制度。美国分税制中的一个重要制度安排就是从上而下的补助金制度。在联邦税收整体框架下，上级政府会向下级政府转移补助金，这些补助金包括联邦补助金和州补助金。联邦补助金可以分为不附条件的一般目的补助金、使用范围较宽的补助金和规定用途的补助金，其中规定用途的补助金是联邦补助金的主体。

（4）三级政府税收权责明确。在美国宪法规定下，各级政府的财权相互独立，各级政府在开展合法活动时不受上下级政府干涉。联邦政府在州和地方内的财产，州和地方政府不能对其课征财产税；州和地方政府也不能对联邦政府发行公债的利息所得征税；对卖给联邦政府的产品所获得的销售收入，州和地方政府也不得征收营业税。

2. 税权适度集中、税种共享、财政平衡的分税制模式

德国税制主要表现为"税权适度集中、税种共享、财政平衡"。与美国相同，德国的财政体制也分为联邦、州和地方三级，三级政府的财政收入比例分别为50％、37％和13％，而支出比例则为45％、35％和20％。由于各级政府间财政收支不匹配，德国的财政体系设计主要有如下特点：

（1）税权适度集中。德国大多数税种立法权归属于联邦政府，各州在宪法未赋予联邦立法权范围内的税种拥有立法权，也可以在联邦法律明确授权下享有一定的立法权，而地方政府有权决定某些地方性税种的开征、停征、减免税优惠政策等，税收的收益权和征收权则分为州和地方两级。

（2）实行以共享税为主体，共享税与专享税并存的分税制模式。共享税是

各级政府财政收入的主体，这些共享税包括个人所得税、工资税、营业税、公司所得税、增值税等；各州的专享税主要包括财产税、遗产税、地产购置税、机动车税；地方政府的专享税主要有企业资本和收益税、娱乐税、土地税等。

（3）实行横向和纵向的财政平衡。德国财政平衡主要包括联邦与州之间的纵向平衡和州与州之间的横向平衡。在联邦政府体制下，联邦政府运用共享税、不同州之间转移支付和转向拨款的方式，实现了经济发展不同水平州的政府财政得到有效保障。

（4）"一套机构，两班人马"的税收征管方式。德国的各州政府的税收征收管理工作由财政总局负责，财政总局内分设联邦管理局和州管理局两个系统，联邦管理局负责联邦管理税收的征收工作，州管理局负责州税的征管工作。同时，地方税收由州政府派出人员组成地方税务局负责征收。

3. 集中税权、分散事权、税种让予、专项补助的分税制模式

日本税制的主要特点可以概括为"集中税权、分散事权、税种让予、专项补助"，日本政府机构分为中央、都道府县、市町村三级，在保证地方自主权的情况下，中央政府对从中央到地方各项事务实现了集权，这在财政上的表现为政府大部分收税的税源由中央掌握，由中央行使征税权。具体来看，日本的财税制度主要有以下特点：

（1）税种划分为国税和地方税，地方税又分为都道府县税和市町村税。国税主要包括个人所得税、法人所得税、继承税、赠予税、酒税、消费税等征收范围广、对全国经济影响大的税收；地方税一般包括都道府县居民税、事业税、不动产税、汽车购置及市町村居民税、固定资产税、电税、煤气税等征收范围窄、税源少的税种。

（2）立法权集中，执行权分散。在日本税收整体架构中，国会掌握税收立法权，地方政府不得随意改变全国统一的法定税率，但若中央政府批准，地方政府可以开设与支出直接联系、没有指定固定用途的普通税。日本设有国税、地方税两大税务系统，国税由财务省下设的国税厅及其分支机构负责征收，地方税由都道府县、市町村所属税务机构负责征收。

4. 大权集中、小权分散、中央补助的分税制模式

这种模式的代表国家是法国，也是目前大多数发展中国家采用的模式。这

种模式的突出特点就是中央在税收管理方面的高度集权，中央统揽主要税收的征税权和税款的使用权，地方只能掌控部分次要税源。具体来讲，该种税收制度主要表现为如下特点：

（1）税收无共享税，也不搞同源共享。法国税收分国税和地税两大部分，税源大的主要税种列为国税，包括个人所得税、公司所得税、增值税、消费税、登记税、印花税、工资税和关税等。这些税种的收入列入中央预算，不与地方分成。列入地方税的是一些税源零星的税种，主要有建筑土地税、非建筑土地税、行业税、财产转移税、娱乐税、居住税等。

（2）税收的立法权和行政权均集中在中央。中央政府统一制定中央税和地方税税收法律和相关政策，地方政府的税收权力空间相对较小，其只有权制定部分地方税税率、开征一些捐费、对纳税人采取某些减免税措施等。

（五）与中国境外投资相关的中国税收制度

1. 中国国内税法

中国国内各项所得税收制度是中国企业开展跨国投资活动过程中纳税的重要参考和基本遵循，《中华人民共和国企业所得税法》规定中国居民企业应就其境内和境外收入向中国政府缴纳企业所得税。为避免企业在开展跨境经营过程中可能出现的双重纳税问题，《中华人民共和国企业所得税法》规定，纳税人可就其境外收入已直接缴纳或间接承担的外国企业所得税的部分申请抵免。《中华人民共和国企业所得税法》对各种投资结构的影响见表 9-1。

根据中国税收法律法规的相关规定，对分支机构、合伙企业和股份以外的外国资产进行的跨境投资，中国居民境外投资者不能留存境外收入从而延迟企业所得税税负，因此企业在开展跨国投资中应以企业结构进行。

2. 中国涉外税收协定

双重征税协定（Double Tax Treaties，DTT）规定了国内税法的解释规则、纳税人居住国和收入来源国之间征税权的分配方法、两国的征税限额。双重征税协定主要用于解决各国国内税法规定差异和执法机构信息沟通不通畅造成的各国政府对纳税人同一投资和经营所得重复征税问题，其在优化企业跨境投资和经营项目税收结构方面发挥了重要作用。

表 9-1　　　　《中华人民共和国企业所得税法》对各种投资结构的影响

中国企业所得税的影响	全资子公司	合资子公司	分支机构、合伙企业、代表机构、其他常设机构	未设立境外常设机构的投资/业务交易
来源于境外的业务利润	子公司的业务利润无须缴纳企业所得税，但不适用"外国控制公司"规则。股息应缴纳企业所得税（25%）		从分支机构获利应缴纳企业所得税，税率为25%	从获利当年开始缴纳企业所得税，税率为25%
来源于境外的亏损	子公司的亏损不得合并至中国居民投资者公司的盈亏中		亏损可从中国居民企业在同一境外地区当年或以后年份的利润中扣减	
中国居民企业外国税收抵免权	中国居民投资者企业有权：就从子公司获得的股息所缴纳的外国代扣税，申请直接外国税收抵免；在某些情况下，可就子公司的层面对相关利润所缴纳的所得税，申请间接外国税收抵免		中国居民投资者企业因分支机构等单位的利润已向外国缴纳所得税或者因分支机构等单位汇回中国的款项已向外国缴纳代扣税的，该中国居民投资者企业有权获得外国税收抵免	中国居民投资者企业有权对收入在外国缴纳的代扣税进行抵免

　　我国签订双重征税协定的基本目标是在维护国家主权和经济利益的基础上，为外资"引进来"和中国企业"走出去"营造良好的税收环境，税收待遇对等原则、地域管辖权优先原则、遵从国际税收惯例原则和税收饶让原则是我国在签订双边征税协定的过程中遵循的基本原则。所谓税收待遇对等，是指税收协定中所有条款和规定都要体现对等，对缔约国各方具有同等的约束力；所谓地域管辖优先，是指税收协定签订要坚持和维护所得来源地优先课税的权利；所谓遵从国际惯例，是指在与外国政府签订税收协定的过程中，要以国际通行的税收协定范本为参考，结合协定双方的经济特点和利益诉求订立符合双方利益的协定。所谓税收饶让原则，是指对方国家对我国的减免税优惠要视同

已征税额给予减免。

　　税收协定属于国际法的范畴，双边税收协定由缔约国双方政府谈判后达成，并经各国立法机构确认，对缔约国政府具有法律上的约束力。当国内税法与国际税收协定不一致时，纳税人适用税收协定一般遵循税收协定优先和税收协定与国内税法孰优原则，即当国内税收法律规定的税率高于税收协定时，纳税人适用的税率按照税收协定执行；当低于税收协定时，纳税人适用的税率按照国内税法执行。

（六）我国税收协定基本规定

　　自1983年与日本签订第一个税收协定以来，中国的税收协定在中国外向发展方面一直发挥着重要作用。目前，中国签订的税收协定基本都是以联合国专家小组提出的《关于发达国家与发展中国家间避免双重征税的协定范本》为范本制定的。

　　1. 对居民身份的认定

　　我国的税收协定规定，只有缔约国双方的居民才可申请享受税收协定中缔约国方给予另一方的优惠待遇。

　　（1）外国居民身份的认定。我国税务机关在确定外国纳税人是否有权享受税收协定中的相关优惠政策时，必须对该纳税人外国法人居民和外国自然人居民的居民身份进行确认，判定的依据一般为该企业所在国的有关当局出具的法人资格证书（副本）等。在具体操作过程中，税务机关可以分不同情况进行处理。针对纳税人自行填报其在对方国家的住所或居所、受雇或从事业务的情况及其所负的纳税义务，并相应交验其本人的身份证明、护照和派其来华的单位所出具的证明材料的，税务机关可暂予承认，并根据实际情况有选择、有重点地查证、核实。若纳税人在申请享受税收优惠但无法提供相关信息和具体证明材料的，税务机关必须要求纳税人出具相关证明材料，否则应拒绝纳税人税收优惠申请。纳税人同时为缔约国双方居民个人且缔约国双方都要对该个人在境内外所得进行征税时，该个人应将其职业、住所或居所及其在对方国家所负纳税义务的详细情况报送税务机关，以便由缔约国双方税务当局根据规定协商解决。

缔约国对方居民取得来源于中国境内的股息、利息和特许权使用费等投资所得，需要申请享受税收协定优惠待遇的，应在提交其本国税务当局出具的居民证件时，填写享受税收协定待遇的申请表，经我国税务机关确认后，才能享受税收协定优惠待遇。否则，税务机关有权先按《中华人民共和国企业所得税法》规定的税率征收，并准其在补办证明和填写申请表后，再审核退回多缴的税款。

（2）中国居民身份的认定。中国居民取得来源于缔约国另一方境内的投资所得而要在该国申请享受税收协定待遇时，我国税务机关应提供纳税人的中国居民身份证明。

2. 对营业利润的征税限定

目前签订的双边税收协定中通常是以常设机构原则和利润归属原则对相关纳税主体的营业利润进行课税的。所谓常设机构原则，是指来源国只能对设有常设机构进行营业的利润征税，这排除了所在国对不构成常设机构进行的营业活动和作业劳务的营业利润进行课税权力；所谓利润归属原则，是来源国只能对归属于设在本国境内的常设机构的营业利润征税。

在计算常设机构营业利润的过程中，所在国税务机关需要重点关注费用扣除和总分支机构之间的费用分配问题及总分支机构的利润分配问题。

（1）费用扣除和总分支机构之间的费用分配问题。利润是企业经营收入与企业经营成本费用的正向差值，目前全球各国签订的税收协定中在明确常设机构利润时，应当允许扣除其进行营业所发生的管理费用、一般行政费用等费用，但一般不允许扣除常设机构与总机构或其他办事处之间所发生的利息、特许权使用费、佣金等支出。

（2）总分支机构的利润分配问题。在我国签订的贸易协定中一般会对总分支机构的利润归属问题进行明确，规定为如果缔约国一方习惯于以企业总利润按一定比例分配给所属各单位的方法来确定常设机构的利润，则独立企业原则并不妨碍该缔约国按这种习惯分配方法确定常设机构的营业利润。

3. 对投资所得的征税限定

投资所得一般包括股息、利息、特许权使用费等所得。对投资所得征收预提税（withholding tax）是目前世界各国税务机关普遍通行的做法。预提税就是源泉扣缴的所得税，故也称预提所得税。但各国对预提税的相关规定存在一定差异，俄罗斯、奥地利、印度等要求将股息、利息、特许权使用费等支付给本国、外国公司和个人的所得都缴纳预提税，美国、日本、韩国等仅要求对支付给外国公司和个人的所得缴纳预提税，而世界上大部分国家会根据自身情况对股息、利息、特许权使用费中某一项或某两项征税，当然一些国家将预提税的征税范围扩大到了租金、专业服务、技术服务等所得领域。我国在征收预提税方面存在一定的限制。

（1）对预提税征税范围的限制。我国对外已签订的税收协定中，以承认对投资所得实行源泉控制、征收预提税为前提条件。但要求预提税应限于在来源国没有设立常设机构或固定基地的所得征收，同时当缔约国一方根据协定的规定，将投资所得并入常设机构的营业利润中征税后，如果常设机构将这笔利润汇回位于缔约国另一方的总机构，总机构再据以分配股息时，缔约国这一方即该项投资所得的来源国也不得征收预提税。

（2）对预提税税率的限制。目前我国在签订税收协定的过程中对预提税税率的限制采取了总体限制税率和按投资所得项目分别限制税率两种不同的做法。从总体限制税率的角度看，我国签订的税收协定一般规定对股息、利息和特许权使用费所得的预提税税率不超过 10%，对在与美国、比利时、葡萄牙等国家签订的税收协定中，还对部分需要征收预提税的项目进行打折处理。从按投资所得项目分别规定限制税率方面看，我国对特定国家部分特定项目的预提税率进行了特别规定，这些国家主要包括新加坡、泰国、韩国等，例如中国与新加坡签订的税收协定中规定对企业间控股比例超过 25% 时，股息的限制税率为 5%。

二、跨国投资税务筹划咨询的主要任务

（一）税务筹划战略

1. 企业税务策划的基本遵循

企业税务策划的基本遵循主要包括减少税基、利润的国家间分配、调整企业结构和充分利用现有的税收协定。

（1）当企业投资东道国的税率标准要高于本国时，企业可以通过在该国进行融资收购的方式减少企业的外国税税基。

（2）当企业投资东道国的税率标准要低于本国时，企业的收购融资活动最好在本国国内开展，并设法将利润保留在境外。

（3）当企业投资和经营的东道国与我国存在双重征税协定并规定较低代扣税的，企业可以通过持股结构构建达到适用双重征税协定规定的条件。持股结构构建也可用于实现免缴资本所得税和将控股公司作为进一步境外投资的融资工具的目的。

（4）综合利用中国与相关国家签订的双重征税协定、国内对企业在特定领域开展跨国投资和经营的相关税收优惠政策及东道国对外资开展跨境投资经营的相关优惠政策。

当然，在每种情况下，都要核实中国一般反避税规则和受控外国企业规则对这些避税措施的影响。

2. 规避税收风险

一般认为，企业跨境投资中的税收风险主要表现在以下方面。

（1）企业由于不了解当地的税收法律和政府税收政策的具体内容、执行特点和相关税种的征管模式，并且与当地主管部门缺乏有效沟通，在投资和经营中无意违反了当地税法相关规定。

（2）企业在开展投资和经营项目决策可行性分析中税务策划工作不到位，税务策划方案不具体、可执行性不高，在投资和经营实际开展后发现没有利用好相关税收优惠政策，或企业结构不符合税法标准下最优结构，导致企业承担了较同行业其他经营者更为严重的税收负担。

（3）在开展绿地投资或跨国并购过程中，企业对相关人、财、物的涉税问题缺乏系统规划，导致企业开展投资经营的合约内容不符合最优税负安排。

（4）企业在进行跨境投资建设和实际生产经营过程中对相关涉税事务关注不够，从而导致企业未能履行相关合规义务并不能充分享受东道国和企业所在国的相关税收优惠。

（5）企业在通过代理人或分销商等境外分支机构在境外销售商品的情况

下，其境外分支机构被东道国税务机关认定为常设机构，从而承受更严重的纳税义务。

（6）未能充分利用我国与相关国家签订的税收协议中关于境外税收抵免的优惠政策，导致企业在两国重复缴税。

3. 寻求降税机会

企业在走出去实现跨国经营的过程中需要做好税务策划工作，这对企业稳定经营收益、降低税收成本具有重要作用。

（1）企业在"走出去"开展跨国经营的过程中要面临多个国家的税收管辖，由于不同国家在税收制度方面存在较大差异，同时国家间会订立相关税收协议，这给了跨国经营企业较大的税务策划空间。

（2）企业"走出去"实现跨国经营可以以多种方式进行，事实上企业的交易主体选择影响企业开展跨国经营的税收适用范围，因此企业可以在确定交易主体方面开展税务策划。

（3）不同税收法律规范下，税收管理机构的执法方式存在一定的差异，这给企业较大的税款统筹空间。比如：①在高税国家进行企业投资，可通过在高税国家进行收购融资的方式减少外国税税基；②在低税国家进行企业投资，最好在中国进行收购融资，并将利润保留在境外；③中国与控股公司国家的避免双重征税协定规定较低代扣税的，可通过持股结构构建达到适用该协定规定的条件。持股结构构建也可用于实现免缴资本所得税和将控股公司作为进一步境外投资的融资工具的目的；④综合利用各项有利的避免双重征税协定、国内控股享有的特殊权利和稳定、可预期的税收政策，在某些国家和地区实施捆绑投资。

各种情况都要核实中国一般反避税规则和受控外国企业规则对这些避税措施的影响。因此企业在开展跨境经营过程中，要统筹境内和境外税收法律规定，以境内相关税收法律和本国参与的相关税收协定为基础，以国际税收整体框架为遵循，学习和借鉴相关具有成熟经验的跨国公司的税务策划管理经验，做好企业跨境经营的财务管理和税务策划工作，以保证企业开展跨境经营中税收负担最优化。

（二）外国税收考虑

1. 外国对收入和资本的征税

（1）对营业活动征税。按照国际税收管理的一般原则，如果来源于中国的跨国公司的营业利润来源于某国内的常设机构，其就应就该部分营业利润向该国纳税。在界定这部分利润来源的过程中，首先需要明确常设机构这一概念，目前各国签订的避免双重征税的文件中关于常设机构这一概念大多采用了经合组织协定范本的定义，即"企业从事经营活动的固定营业场所"，这在具体经营中通常被确定为跨国公司的分支机构、办事处、车间和其他机构在内的一些场所，并要求这些机构有实体场所。从时间标准上看，一般认为被确定为常设机构的经营场所存续时间需要超过六个月。

根据相关税收法规，来源于中国的跨境投资者在境外以公司这一法律形式设立子公司，则子公司应依法向其居住国纳税，子公司没有分配利润的情况除外。但若中国企业投资是以合伙企业形式实现的，只要合伙企业向中国境外投资者分配了利润，无论这些利润是否已实际派发，中国境外投资者都应纳税。因此，中国企业在开展跨境投资过程中应做好跨境投资形式确认工作。

（2）对房地产征税。相较于其他经济活动，来源于房地产的相关税负的区域特征相对容易确定，企业需要就这部分所得向房地产所在国缴纳税款。同时，一些国家对主营房地产的相关单位实施了特殊征税规则，规定即使公司的房地产经营相关利润的来源是企业的投资，这部分投资所得也不适用于相关避免双重征税协定，从而需要向本国税收主管机关纳税。

（3）对红利征税。公司居住地国通常有权对支付给股东的红利征收代扣税，但在相关避免双重征税协定的限制下，公司所支付的红利相关税负应由股东居住国全额征收，但相关协定中公司居住国的代扣税税率较低，有时代扣税税率取决于参与公司的程度。因此在实际操作中，对于是否应对认定红利征收代扣税的问题，应根据相关避免双重征税协定的具体规则加以确定。

（4）对利息和使用费征税。按照国际通行的规则，一国居民公司所支付的合理利息由债权人居住国负责征税，来源于缔约国并为另一缔约国居民受益拥有的合理使用费应在许可人所在国纳税。在正常情况下，债权人居住国按照

10%～30%的税率对利息征收代扣税，被许可人所在国按照10%～30%的税率对使用费征收代扣税，上述两种情况有避免双重征税协定的规定时，应优先适用于避免双重征税协定相关规定。

（5）对资本所得征税。两国在签订避免双重征税协定中一般会规定股份产生的资本所得只能由股东居住国征税，当然一些国家会在避免双重征税协定中规定由出售股份公司所在国对资本所得征税。例如，房地产公司股份出售产生的资本所得以及某些情况下股东为公司大股东（通常持股超过25%）时，尤其要求由出售股份的公司所在国对资本所得征税。同时，有些国家会从吸引国外控股公司角度考虑免除相关投资者的资产所得税。

2. 避免双重征税协定对外国税的影响

在中国目前缔结的大部分避免双重征税协定中，中国政府对企业或个人的股息、利息和使用费的代扣代减税率为5%～10%。

根据相关协定，属于"缔约国居民"的纳税人，同样适用于相关税收优惠。大多数避免双重征税协定规定，只有具有另一缔约国居民身份的"受益所有权人"方能享受与股息、利息、使用费和资本所得相关的条约救济。在认定相关"受益所有权人"方面，目前全球各国并未形成统一的意见，但按照我国相关法律规定，代理人和中介公司通常不被视为"受益所有权人"。在所有权界定方面，我国的税务主管机关通常会要求纳税人提供与居民企业直接和间接股东有关的详细信息。

（三）中国税收考虑

1. 中国税制

（1）所得税。所得税是国际税收领域需要重点考虑的税种。事实上，国际税收制度设立最初的目的就是规定国家间就同一企业经营所得相关税负进行国家间分配，以协调两个以上国家对相关从事跨国经营纳税主体的征税。从广义上看，国际税收包括一个国家的所得税法所规制的任何具有外国要素的税务问题。因此，国际税收包括"对非居民征税"和"对境外所得征税"这两个基本概念，"对非居民征税"是针对外商投资和经营在国内相关涉税活动进行规定，"对境外所得征税"是针对中国企业在"走出去"开展跨境投资实现跨境经营过程中的相关活动进行征税。在实际操作中，这些涉税活动主要是企业实现经营所得活动。

（2）增值税。2016 年，财政部和国家税务总局颁发了《关于全面推开营业税改征增值税试点的通知》，实现增值税对货物、服务、无形资产和不动产的全覆盖。根据《中华人民共和国增值税暂行条例》，我国增值税涉外相关规定如下：

1）货物的征税国以目的地为标准确认，即针对进口货物征税，对出口货物实行免税或退税。

2）不动产的征税国以该不动产所在国为标准确认，即针对境内不动产征税，不在境内的不动产不征税。

3）自然资源使用权的征税国与不动产类似，以所在国为标准确认，不在境内的自然资源不征税。

4）服务和无形资产的确认标准较为复杂，根据《关于全面推开营业税改征增值税试点的通知》，在中华人民共和国境内（以下称境内）销售服务、无形资产或者不动产（以下称应税行为）的单位和个人，为增值税纳税人，应当缴纳增值税，不缴纳营业税。其中，在境内销售服务、无形资产或者不动产，是指：①服务（租赁不动产除外）或者无形资产（自然资源使用权除外）的销售方或者购买方在境内；②所销售或者租赁的不动产在境内；③所销售自然资源使用权的自然资源在境内；④财政部和国家税务总局规定的其他情形。其中，不属于在境内销售服务或者无形资产的情形主要包括：①境外单位或者个人向境内单位或者个人销售完全在境外发生的服务；②境外单位或者个人向境内单位或者个人销售完全在境外使用的无形资产；③境外单位或者个人向境内单位或者个人出租完全在境外使用的有形动产；④财政部和国家税务总局规定的其他情形。同时，《关于全面推开营业税改征增值税试点的通知》也对特定服务规定了零税率和免税优惠政策。

（3）中国进出口税收制度。

1）进出口税则。进出口税则是一国政府根据国家关税政策和经济政策，通过一定的立法程序制定公布实施的进出口货物和物品应税的关税税率表。进出口税则一般由税率表、实施税则的相关法律、适用税则的有关说明和附录等文件构成。我国现行税则包括《中华人民共和国进出口关税条例》《税率适用说明》《中华人民共和国海关进口税则》《中华人民共和国海关出口税则》及《进口商品从量税、复合税、滑准税税目税率表》《进口商品关税配额税目税率表》《进口商品税则暂定税率表》《出口商品税则暂定税率表》《非全税目信息技术产品税率表》等附录。进出口税则的税率表由商品分类目录和税率栏两部分组成。税则的商品分类目录将商品按照其特点进行分类，对商品类目赋予其税则号列，税则的税率栏是按商品分类目录逐项定出的税率栏目。

2）税则归类。税则归类是按照税则的规定，将每项具体进出口商品按其特性在税则中找出其最适合的某一个税号，即"对号入座"，以便确定其适用的税率，计算应纳进出口税额。税则归类通常包括以下步骤：①了解需要归类的具体进出口商品的构成、材料属性、成分组成、特性、用途和功能；②查找有关商品在税则中拟归的类、章及税号。对于原材料性质的货品，应首先考虑按其属性归类；对于制成品，应首先考虑按其用途归类；③将考虑采用的有关类、章及税号进行比较，筛选出最合适的税号。在比较、筛选时，首先看类、章的注释有无具体描述归类对象及其类似品，已具体描述的，按类、章的规定办理；其次是确切地了解有关类、章及税号范围；④对于通过以上方法难以确定税则归类的商品，可运用归类总规则的有关条款来确定其税号。进口地海关无法解决的税则归类问题，应报海关总署明确。

3）进口关税税率。我国关税按照征收方式可以分成从价税、从量税、选择税、混合税、滑准税。从价税以货物的价格或者价值为征税标准，以应征税额占货物价格或价值的百分比为税率。选择税是对一种进口商品同时定有从价税和从量税两种税率，但征税时选择其税额较高的一种征税。复合税又称混合税，即订立从价、从量两种税率，因完税价格和进口数量的变化而变化，征收时两种税率合并计征。滑准税是根据货物的不同价格适用不同税率的一类特殊的从价关税税率随进口货物价格由高至低而或低至高设置计征关税。除上述方法外，我国对部分进口原材料、零部件、农药原药和中间体、乐器及生产设备实行暂定税率。

2. 外国税收抵免

（1）中国法律的规定。为避免双重征税，《中华人民共和国企业所得税法》允许纳税人就其因境外收入已经向外国直接缴纳，或者间接承担的企业所得税申请抵免。外国税收抵免中，可抵免的对象是境外收入根据外国税法应当缴纳且已实际缴纳的企业所得税类的税收，税收抵免按年进行，税收抵免的限额和认定要依据相关税收法律法规。

（2）避免双重征税协定。为避免企业的跨国经营双重征税行为，中国政府在订立避免双重征税协定中借鉴和参考了经合组织协定范本中的税收抵免模式相关内容，《中华人民共和国企业所得税法》规定对于持股比例超过 20% 的，允许对企业的持股收益进行间接抵免。同时，如果外国税收主管单位减免了中国居民企业的代扣税，并且避免双重征税协定规定了减免税收的部分视为已经缴纳，则减免税收的部分可予以抵免，该企业可申请税收饶让抵免。

3. 外国投资盈亏的合并

根据《中华人民共和国企业所得税法》及其他相关法律法规，中国居民企业在申报纳税时应当计算国内分支机构的利润、亏损和境外分支机构的利润，但不应当计算境外分支机构的亏损和境内外子公司的利润和亏损，同时中国居民企业可以其境外利润（包括其境外分支机构的利润）抵消其当年的国内亏损。

（四）不同境外投资形式的税收考虑

1. 对外国企业的直接投资

资本投资是对外国企业进行股权收购、合伙权益收购、业务收购等资产交易的典型直接投资方式。一般地，通过参与对外国企业的直接投资，投资者可以获得股份和清算收入。此外，投资外国企业其他资产也可能产生税负，如投资房地产可能对租金进行征税、投资知识产权可能对版税所得进行征税、贷款或其他融资活动可能对利息进行征税等。

2. 股权交易与资产交易

中国境外投资者在收购境外企业时，既可以选择股权交易（股权投资），也可以选择资产交易（购买目标方的全部资产和债务）。一般而言，股权交易比单独购买资产、债务和合约更有技术优势，特别是后者以征得第三方同意为交易生效条件时，股权交易的优势更为明显。但是，有时投资者为实现以资产为基础的升级力求完成资产交易，此时交易当事人将统筹考虑各种情况对买卖方的税收影响，最终决定是采取资产交易还是股权交易的投资形式。

3. 收购外国企业的融资问题

投资者收购外国企业面临的最主要的融资问题即决定投资项目中股权融资和债务融资的比例。对于高税国家而言，投资者可以当地银行贷款或股东融资方式，在核实所在地国家能否对贷款利息进行减免的基础上对收购进行融资，以减少在投资目的国的应税收入（简称"债务下推"）。对于低税国家而言，投资者可以股本形式融资的方式增加该投资者在中国或其他高税负国家的债务。此外，如果子公司收购的资金由股东或合伙人提供，还可以采取"债务下推"至目标企业的做法，减少投资目标的税负。

4. 公司内部交易

境外投资过程中在投资者与投资目标之间会依据签订的合同产生大量交易，包括管理服务和员工、货物和产品的交付、专有技术和知识产权等，而前述合同关系的成立可能会触发转让定价、常设机构、资本所得税收等规则的应用。如果外国认为其功能和盈利机会已转让至境外，在专有技术和知识产权的转让中，则可能对转让所得征收资本所得税。

5. 控股结构

通过控股结构设计，进行境外投资需要在税收规划方面考虑多个问题，如参与所得、特殊控股救济等。通常情况下，一些国家会对持股时间要达到最低期限、达到对子公司的最低参与的企业进行股份处置和股息分配所产生的资本所得时会减免正常税收，并对控股公司规定特殊税收规则，以进一步降低利润的税负。

6. 税损

对于税损的结转问题，企业需要参考投资国相关税法规定，多数国家规定税损可无条件地结转，但也有国家规定公司发生股份处置或其他相关活动后，税损会发生变化而消失，因此企业在进行税收规划的过程中必须考虑不同国家对税损规定差异的问题。

（五）跨国企业经营所得的税收管辖

所谓税收管辖权，是指一国政府有权对决定"对哪些人征税""征收哪些税"和"征收多少税"，这是国家主权在税收领域的体现。在履行税收管辖的过程中，国家行政机关一般会遵循属地和属人原则，这在具体操作中表现为税收的地域管辖权、居民管辖权和公民管辖权。

1. 税收管辖权的种类

（1）地域管辖权。地域管辖权是指一个国家按照属地原则确立起来的税收管辖权。在地域管辖权范围内，国家税务主管单位对来源于本国境内的全部所得以及存在于本国领土范围内的财产行使征税权。在地域管辖权范围内，本国居民只需对本国领土范围内的所得和财产承担纳税义务，外国居民也只需对该国领土范围内的所得和财产纳税。

（2）居民管辖权。居民管辖权是指国家税务主管机关按照属人原则对本国法律规定的自然人居民和法人居民在世界范围内的全部所得和财产行使征税权。这意味着在居民管辖权范围内，本国居民需要对来源于国内和国外的全部所得和财产向政府承担纳税义务，而非本国居民不需要向该国政府承担任何纳税义务，即使其取得所得和财产的活动是在本国开展的。

（3）公民管辖权。公民管辖权是指主权国家税务主管单位按照属人原则中的国籍原则，对具有本国国籍的公民在国内和国外的全部所得和财产行使征税权，而不考虑该公民是否在本国居住。其中公民的概念包括个人、团体、企业和公司等。在税收的公民管辖权框架内，本国公民无论居住在国内还是国外，都需要就其来源于国内和国外的全部所得和财产向政府承担纳税义务。

2. 各国对税收管辖权的选择

各国的税收管辖权是该国在全球经济中的地位和政府维护本国财权利益的表现。一般认为，发展中国家在实现自身进一步发展的过程中会大量引进资本，国内企业境外投资活动较少，一般为资本净流入国，因此其涉外税法框架是以属地原则为基本遵循，强调地域管辖权，但同时也会兼顾居民管辖权。发达国家在开放发展中的主要特点是资本的双向流动，其本国居民在国外开展经济活动创造了大量经济利益，外国居民也在本国境内投资并创造了大量财富，因此该国政府大多以居民和公民的税收管辖权为遵循，兼顾来源地管辖。

（1）同时采用地域管辖权和居民管辖权。地域管辖权和居民管辖权并行的做法是大部分国家政府和立法部门在制定税收相关法律法规过程中的基本遵循，在这种规则导向下，各国税收管理机关在向本国居民境内所得和财富征税的同时，也会对非本国居民来源于本国境内的所得和财富及本国居民来源于本国境外的所得和财富进行课税，这有效维护了本国在参与全球经济活动中的主权利益。目前亚洲、欧洲、大洋洲和北美洲的大多数国家和地区在税收管理方面以地域管辖权和居民管辖权为遵循，包括日本、韩国、中国、德国、法国、英国、芬兰、澳大利亚、加拿大、洪都拉斯等。

（2）单一采用地域管辖权。目前世界上仅有少数国家和地区采用单一的地域管辖权，例如文莱、毛里求斯和中国香港等。事实上，单一采用地域管辖权可以给外国投资者提供一种对境外收益不征税的诱人条件，从而能够显著提升该国或该地区在外商投资方面的吸引力。但这也在很大程度上损失了本国正当的财税权益。单一采用地域管辖权可以使该国或地区成为重要的跨国投融资活动中心。例如，香港地区在税收管理方面实施的单一地域管辖使其成了国际著名的"避税天堂"，吸引了许多跨国公司在香港地区注册公司以规避一些国际税收义务。

（3）同时采用地域管辖权、居民管辖权和公民管辖权。理论上，在国家税务管理活动中同时采用地域管辖权、居民管辖权和公民管辖权是在开放发展中维护国家经济权益最有效的做法，通过兼行地域管辖权、居民管辖权和公民管辖权，政府可以从任何与本国有关的经济活动中获得财税收益。但在实际操作中，这不利于本国吸引外商投资，也不利于本国企业走出去开展跨国投资，这可能限制了本国参与全球经济活动竞争力的发挥。事实上，全球在征税中选择三者兼行的国家数量较少，代表性国家是美国和墨西哥。在实际操作中，这些国家也会通过制定一系列双边或多边税收协定以最大程度保障本国和外国纳税主体在从事与本国有关经济活动过程中的相关权益。

（六）国际重复征税及其减除

在国际税收领域，不同类型税收管辖之间和同一种税收管辖权因采用不同的判定标准或不同的来源规则之间的差异和冲突会影响企业的正常纳税行为，这主要表现为国际重复征税。国际重复征税是指两个或两个以上国家对同一跨国纳税人或不同跨国纳税人的同一跨国课税对象或税源征收了相同或类似的税种。国际重复征税违背了税收公平的原则，在相当程度上会对企业经济活动全球化产生负面影响，不利于各国经济发展方面的相关目标和利益的实现。征税主体数量过多和纳税人经营活动跨区域是构成国际重复征税的法律和经济条件。

1. 法律性重复征税及其产生原因

法律性重复征税是指两个或两个以上拥有税收管辖权的征税主体对同一纳税人的同一课税对象同时行使征税权。法律性重复征税产生的原因是各国税收管辖方式和管辖权力在某一特定税目上重叠，因此主要表现为以下几种情形：

（1）居民税收管辖权与来源地税收管辖权重叠。当具有纳税义务的某一纳税主体的经济活动所在国或地区税务管理机关同时依地域管辖和居民管辖行事时，该纳税人就需要就其居民身份承担其来源于境外所得或财富的纳税义务，同时也需要就非居民身份承担向外国政府承担来源于境外国家的所得和财富的税收义务，在这种情况下，纳税人境外所得和财富的纳税义务出现了重叠，从而导致出现国际重复征税现象。

（2）居民税收管辖权与公民税收管辖权的重叠。在法律上，居民和公民的身份认证存在一定差异，但在相当程度上会出现重叠，因此当具有纳税义务的某一纳税主体的经济活动所在国或地区税务管理机关同时依居民管辖和公民管辖行事时，该纳税主体也会因法律身份重叠而承担双重甚至多重纳税义务。

（3）居民税收管辖权与居民税收管辖权的重叠。重复征税现象的产生，是由于税收主管单位税收管辖权行使逻辑依循存在差异，而在经济现实中，具有相同税收管辖权行使逻辑的两个行政单位间由于税收管辖权行使标准不同也可能导致国际重复征税行为的出现。例如，甲国和乙国的税收管理机关都是以居民身份作为纳税人判定标准的，而某自然人是甲国标准下的永久居民，同时该自然人在乙国居住了 183 天以上而被乙国税收主管单位判定为该国居民，则该自然人就需要就其所得和财富向两国主管单位进行纳税。

（4）来源地税收管辖权重叠。国家间居民管辖权重叠而标准不同会导致纳税人出现重复纳税行为，来源地管辖权亦然，对来源地标准界定差异也会影响纳税主体的纳税行为。例如，甲乙两国税务机关的征税依循都是来源地税收管辖，甲国某单位员工被公司派遣至乙国从事业务支持活动，该员工工资由甲国单位支付，则对于甲国税收主管单位来讲，该工资的支付地在甲国，则应对其课税，而对于乙国的税收主管单位来讲，该员工的工资是由于其在乙国从事相关劳务活动获得的，也应对其课税，从而造成了一笔工资款需要对两国政府承担税收义务，出现国际重复征税现象。

2. 经济性重复征税及其产生原因

经济性重复征税是对有内在经济联系的不同纳税人的同一经济来源课征所引起的，经济性重复征税形成的原因包括税制上和经济上两方面。

（1）税制上的原因。在经济现实中，税法相关规定没有考虑经济实际是经济性重复征税产生的重要原因，例如对企业所得税和股东的股息红利所得税方面，企业在就税后利润向股东进行分配后，股东需要就其这部分股息、红利进一步向所在国税务机关纳税，但在实际上，公司和公司的股东在相当程度上可以称为具有紧密联系的经济实体，这也在一定意义上造成同一样一笔所得重复纳税现象出现。

（2）经济上的原因。经济活动全球化的一个重要表现就是跨国公司出现并壮大。跨国公司开展跨国经营的过程中形成了复杂的控股关系，使得不同国家的母公司、子公司、孙公司之间相互勾稽，最终使同一笔所得在不同国家重复纳税。

三、跨国投资税务筹划咨询的主要方法及实务操作

（一）税务策划的具体方法

国际税务策划的基本思路是利用不同国家间税收制度差异、招商引资优惠税收政策和国家间的相关税收协定，通过选择不同的跨境经营架构和不同的财务管理模式等，以最终实现企业自身税负最小化。

1. 纳税主体筹划法

（1）基本原理。纳税主体筹划法聚焦于纳税主体的认定与转化，即通过利

用纳税人身份的可变通性合理安排纳税主体的性质、类型来影响其税负或改变其纳税范围，从而达到最终控制税负的目的。纳税主体筹划法的基本原理是通过合理运用不同纳税主体身份的税法规定差异实现特定纳税人税负最小化。

（2）纳税主体筹划法的操作技术。在跨国投资过程中，企业要从纳税的角度考虑是在东道国设立子公司还是分公司。在子公司与分公司纳税方面，需要重点关注以下方面：

子公司是具有独立法人资格的经营单位，在税负义务方面，其需要承担与项目所在国内资企业一样的税收义务，但同时，在经营方面子公司自负盈亏，不需要承担公司总部相关税收义务，也不会增加公司总部的相关税收负担。相较于子公司，分公司不具有独立法人资格，因此其无须以独立经营单位身份向东道国政府纳税，其亏损、义务以及其他所有税收和法律责任最终都由总部承担。

在实际操作中，一些国家允许的企业集团内部公司之间的盈亏互抵，按差额纳税。这种情况下在境外投资最好设立子公司并将其纳入集团范畴，以此实现公司集团整体税务策划。在不允许企业集团内部公司盈亏冲抵的国家，设立分公司开展经营的好处主要是可以通过分公司前期经营的亏损冲抵集团整体的利润，从而达到节税的目的。但子公司向母公司支付的特许权使用费、融资利息、其他间接投资活动相关费用等更容易被东道国税务机关认可，并且可以以更灵活的方式将相关利润汇回母公司，同时总部转售境外子公司的股票增值部分通常可享有免税优惠，从而降低子公司设立的税收负担。

【案例 9-1】 恰当把握常设机构和办事处之间关系

"走出去"的企业不妨考虑以下税务策划模式：避免成为常设机构，如某建筑公司到 A 国从事安装工程，工期约 10 个月，双边税收协定规定建筑工程连续达到 6 个月以上即构成常设机构，该公司将工程分为两个阶段进行，避免了成为常设机构，不需在 A 国缴纳所得税；采取不同的机构组织形式，境外项目所在地的实际税负低于中国时，选择不同的境外项目公司组织形式，会带来不同的税务影响；在一定限度内将利润留在境外，可避免或者推迟向母国缴纳企业所得税的时间，从而获得纳税筹划的利益。

2. 税基筹划法

（1）税基筹划法及其原理。税基就是计税依据，是计算税款的基本依据，也可称为征税的宽度。税基的规模直接影响企业的整体税收成本，不同税种的税基计算方式存在一定差异，在经济现实中，主要通过历史成本、公允价值和税务机关直接核定的方式计算企业税基。利用税基进行纳税筹划是企业税务策划的重要遵循。

（2）税基筹划法的操作技术。利用税基的筹划主要是通过税基推迟实现、分解税基和缩小税基实现减少企业纳税数量的目的。税基推迟实现方法主要是通过利用货币的时间价值和外部通货膨胀因素来达到实际上的节税目的。分解税基方法是通过按照业务活动或项目类型把税基合理分解，实现税基从高税负转变为低税负，从而达到节税目的。缩小税基是通过利用税法规定并借助税务策划操作技术使税基合法缩小，从而减少应纳税额或避免多缴税方法达到节税目的。

3. 税率筹划法

（1）税率筹划法及其原理。税率是税收制度的主要内容之一，也是影响企业纳税规模的关键因素之一。在税基不变的情况下，该税种税率越高，企业需要缴纳的赋税规模就越大；反之亦然。合理选择税种和税收优惠政策能够帮助企业在税基固定的情况下达到节税的目的。

（2）税率筹划法的操作技术。世界各国对同一税种的税率规定差异和国家间跨国税收协定是通过税率实现的。同时，以同一税种对不同征税对象实行不同的比例税率政策，以基础比例税率筹划法和以累进税率制度为基础的累进税率筹划法是企业开展税率筹划的重要方法。

4. 税收优惠筹划法

（1）税收优惠筹划法及其原理。税收优惠筹划法是指纳税人利用税收减免、税收抵免、税收返还等一系列税收优惠性规定或条款从而降低企业相关税负的方法。在利用税收优惠进行税务策划过程中，企业需要重点关注投资东道国的相关税收优惠政策。

（2）税收优惠筹划法的操作技术。在经济全球化过程中，部分发展中国家特别是新兴经济体为扩大自身对外资的吸引力，进而制定一系列优惠政策。其中，对企业投资和经营活动相关税负进行优惠是这些优惠政策的重要组成部分，主要包括免税、减税、免征额、起征点、退税、优惠税率、税收抵免等。因此，在开展跨境投资前必须对投资东道国的相关税收优惠的情况和实现税收优惠的条件进行系统性了解，并在项目建设前就做好相关规划，从而帮助企业利用税收优惠降低其税负。

5. 会计政策筹划法

（1）会计政策筹划法及其原理。会计政策筹划法是指企业选择合理的会计政策以实现企业税后利润最大化的税务策划方法。该方法的基本原理是将企业的税务筹划活动和企业的会计活动联系起来，从而增加了企业税务策划工作的稳定性。比如企业在开展跨国并购过程中需要一系列的会计处理问题，如目标企业的价值评估、并购的可行性分析、并购的资金成本、并购资金的支付方式以及并购以后的整合风险等等。为此要重点做好以下几点：做好并购过程中的会计处理；注意跨国交易中的价值确认方法；注意公司固定资产的会计处理；对公司存货的会计处理；对公司融资租赁的会计处理；公司所得税的会计处理；对公司外汇转换的会计处理；公司股权投资的会计处理等。

（2）会计政策筹划法的操作技术。企业通过会计政策进行税务策划的具体操作技术主要包括财务分摊筹划法和会计估计筹划法。所谓财务分摊筹划法，是指企业对经营过程中涉及多个分摊对象的某种费用按照不同标准进行分摊，从而达到降低企业相关活动税收成本的目的，一般需要进行会计分摊的科目主要有无形资产摊销、待摊费用摊销、存货计价方法以及间接费用。所谓会计估计筹划法，是指企业在经营过程中对一些不能精确计量的会计事项采取适当的会计方法进行合理估计与测算，以税收为标准实现企业经营成本最小化，需要进行会计合理估计的事项主要有坏账估计、存货跌价估计、无形资产减值估计、固定资产净残值估计等。

6. 税负转嫁筹划法

（1）税负转嫁筹划法及其原理。税负转嫁筹划法是指在市场环境下，纳税人通过各种途径和方法将其负担的税收转移给他人负担的税务策划方法。

（2）税负转嫁筹划法的操作技术。税负转嫁筹划方法主要包括税负前转筹划法和税负后转筹划法。税负前转筹划法是指纳税人将其负担的税收成本，通过提高商品、服务或生产要素价格的方式将其负担的税收转移给购买者或最终消费者承担。税负后转筹划法是指纳税人通过降低生产要素、原料的进价，压低工资或其他转嫁方式，将其负担的税收转移给提供生产要素的企业或劳动者。

7. 递延纳税筹划法

（1）递延纳税筹划法及其原理。递延纳税筹划法是指纳税人在遵守相关税法规定的前提下，合理推迟相关税款的缴纳时间，从而获得该部分税款的时间价值。广义上的递延纳税方法还包括纳税人遵循相关会计准则比如折旧政策、存货计价政策等实现相关税款延期缴纳的安排。

（2）递延纳税筹划法的操作技术。合理推迟各项收入的实现时间和尽早确认成本、费用等支出项目是通过递延纳税方法实现企业节税的基本遵循。在具体操作中，企业需要增加实现递延纳税项目数量并在税法规定的范围内尽量保证这些纳税递延项目递延周期最大化。

8. 规避平台筹划法

（1）规避平台筹划法及其原理。税法中某些税负的规定临界点通常被称为"规避平台"，其税率和税收政策存在较大的差异性，因此规避平台税务策划方法需要寻找税法中的临界点进行税务策划。

（2）规避平台筹划法的操作技术。规避平台税务策划主要包括税基临界点筹划和优惠临界点筹划两种方法，其中对税基临界点进行税务策划需要重点关注免征额、起征点、税前扣除限额、税率跳跃点等，避免企业边际税率提升趋势；优惠临界点税务策划重点关注绝对数值临界点、相对比例临界点和时间期限临界点。

9. 资产重组筹划法

（1）资产重组筹划法及其原理。资产重组筹划法是指纳税人通过合并筹划法、分立筹划法等资产重组手段，在资源优化配置中科学筹划税收，为资产重组活动实施节税方案。在资产重组中，企业需要重点关注资源配置结构和资本利用效率，实现以收购、兼并、分立等重组行为实现企业节税目标。

（2）资产重组筹划法的操作技术。资产重组筹划法主要包括合并筹划法和分立筹划法，其中合并筹划法是指企业利用并购及资产重组手段，改变其组织形式及股权关系，实现税负最小化。分立筹划法涉及企业层面整体资产的分拆，一般不属于增值税征税范围，被分离出去的资产不缴纳增值税。

10. 业务转化筹划法

（1）业务转化筹划法及其原理。业务转化筹划法是一种在变化中寻找节税空间的税务策划方法。该方法的基础是纳税人的经营活动可以相互转化，例如购买、销售、运输、建房等业务可合理转化为代购、代销、代运、代建房等业务，无形资产转让可合理转化为技术研发服务或非货币性资产投资业务。

（2）业务转化筹划法的操作技术。业务转化包括业务形式转化、业务口袋转化和业务期间转化，其中业务形式转化是指将纳税人的收入由一种形式转化为另一种形式，通过改变收入的性质来变更该收入适用的税种和征管方式，进而改变该收入的应纳税额；业务口袋转化是指将一个企业的业务收入转化为另一个企业的业务收入，通过转让定价实现业务收入和利润在关联企业间转移；业务期间转化是指把企业一个纳税期间的业务收入转化为另一个纳税期间的业务收入，从而实现业务收入、成本、费用及税金在不同的纳税年度转移。

（二）不同类型国家投资税收规定及税务策划

1. 在高税国家的直接投资：以法国为例

中国居民企业在美国、法国或德国等高税国家投资的过程中，企业应该注重分析该国的涉税法律法规和该国与我国订立的一系列避免多重征税协定，从而达到降低企业跨境投资过程中相关税负的目的。这里以法国为例，对企业在投资经营过程中的具体涉税重点事项进行分析。

法国现行税制中的主要税种有公司所得税、个人所得税、增值税、消费税、关税、不动产税、地区贡献税、注册税、金融交易税、系统风险税和社会保障税等。

（1）法国的国内税务规定。居民公司指依据法国商业法注册成立的公司。居民公司只就来源于境内的利润纳税，非居民公司只就来源于法国的经营活动收入、归属于法国常设机构的收入和在法国的不动产所得纳税。公司所得税标准税率为28%，公司的股利分配或视同股利分配活动，需要缴纳股利分配税

3％，大公司需按所得税额的 3.3％附加缴纳社会贡献税。分公司与法人适用同一税率，非欧盟成员国分公司税后净利润视同分配给总部，征收预提税30％或协定的低税率。公司的净经营亏损可以向后结转，但每年可弥补亏损最大金额为 1 亿欧元，外加利润超过 1 亿欧元部分的 50％，未弥补完的亏损依此原则无限期结转。在法国境内销售商品和提供服务，以及进口商品均需要缴纳增值税。增值税基本税率为 20％，低税率有 10％、5％和 2.1％。法国对境内不动产每年征收一次不动产税，税率为 3％。

法国的个人所得税纳税人分为居民和非居民。居民纳税人应就其来源于全世界的个人所得缴纳个人所得税，非居民仅就其来源于法国的个人所得缴纳个人所得税，法国对居民的认定标准为个人的习惯住所或者家庭在法国，在一个日历年度中在法国居住超过 183 天，职业活动在法国进行，法国是其经济活动的主要地区。工资税针对雇员的报酬征收，由雇主缴纳，税率为 4.25％～13.6％，20％的税率针对工资总额超过 15 万欧元征收。在法国私人拥有房地产需要缴纳个人房地产税。该地方税以房地产的上一年价值为基础，税率因房地产面积、地理位置不同而递减。

（2）法国的涉外税务规定。法国对居民公司的境外分公司或常设机构取得利润不征税。对居民公司的境外股利、利息和特许权使用费等其他收入，汇回时征税。法国母公司从其子公司获得的红利，最多 5％需要加回到母公司的应纳税所得额中，缴纳法国的公司所得税。

法国对居民公司的境外分公司或常设机构利润不征税。对居民公司的境外股利、利息和特许权使用费等其他收入，汇回时征税。法国母公司从其子公司获得的红利，最多 5％需要加回到母公司的应纳税所得额中，缴纳法国的公司所得税。

（3）法国与中国相关反避税协议。法国有权对法国控股公司、法国SAS（法国公司间建立的税收集团）的收益征收资本所得税。法国控股公司派发的股息（包括 10％的代扣税）和股东贷款的利息应向中国按照 25％的税率缴纳资本所得税。根据《中华人民共和国企业所得税法》和中国与法国缔结的避免双重征税协定抵免股息的代扣税（直接税收抵免）。从中国资本所得税中抵免向法国缴纳的资本所得税（间接税收抵免）。抵免总额不得超过中国对来源于法国的收入的资本所得税金额（国别限额），但超出部分可以结转。根据《中华人民共和国企业所得税法》，持股比例达到 20％以上的可进行间接税收抵免，中国与法国缔结的避免双重征税协定将持股比例要求降至 10％以上。处置法国控股公司股份所产生的资本所得应按一般税率缴纳资本所得税。外国资本所得税可在限额中从中国资本所得税中抵免。

【案例 9-2】 利用双边所得税协定设计架构

某公司在法国设立了一家控股公司进行海外经营。为降低预提所得税，该公司首先在一个税负较低的欧盟国家设立一家中介公司，由该中介公司在法国设立控股公司，通过间接控股的方式降低股息在汇回过程中的税负。

由于历史和国情原因，我国与不同国家（地区）签订的避免双重征税协定的具体条款通常有很大差异，还有相当一部分国家（地区）未与我国签订避免双重征税协定。综合考虑避免双重征税协定签署或未签署因素，可在设立中介公司、设立同一国控股公司或设立低股权控股公司等方式中统筹安排。

---

2. 在低税国家的直接投资：以爱尔兰为例

新加坡、中国香港及一些欧洲国家的企业税负相较中国较低，下面以爱尔兰为例，介绍低税国家的税收制度和与我国的税收协定情况。

（1）爱尔兰的国内税务规定。爱尔兰主要税种有公司所得税、个人所得税、增值税、消费税、关税、利润来源租金、印花税和社会保障税等。爱尔兰的国内税务规定居民公司指在爱尔兰境内注册成立的公司，或实际管理机构在爱尔兰的公司，居民公司需要就其来源于境内外的所得进行纳税。非居民公司仅就其来源于境内的所得纳税。资本利得单独征收资本利得税，税率为 33％。爱尔兰对在境内销售商品和提供服务，以及进口商品，均征收增值税，增值税基本税率为 23％，印花税针对各种凭证征收，居民转让财产税率为 1％～2％，非居民转让财产税率为 2％，转让股票税率为 1％。

（2）爱尔兰的涉外税务规定。中国内地与爱尔兰协定：持股 25％以上，股息预提税为 5％，否则为 10％；利息预提税为 10％，机器设备租金预提税为 6％，特许权使用费预提税为 10％。分公司利润汇回，不征税。持股 10％

以上，可以间接抵免，无税收饶让。境外企业股利、利息、特许权使用费、租金，预提税均为20%。预提税外，其他特许权不征收预提税。适用欧盟指令（持股25%以上）的欧盟成员国公司，免专利权预提税。土地和矿山转让利得以及采矿权转让利得，转让或交换未上市的土地、矿山占公司价值50%以上公司的股权，出售商誉的利得征收预提税为15%。

（3）爱尔兰与我国的税收协定情况。爱尔兰公司派发的股息应按25%的税率向中国缴纳资本所得税，如爱尔兰征收了代扣税，可根据中国国内法和中国与爱尔兰缔结的避免双重征税协定在中国资本所得税中抵免代扣税，公司派发股息所产生的资本所得应按一般税率向爱尔兰缴纳资本所得税。爱尔兰资本所得税可在抵免限额内从中国资本所得税中抵免。如果爱尔兰的税率低于中国（即低于12.5%），中国投资者可将利润留存在爱尔兰公司。但是根据中国受控外国企业规则，留存的收入可视为已经派发给中国公司。

（三）跨境投资税务策划实务

1. 利用避免国际双重征税进行税务策划

为避免两个或两个以上的国家对跨国纳税人的同一项跨国所得进行重复课税，国家间通常会按照国际税收规范的规定，按照地域管辖权优先的原则协调国家间税收权益分配，以避免双重征税。

采用抵免法时，应纳税额＝（国内所得＋国外所得）×本国税率－国外已纳税额；采用扣除法时，应纳税额＝（国内所得＋国外所得－国外已纳税额）×本国税率；采用豁免法时，应纳税额＝（国内所得＋国外所得－已纳外国税收的所得）×本国税率。

我国现行税法对避免双重征税的规定主要包括三部分内容：

（1）对纳税人来源于中国境外的所得，已在中国境外缴纳的企业所得税和个人所得税税款，准予在应纳税额中扣除，但其扣除额不能超过该纳税人境外所得按《中华人民共和国企业所得税法》规定计算的应纳税额。

（2）对纳税人来源于境外所得在境外实际缴纳的企业所得税、个人所得税税款，低于按《中华人民共和国企业所得税法》规定计算的扣除限额的，可以从应纳税额中据实扣除，但超过扣除限额的，不得在本年度应纳税额中扣除，可以在以后年度税额扣除的余额中补扣，补扣期限最长不超过 5 年。

（3）对纳税人境外已缴纳税款的抵扣，一般采用分国不分项抵扣境外已缴税款的方法。对于不能完全提供境外完税凭证的内资企业，经国家税务部门批准，也可以采取定率抵扣的方法，不区分免税或非免税项目，统一按照境外应纳税所得额 16.5% 的比率计算抵扣税额。

2. 利用避税港进行税务策划

国际避税地大致可分为三类：

第一类是纯粹或标准的国际避税地。这种类型的避税地没有个人或公司所得税、财产税、遗产税和赠予税。如百慕大群岛、开曼群岛、巴哈马等。

第二类是普通或一般的国际避税地。这种类型的避税地一般只征收税率较低的所得税、财产税、遗产税和赠予税等税种。这种避税具体可分为两种情况：第一，对境内外所得和财产所得等征税，但税负较轻，对外国经营者给予特殊税收优惠。如巴林、中国澳门、瑞士等；第二，只对境内所得或财产征收较轻税负的间接税，对来自境外的所得不征税。如巴哈马、中国香港等。

第三类是不完全或局部的国际避税地。这种类型的避税地一般实行正常的税收制度，但有一些特殊的税收优惠政策或规定，或在某一地区单独实行特定优惠政策或规定。如荷兰、希腊、加拿大等。

【案例 9-3】　避税港的应用

避税港已成我国企业海外收购的重要"中转站"，比如 L 公司在收购某国 H 公司的过程中，通过在中国香港和某国设立子公司进行再投资，利用当地的税收优势，减少了税务支出和财务管理成本，大大降低了海外投资成本。国际避税港具有较低的直接税负担，且一般不征收流通税，小到一个岛、港口城市，大到整个国家，避税范围相当明确。

我国企业在"走出去"过程中，避税港通常承担如下税收统筹功能：利用其所在国与目标国之间的多边税收协定、税收优惠政策，来降低缔约国相互征收的税负；开设各种受控公司，虚构避税地营业；开设各种信托公司，虚构避税的信托财产等。

3. 利用转让定价进行税务筹划

（1）有形财产。利用有形资产进行转移定价的方法，关键步骤是抬高企业实物投资的资本额和控制企业的购销权。抬高企业实物投资的资本额，可以帮助企业增加固定资产投资规模，从而增加计提折旧金额，进而实现降低纳税规模的目的；控制企业的购销权能够帮助企业通过产品销售和原材料购买来控制海外公司的利润规模，实现利润在母公司和海外子公司间进行重新分配，利用国家间税收制度差异和税收协定达到节税的目的。

（2）无形资产。利用无形资产进行转让定价的具体方法包括：

1）在国内外母子公司特定无形资产转让的过程中，提高或调低无形资产转让价格；

2）在母子公司相关特许权授予的过程中，提高或调低权益受益人的特许权使用费支付比例，订立转让特许权收费包税条款；

3）在无形资产交易过程中，以设备价款、技术培训费的名目分解专有技术价款。

（3）劳务、管理或者其他相关服务。劳务、管理或其他相关服务是跨国公司管理集团内部经常发生的交易事项，通过控制劳务费、管理费用和其他相关服务费用的金额，公司总部可以调整母公司和子公司的利润数额，进而实现利润的区域重新分配。公司集团总部一般会将利润由高税负的子公司转移至低税负国家的子公司，从而达到节税的目的。

（4）融资。跨国公司通过调整由母公司向子公司发放贷款的利息率水平来调整子公司的财务费用水平，并通过控制对海外子公司租赁固定资产的使用期限来影响子公司的成本费用，从而实现公司间和区域间的利润重新分配。

4. 利用国际税收协定网络进行税务筹划

国与国之间的双边税收协议的主要内容一般为在利润、股息、利息、特许权使用费等方面给予对方国家居民相关税收优惠。两国之间签订的税收协定的受益人本应只是两国的税收居民，第三国居民本不应从中受益，但第三国居民只要是在两个协定国其中一国设立子公司，并使其成为当地的居民公司，该子公司完全由第三国居民所控制，这样也可以使公司享受各种国际税收协定优惠，因此设立跨国企业作为第三国居民在协定国设立控股公司、金融公司、专利许可公司等中介公司来实现税务策划的目标。

（1）设立中间控股公司的好处。

1）利用海外中间控股公司，减少或消除股息预提税和对处置股份取得的资本利得征收的预提税，从而减少企业的税收负担；

2）利用海外中间控股公司，中国投资者在收取境外投资股息或处置股份利得的时间安排上具有更好的灵活性；

3）通过建立一个新的、恰当的、具有合理资本结构的中间控股公司来持有被投资公司，可以实现"债务下推"战略和"供应链筹划"。

（2）设立控股公司的地点选择。企业在设立控股公司的过程中，应该从被投资的目标的角度和母国的角度判断，是否存在一个特定国家或地区是设立控股公司的最优目标地。以税务的标准考量，设立控股公司应该关注分回股息的多少和由其产生的税负，以及处置投资时产生的资本利得、处置时点和由此产生的税负。在这个过程中还要考虑该国对本国居民公司国外来源的股息是否征收公司所得税，最优的选择是国际控股公司所在的居住国应既有广泛的税收协定，又对本国居民取得的海外股息免税或享受低税。

5. 利用合理的资本结构进行税务筹划

（1）资本弱化及规定。资本结构指资产与负债的比例，利用企业资本结构进行税务筹划最重要的一个概念就是资本弱化。资本弱化又称资本隐藏、股份隐藏或收益抽取，是指公司投资者投资于公司的资本中，不恰当地提高贷款比重，从而相应地降低股本的比重，增加利息支出，并获得更多的税前扣除，以减少应纳所得税的一种国际避税形式。资本弱化的税收优势主要表现为：避免从外国子公司取得经营利润而缴纳所得税；避免由外国子公司支付给母公司的股息所缴纳的预提税；在不同税收管辖权间转移纳税义务，以减少在全球的应纳税额，如使得股息归集抵免最大化、外国税收抵免最大化。

（2）各国对资本弱化的规定。经济合作与发展组织对跨国投资和经营的资本弱化规则进行了规定，分为固定比率法和正常交易原则法。

1）固定比率法。固定比率法规定公司债权与股权的比例，如果公司资本结构比率超过特定的债务/股权比率，则超过的利息不允许税前扣除，并将超过的利息视同股息进行征税。固定比率法是目前大多数国家在限制资本弱化方面采取的方法。

2）正常交易原则法。正常交易原则法则以实质重于形式的原则对企业在投资和经营中可能存在的资本弱化行为进行规定和限制，其在确定贷款或募股资金的特征时，要看关联方的贷款条件是否与非关联方的贷款条件相同。如果不同，则关联方的贷款可能被判定为隐蔽的募股，要按有关法规对利息征税。

6. 利用公司组织形式进行税务筹划

上述方法的税务策划前提都是跨国企业以成立子公司的形式开展跨国投资行为，而针对企业在东道国成立分公司等非独立法人机构开展经营活动的，其税务策划方法选择存在一定差别。

在境外设立分公司进行税务策划之前，需要明确投资东道国在税收管理领域的相关要求和税务执法部门的相关做法，例如需要明确投资东道国的税务部门在征收税款的过程中是选择查账征收还是核定征收的方式。若所在国对分公司实行查账征收，则可考虑实行转让定价和资本弱化，以降低分公司所在国的公司所得税税负。若为核定征收，则需要与所在国税务部门接触，在税务部门自由裁量权限之内，尽量降低核定比率。

在进行税务策划的过程中，税收协定起了关键作用，例如，在中外税收协定中，一般会约定协定国分公司向中国总公司汇回利润，均不征收预提税，但个别税收协定会规定，企业在对方国家设立的分公司向中国总公司汇回利润，也需要缴纳预提税，并且在一些未与中国签订税收协议的国家，企业的分公司将利润汇回也需要缴纳预提税，企业应就这方面利润开展一定税务策划活动。

第二节　跨国投资项目融资及财务分析

一、跨国投资项目融资规划

企业的跨国融资活动是指企业以自身跨国发展战略为目标，通过借助某些跨国融资工具从国际市场上筹集资金，以满足自身在开展投资和跨国经营过程中的资金需要。通过开展跨国融资活动，企业能够实现融资规模的扩张，从而为自身快速成长和发展奠定资金基础。

（一）跨国融资的特点及方式

1. 跨国投资的融资特点

跨国融资行为是经济全球化背景下企业开展跨国投资经营过程中的必然产物。相较于国内融资，国际融资是在国际金融市场进行的筹资行为，在资金的流通中，国与国之间的资金流动的界限被打破，在一定程度上实现了资金的更高效配置，并推动全球经济发展。全球范围内比较成熟的融资场所主要包括货币市场、资本市场和外汇市场，前两者的差异主要表现为资金的使用期限不同，货币市场主要为企业提供一年以内资金借贷活动，资本市场的资金借贷期限一般超过一年，而外汇市场主要是由各国的外汇经营机构组成，为企业在开展跨境投资和经营过程中提供外汇周转。一般认为，企业开展跨境投资融资活动的特点主要为跨境融资的风险性和跨境投资融资渠道的多元性。

（1）跨境融资的风险性。从跨境融资的风险性的角度看，国际投资与国内融资在融资数量、融资方式、融资期限和融资成本等方面存在较大差异，这是国际融资的优势所在，但由于机会与风险并存，这种优势在一定情况下也会伴随着更大的风险。一般认为，企业跨国融资的风险来源主要包括三个方面：

1）国际融资的主客体具有复杂性，从跨境融资的主体看，国际融资市场资金供需方的身份结构相对较为复杂，政府、企业、自然人、各种类型的经济组织等都会参与资金的融通活动，而从跨境融资的客体看，尽管货币是融资客体组成中的绝对主体，但在一些情况下，一些非货币资产也会进入跨境融资市场进行交易，并且各国间不同的货币之间的交换比率关系也在一定程度上增加了跨境融资活动的复杂性；

2）外汇管理制度的差异，由于跨境融资行为涉及不同国家和地区，因此其活动的正常开展受各国相关制度影响明显，其中影响最为直接的就是各国的外汇管理及相关规定，各国在外汇管理、资金冻结、税收制度等方面的规定在一定意义上影响了资金在各国企业间融通；

3）国际政治与社会风险，经济活动的正常开展需要依赖于一定的政治制度和社会基础，而在政治和社会风险，如战争、政变、恐怖袭击、社会动乱、员工罢工、文化冲突、宗教矛盾影响下，资金的正常融通活动也会受到重大影响。

（2）跨境投资融资渠道的多元性。融资渠道的多元化是跨国企业进行跨国投资和经营活动的重要特点，通过利用国际资本市场、东道国金融市场、母公司所在国资金市场以及跨国公司内部的资金调度等融资渠道，跨国企业在投资和经营过程中能够保证其资金来源多元化。在多元化融资渠道的影响下，企业应该从自身阶段特点和发展目标出发，综合考虑资金来源的成本、期限和风险，选择能够实现自身收益最大化的资金组合。

2. 跨国投资的融资方式

（1）国外金融机构贷款。贷款融资最常见的形式是银行贷款融资，是指银行以一定的利率将资金贷放给资金需求者，并约定期限归还的一种经济行为。在贷款融资下，资金的提供方以债权人的身份对企业进行出资，享受固定的资金利息，不享受企业的经营回报收益，也不承担企业经营亏损。银行贷款是金融机构贷款的主体，也是各国企业融资最主要的来源。全球主要的多边金融机构包括国际货币基金组织、世界银行及其下属的国际开发协会和国际融资公司，代表性的区域性国际金融机构有亚洲开发银行、美洲开发银行等。

（2）欧洲美元贷款。欧洲美元是指存放在美国以外银行的美元，因主要存放在欧洲，习惯称欧洲美元。由于这部分美元不在美国国内，因此其不受美国货币当局的控制，不执行美国的有关金融法规，这表现为这部分美元与美国国内美元的使用灵活度和成本存在一定的差异。作为目前国际上通行程度最高的货币，部分跨国公司会使用美元来进行跨国资金交易，以减少借贷双方受各自国家政府对其本国货币管控的影响。除了美元外，日元、欧元、人民币等国际化程度较高的货币也在国外有一定规模，故也可用于企业的跨国融资活动。

（3）发行国际债券。债权融资是指企业通过举债筹措资金，资金供给者作为债权人享有到期收回本息的融资方式。国际债券是一国政府、金融机构、工商企业或国家组织为筹措和融通资金，在国外金融市场上发行的以外国货币为面值的债券。借款人在国外金融市场上发行的债券叫作国际债券，主要分为外国债券，是指借款人在国外债券市场上发行的以所在国货币标明的外国债券，以及以非发行所在国的货币标明面值的欧洲债券。

（4）发行国际股票。国际股票是指一国企业在国际金融市场上发行的股票，是一种股权融资行为。股权融资不需要本金偿还，属于权益性融资，但是会稀释融资企业现有的股权，且融资成本较高。股权融资行为有以下特点：长期性，即股权融资筹措的资金具有永久性，无到期日；不可逆性，即企业采用股权融资无须还本，投资人欲收回本金，需借助于流通市场出售股票；无负担性，即股权融资没有固定的股利负担，股利的支付与否和支付多少视公司的经营状况与需要而定。

（5）境外买壳上市和借壳上市融资。买壳上市又称"后门上市"或"反向收购"，是指一家非上市公司（买壳公司）通过收购一些业绩较差、筹资能力已经相对弱化的上市公司（壳公司）来取得上市的地位，然后再以反向收购的方式注入自己的业务及资产，实现在境外间接上市的目的。所谓借壳上市，就是非上市公司通过证券市场购买一家已经上市公司的一定比例的股权来取得上市的地位，然后通过"反向收购"的方式注入自己有关业务及资产，实现间接上市的目的。

【案例 9-4】 灵活采用境外融资方式

国内某化工集团收购某国化工公司的融资方案使用了银团贷款，成功完成了收购和债务置换。相对于国内银行贷款，银团贷款有着成本、风险、战略等多方面的优势：第一，银团贷款最大的特点就是能够满足企业的大额资金需求。第二，通过银团贷款进行海外融资，能够享受低于中资银行贷款的基准利率。第三，人民币升值的情况下，通过海外银团贷款能够规避汇率风险。当然，企业选择海外银团贷款进行融资，也必须对相关风险进行防范。

国内 S 集团联合某投资基金公司收购国外某公司等案例是借助股权基金进行海外并购的成功典范。专业的股权基金公司通常拥有充裕的资金、专业的管理团队和丰富的海外并购交易经验，与其联合，可以提高并购成功率：首先，联合股权投资基金进行海外并购，可以弥补企业相关经验的不足；其次，联合股权基金公司进行并购，可以获得融资上的支持，解决融资难题；再次，联合股权基金公司进行并购，可以有效降低整合风险。

H公司在收购国外某能源公司的过程中，整个交易结构、融资手段和步骤以及纳税筹划的设计均值得借鉴。具体如下：多种融资手段并用，保证支付能力；多阶段融资规划，迅速完成并购支付；先海外融资，再国内融资；并购贷款时注意保持合理的资本结构；充分利用东道国国内优惠政策降低税负等。

（二）跨国融资风险管理

1. 制定跨国经营企业融资风险管理计划

制定合理的跨国经营企业融资风险管理需要关注以下内容：

（1）确定相应管理人员的职责。在风险计划中列明所涉及各部门人员的职责，并规定定期报告制度。

（2）确定融资风险管理的组织结构。在公司的组织架构中设置专职人员对融资风险进行管理，并订立规范的专职风险管理人员与其他部门相关人员的合作制度。一般来讲，会计部门、数据处理部门、法律实务部门和经营部门是需要重点合作沟通的部门。

（3）风险管理计划的控制。包括制定业绩标准、评测实际执行情况、采取纠正措施。

2. 开展跨国融资风险管理

（1）识别跨国经营企业融资风险。风险管理人员一般要设法识别下列三种类型的潜在融资损失：

1）融资所带来的物质性损失以及额外费用支出；

2）因融资损失而引起的收入损失和其他营业中断损失以及额外费用支出；

3）因融资引起的诉讼而导致企业遭受的损失。

（2）衡量跨国经营企业融资风险影响。在识别损失风险之后，企业需要对跨国经营中各种损失风险的大小进行衡量，包括衡量潜在的损失频率和损失程度。损失频率是指一定时期内损失可能发生的次数。损失程度是指每次损失可能的规模，即损失金额的大小。

（3）选择应对跨国经营企业融资风险的方法。在衡量融资风险以后，跨国经营企业必须结合企业的自身情况选择最适当的应对融资风险的方法或综合方案。

（4）贯彻和执行跨国经营企业融资风险管理的决策。相关的融资风险管理人员应当与协同部门一起，将企业所作出的融资风险管理决策予以执行。

（5）反馈与评价。在融资风险管理的决策得到贯彻和执行之后，就必须对其贯彻和执行情况进行检查和评价。

二、跨国投资项目融资方案策划咨询

融资策划咨询包括融资方式研究、融资途径研究、项目的可融资性方案构建、融资机构比选、融资币种方案设计、融资担保方式沟通等。开展跨国经营活动的中国企业，不仅要熟悉常规的企业融资方式，还要了解和把握新兴的企业融资方式。通过选择适合本企业的融资方式，开展有效的国际融资活动，加快企业的国际化进程。

（一）分析项目的可融资性

防范企业信用风险应成为银行跨境融资业务中应该重点关注的风险领域。银行应该对主权客户、企业客户、金融机构客户等不同的信用风险，采取多种形式，进行全方位的风险防控和全流程跟踪。

1. 投资方关注点

在项目融资模式中，投资方最关注的不是投资项目的收益率，而是项目的稳定性和风险的可控性。可以从许可保障、东道国担保举措和市场保障措施三个角度对项目的风险是否可控进行分析。

2. 融资价值构建

境外投资项目除了原已具备的条件，还可以通过商业模式和投资架构设计以及谈判沟通等工作优化项目的融资价值。

（1）有说服力的还款能力。体现为项目的预期收入是否可覆盖还款的金额和周期，包括收入金额是否满足还款数额、项目收入到账的时间是否能与还款相匹配。

（2）控制各类风险。

1）要做好完工和超支风险、政治风险、汇率风险、环保合规风险、原料风险、销售风险等的控制措施；

2）要做好详尽的尽职调查、合理的规划和预测、充分的保险安排工作，还要优化项目利益相关方之间合理的风险分担机制。

（3）严谨且有利的商务合同。可在商务合同谈定之前就让融资银行介入一起甄别风险，也可在商务合同谈判阶段引入熟悉银行信贷政策的律师团队共同把关。

（二）融资机构选择

当项目具有较好的可融资性，有意愿的贷款方又不止一家时，融资方就可进行融资机构的比选，因为不同融资机构的融资条件、融资成本、融资效率都不相同。

1. 融资条件

银行提出的融资条件和企业期望的吻合度如何，是比选融资机构的首要考虑因素。包括：

（1）能否做成完全无追索的项目融资。

（2）可否做成有限追索的项目融资，其担保条件是物理完工担保还是财务完工担保，担保的具体要求是母公司全额担保还是安慰函、支持函，抑或是只对EPC进行担保。

（3）对项目经营有哪些限制，如还款期分红限制、解除担保限制等。

（4）是否一定要投保政治风险保险（会增加成本、延长融资关闭时间），是否必须承保电费支付违约保险。

（5）是否可以提前还贷。

（6）是否可以少贷款或者适当多贷款。

（7）还贷最长周期，有没有还贷宽限期。

（8）是否外方股东的融资也要中资企业超股比担保。

（9）是否提款时贷款方的配资比例要求很高。

2. 融资成本

融资成本既影响项目效益，也影响项目竞标的成功率，所以十分重要。包括：

（1）利率情况。利率是高还是低，是浮动利率还是固定利率。

（2）费用情况。融资成本中除了融资利率，往往还包括前端费、杂费、安排费等各种费用，这将造成融资综合成本的明显增加。

（3）还贷计算基数。是将剩余融资额作为基数，还是将实际提款额或协议融资额作为基础，需要明确。

（4）本息的偿还方式。是等本息还款，还是等本金还款。不同的偿还方式成本不同，对经营的压力也不同。

3. 融资效率

对于境外项目的融资而言，融资效率实际上极为重要。一旦无法按期实现融资关闭，将面临履约保函罚没、项目被取消的风险。因此在进行融资机构比选时，要重点关注以下问题：

（1）有无确保按时实现融资关闭的口头或书面承诺，有无耽误融资时间时的控制措施或补偿机制。

（2）是否能在政治风险保险正式批准前实现首次放贷。

（3）后台风险控制部门与前台业务部门的沟通是否顺畅。

（4）银行的业务团队是否专业，双方是否有合作经历。

（5）是否有足够的实力独家提供融资。

【案例 9-5】 企业"走出去"政策性金融支持

目前，我国政策性银行支持企业"走出去"的主要方式包括出口买方信贷和出口卖方信贷等，企业也可以选择卖方信贷加保理的方式，规避应收账款的信用风险。出口买方信贷模式对承包商来说存在诸多便利之处，免去了承包商自身承担的中长期债务负担，不必直接承担进口国的政治国别风险，并避免了长期的汇率风险。买方信贷方式程序相对比较复杂，前期沟通的工作量较大，承包商对项目的控制力弱，需提前做好预案。目前，企业在"走出去"能够获得的开发性金融综合授信，能够大大简化贷款程序，提高获取资金的速度，从而帮助企业在海外投资并购中抢占先机。在以优惠的信贷条件助力企业占领海外市场方面，开发性金融机构能够向国内企业或国外进口商提供优惠的出口信贷或中长期贷款。

（三）融资币种方案设计

币种方案设计的关键在于：一是项目收入币种优化，二是贷款币种优化。

1. 收入币种优化

常见的收入币种有四种情形：一是收入全部为当地币；二是收入全部为美元欧元；三是收入中有部分是当地币、部分是美元；四是收入以美元欧元计价，以当地币支付，但有汇率换算约定。企业要考虑汇率损失风险、汇兑限制风险的避险措施，或者从贷款币种上进行优化，实现贷款币种与收入币种相匹配。

2. 贷款币种优化

通过以下方式实现币种优化：

（1）确定不同贷款币种的数量。在进行项目投资时，除了美元（欧元）的需求以外，若是由中资企业提供建设管理、运营服务和物资设备，就可以用人民币在中国支付；若是利用东道国的人力和材料，就可以用当地币支付。

（2）确定不同币种的贷款机构。包括境内人民币融资、境外当地币融资等。

（3）由融资银行牵头，与东道国金融机构主动对接，采取货币互换等方式缓释币种错配问题。

（四）政治风险保险选择

企业应主动投保政治风险保险，以强化在发生战争与动乱、征收与征用、汇兑限制乃至支付违约情况下的还款保障。要在项目机会跟踪阶段取得政治风险保险兴趣函的基础上，进一步就确定政治风险保险机构、保险条件商谈、获得承保关键条款书等方面开展工作。

三、跨国投资项目融资操作实务

（一）债务融资

1. 共同特征

（1）概述。债务融资可以通过信贷市场和公司债券两种方式实现。信贷市场融资主要是指银行贷款，而公司债券融资主要是收回权利凭证赋予的本金和利息的权利要求，即公司为贷款人设立的证券化权利要求（securitized claims)。

(2)利息与还款条款。最简单的债务融资也会规定有担保的本金偿还。因而，约定的本金偿还不仅独立于借款公司的经济发展状况，也不受其他因素的影响。依据标准的协议，借款人应在约定的期间内定期还款，即经常性支付，最后一批还款是对本金的偿还。例如，子弹式贷款（bullet loan）和按年付息、到期还本的债券。

实务中可以对上述标准类型的融资进行变通。通常有四个特别重要的现值中间选项。

1）贴水合同（disagio contract）。贴水合同是指借款公司最终偿还的金额大于贷款人贷款的合同。还款金额与贷款金额的差额通常被称为"贴水（disagio）"。贴水合同规定的分期还款金额低于标准型合同规定的数额。贴水合同的经常性支付金额低于标准型合同相应的支付金额所产生的差额，是通过贴水年金来获得的。

贴水率通常限于几个百分点，因而名义利率（nominal interest rate）偏离市场利率并不远。高折扣债券（deep discount bond）却不是这种情况。对于高折扣债券的经常性支付远低于标准合同的水准。

2）零息债券（zero bond）。零息债券是标准型债务融资的另一种变通形式。零息债券无须定期还款，只需最后一次性还款。如果零息债券的收益与市场利率一致，则零息债券付给贷款人的款项与贷款人的贷款金额完全相同。还款金额与借款金额是相同的，但要按市场利率支付复利。

3）年金债券（annuity bond）。贴水合同与零息债券的特点在于最终还款金额高于标准类债券，而年金债券恰恰相反。年金债券是经常性定期还款，不存在最后付款的问题。除支付利息以外，整个贷款还款均采取经常性还款的方式。因此，年金债券的经常性还款必须高于标准类债券。由于先前年份已部分还款，以后年份年金债券的利息因素就会减少，还款因素稳步上升（包括节约的利息）。

4）分期付款合同（instalment contract）。分期付款合同无须单独偿还尾款，而是在若干年内连续分期还完本金。此外，分期付款合同的年利息等于名义利率乘以到期剩余债务加上经常性还款。

（3）担保安排。订立了债务融资协议的贷款人，作为债权人，面临借款人破产的风险。如果借款人破产，破产程序范围内的贷款人的本金和利息只能在一拖再拖后得到部分清偿，有时甚至血本无归。因此，债权人更希望能在更早的时候对破产风险或者破产带来损失的风险作出限制。债权人最常用的降低风险的方法往往统称为"担保安排"（collateral arrangement），可分为两大类。

1）传统担保安排。此类担保包括抵押（对不动产设立担保权利）和保证，目的是降低破产损失的风险，即在借款人破产的情况下，增强贷款人受偿的机会，要么全部债权获得清偿，要么得到比无担保财产更多的受偿。

2）契约条款（covenant）。其是在融资合同中列明一定条款，称为"契约条款（covenant）"，又称"良好行为条款（good behaviour clauses）"。根据此类承诺，借款公司应承担作为或不作为以确保不发生某些"关键"情况。

债务融资合同订立时的契约条款，可以根据借款人承担的义务，进一步分为金融契约条款（financial covenant）和肯定性条款（affirmative covenant）。

金融契约条款通常要求借款人保证一定的财务比率，不得高于或低于临界值，而这一财务比率通常与资产负债表和损益表相关。比如负债率/权益率、指定的债务水平和现金流（即动态负债率/权益率）。因此，契约条款可以规定对各年比率的限制，也可以规定对数年比较的动态平均值的限制。通常由借款人自行决定采取哪些措施来遵循上述合同约定。最常见的契约条款包括①EBITDA（税息折旧及摊销前利润）的最高债务（＝利息、折旧、税金、分期付款前的收入）；②最低股权；③最低债务偿还率（debt service coverage ratio）；④最低利息覆盖率（interest coverage）；⑤最大杠杆；⑥EBITDA的最大优先级债务；⑦最低EBITDA。

与金融契约条款不同，肯定性条款要求借款人应承担特定义务，包括①禁止性或者限制性规定；②指令；③磋商要求。

2. 通过信贷市场进行债务融资

（1）概述。信贷市场的债务融资一般通过银行等金融机构贷款来实现。银行贷款期限一般不超过四年，可以在放贷时直接确定，也可以是贷款到期后未发出通知的情况下形成的期限。如果贷款人未通知终止贷款期限，则贷款期限自动延长。这种贷款通常称为"长青（evergreen）""循环（revolving）""长期（standing）"贷款。本金的偿还通常按固定的偿还时间表执行（分期或按年还款）。在贷款期限开始时，经常会授予几年的宽限期，也可以在贷款到期时一次性地还款，这被称为"子弹式"或"气球式"贷款。

通常会通过对不动产设置担保（抵押）的方式对银行贷款进行担保。只有在抵押不能发挥担保作用时，才会利用负抵押条款（negative pledge clause）、限制资金使用、限制业务政策（契约条款）或者其他担保方式对银行贷款进行担保。

除了从中资金融机构进行融资之外，一些投资者也在寻求国际多边金融机构的融资。这些金融机构包括世界银行、亚洲开发银行、亚洲基础设施投资银行等，这类融资的优点是成本低、期限长，且因其国际影响力和多边机构的性质，能更有效带动其他国际银团的参与，但融资难度往往也更大：一是融资规模一般不大；二是在融资评估中特别注重项目对社会的正向贡献，包括项目执行阶段的法律规则（如不得雇佣童工）、环保意识的强化等。

（2）类型。

1）企业融资。企业融资由公司担保背书，融资成本取决于公司的资产负债表及现金流，与项目本身情况关系较小。其优点是审批速度快；缺点是项目出现问题时将追索到公司层面，且直接增加公司的负债率。

对于境外投资而言，企业融资常用内保外贷方式，即通过由境内银行为境内企业在境外注册的企业提供担保，由境外银行根据收到的保函为该企业的境外项目发放相应贷款。这种方式可以有效缩短业务流程，解决境外企业难以直接得到境外授信且资金出境手续不便的问题。

2）项目融资。项目融资是以投资项目的特殊目的公司（SPV）作为融资主体且由项目本身的现金流和全部收益进行偿贷的融资方式。出现问题时以项目的资产和权利作为抵押，不牵涉项目股东的原始权益。

项目融资是境外项目投资者最期待的融资方式，但其要求较高，包括：

a. 项目有充分的可融资性。项目的商业可行性没有问题，如产品市场短缺、项目现金流充沛、盈利能力强；项目风险的分担机制比较合理，如工期、质量、造价风险疏导到 EPC 合同中；东道国政府或其他利益相关方在合同中为 SPV 提供了足够的保护，如东道国政府为电厂项目的电费支付提供担保等。

b. 东道国政府与投资方的资信较高。东道国的主权评级较高，投资环境评价结果较好，项目主要参与方的资信能力较强，项目有充分的商业保险覆盖，融资有必要的政治风险保险支持等。

c. 达到金融机构对项目执行和权益的控制要求。将项目发起人的股权、项目资产和收入等权益抵质押给金融机构；工程承包商须向金融机构提供完工担保，将保修权益转让给银行，并将在建工程及形成的固定资产抵押给银行；要预留充足的偿贷准备金；要有稳定的原材料供货合同、"照付不议"机制的产品购销合同；项目执行时金融机构要有介入权，包括招投标工作和重大合同的确定，以及项目执行遇阻时更换设备厂家、施工单位、服务单位的权利等。

例如，某中资企业在非洲的风电场投资项目，由于由国内提供融资需要母公司担保，且存在收付币种差异造成的汇率风险，因此拟在境外直接融资。该项目收益等条件较好，加上银行的监管权和介入权充分，最终获得了完全无追索的项目融资。但项目融资的要求比较高，除了正常的项目资产、权利的抵质押要求外，还包括以下监管、介入权：设备厂家、EPC 单位、运维单位的选择须经银行同意，相关合同谈判银行须参与，设备制造的监造、项目施工的监管等银行也要参与。一旦发现进度、质量、管理等不符合合同的约定，银行有权更换厂家等。以上所有监管、更换等造成的费用增加，都在融资协议中涵盖。

实务操作中，有限追索的项目融资更为常见。该方式增加了完工担保的要求，而且这种完工担保常常会被要求由项目公司的股东甚至是该股东的母公司来承担。完工担保的方式有的是物理完工担保（如按期实现商业运转）或财务完工担保（如投产后的收益率要达到要求、偿贷准备金要足量预留），但多数情况下是两种担保都要。

虽然有限追索的项目融资是现在常见的间接融资方式，但由于完工担保尤其是母公司连带担保的问题给企业带来了较大的制约，因此企业不得不在融资创新方面进行多方尝试。

3）租赁融资。租赁融资是指出租人将物品租赁给承租人，承租人通过分期付款的方式支付租赁费用。租赁融资可缓解承租人资金不足的压力，且往往可免掉进口设备在签约和入关时的烦琐审核，既能减少资金压力，也能降低融资成本，可作为一种补充流动性的融资方式。

4）并购贷款。并购贷款是由银行提供的一种"过桥"贷款，目的是让企业在并购交易时快速获得并购资金，减少因其他融资方式的评估审查时间过长从而丧失并购交易时机的融资方式。但这种贷款方式通常额度有限，期限较短，并要求有足额的有效担保。并购完成后，企业应立即开展再融资工作，或者利用并购项目发债，或者出售并购项目部分资产和业务进行偿贷。

5）EPC 出口融资。除了前述的境外项目的投资者融资外，境外 EPC 承包商为了获得 EPC 业务也会进行融资，包括"两优"贷款、出口信贷等。

a. "两优"贷款。其包括优惠贷款（优贷）和优惠出口买方信贷（优买）。优贷是中国对外援助性质的中长期低息贷款，用途需经两国政府框架协议确定。优买是中国为推动对外经贸合作提供的出口买方信贷优惠贷款。两者的利息都较低，还贷年限都较长。

b. 出口信贷。其包括出口买方信贷、出口卖方信贷等，是我国政府支持产能输出、增强中资企业国际竞争力的有效融资手段。通过利息贴补并提供信贷担保的方法，提供利息较低的贷款。

出口买方信贷由国内融资银行为境外项目业主提供商业贷款，并将工程项目授予中资企业承包商。贷款协议由银行和境外业主签署，承包商通过业主审核批准的发票从国内融资银行直接取得进度款。因此，对承包商而言，出口买方信贷等同于现汇项目，能更有效地帮助中资企业实现快速回笼资金的目的。

出口卖方信贷由融资银行直接向中资企业承包商提供贷款，让业主获得延期付款的便利，从而使中资企业承包商获得工程承包机会。该方法成本较低，但会增加中资企业的负债率，且会出现业主在项目投产后无法按合同约定提供偿还贷款本息时的延期付款风险。

另外，在出口信贷模式下还有一种通过保险优化的出口延付合同再融资方式，即由融资银行无追索地买断 EPC 承包商商务合同项下的中长期出口延付应收款，且由出口信用保险机构向融资银行提供融资保险。该方式的好处是 EPC 承包商可通过转让应收账款获得即期工程款，同时也为业主创造了延期付款的条件，以分担业主资金压力，确保项目顺利实施。

3. 通过公司债券进行债务融资

（1）概述。在大多数发达国家，都可以通过公司债券进行债务融资。但是，一些欠发达国家可能没有这种债务融资的方式或者这种债务融资方式在这些国家会受到限制。公司债券由公司发行，由发行人配售债券并获得资金，公司债券持有人作为债权人有权向发行人行使合同权利。

债券发行人通常委托银行财团或辛迪加组织将债券分成多份按相同条件发行，这些相同条件称为"发行条款（terms of issue）"。一般而言，债券发行后会在证券交易所上市，也就是说债券持有人可以随时出售其持有的债券。

如要挂牌正式交易，债券通常需要得到相关证券交易所的上市许可。只有作为该证券交易所成员的银行才能提交上市申请。这一银行通常是承销集团的牵头银行。

（2）发行条款和条件。

1）债券收益建立在名义利率的基础上。名义利率是指债券的票面利息率，通常为 0.5% 左右。为了调整债券以获得符合市场情况的收益，可以使用贴水制度（"低于面值发行"），即以低于债券面值的价格（平价）发行。

就债券发放利息来说，通常每年或每半年发放一次。一般而言，债券有效期内名义利率不发生变化，以下情况除外。

a. 浮息票据。浮息票据的名义利率定期调整，以反映市场利率的发展情况。

b. 可调整利息债券（graduated interest coupon bonds）。可调整利息债券发行期内名义利率有升有降。

c. 联合利率债券（combined interest rate bond）。其是一种特殊的可调整利息债券，发行期内仅部分期间适用零利息率或低名义利率，发行期内其他期间适用高名义利率。

d. 指数化债券（index-linked bond）。指数化债券的名义利率与指数联动，例如石油价格指数（oil price index）。

2）债券的还款通常是按面值偿还，即按债券的票面价格偿还。但股票指数债券（stock-indexed bond）的赎回价格随股票指数的变化而变化。固定利率证券的投资者还可以参与股市价格的变化。

3）债券通常存在以下几种担保方式。

a. 抵押担保。抵押担保通常是向受托人作出的担保，由受托人代表债券持有人进行管理和监督。抵押担保后，后续借款会变得更困难，因为后续贷款的受偿顺序次于抵押担保贷款。因此，债券发行条款通常规定在满足一定限制条件的前提下，发行人有权对抵押担保物再次进行抵押，再次抵押的受担保人与首次抵押的受担保人享受相同的地位。如果规定的是担保物的完全价值，限制条件被称为"同等顺序抵押的范围（scope for equally ranking charges）"。如果条款规定的是可抵押物的抵押价值（如担保价值的 30%），则规定的是同等顺序抵押的动态范围。

b. 制定负抵押条款。即借款人向债券持有人保证，不得就借款人财产向之前的或者以后的债权人提供更多权利，不得从事某些有损债券持有人利益的行为。例如，确保债券持有人能够获得资产（如不得将资产出售给其他公司）、确保对其他长期债务作出限制、确保保持一定的资产负债表比率。负抵押条款还有一个目的是降低发行成本。

（3）价格形成。由于公司债券在企业融资方面的重要性日益增强，人们日益关注公司债券市场的价格形成问题。其中，评级机构对违约风险、二级市场收益周期的预测，对公司融资条件起着决定性的作用。

债务融资成本是限制非金融企业融资决策的一个重要因素。在很大程度上，借款人的信贷风险和当前"无风险"市场利率（一般指政府债券的收益）决定了债务融资相关成本。"无风险"市场利率倾向于反映市场参与者对长期宏观经济的预测，特别是对通货膨胀和经济发展的预测。

对银行利率或市场贷款利率与"无风险"投资之间的信用价差（credit spread）分析通常能显示公司为获得外部资本所需付出的信贷风险溢价

(credit risk premium)。信用价差不仅能够表明市场对公司违约造成损失的概率的评估，还取决于流动性和税收考虑。

4. 通过资产证券化进行债务融资

资产证券化是以特定的目标资产组合或特定的未来收益现金流为支持，发行可交易证券的一种融资方式。投资者购买这类资产的证券化产品，筹资者通过该资产未来的现金流来偿还该固定收益的有价证券。

资产证券化包括不动产证券化、应收账款证券化、未来收益证券化（如电费收入）、信贷资产证券化等多种类型。对于境外投资项目而言，通常是以可预见的未来收益和持续现金流作为资产证券化的信用基础。

资产证券化融资方式提高了资产的流动性，且可获得低成本融资，还可以降低投资者的负债率，因此越来越受到欢迎。

（二）夹层融资

1. 概述

夹层融资（mezzanine financing）是兼有债务融资和股权融资特点的融资工具的统称，是介于债务融资和股权融资之间的一种融资方式。夹层融资的定期收益极大地取决于企业业绩。贷款收取的费用通常是营业外支出，可在计算所得税时予以扣减，因此还款规模是固定的。

企业破产时，夹层资本投资者处于次级受偿的地位。如借款人破产，只有在优先级债务完全被偿还后，夹层资本债权人才能受偿。夹层资本的次级受偿地位独立于其他债权人的担保，但夹层资本的受偿地位优先于股权资本。夹层融资合同条款的制定较为灵活，可合理、明确地说明情况，规定夹层资本投资人的监督权和决策权。权利的范围取决于合同方各自的利益取向。

夹层资本的融资时间通常是有限制的，贷款期限一般长达5～10年，但通常都要对时间期限作出规定。夹层资本的利息率明显高于一般的银行贷款。如果不能通过传统贷款方式获得资金，夹层资本似乎是低成本融资的一大选择。由于夹层融资后于标准债务受偿，其风险较高，所以贷款人可获得较高回报。但夹层资本的预期收益低于股权资本。可对夹层资本的收益要素进行配置，使当事人有大量的回旋余地。

实践中，夹层融资不能替代传统的债务融资安排，但在企业确实需要注入资本时，夹层融资可以作为一个补充融资手段。因为夹层融资的融资期间仅限于公司通过盈利获得充分"真实"的股本之前的期间，所以夹层资本不能长期替代股权融资。

夹层资本有以下优势：①是企业战略发展的选择；②夹层投资的级别较高，有助于企业吸引优先级贷款人；③能够在企业发展期提高企业的融资稳定性，因为它具有合约的特点：到期偿还、无担保、能抵御债券期间赎回通知的不利影响。

2. 银行夹层资本

夹层资本通常由银行或其他机构投资者提供。夹层资本贷款的结构各有不同，但共同点就是都有一个附属协议，旨在解决可能发生的公司债务过重的问题。附属协议是由债权人和公司订立的协议。在公司破产程序中，在其他一切债权人受偿后，夹层资本债权人可依据附属协议要求受偿。这种附属关系一般以附属条款的形式，出现在与高级贷款人（senior lender）的贷款协议中。当事人也可以事后约定附属关系，以防止借款公司过度举债。

一般而言，各方当事人可以就附属协议进行自由谈判。夹层资本投资者、高级贷款人、借款人和担保物提供者必须对利率、赎回条件、通知条件、担保物变现权问题作出约定。

3. 资本市场夹层资本

（1）带优先权的公司债券。带优先权的公司债券（corporate bond with preference right）的票息不是固定的，而是与利润挂钩的。除此以外，它与公司债券一样地将债权人权利证券化，其他条款、条件以及发行程序、发行先决条件与一般的公司债券相同。

与利润挂钩的票息有以下形式：

1）"收益债券"。票息完全与利润挂钩。

2）"参与债券"。票息由与利润无关的"基准利息率"和与利润挂钩的附加利息率组成。可变化的附加利息可设定最高金额。

3）合同期间。参与债券的权利因公司业绩而异。

发行此类债券的动机在于：①减少与利润无关的利息，从而减少未来资金流动的压力；②激励投资者在市场条件对债券发行不利时认购债券。不过，只有发行人能够提供可信资料说明相关期间企业会有可观收入时，才能实现这一激励。

（2）可转换债券。可转换债券（convertible bond）的债券持有人（无须承担其他义务）可以在换股期内的特定或非特定时间内，按约定的换股率将可转换债券转换成一定数量的公司股份。除此以外，可转换债券的期间、条件与无特殊权利的公司债券的特点相同：正常的利率、发行价格和还款价格、期限、赎回通知和担保。因此，可转换债券就是带有股份认购期权的公司债券。

可转换债券可以转换为股份，与此相关的概念包括：①换股期（conversion period）；②最早换股日期（earliest conversion date）；③换股比率（conversion ratio）；④换股追加款（溢价）[addition payment（premium）upon conversion]。

债券持有人有权（但没有义务）在换股期内的任何时间将可转换债券转换为一定数量的公司股份。换股权与债券紧密联系，换股后可转换债券本身不复存在。在此情况下，自换股时起，除股息以外，债权人不再对债券今后的收益享有任何权利。如果债券持有人放弃将债券转换成股份的权利，则债券持有人有权在可转换债券到期时获得相当于债券面值的还款。如部分债券转换成股份，视为相应部分的债务已被赎回。相应部分债券的持有人（即贷款人）成为股东，是债券发行公司的股本投资人。

虽然在发行日，可转换债券是债务，但它不是单纯的债务形式。但是，如果债券持有人行使换股权，那么债券持有人就成为股东，对于债券发行人来说，债务就转换成了股权。可换债券通过这一混合特性，投资者既能利用可换股的债券特点限制亏损的风险，又可以享受可能的股价上涨收益。可转换债券不仅可以利用自身的债券特点减少损失，还可以参与到股价上涨的获利中。因此，可转换债券的投资者可以从债券和股票这两个市场获利。与单纯的股票投资相比，可转换债券亏损的风险更小，因此投资者可以在可能的风险限额内对风险较高的企业进行投资。可转换债券的投资者还可以通过参与股价上涨的方式，获得企业信贷风险部分的补偿。

（3）附认股权证的债券。附认股权证的债券是传统债券和债券发行公司股份认购期权的结合物。如公司债券一样，附认股权的债券的基本功能是将债权人权利证券化。此外，附认股权的债券提供了在规定的认购期间以特定的价格按照特定的转换比例购买债券发行人股份的权利。与可转换债券不同，直至还款或缴款通知之前，甚至行使了认购权，单纯的债券权利（即获得利息并在到期时收回本金）仍然有效。附认股权的债券拥有两个可以相互独立使用、独立交易的价格因素：①公司债券，独立于股票的购买，必须定期支付利息并按约定条件赎回；②认股权证（通常是以优惠条件），提供股份购买权。

附认股权证的债券是债券和认股权证的统一。一旦发行，就可以分为两个独立的、可互换的工具。从认股期间开始，附认股权证债券就有三个报价：①带认股权证的债务价格（cum warrant）；②不带认股权证的债券价格（ex warrant）；③认股权证本身的价格。

此类债券的购买人是贷款人或债权人，如果行使了认股权，同时还是债券发行公司的股东。

（4）次级债券。次级债券（subordinated bond）是另一项值得关注的融资组合方式。与带优先权的公司债券相对应的，还有一些带有（债务）不利条件的债券。企业破产或清算时，次级债务只能在优先债务等其他债务已经完全受偿之后才能得到清偿。

如企业发生破产，次级债务的受偿顺序介于股权与"正常"负债之间：①如果清算所得足够高，那么次级债务的债权人先于股东受偿，从这方面看，次级债务的债权人因此受益于债务资本；②如果清算所得比较低，那么优先债务的债权人会尽可能地得到最先受偿，从这一点看，次级债务具有股票的功能。除非企业破产，其他情况下次级债务具有典型债务的所有特点。特别是，次级债务在发行时规定的到期日偿还，无须贷款人采取进一步的防范措施。

对债券持有人而言，在该证券收益远远高于"简单"债务时，次级债务承担的义务只是利息的偿付，以此作为对高投资风险的回报。相应地，次级债券的收益一般高于高级贷款的收益。但是，也要注意到次级债券的信用价差风险。市场通行做法是要规避更大风险，会对次级债券产生重大影响。信用价差不仅给新投资者带来了更高的收益，还给现有投资者带来了重大亏损。现有投资者可能不得不在不适宜的时机出售证券，而因此蒙受损失。

（三）股权融资

1. 概述

从总体上看，股权融资是指以股份或相关所有人权益的方式向企业提供资金，比如参与公司利润的权利或公司事务话语权。与债务融资相反，股权融资一般不提供有保障的投资回报，不提供利息形式的投资收益。一般而言，股东也不得以通知并要求返还出资的方式退出公司。股东的"退出权"以找到愿意承担股份之上的权利义务的股东"继受人"为前提，继受人通常要支付购买价格。如果股份公司已在证券交易所上市，股权的转让会更简单。

2. 首次公开募股

首次公开募股（IPO）是股权融资的一种特殊方式，又被称为股份"募集"或"上市"。IPO 是一次性的复杂程序，受众人关注。IPO 涉及很多不确定的、无法完全控制的因素。但 IPO 仍然是公司融资策略中的最佳方案，因为它在各层次和各方面都有着显著的优势。

上市公司的股份为无记名股份，便于估值和出售。由于无记名股份具有高度的互换性，与非上市公司相比，上市公司既有股东能够更便捷地继承、接替、结算和支付遣散费（severance）。股份公司可以在不危害公司现有状态的同时，变更既有股东。此外，既有股东可以通过证券交易所迅速地清算其对该公司的参与。但是，对于有转让限制的注册股本，互换性则受到限制。普通股的高度互换性还可能导致这样一个局面，即竞争者或其他第三方可能累积大部分有表决权的股本，形成对公司的"恶意收购"（hostile takeover）。

在很多国家和地区，法律都要求上市公司承担披露相关信息的义务，以保护投资者的利益。投资者高度依赖关于上市公司经营情况的可靠数据，以便评估股权参与的机遇和风险，并获得作出投资决策的良好依据。

除了遵守法律规定的披露要求以外，IPO 申请企业最好主动采取积极的沟通策略，塑造良好的公众形象。为了吸引潜在的投资者，IPO 申请企业应当向投资界展示自己，重点介绍本企业的优势。即便在上市之后，公司仍要注意吸引公众的注意，要由商业媒体定期报道公司事务，并对中期财务报告、年终财务报表和年度股东大会作出评论。因此，上市公司有机会利用金融界和商业界的力量，通过自身积极的公关策略，塑造积极的公司形象，提高公司品牌的知名度。

3. 产业基金融资

一些从事境外投资的产业基金愿意作为股权投资者与项目的其他股东共担风险，共享收益。但产业基金融资既有优势也有劣势，且不同基金的要求不同。

（1）投资期。多数基金不会长期持有投资项目，一般5～8年就会退出，所以往往会要求在协议中明确退出条款。这对于还贷期在10～15年之间的境外长期投资项目而言就有了再融资的压力。

（2）规模。多数基金的盘子都有限，尤其是由企业发起的产业基金。即使是由政府主导的产业基金，也不会在一个项目上投入太多，因为他们还有种子基金的使命，需要通过分散投资带动更多的投资项目落地。但欧美的一些基金，如退休基金、退役军人养老基金等，其基金盘子较大，且主要角色是财务投资人，因此对好项目往往愿意进行大股比投资。

（3）成本。基金融资的成本并不低，即使是由政府主导的基金，如中非基金、丝路基金等，一般也不会低于政策性银行的融资成本，且对项目投向和牵头企业的选择较为严格。但前述欧美的退休基金等资金成本则较低，且对收益率的要求不高，其更关注的是收益的稳定性。因此，在进行项目并购时，中资企业一旦遇上欧美的这类基金往往很难胜出，因为资金成本和对收益率的要求都处于劣势。

（4）保底收益。不少产业基金都要求有保底收益。有了保底条款，投资便变成了名股实债，因而也会对需要并表的大股东企业的资产负债率产生影响，降低该企业未来的融资能力。

4. 战略伙伴融资

引入战略合作伙伴参与股权投资，也是一种权益性融资方式。但与财务型融资不同，战略投资者是一个实实在在的股东，将介入项目经营管理。有的投资者会要求分包某项业务（如 EPC 或运行维护业务），有的还会有效益对赌要求或者退出机制约定。因此，虽然战略性融资的资金成本压力很小，但对项目经营管理有较高要求。一旦项目生产经营情况达不到预期，市场不景气，经济效益不好，则很可能因兑现不了与战略投资者的既有约定而陷入困境。

5. 定向增发

定向增发是通过对特定投资者或投资机构发行债券或股票，以定向募集资金的权益性融资方式。这种股权融资方式风险较低、费用较低，而且高效。因为不需还贷、不需确保经营效益，且没有特别严格的政府审批监管要求，定向增发常见于融资规模不大、信息不对称程度较高的企业。该种方式既可以获得业务发展所需的资金，也更容易协助企业引入战略投资者。因为战略投资者除了成为企业的股东外，更希望其注入的资金能用于企业的发展。如果不是定向增发，而是向企业原有股东购买股权，则其投入的资金就被原有股东拿走，并没有成为企业的发展资金。

6. 股权收益率与杠杆效应

股权收益率（ROE）是衡量企业股权收益的指数。股权收益率的计算方法是以年净润除以股权。例如：股权为 100 万美元、年净利润为 10 万美元，则这一阶段的股权收益率为 10%。

计算股权收益率可以说明股本收益情况，因此对于企业所有权人具有特别重要的意义。股权收益率越高，估值越高。但是，即使股权收益率较低，也不一定估值就不乐观。如果在过去的连续多个经营年度里，公司的股权收益率一直在不断升高，即公司的发展趋势是积极的，那么估值也是乐观的。此外，股权收益率的定义表明，可以通过增加分子收益和减少分母股权的方式提高股权收益率。增加收益就需要提高收益率，而减少股权则意味着利用了杠杆效应，风险就会提高。

杠杆效应一词源于资本结构政策。资本结构规则是关于股权和债务理想组合的规则。杠杆表明股权盈利能力对债务融资的依赖性。如资本总额的收益率高于债务的利息率，则可实现正面杠杆效应。有了杠杆的帮助，股权收益会随着负债水平的提高而提高。一旦出现经济危机，债务水平上升的公司就可能破产。过度利用杠杆效应可能使股东的参与以股本彻底亏损而告终。只有当投资收益大于借款利息时，才会产生杠杆效应。投资收益与借款利息的差额程度以及负债率/权益率大小与杠杆效应成正相关关系。

由于以下原因，只能有限度地利用杠杆效应：

（1）杠杆效应也可能是逆向的（负面杠杆效应），可能对股权收益产生负面影响，最危及企业的存续。如果投资收益与债务利率差距过大，亏损不能再被吸收，就会产生负面杠杆效应。负面杠杆效应的原因可能在于经营方面（如销售和采购市场发展的不利）和/或融资方面（如为了必要的后续贷款提高了利率）。不利的权益/负债资本结构会加深负面杠杆效应。

（2）随着负债率/权益率的提高，只有在提高利息率的情况下贷款人才会追加资金，这会在一定程度上削弱杠杆效应。

（3）债务只能在一定程度上替代股权，因为贷款人为了降低风险会要求借款人达到一定的财务比率。因而，杠杆效应说明了债务对融资组合或负债率/权益率的影响。

（四）跨国投资项目财务分析评价

1. 跨国投资项目财务分析的特点

咨询单位对企业跨国投资的财务分析与国内投资项目的财务分析评价步骤基本相同，但在具体实施的过程中应该考虑各国法制环境及相关经济、社会和政治环境及差异，从项目特殊性角度出发，重点关注如下问题。

（1）跨国投资项目评价主体。咨询单位对企业跨国投资项目的评价要同时关注子公司和母公司两个主体，因此其可以分为两部分，第一部分是以跨国投资在国外形成的子公司为财务主体的财务分析评价，第二部分是从母公司的角度对企业开展跨国投资和经营行为的财务效果进行分析。

1）以子公司为主体的评价。作为具有法人资格的经济实体，子公司在开展跨国投资经营中会受到税制、外汇管制、汇率变动、跨国公司内部的财务结算制度以及出口替代等因素的影响，因此有必要对跨国投资中子公司的相关活动进行财务分析，主要包括子公司的盈利能力分析和偿债能力分析。

2）以母公司为主体的评价。从总公司的角度分析在国外创建子公司对公司整体收益的影响是咨询单位对企业跨国投资和经营影响分析的重要内容，而这部分的关键就是分析企业开展跨国投资对跨国公司整体财务的影响效果，包括盈利能力分析和偿债能力分析。

（2）税制、外汇管制及进出口管制的影响。由于跨国投资和经营活动涉及不同国家，因此企业的经营活动受国家间税制差异、外汇管制和进出口管制等制度规则影响。跨国投资项目的实际现金流汇回受当地政府干预程度及金融市场财务功能的影响。

资本预算是咨询单位对企业提出咨询建议过程中需要重点关注的内容，这要求咨询单位必须帮助企业准确地辨认投资项目所产生的净现金流量及其可汇回总公司的现金流量部分。只有可汇回的净现金流量才是最终归属于跨国公司股东的，因而也就构成了投资项目财务分析评价的基础。根据现金流量各构成要素的来源，现金流量可分为项目现金流、由项目所在地的子公司产生的现金流量和跨国投资产生的现金流量的变动额。

2. 跨国投资项目现金流量构成及其计算

咨询单位正确分析和评价跨国投资项目的财务效益，需要帮助企业对项目本身的现金流量和母公司的现金流量进行正确区分。

（1）初始投资估算。

1）跨国投资项目的建设投资，是由总公司提供的现金、设备、机器和其他资产组成，一般以总公司所在国的货币单位表示，如母公司提供的以母公司所在国货币计算的固定资产等。

2）东道国金融机构提供的以东道国货币计价的初始投资，即垫支的"运转资本"。为了汇总计算原始投资总额，这部分贷款要按即期汇率计算。

3）"冻结资金"的使用问题。即在拟建子公司的所在国原有一笔属于总公司的资金被冻结，不能换成自由外汇汇回总公司时，母公司因在该国组建子公司，使该笔被冻结的资金即可解冻并可为子公司所使用，则应从初始投资中扣减"冻结资金"。

（2）项目可汇回的税后现金流量。

1）投资于国外子公司的建设项目，建成投产以后，在生产经营中形成的现金流入包括子公司直接在其所在国销售产品形成的销售收入；子公司对所在国以外的第三国销售产品形成的销售收入。所形成的现金流入一般以当地的货币单位表示。

2）子公司在生产经营中所形成的可汇回总公司的现金流量能否视为总公司的现金流入，取决于子公司所在国的法律制度。

3）计算经营现金流量面临的另一个问题是出口替代问题。国外子公司的设立，可能会取代跨国公司总公司某一项目的原有出口额。因此，必须计算投资项目对公司整体的实际增量现金流量，公司间交易尽量以公平价值反映。

（3）正常借款形成的税收节约额。项目建成投产后，子公司经营活动所需周转使用的流动资金，通常是由公司所在国银行提供的贷款。如果企业确有借款能力，那么无论企业在该投资项目上是否充分利用其借款能力，都以企业实际的借款能力计算确定应享受的税收节约额，并将其视为该投资项目的收益。因此，该税收节约额应根据企业借款能力，参考最优资本结构计算确定，利率应为国内金融市场的借款利率。

（4）子公司所在国提供的优惠借款。由于公司所在国银行为项目建成投产后需周转使用的流动资金提供的优惠借款而形成的优惠数，可根据用子公司东道国货币单位表示的借款面额与该项借款以后逐期偿还数，按总公司所在国利率换算为现值之和的差额来计算。其中，该项借款以后逐期偿还数按总公司需负担的利率进行折现。

（5）内部资金转移所确定的现金流量。跨国公司通常根据企业总体税收情况，通过内部资金转移的方式实施使跨国公司系统内部整体税负减少和递延的政策，或根据公司现金头寸情况，利用内部转移价格实现公司内部的资金转移。这种利用内部转移价格形成的子公司项目公司的额外资金转移，无论其目的是额外资金转移，还是税负降低，都表现为跨国公司对外直接投资的净现金流量的增加。但是，转让价格产生的额外资金转移或税负降低面临着较大的不确定性，因而咨询单位在计算时应选用较高的折现率进行折现。

（6）项目终值的估计。跨国投资项目的终值的处理方法与国内投资项目有所不同，其处理方法有以下几种：

1）如果子公司所在国政府规定，投资项目在经过一定年限后，所在国政府只支付一个象征性的代价，便可将该项目收为所在国所有，则年金现值（APV）的计算可以不考虑项目终值的调整问题。

2）将项目的预算期终了以后尚可经营的年份视为正常的继续经营期，并假定预算终止年形成的净现金流量将在以后尚可经营的年份继续发生。那么，可用"年金法"按子公司所在国的利率将预算期终止以后尚可继续经营的年份的各年所产生的净现金流量换算为预期终止时的年金现值，作为项目的终值，并以其作为"转让价格"，将项目的所有权转让给当地投资者。

3）不将项目的预算期终了以后的年份看作是正常的继续经营期，而是把项目预算期的终值看作是项目转入"清理"时的价值，从而把项目估计到预算期终点时的"可变现价值"作为项目的终值，并以其作为"转让价格"，将项目的所有权转让给当地投资者。

第十章

外商及境外投资咨询组织实施及能力提升

第一节　外商及境外投资咨询项目的组织实施

咨询（consulting）多数意指征求意见。在现当代社会，随着行业分工的专业化和精细化程度的加深，咨询活动由简单地发表意见的活动转变成为一种需要一定专业的活动，并衍生出专业的咨询公司并形成具有鲜明专业特点的咨询行业。咨询行业的出现为市场中相关主体的活动提供了重要保障，现代咨询行业在信息技术的帮助下，依靠相关从业人员自身知识和经验积累，对客户委托的任务进行分析、研究，提出建议、方案和措施，提升了市场经济中资源的总体配置效率。

一、组织模式

（一）境外咨询指导原则

1. 遵守项目相关国家的法律法规和政策规定

相关法律规定和政策规则是咨询公司开展咨询活动的重要基础和基本守则，咨询活动的开展及咨询结果的实现必须以遵守项目所在国的法律和政府行政规定为前提，咨询公司的咨询收入也应按照项目所在国税法相关规定向项目所在国主管税务机关缴纳税款。由于不同国家的法律制度和政府组织模式存在较大的差异，因此咨询公司在开展咨询业务前需要对项目所在国相关法律法规进行系统了解。

2. 强调咨询理念创新

项目的咨询活动必须从提高项目委托单位的投资收益的基础目标出发，通过对市场情况和企业技术方案进行深入有效分析，降低投资活动的风险；必须从以人为本的角度出发，系统分析项目委托单位开展投资和经营对东道国相关居民的社会活动的影响，尊重项目涉及人群的生活理念、社会习俗、宗教信仰和文化观念等；必须从全面及包容性发展的角度出发，坚持项目投资的经济收益和社会收益相统筹，实现项目相关主体多方共赢，共同发展；必须从协调发展的角度出发，对项目发展过程与各个社会层面和各个地理及经济区域的协调关系进行梳理，实现项目建设促进城乡区域协调，人与自然和谐发展；必须从可持续发展的角度出发，统筹项目建设中能源资源、矿产资源、林草资源等自然资源的利用和项目长期发展间的关系，以环境保护和自然资源可持续开采保障项目可持续发展。

3. 独立、科学、公正

独立、科学、公正是咨询单位在开展咨询过程中需要保持的基本原则。所谓独立性，是指从事咨询活动的相关单位以自身独立法人地位为保障，在咨询活动开展的过程中不受项目相关主体的偏好或意图影响，自主完成相关咨询业务并对相关咨询结果承担法律规定的责任。这种独立性是具备开展项目咨询活动资质的单位开展业务的法律基础，是坚持客观立场、保持公正态度的重要体现。所谓科学性，是对从事咨询活动相关单位开展相关活动的方式方法方面的要求，即指咨询单位在开展咨询活动要遵循科学性的原则，以实事求是为准绳，咨询过程中相关活动的开展应坚持科学性和合理性，咨询结果应具备实用性和有效性，咨询过程应坚持工作程序、标准和行为规范科学。所谓公正是指咨询单位在开展咨询活动中应坚持原则，在客观独立的基础上以科学的理论、方法、知识和技术为依托，从公正的立场出发对业务委托单位项目建设和运营的可行性和相关影响进行评价并出具项目咨询报告，这就要求咨询单位处理好维持自身独立性和维护项目委托方经济利益两者的关系，做到既要服务于委托方，帮助委托方实现经济收益的最大化，又要从社会和市场经济总体出发，坚持遵守职业道德，使咨询活动能够更好地服务于更广泛主体的更广范围利益。

4. 绿色为先

在现阶段，无论是在国内还是国外，各国政府和各种社会组织和经济团体都对绿色环保的概念越发关注，坚持绿色发展是全球各国人民的重要诉求，也符合全球各国人民的根本利益，因此咨询公司在开展咨询活动中也应将营造更好的生态环境和更优的社会环境作为重要遵循，实现经济发展、自然环境改善和社会环境进步协调一致。项目咨询单位应充分利用现代科学技术成果，以科学技术为支持，实现咨询活动确定的项目建设和运营方案能够优化和保护生态环境；同时，项目建设要做到人与自然和谐相处，要关注项目相关主体的基本利益，通过项目建设来实现社会环境改善，将社会的可持续发展作为促进环境可持续发展的重要保障。

5. 集约发展

集约发展是指在最充分利用一切资源的基础上，更集中合理地运用现代管理与技术，充分发挥人力资源的积极效应，以提高工作效益和效率为导向。作为一种具有极高专业知识基础和经验积累的活动，项目咨询活动高度依赖咨询从业人员人力资本价值，因此在项目咨询中应将发挥劳动者的积极性、主动性和创造性作为重要遵循，提升人力资源的利用效率。这就要求从事项目咨询工作的相关单位应积极调整自身的组织架构和管理模式，为人才的成长和创造价值创造有利的制度基础。

6. 价值创新

价值创新是项目咨询的目的，是项目咨询单位实现项目委托单位自身利益最大化目标的方式。在价值创新的过程中，项目咨询单位要通过开展科学有效的咨询活动，提出切实可行的项目方案，实现项目建设优化和项目运营高效，进而提升项目整体的竞争能力和盈利能力。

具体来讲，项目咨询单位应从现实条件和项目建设目标出发，确定项目建设整体方案并以此为指引选择合适的技术方案、阶段性建设目标，组成部分建设方案等，实现局部高效建设与项目总体有机协调。要求项目建设单位应深刻把握社会生产力水平、经济发展状况、人民生活现状等现实因素，熟悉项目委托方的业务特点和发展方略，熟悉相关技术问题和经济指标，并以此为基准提出切实可行的决策、设计、招标采购、施工、竣工、运营等阶段目标，实现项目建设成本最小化和收益最大化，以此帮助企业创造更大的价值。

（二）咨询工作的实施和评价

1. 组织实施的主要工作

在咨询工作中，项目咨询单位应该根据项目委托单位在开展跨国投资活动中的具体诉求，对项目的计划、范围、质量、进度、成本、人力资源、沟通和风险等项目涉及的主要工作内容和不同项目阶段进行系统的分析和评估，具体来讲，咨询公司在开展具体项目咨询中的工作主要包括以下几个环节。

（1）确定项目经理、组建项目专家组。

（2）编制项目工作大纲，明确项目的工作内容、时间进度、质量和经费预算等方面的要求。

（3）请客户或其他相关单位提供咨询工作所需的基础资料和文件报告等。

（4）收集资料。

（5）现场实地考察和了解情况。

（6）组织咨询论证会，通过头脑风暴法等方式组织专家和相关人员座谈，分析资料，深入了解和研究项目中的各种问题，通过充分的交流、研究和数据测算，形成问题的解决方案。

（7）形成咨询报告的初稿。

（8）征求客户和其他相关单位的意见，对报告初稿进行修改、补充和完善。

（9）修改稿完成后，按照公司咨询产品质量检验程序进行评审和修改，形成咨询报告的终稿，然后签发提交客户。

2. 咨询组织实施的评价标准

项目咨询服务是一个全周期的活动，其在项目建设和发展中发挥着重要作用。优质的项目咨询服务能够帮助企业项目投资和运营取得事半功倍的效果，提供科学可行、准确高效的项目咨询服务是咨询单位开展工作的根本追求。但针对"究竟什么是优质的项目咨询服务"，需要有一个客观准确的标准去对此进行评判，一般将项目的后评价和绩效评价中的指标因素作为优质建设项目和投资咨询服务的评判标准，具体标准如下。

（1）项目立项的规范性。包括项目申报合规性、项目决策必要的过程。

（2）绩效目标合理性。包括绩效目标依据充分、合法合规和可行可靠。

（3）绩效目标明确性。包括项目绩效相关的投资目标、功能目标、规模目标、技术目标、环境目标、节能目标、社会满意度目标的可衡量性。

（4）项目实施准备情况。包括项目勘察设计的合规性及程度、招投标组织实施的合规性。

（5）项目资金审核的合规性、资金的到位率和及时率。

（6）制度执行的合规性和落实性。

（7）合同管理的可控性强，少变更。

（8）项目质量标准的健全性和质量控制措施，安全施工措施的充分性。

（9）管理制度的健全性、资金使用的合规性、财务监控的有效性。

（10）质量目标、时间目标、投资目标、劳动安全卫生消防目标的实现程度高。

（11）较好的社会效益、生态效益、对所在地的可持续影响。

（12）项目技术的先进性、适用性、经济性、安全性。

（13）项目对地区、企业效益的作用和影响。

（14）项目对环境和社会影响效果。

（三）具体组织模式

1. 投资咨询单位组织模式

提供咨询服务的单位组织模式相对较为灵活，委托单位的投资咨询需求可以由一家具有综合业务咨询服务提供能力和提供资质的单位进行提供，也可以由多家具有不同专业资质和专业能力的咨询服务单位共同提供。需要注意的是，如果咨询服务由多家单位共同提供，则委托方应该明确不同单位的责任和在项目咨询服务整体架构中的地位，这要求要明确牵头单位和各辅助单位的权利义务和责任。

2. 投资咨询团队组织模式

一般而言，投资咨询团队应由总咨询师、专业咨询工程师和行政人员组成，团队规模和人员构成应在分析项目规模的基础上，根据咨询单位相关项目工作经验和专业知识进行确认。投资咨询单位应根据投资咨询合同约定的服务内容、服务期限，以及项目特点、规模、技术复杂程度、环境等因素，组建项目投资咨询团队。投资咨询单位应书面授权委托项目投资咨询的负责人，即项目的总咨询师，并实行总咨询师负责制。总咨询师可根据项目投资咨询服务需要，下设各专业咨询的负责人，协助总咨询师协调、管理本专业咨询工程师工作。

3. 投资咨询质量安全责任模式

根据现行的法律法规和有关政策，投资咨询服务应明确各方主体对项目的质量安全责任。

（1）投资咨询单位承接项目的全过程项目管理以及投资咨询、勘察、设计、造价咨询、招标采购、监理等全部专业咨询服务的，且同时具备相应的勘察、设计、监理等资质，则勘察、设计、监理等专业咨询工作必须由投资咨询单位实施，不得转包或分包，投资咨询单位承担相应的工程质量安全等责任。

（2）投资咨询单位承接项目的全过程项目管理以及投资咨询、勘察、设计、招标采购、监理、造价咨询等全部专业咨询服务的，如投资咨询单位自身不具备勘察、设计或监理等资质，可将项目的勘察、设计或监理等专业咨询业务合法依规进行分包。

（3）当投资咨询单位采用联合经营方式时，应在投资咨询服务合同中，明确一家咨询单位为联营体牵头单位（即投资咨询单位），联合经营单位（协办方）应接受投资咨询单位的管理协调，并对其所提供的专业咨询服务负责。

（4）投资咨询单位根据投资人的委托承接项目的全过程项目管理等咨询服务，但投资人将项目的勘察、设计或监理等专业咨询服务另行发包的，承接该项目的勘察、设计或监理等专业咨询服务的单位（可以是一家或多家）任命项目的勘察负责人、设计负责人或总监理工程师，向投资人履行质量安全报告责任，并承担相应质量安全等直接责任。投资咨询单位不承担投资人另行发包的专业咨询服务的质量安全责任。

4. 咨询计费方法

咨询服务的过程需要大量的人力物力投入，但同时由于咨询服务的开展受业务咨询单位主观能动性影响明显，因此咨询服务的成本有大量的调整空间，但一般认为，缺乏充足的调研和分析论证活动，业务咨询的成果即最终报告的可信性是非常存疑的，因此咨询单位的咨询成本必须维持在一个相当的水平。这种相当的成本决定业务咨询活动收费必须维持在一个相当的水平。一般而言，咨询活动收费方法主要包括固定费率模式、基本酬金加奖励模式和人/月费单价模式。

二、质量控制

（一）咨询业务过程质量控制

1. 业务承接过程中质量控制

（1）咨询机构应按照《营业执照》和投资咨询资格证书认定的资格等级、专业和服务范围承接咨询业务。

（2）咨询机构员工获取业务信息后，应及时和客户联系。确认信息后，将有效信息录入办公信息系统备案，经部门核实后，提交给分管领导作出具体的安排，分管领导对备案信息核实后生效。录入的有效信息包括咨询项目名称、委托单位名称、项目单位联系人姓名及其联系电话、传真以及电子邮箱地址。

（3）部门签收了生效的信息通知后，安排承接负责人尽快与客户洽谈，准确了解客户的需求及是否存在潜在竞争对手等情况。进行分析、权衡利弊，当双方就咨询的内容、范围、预期达到的目标、成果交付日期、咨询费用等基本达成一致时，则可提交业务评审。与客户的洽谈过程需要时可进行多次记录，承接负责人应将洽谈记录分别按照洽谈时间先后全部提交，进行合同签订前（或工作计划编制前）的业务评审。若业务评审未获批准，该项业务需要补充洽谈或申请中止。业务评审批准的，项目承接负责人应尽快完成合同的起草、报审和签订工作，并跟踪签订的合同文本的及时返回。

2. 业务实施过程质量控制

（1）项目负责人根据咨询业务的类别、内容和要求，提出项目组成员及其分工的方案，并制定项目实施计划，报部门经理/分管副总经理/总经理评审通过。投资咨询的实施计划至少应包括委托咨询任务的目的、委托合同是否已经签订、工作难点、报告大纲、是否需要外审、时间计划、专家聘请以及对外委托等方面信息；若项目执行需要聘请专家，则需要在此环节进行专家聘任申请，其他环节不能进行申请。聘请专家事宜需经分管副总经理批准后实施。项目执行过程中需要更改工作计划者，必须重新提交项目实施计划。

（2）项目实施任务开始后，项目负责人应及时与业主进行业务交流，且在每次完成业务交流后及时将交流记录提交部门经理和分管副总经理审批。项目实施过程中，项目负责人必须对项目建设所在地进行实地踏勘并拍照记录，作为咨询报告中项目建设地点现状描述的依据。

（3）项目负责人应带领项目组成员根据项目实施计划对项目进行研究，对收集到的资料进行甄别，根据不同类别咨询业务的要求开展工作。项目负责人应将咨询报告的编制任务予以分解，安排项目组成员分别承担咨询报告有关章节的编制工作。项目组内部应加强交流，及时讨论，发挥集体的智慧承担咨询任务。项目负责人应将各成员完成的报告合成统稿，形成咨询报告初稿。同时，对各成员的工作成果予以评价，形成校验统稿表录入业务管理系统，同时将咨询报告初稿提交审核。

（二）咨询报告成果质量控制

1. 报告初稿的质量控制要求

（1）报告初稿基本质量要求。初稿的校核工作由承担该项目的项目负责人（工程师及以上人员）完成，需要对文字表述是否流畅、报告采用的数据是否准确、来源是否可靠、分析依据是否充分、标点符号是否准确使用、报告中单位使用是否通用和得当、图号和表号是否对应一致、报告排版格式是否满足要求、附件内容是否与目录一致完整等问题仔细校核，应尽量减少错别字及文字录入错误。初稿完成校稿后方可进入系统报告的审核程序。报告的质量按得分情况列入项目绩效考核指标。

（2）报告章节和内容要求。

1）项目名称准确无误，报告内容应符合国家有关规定的基本要求。项目名称包含建设单位全称、建设内容（投资咨询的工业项目为产品名称，基础设施项目为主要工程内容，造价咨询为具体工程名称，管理咨询根据具体情况而定）、建设规模、咨询报告类别。

2）投资咨询报告中引用外来数据或资料需注明资料来源；选用标准规范

应是当前最新版本；财务评价方法正确，报告结论应能客观反映项目实际，依据与结论逻辑关系一致。需要时可将咨询报告主要内容形成摘要放置在报告前，便于有关方面审批。

3）报告文字通顺，符合咨询行业的基本要求，报告全文文字通顺，措辞得体，前后关系叙述清楚。采用总论的咨询报告，总论章节应简要体现报告的全部内容，总论的文字应精炼，表述要准确。可研报告中的必要性描述应具有针对性，排序应体现良好的逻辑关系。

4）报告格式须符合公司文件规定要求。

2. 咨询报告质量审核要求

（1）一级审核由部门经理助理（或工程师）及以上人员负责，一级审核主要内容如下：

1）项目名称是否准确；

2）咨询报告的章节内容是否完整；

3）报告编制的依据是否充分，各章节中选用的外来资料是否恰当，文字是否通顺；

4）报告的总论或摘要是否能准确表达报告的基本情况；

5）外审报告对标的选择和计算是否正确；

6）财务评价方法是否正确、参数选择是否合理、结论是否可行；

7）附表、附图、附件是否一一对应。

（2）二级审核由部门经理（或部门负责人）完成。部门经理完成的项目，由被授权的部门助理以上人员完成，主要内容如下：

1）一级审核提出的问题是否得到修改；

2）咨询报告体现的服务方向是否正确；

3）咨询结论是否基本符合当前经济发展的趋势；

4）咨询报告全文是否体现较好的逻辑关系；

5）外审报告的结论是否正确；

6）财务评价指标是否完整、评价结论是否可支撑本项目的咨询结论；

7）对报告质量进行阶段性评价。

（3）三级审核由参与该项目前期工作的分管副总经理完成，也可根据项目的专业或时间要求等具体情况，由其他副总经理代为完成审核工作。三级审核主要内容如下：

1）一级、二级审核提出的问题是否修改到位；

2）进一步审核咨询报告的方向性问题论述是否准确；

3）从审批者和委托方的不同角度审核咨询结论是否准确并经得起时间的检验；

4）咨询报告全文是否符合公司的品牌要求；

5）外审报告需同时上传专家评审意见，外审的结论是否可以达到有关部门委托的要求；

6）报告的总论章节或者摘要内容措辞是否准确，可否满足有关审批的要求；

7）对报告进行总体质量评价。

各级审核者对审核中发现的问题作出修改或否决处理，项目负责人应及时进行修改，并在系统修改备注中说明修改情况。需要时可提请公司召开业务会议讨论后修改完善。

3. 造价咨询报告质量审核要求

（1）一级审核是详细性复核，由造价咨询部门未承担本项目审核的（工程师以上）咨询人员负责，主要内容如下：

1）检查工程结算计价方式是否符合施工合同约定；

2）检查计算方法、计算公式、计算程序是否正确，计算结果是否准确；

3）检查施工合同、补充协议约定与招标文件、中标投标文件不一致的结算处理原则；

4）检查工程竣工实际与设计图纸、工程变更签证以及隐蔽工程验收的一致性；

5）检查工程签证的真实性和有效性、合法性；

6）检查合同价格包干范围的内容是否全部完成。

（2）二级审核是一般性复核，由造价部门负责人承担，主要内容如下：

1）抽查一级审核情况；

2）检查审核的资料是否完整；

3）检查结算原则与合同规定是否一致；

4）审核单价、费用套用（取定）是否正确；

5）抽查重要项目工程量计算是否准确；

6）重点审核费用变化大的项目，如涉及造价较大的变更联系单结算处理是否合理、准确；

7）审核咨询分歧问题的处理是否合法、合规、合理；

8）审核咨询程序是否执行到位、现场勘查记录是否有效；

9）审核咨询成果文件格式及其工作底稿是否规范、翔实。

（3）三级审核是重点性复核，由咨询机构技术负责人负责，主要内容如下：

1）抽查一级审核、二级审核情况；

2）抽查咨询成果的经济数据指标是否合理，对异常现象应作重点分析；

3）审核重大问题的解决，其处理原则、方法是否正确，审核依据是否充分，结果是否合理；

4）审核报告语句是否通顺，表述是否存在歧义，有无错别字，报告数据与附件数据前后是否一致；

5）审核报告是否规范、工作底稿是否翔实。

各级审核者对审核中发现的问题作出修改或否决处理，项目负责人应及时进行修改、完善后再次报审，直到符合审核要求。

4. 咨询报告的审核签发

（1）报告经三级审核后，主管副总经理根据需要可同意征求业主的意见。根据业主反馈的书面意见，项目负责人及时对报告进行修改完善后，主管副总经理再根据修改的内容，作出同意或修改、否决处理，若审核结论同意，则完成本级审核工作。征求意见稿必须有明显的标识，不附资质证书、不加盖公司印章。特殊情况需加盖公司印章，必须按正式出版报告要求，完成系统签发流程。

咨询报告完成以上审核后，需提交公司专家委员会/总经理授权人员对报告签发前做最后审核。审核内容包括对报告各级审核修改完成情况进行进一步落实和复核；对报告的整体质量进行把握；对项目的完成情况进行了解；对如何提高报告的质量向公司办公会提出建议。对技术难度大的项目或重大项目，有必要时可提议召开内部业务评审会，组织有关部门人员参加（需要时可外聘专家参加），对咨询成果进行评审论证，及时提出优化建议。

（2）董事长签发的报告需经办公室编号，并对报告排版确认后可付印装订。如果排版没有达到规定的要求，办公室可以否决，因排版被否决的报告，项目负责人应按要求重新排版，达到出版要求后，需经办公室再次确认后方可付印装订。

（3）如果公司承担的可能需要外审的报告，尽管提交的报告可能为非最终出版稿的报告，同样需完成公司各级审核程序，若需加盖公司印章，则必须经办公室编号，确认报告排版，完成以上程序，具备条件时方可付印装订。

（4）按照咨询合同的约定，公司出版咨询报告后，客户需要加印时，项目负责人应提交加印申请，经部门经理审批后方可由办公室提供系统签发的文件版本复印装订。咨询报告装订完成后，办公室应对报告的表观质量进行最后检验，包括咨询报告题目内容是否与最终签发的报告一致、附件等资料是否齐全、报告装订质量是否符合规定要求等。对于不合格的报告，有权责令项目负责人重新印刷装订，并追究相关责任方责任。

（5）通过检验的咨询报告可提交办公室进行盖章，办公室印章保管员应确认当前咨询报告的合同约定款项到账后，方可盖章发行。若当前咨询报告未按合同约定履行付款义务，项目负责人应提交发行特批申请，经部门经理、分管副总经理、董事长审批同意后，方可盖章发行。

5. 咨询报告的交付、归档等质量控制

（1）将盖有公司印章的报告成果交付给委托方时，交付人员应与委托方接收人员办理相关签收工作。对于需交付给委托方的咨询报告，项目负责人应确认交付的报告是否是最终报告，便于系统作出处理。

（2）咨询报告最终成果交付给客户后，项目负责人应尽快按照公司项目归档要求提交归档申请，档案管理员确认项目归档资料齐全后，完成项目归档工作。

（3）项目负责人应关注报告交付后的客户反映，根据客户的需要，做好跟踪服务工作，维护好客户资源。咨询报告归档工作完成后，办公室相关人员应及时做好客户满意度调查，并做好统计分析工作。

第二节　外商及境外投资咨询能力建设

一、专业团队建设

（一）咨询公司人才建设工作

境外投资活动的正常进行需要得到一系列具有相关专业知识背景和从业经验的专业人员支持，因此企业在确定要开展跨国投资活动后，其应聘请具有技术、财务、市场、法律等专业知识的人才组成投资支持团队，帮助企业开展投资前可行性分析工作和投资过程中相关突发事项应对工作。企业的投资实际中，投资支持团队人才的专业性对投资结果有重大影响，因此企业一般会通过聘请外部专业机构的专业人员为企业开展投资活动提供支持。对开展专业项目咨询的机构来讲，为实现更好地帮助企业开展跨国投资活动，其必须对自身人员相关专业素养、职业道德及公司的人才结构和管理方式等方面进行系统分析。

1. 咨询人员基本素养

一般而言，作为咨询行业的从业人员，其必须具备相关的专业知识和咨询技能。专业知识的概念主要包括具体学科的相关知识和应用这些具体学科知识开展咨询的理论和方法。具体学科知识是咨询人员开展相关咨询活动的前提和基础，而合理利用相关有利于咨询活动开展的理论和方法是相关咨询人员能够实现利用自身专业知识帮助委托单位开展投资和经营的必要条件。作为一个专业的咨询机构人员，其必须具备一定的专业知识素养，并能够通过运用专业的咨询方法和理论将其自身的专业知识转化为一系列的创新型和有价值的成果，从而服务于企业的生产和经营活动。咨询技能一般指咨询人员除了专业知识外在咨询活动中应具有的相关任务处理技能，包括谈判技巧、文书能力、应变能力、信息搜集能力等，在这些能力的帮助下，相关咨询人员能够准确分析咨询过程中出现的一系列突发情况，及时汇总相关信息，并作出准确有效的反应，从而保证项目咨询工作稳定开展。

2. 咨询行业从业人员的职业道德和行为规范

专业的知识和较强的工作能力是咨询活动开展的必要前提，但咨询行业从业人员的职业道德和行为规范则是咨询活动有序开展的重要保证。咨询行业从业人员在开展相关项目咨询的过程中需要保证遵守基本的职业道德和公序良俗，以保证项目咨询结果能够最大程度上符合各方利益，减少项目建设和运营中的各种冲突，从而实现由项目咨询带来的项目建设对社会经济环境的正向溢出效应。一般认为，咨询行业从业人员需要遵守的职业道德和行为规范主要包括客观公正、准确定位、量力而行和诚信服务。

所谓客观公正，是指项目咨询人员在开展咨询工作的过程中应该尊重客观事实、尊重科学和真理，要保持客观公正的立场，并从项目建设实际出发，在遵守基本经济规律和相关法律法规及政策规则的基础上对相关问题作出客观公正的判断。坚持客观公正的态度是咨询单位相关人员对自身单位和项目委托单位根本利益负责的表现。事实上，在从事咨询服务的相关人员开展项目咨询工作的过程中，其往往会面临来自本公司和项目委托单位的各种压力，但项目咨询人员应该从项目委托单位的根本利益出发，作出符合客观实际的判断，以维护咨询公司和该项目委托单位的根本利益。

所谓准确定位，是指项目咨询人员应该在开展咨询活动中明确自身职能定位，重点做好项目建设支持工作，将自身的专业知识、从业经验和科学的思维方法应用到项目可行性论证和项目建设和运营问题的解决中去，并将其形成可行易读的方案供咨询项目委托单位参考。在这个过程中，项目咨询人员应该明确自身的权责都是来自项目委托单位，因此不能越俎代庖代替项目单位去实施某种方案，更不能代替项目单位进行决策。

所谓量力而行，是指项目咨询从业人员应该对自身的能力和专长有清晰正确的认知，要求项目单位在开展项目承接工作中应注意考虑自身员工的知识和技能结构，项目咨询人员在开展项目投资和经营的过程中也应该注意这方面问题。当公司现有能力不足以支撑相关项目咨询时，应积极寻求外部力量帮助，以此保证项目咨询报告的质量。

所谓诚信服务，是指咨询业务的承接和咨询活动的开展必须以诚实守信作为基本前提。作为一种服务类行业，咨询服务必须在客户信任的基础上才能正常开展相应服务工作。做好项目保密工作是诚信服务的基本要求之一，因为在项目咨询工作开展过程中，委托单位必然会将大量敏感信息甚至单位的重要商业机密提供给相关咨询服务人员。如果这些信息泄露，项目的效果会受到重要影响，甚至公司整体战略都会受到重大影响。因此，咨询人员应严守客户的商业秘密，为客户提供与合同相符的服务，不弄虚作假、不利用客户的保密信息为自己或公司谋利等。

3. 咨询公司的人才结构

咨询公司想要通过提升自身专业能力来打造自身品牌，就必须重视员工的专业结构和公司的人才管理模式创新。通过建立合适的公司人才结构，使公司在相关业务开展和项目承接方面能够获得事半功倍的效果，充分发挥公司中专业咨询人员的积极性以提升整体的活力和专业性。咨询公司应该保证单位中人才结构合理并实现具有各种专业背景的人才能够相互配合，坚持研究人员和行政管理人员相辅相成，在人员招聘方面关注人员的知识结构和年龄结构。

（1）从实现各专业人才相互配合上看，由于项目咨询工作一般为综合性的活动，因此在项目实际中，项目单位需要寻找具有不同专业背景的人才来组成项目咨询团队，项目咨询团队成员的专业背景会存在较大差异，进而可能影响成员之间的相互沟通和相互配合的效率。从这个角度出发，建立合理的人员管理架构以提升人员之间的沟通协调效率就成为项目咨询工作成功开展的重要条件。同时，咨询单位在人才招聘时也应重点考虑具有复合研究背景的人才，以降低咨询工作中不同专业人才之间沟通交流的门槛。

（2）从公司管理和咨询过程中专业研究人员和行政管理人员配置上看，咨询工作的成功开展需要专业的咨询人员，也需要相关行政和管理人员为项目咨询工作的正常开展提供必要的支持，实现咨询人员和管理人员规模协调搭配对保证项目成功运营具有重要意义。一般而言，项目进行过程中相关行政和管理人员的作用主要表现在以下方面。

1）情报搜集和统计方面。情报搜集和信息整理工作是咨询活动开展的基础。缺乏有效的信息，咨询人员就无法对项目工作进行客观准确的判断，并会导致最终咨询建议与经济客观实际和项目单位需求相去甚远，甚至背道而驰。

2）咨询业务接洽方面。尽管相关专业人员具备相当的专业背景，但咨询业务的承接工作不同于咨询业务具体工作，其更看重相关业务沟通和协调能力，因此遵循让专业的人干专业的事的准则，咨询单位的管理和行政人员在这方面有更高的专业程度，能够了解并把握客户心理，从而提升项目承接工作的效率，并且在咨询项目开展的过程中，与客户开展及时有效的沟通是相当有必要的，这就要求项目管理人员不但要具备一定的咨询知识，还要熟悉行为科学、心理学、社会学、法律等知识，当然还要具备良好的礼仪素质和协调能力。

3）行政后勤方面。咨询项目的开展是一个系统而复杂的工程，除却需要具有专业知识的咨询人员外，还需要包括财务、人事、秘书等一系列后勤服务人员的支持，这些人员服务的质量和效率也和咨询项目最终结果息息相关。

（3）从人员的知识结构看，相较于其他行业，咨询行业是一个典型的人力资本密集行业，咨询单位工作人员的知识水平和结构是单位总体能力的重要影响因素。在咨询具体项目工作中，耦合具有不同知识背景和专业能力的咨询人员是咨询工作高效开展的重要保障。知识结构是指单位中从业人员的专业背景和专业知识掌握程度的异质性，合理的知识结构要求相关人员的专业背景具备互补性，初级、中级、高级咨询人员的比例应当合理。例如，德国罗兰贝格公司的咨询人员分三个层次：第一层属于高级专家，具有决策权，占咨询人员的19％；第二层是一批富有经验能够独当一面的人员，占咨询人员的49％；第三层是正在成长的、有能力的、有发展前途的咨询人员，占咨询人员的32％。

（4）从年龄结构上看，咨询公司的不同年龄阶段的咨询人员应该保持一个合理的比例关系。在经济现实中，不同年龄阶段的咨询人员在智力特点、思维模式、处事方式等方面有一定的差异，并各自有各自的专长。使不同年龄阶段的咨询人员的比例关系保持在一个动态稳定的框架下，组织中成员的积极性和主动性都能得到充分稳定的发挥，组织也因此能够长期保持活力和效率。同时，咨询人员的年龄结构也应与咨询公司的业务特点相匹配，尽管存在咨询行业从业人员年轻化趋势，但在战略咨询、政策咨询、投资咨询等需要相当经验积累的行业，一定数量的具有丰富经验和阅历的老专家依然是咨询成果的重要保障。

（二）将企业目标与个人目标有机嵌合

企业的目标是企业的发展规划和企业发展愿景的集中体现，企业目标的实现需要企业员工的共同努力，企业要通过成就员工个人来实现企业目标，员工也应将自身目标的实现与企业总体目标联系起来。这种企业目标和个人目标的有机联系在一般行业如此，在咨询行业表现得更为突出，由于咨询行业是一个典型的人力资本密集型行业，员工知识的取得与技术水平的提高、管理能力的提升、自我价值的实现、认同感与归属感直接影响公司整体，因此在管理活动中，要将重视员工的积极性、主动性和创造性作为实现公司目标的重要依托，通过营造尊重人才、尊重知识和尊重经验及技能的氛围，为员工个人目标的实现创造合适的环境。这要求咨询公司积极调整公司的组织架构、坚持以人为本的管理理念并培育有特色的企业文化。

1. 咨询公司的组织结构

科学且合理的组织架构是咨询公司管理活动高效运行的重要基础，也是公司员工发挥积极性、主动性和创造性的重要保障。需要注意的是，不存在绝对普适的咨询公司组织架构模式，采取什么样的组织架构要依据公司规模、业务特点、员工知识和年龄结构等多方面因素确定，但在具体操作中，公司组织结构的确定一般会考虑如下因素：

（1）公司的发展阶段。事实上，在不同的发展阶段公司需要建立不同的组织架构，公司的发展阶段变化往往伴随着公司组织架构的变迁。一般而言，新成立的公司由于规模相对较小，其组织架构相对简单，但规模较大以及发展时间相对较长的咨询公司，企业组织架构就相对较为复杂。

（2）公司的业务和发展战略。具有不同业务特点的咨询公司，其组织架构存在极大的差异性，公司的服务领域、服务对象以及业务结构对组织结构设计往往有决定性的影响。

（3）公司部门结构。公司在确定组织架构的过程中应坚持稳定性和灵活性相结合的原则，需要同时保障从事咨询服务的相关部门具有较强的灵活性，并保证为公司咨询业务开展提供支持的公司行政管理部门具有相对的稳定性。

2. 以人为本

人是咨询单位最重要最宝贵的资源，在公司管理活动开展的过程中坚持以人为本是现实公司长期发展目标的重要体现。坚持以人为本，就是要坚持公司与员工利益关系耦合，以员工的成长实现公司的发展，因此，公司应建立良好的人才激励机制，减少对业务单位人才发挥自身能动性的机制体制束缚，帮助其在公司内实现自身的理想和人生价值，力求做到以事业聚集人，以创新吸引人，以爱心团结人，以机制稳定人，以发展激励人。这种以人为本的管理理念重点体现在业绩评价制度和激励制度构建中，并最终会融入企业文化中。

3. 创建有特色的企业文化

企业文化是企业员工共同的愿景、信念和价值观，是企业在长期发展中积累形成的，对企业远期发展目标和行为模式具有重要影响，企业文化因为传承才有其生命力，并在潜移默化中影响并塑造了企业在开展经营活动中的行为。

在企业文化纽带的联结下，企业成员增强了对企业的认同感和责任心，形成了企业发展的长期发展愿景，帮助企业中的员工形成一种有约束的集体责任感，使企业具有社会系统的稳定感，并为员工开展相关活动提供了基本方向。从更广泛的层次来看，企业文化就是组织的文化，其以企业精神为内核，以企业目标为依托，实现了企业成员思想的统一和行为的协调，使全体员工成为具有统一价值观的整体，形成了咨询公司开展对外咨询活动统一的准则，为形成良好的企业形象和企业信誉提供重要支撑。在咨询企业在开展各种咨询活动的过程中，其必然会对外界输出一定的企业文化，因此咨询企业需要在成立初期就对企业文化进行仔细斟酌和精心设计，通过培育有特点、有凝聚力的企业文化，实现自身做大做强。

（三）建立合理的评价体系和激励机制

企业咨询活动特别是涉及外商对国内企业投资的咨询活动是一个复杂而庞

大的体系，除了项目本身相关因素外，咨询公司在开展咨询活动中还需要考虑地域特殊性和趋势性相关因素，这决定了咨询项目必须要由相关咨询团队完成。由于项目团队成员的专业背景和从业经验等存在较大差异，合理安排团队成员工作以保证咨询项目稳定有序推进是在咨询项目开展以前就必须慎重考虑的问题。而建立一套合理可行的评价和激励体系是做好人员分工工作的重要举措，通过工作评价体系和激励制度，能够保证每个项目成员合理发挥自身能动性，提升并实现自身价值。

评价体系和激励机制通常是公司绩效考核体系中的核心部分，是员工开展相关行为的重要指引，在评价体系和激励机制的帮助下，公司能够将自身的价值观和企业文化落实到项目建设实际中，从而保证相关管理目标实现和项目咨询结果可靠。评价体系和激励制度要以"团队目标优先"作为基础和前提，即以团队总体目标的实现程度作为对个人考核的前提，并在这个基础上坚持按照岗位设置具体的评价标准，强化"充分强化只有英雄的团队，没有英雄的个人"的思想，将对个人的考核置于对项目团队乃至对公司整体目标实现的基础上，将对个人的绩效考核作为实现组织整体目标的重要依托，实现评价体系和激励机制实现点面结合，由微观到宏观的飞跃。

1. 激励机制和考核评价机制

咨询公司要从工作分析、工作定价和业绩评估三方面完善员工的业绩考核和评价工作，不断完善公司的岗位设计、程序设计、规则设计，并在这个过程中明确单位的业务流程体系，制定明晰可行的价格制度，明确相关岗位的市场价格和公司价格，根据公司业务来计算相关员工的绩效工作情况。

公司在建立薪酬体系的过程中，要注重效率性、公平性和可比性。效率性是指薪酬要与咨询人员的贡献挂钩，保证贡献大的咨询人员有较高的报酬。公平性就是同工同酬，不歧视某个员工或新员工。可比性就是要与市场价格接轨，在岗位匹配的前提下对外有竞争力。

2. 区别对待不同咨询人员

事实上，并非所有的咨询公司员工都将从事咨询工作作为毕生追求，一部分人在咨询公司工作一段时间后往往会选择"跳槽"至非咨询行业企业从事具体业务，这是咨询行业中相当普遍的现象，这导致咨询公司中级、初级员工的流动性要强于高级员工，原因为高级员工是经过时间的考验并有志于将咨询行业作为其终生职业追求。年轻员工的高流动性在一定程度上促进了咨询行业繁荣发展，因为这一方面为咨询行业补充了新鲜血液，使具有创新性理念和行为的人才能够进入行业，使咨询单位在开展工作中能够及时更新相关方法和知识；另一方面，离开咨询行业的员工也会与原单位有一定情感联系，从而帮助公司扩大了潜在客户群体的规模。

考虑公司内员工工作目标的异质性，公司应在尊重员工个人选择的基础上制定具有差异化的薪酬制度，例如，对流动性高、把咨询行业作为进入其他行业阶梯的职员应多考虑短期因素；作为终身职业的高级经理的报酬，应多考虑长期因素，如股权或其他形式的资本增值计划。

3. 充分发挥团队凝聚力

团队凝聚力是一种精神力量，是使咨询项目团队成员紧密联系的重要纽带，是项目成员从内心认同并遵循团队整体价值观并将其落实到具体行动中的体现。通常情况下，团队凝聚力的提升能够带来团队绩效的改善。

团队凝聚力在外部表现为团队成员对团队的荣誉感而珍视和维护团队在公司整体中地位的具体行动，项目目标是项目团队荣誉感的基础和来源，高质量地完成项目并实现项目目标是构建团队荣誉感的重要途径。因此，公司必须为团队设置较高的目标承诺，以此来引导团队工作方向并激发团队成员的团队荣誉感，在项目开展中形成向心力，使项目工作高效完成。

团队凝聚力的内在表现是团队间的融合度和士气。在项目工作开展过程中，团队凝聚力可以提升团队成员间的融合度和亲和度，帮助形成高昂的团队士气。尽管在咨询项目的不同阶段都会存在人员流动，但高昂的团队凝聚力能够帮助新加入成员快速适应团队氛围和项目整体工作节奏，缩短团队成员间磨合沟通的时间，进而大幅提升团队整体的工作效率。

4. 优化区域内团队建设

在跨国投资项目咨询的过程中，项目咨询团队往往是由分布在不同国家和地区的小团队构成的。保证咨询项目整体高效运行，就必须做好不同区域项目咨询团队的建设和区域团队的协调沟通工作，通过定期开展区域团队间的协调沟通会议，及时同步各区域团队工作进度，并借助群体的力量解决不同团队在开展工作中所遇到的各方面问题，针对团队工作的痛点和难点开展积极有效的沟通，实现境外及外商投资项目咨询管理工作高效有序协调开展。

二、竞争力培养和风险管控

（一）竞争力培养

1. 国际化视野和国际竞争力

在咨询公司提供跨国投资业务咨询的过程中，应该注重培养单位整体和相关从业人员的国际化视野和国际竞争能力，要求单位的从业人员能够通晓自身所在领域的国际标准和相关活动规则，具备较强的国际竞争意识、合作意识和法律意识，能够紧跟国际前沿的咨询理论发展。同时，咨询公司也应积极为国际人才的培养创造合适的环境，向其提供国际一流的知识和技术，并使其能够及时了解并掌握其所在专业或领域最新的发展趋势和信息动态，通过提升员工的国际视野和国际竞争能力使项目团队和公司整体在激烈的国际竞争中把握机遇并占据优势地位。

2. 扎实的专业知识和较强的跨文化交际能力

综合素质全面、行业基础理论知识扎实和专业知识全面的国际化应用型人才是咨询公司开展跨国咨询业务的重要基础。因此，在咨询公司人才招聘和培养过程中，应重视其专业知识和跨文化交际的能力，这对咨询项目从业人员的外语技能和跨国从业能力提出了更高的要求，即要求其不但能够利用外语开展跨国交流活动，还要能够了解并尊重不同国家的文化传统差异。当跨国咨询业务出现问题或冲突的时候，其能够从更高维度和更宽的视角去分析和解决问题，并提供关注文化和社会环境差异来寻找解决问题的有效思路，从而保证项目咨询单位能够真正帮助企业解决跨国投资中面临的全方面风险。

3. 较强的创新思维和实践能力

创新是咨询行业的重要特质，较强的创新思维和实践能力是咨询行业从业人员必备的基本素质。因此咨询行业从业人员应及时了解所在行业和领域最新的资讯，不断学习国际咨询业务前沿理论和方法，并在咨询业务开展过程中认真总结反思，以经验为基础结合专业知识不断开辟新方法、新观点，并将其应用到咨询业务实际中。咨询机构应该为从业人员的前沿理论学习活动提供便利，为相关人员的创新实践提供重要的环境。

（二）执业风险管控

1. 有效的项目启动会制度

在项目正式开始前，项目经理必须使项目成员对项目的相关背景和项目任务要求进行系统全面的了解，制定系统可行的项目推进规划和项目整体方案，根据项目组内成员的工作专长和工作特点分配工作任务，并以此确定岗位责任，将整体工作细化以提升其可执行性。因此，在正式开展咨询任务前必须召开项目启动会议，在会上与项目委托单位进一步加强沟通，并借此机会进一步做好内部动员工作，使项目组成员能够明确自身的职责定位，建立清晰可行的问题解决机制。

2. 权责对等

在项目工作中，不同成员因其个人能力和在组织中职位差异而承担着不同的工作任务，因此在项目工作正式开始前需要对每个项目组成员的工作权限和工作责任进行明确，并以此设置科学有效的奖惩制度，以此调动项目组成员的工作积极性。设立奖惩制度的一个重要原则就是权责对等，对于能够认真履行自身岗位责任的、能够高效率完成项目任务要求的项目组成员应该给予一定奖励；反之，则应对其进行处罚。

3. 项目周报和项目例会制度

项目周报和例会制度是确保项目推进与项目前期规划相一致的重要保障，并且通过及时整理和沟通项目推进过程中各种突发问题和阶段性进展，项目管理者能够对项目计划进行及时修改和完善，从而保证项目风险总体可控。需要注意的是，项目经理通过汇总项目组成员工作进展情况，在向咨询机构项目联系人汇报的同时，也应向项目组内成员抄送相关内容，以保证项目信息在项目内部完全流动。同时，项目组每次召开项目例会都应整理详细的会议纪要并留存，将会议共识落实到后续项目工作中。

4. 问题跟踪机制

在项目推进的过程中，一定会遇到各种各样的意外因素，导致项目计划与项目现实存在一定的差距，因此项目在推进的过程中一定要建立完善的问题跟踪机制，以应对这些意外因素所导致的风险。在分享汇报流程上，公司的项目联系人应该不断搜集需要解决的相关问题并将其传达给项目经理，项目经理在对问题进行分析后，根据项目组成员专业特点和工作能力分配相关任务，并将其纳入对项目组成员的考核机制中。同时，项目经理应该及时跟进相关问题的解决进度和效果，并将其汇总至公司的项目联系人。

| 附录 |

中咨公司外商及境外投资项目咨询业务导则❶

1 总 则

1.1 为适应高水平对外开放及构建以国内大循环为主体、国内国际双循环相互促进的新发展格局需要，增强国内国际两个市场两种资源联动效应，提升外商投资及境外投资合作质量和水平，稳步扩大规则、规制、管理、标准等制度型开放的要求，推动公司外商及境外投资项目咨询业务的开发拓展，提高公司外商及境外投资咨询业务水平，完善外向型投资咨询产业链和价值链，推动建设世界一流工程咨询机构，明确外商及投资项目咨询业务的重点内容、工作流程和管理举措，提高相关咨询工作质量和效率，提升公司在外商及境外投资咨询服务领域的竞争力，加强外商及境外投资咨询服务的专业化和规范化建设，推动公司国际咨询业务高质量发展，防控咨询业务相关风险，制定本导则。

1.2 本导则所称外商投资是指外国的自然人、企业或者其他组织直接或者间接在中国境内进行的投资活动。本导则所称境外投资是指投资主体通过投入货币、有价证券、实物、知识产权或技术、股权、债权等资产和权益或提供担保，获得境外所有权、经营管理权及其他相关权益的活动。

1.3 本导则所称外商及境外投资咨询，是运用项目投资专业咨询的相关知识和方法，对外商及境外投资战略规划、项目可行性论证、审批核准备案、实施绩效管理及后评价等工程投资各环节提供专业化的咨询服务，以促进外商及境外投资项目的科学决策和专业化运作。

1.4 本导则适用于国家及地方各级政府部门以及银行、企业委托的外商

---

❶ 本导则供中咨公司内部使用，并根据情况变化适时进行修改完善。相关内容仅供参考。

投资及境外投资项目的前期咨询和评估业务，主要包括：

（1）外国投资者单独或者与其他投资者共同在中国境内外吸引外商投资或境外投资。

（2）外国投资者取得中国境内企业的股份、股权、财产份额或者其他类似权益。

（3）外国投资者单独或者与其他投资者共同在中国境内投资新建项目等。

1.5　外商及境外投资咨询，应立足于新发展阶段，完整、准确、全面贯彻新发展理念，创新外向型投资咨询理论方法体系，推动工程咨询理念与国际接轨，不断改进和提高外商及境外投资咨询专业水平，推动咨询服务模式创新，为实现可持续发展和推动高水平对外开放新发展格局服务。

1.6　本导则从基本原则、业务开展模式、操作流程和成果表现形式等方面对公司外商投资及境外投资咨询业务进行规范，明确公司外商投资及境外投资咨询业务的基本质量要求，并与公司其他相关业务规范相衔接。公司业务管理部门负责制定、修改和监督检查规范的实施。公司秉承"敢言、多谋、慎断、公正、科学、可靠"的中咨精神，强化"品牌意识、前瞻意识、进取意识、廉洁意识、合作意识"，践行"求实、严谨、高效"的公司精神，按照ISO 9001—2018质量管理体系的要求，为委托单位提供高质量的外商及境外投资咨询专业服务。

2　指　导　原　则

2.1　外商投资咨询的指导原则

2.1.1　坚持"五个必须"

（1）必须从高质量发展的角度出发，深入分析投资建设对经济社会高质量发展所产生的影响，实现更高合作水平、更高投入效益、更高供给质量、更高发展韧性的外商投资，推动实现高质量发展，确保投资风险可控。

（2）必须从创新发展的角度出发，更加注重对市场发展趋势的深入分析、技术方案的先进适用性评价和产业、产品的结构优化和迭代更新研究，助力推动创新型投资项目落地。

（3）必须从绿色发展的角度出发，统筹考虑投资建设中资源、能源的节约与综合利用以及生态环境承载力等因素，综合评价投资建设对城乡、区域、人与自然和谐发展等方面的影响。

（4）必须从开放发展的角度出发，以构建高水平开放型经济新体制机制为导向，分析评价投资项目合作体制机制，实现多方互利共赢。

（5）必须从共享发展的角度出发，坚持以人为本、全面关注投资建设对所涉及人群的生活、生产、教育、发展等方面所产生的影响。

2.1.2　坚持"三个符合"

外商投资项目咨询必须做到三个符合：

（1）符合国家政策法律法规的有关规定。

（2）符合公司咨询评估业务质量管理的相关要求。

（3）符合外商投资项目的实际情况。

2.1.3　坚持动态原则

外商投资咨询应适应国家政策法规及规划的调整，适应市场变化的未来趋势，确保外商投资咨询的方法规定及操作流程能够不断适应新变化新趋势，持续有效地更新调整。

2.1.4　关注经济安全

外商投资既有利于促进我国经济社会高质量发展，也会对国家经济安全造成影响，吸引外商投资应对其规模和结构进行有效管控和引导。外商投资咨询应对因投资结构不合理等因素造成的总体规模安全、能源安全、产业安全、技术安全和金融安全等经济安全问题给予必要关注。

2.2　境外投资咨询的指导原则

2.2.1　贯彻境外投资理念

全面贯彻落实习近平新时代中国特色社会主义思想，坚持"完善境外投资服务、监管和风险防控体系，提高境外投资质量效益"的境外投资理念要求，以共建"一带一路"为引领，统筹发展和安全、国内和国际、合作和斗争、存量和增量、整体和重点，以高质量开展境外投资咨询服务。

2.2.2　贯彻"走出去"战略

贯彻国家"走出去"战略，支持和鼓励有条件的企业充分利用"两个市场、两种资源"，弥补国内资源和市场的不足，促使我国企业在更大范围、更广领域和更高层次上参与国际经济合作与竞争，在激烈的国际市场竞争中发展壮大，促进我国在全球范围内进行经济结构优化和战略性调整，保证国民经济的持续快速健康发展，增强我国的综合国力和参与全球竞争的能力。

2.2.3 落实境外投资政策

贯彻国家境外投资产业指导政策，从确保国家安全，保证我国境外投资管理更为有序、高效，有利于加快实施"走出去"战略，促进我国企业境外投资规模不断扩大、投资主体多元化、投资方式多样化、提高企业竞争力，有利于扩大双边经贸关系和促进共同发展的角度开展相关咨询服务工作。

2.2.4 严格执行境外投资项目管理制度

政府主管部门对境外投资项目的核准制度，是对境外投资行为从维护经济安全、符合产业政策、保障公共利益、资本项目管理等公共管理方面进行核准，侧重于确定投资主体、投资方向及合规性的审查，是贯彻国家境外投资政策的具体法规与程序，是对境外投资项目进行评估咨询的基本遵循。

2.2.5 立足投资环境、遵守相关国际规则

投资对象国的宏观投资环境与投资者所熟悉的本国投资环境有着极大的差异，在整个投资过程中的环境变化有着更大的不确定性。跨境投资活动还会遇到民族、政治及文化差异等，使得投资环境成为投资成功与否的重要制约因素。全面分析和综合评估投资对象国的投资环境与投资风险，成为境外投资项目咨询评估的关键环节。遵守国际投资相关条约与投资对象国的相关法律法规，则是境外投资项目成立与实施的基本前提和重要依据，同时也是境外投资咨询必须遵循的基本原则。

3 组 织 实 施

3.1 业务开展模式

根据咨询业务要求，业务开展模式可以是公司独立承担、与其他咨询单位合作咨询等。公司独立承担的咨询项目，可根据项目情况由单个部门独立承担

或由多个部门联合承担。与其他咨询单位合作承担咨询任务，有以我为主开展的咨询服务和以外单位为主开展的咨询业务等类型，应根据公司有关部门的业务能力、人力资源等情况确定。

3.2　项目洽谈

外商及境外投资项目咨询业务是一种专业咨询服务，服务成果和服务质量由其规范的工作流程来保证。从事外商及境外投资咨询的业务人员，应该严格执行"项目开发与客户洽谈-项目策划与组织-项目竞标-合同签约-项目执行-项目验收和结案"的工作流程，遵循公司相关业务管理办法，运用特有的工作方法、技术工具和服务标准，并对每个工作阶段的质量、资源和成本加以控制和监督，以确保项目的顺利实施、服务质量并节约成本。

3.2.1　项目的分析与选择

在获取项目信息后需要对其进行遴选和分析，应重点对项目以下情况进行了解。

（1）项目的基本背景和情况。

（2）客户的情况。

（3）客户对咨询服务的要求及其真实目的。

（4）是否需要竞争性投标。

（5）公司参与竞争的优势和技术能力如何。

（6）商务竞争策略。

（7）风险分析。

3.2.2　准备咨询服务建议书

在确认可以为客户提供咨询服务后，一般需要应客户的要求提供一份咨询服务建议书，这是客户遴选咨询公司的重要依据。主要内容包括：

（1）公司实力介绍。包括公司的背景与机构、资源情况、业务经验、荣誉与信誉。

（2）对项目的理解。阐述项目的背景及其对地区和行业发展的影响、项目的特点和重点、影响本项目的关键因素和敏感性因素等。

（3）对工作任务的理解与建议。阐述对工作大纲中每项工作任务范围与深度的理解，提出意见和合理化建议。

（4）项目实施方案。详细描述工作的步骤、方法、实施条件与资源投入、工期、进度计划、成果及质量保证等；

（5）确定项目的组织和执行方式。根据公司相关业务管理办法，确定项目负责人，组成专家组。专家组的人员根据项目工作的实际需要按照管理、专业技术和经济财务、社会与环保等专业进行安排。专业技术组的人选，要参照公司相关专业业务操作规范的要求安排。

（6）需要客户提供的支持。包括提供有关文件、资料，协助提供仪器、设备、人员配合，协助安排咨询专家组进行现场考察等。

（7）费用预算。对于不同性质和内容的外商及境外咨询项目，可以采用不同的计费方式进行费用测算和报价。常见的咨询服务收费方式包括人月费单价法、按日计费法、成本加固定酬金法、总价法、工程造价百分比法、顾问费法等。

对于咨询服务范围非常明确并且费用可控的项目，可采用总价法、工程造价百分比法、成本加固定酬金法报价；对于咨询服务范围不太明确或难以确定的项目，可以采用人月费单价法、按日计费法及顾问费法报价。

3.3 项目竞标

提交项目建议书后，有时需要根据客户的要求通过会谈、演讲和访问项目现场等方式对咨询服务的内容、过程和费用等重点问题做进一步澄清和沟通，同时还需对主要竞争对手的情况和投标策略做必要的了解，以争取主动。

3.4 合同签约

合同的主要内容应该包括：

（1）合同双方。

（2）工作任务范围。

（3）工作成果。

（4）双方的分工。

（5）合同金额及支付。

（6）工作成果的确认与结案。

（7）专业责任。

（8）知识产权界定。

（9）风险和违约责任。

（10）其他需要说明和规定的事宜。

3.5 项目的组织与实施

按照国际通行的项目全过程管理方法以及业主对项目的特殊要求，对项目的计划、范围、质量、进度、成本、人力资源、沟通和风险等项目涉及的主要工作内容和不同项目阶段进行全过程、全方位管理，确保项目按照预定的计划和工作大纲顺利执行和实施。项目组织与实施时的工作主要包括以下方面：

（1）确定项目经理，组建项目专家组。

（2）编制项目工作大纲，明确项目的工作内容、时间、进度、质量和经费预算等方面的要求。

（3）与管理层进行初步访谈，就报告使用目的、项目基本情况以及管理层关切的基础信息进行澄清。

（4）请客户或其他相关单位提供咨询工作所需的基础资料和文件报告，如其他尽职调查团队出具的尽职调查报告等。

（5）资料收集与分析。

（6）现场实地考察和了解情况。

（7）组织咨询论证会，通过头脑风暴法等方式组织专家和相关人员座谈，分析资料，深入了解和研究项目中的各种问题，通过充分的交流、研究和数据测算，形成问题的解决方案。

（8）形成咨询报告的初稿。

（9）征求客户和其他相关单位的意见，与管理层沟通初步咨询成果，综合各方信息对报告初稿进行修改、补充和完善。

（10）与管理层进行二次访谈，将充分优化后的咨询成果与管理层再次进行沟通，梳理咨询结果是否完整、是否如实反映当前投资项目的情况，根据现有工作成果形成咨询报告修改稿。

（11）修改稿完成后，按照公司咨询产品质量检验程序进行评审和修改，形成咨询报告的终稿，然后签发提交客户。

3.6 咨询成果的验收

3.6.1 外部验收

咨询服务产品在进行内部验收之前，需取得客户的验收。客户一般会根据双方的约定审查工作成果是否符合合同所规定的任务要求。有些项目业主还会按照国际惯例要求咨询公司在完成咨询报告后，与其主要管理层完成互动答疑的过程，在取得满意的结果后才予以验收。

3.6.2 内部验收

根据公司 ISO 9001—2018 咨询产品质量管理体系的规定和要求，公司内部对咨询初级产品实行部门和公司二级评审制度，为外商及境外投资项目所提供的咨询服务产品需按规定经评审通过后方可提交客户。

3.7 项目结案

项目结案主要包括：

（1）处理项目有关未尽事宜。

（2）项目文件整理、归档。

（3）项目总结。

（4）收取项目尾款。

（5）项目的后续跟踪。

3.8 项目评估咨询

外商及境外投资项目的评估咨询组织实施，大致包括评估前准备、组织评估小组、制定评估计划、调查收集资料、分析测算和编写评估报告等阶段。

4 咨询业务类型

4.1 外商投资项目可研报告编制

可行性研究是外商投资项目前期的关键阶段。可行性研究在项目建议书的基础上对工程项目的关键要素进行多方案比较，综合分析，科学论证，选择最佳方案。

（1）总论。项目背景、概况、问题与建议，包括投资项目建设地点、目标定位、主要建设内容和规模、项目总投资、主要建设方案、主要技术经济指标等。

(2) 市场预测。包括产品的主要用途、市场供需预测、供需平衡、目标市场分析、价格现状与预测、市场竞争力与营销策略、市场风险、项目商业模式分析。

(3) 建设规模和产品方案。阐述拟建项目总体目标及分阶段、分领域目标，提出拟建项目建设内容和规模，确定项目产品方案或服务方案。

(4) 厂址选择。包括厂址所在位置现状、厂址建设条件及比选。

(5) 技术设备工程方案。包括技术方案、主要设备选择、自动控制方案、土建工程方案。

(6) 主要原材料、燃料供应。

(7) 总图运输与公用、辅助工程。

(8) 环境影响评价。包括厂址环境评价、项目的污染源及污染物、环境保护措施方案、环境保护投资、环境影响评价。

(9) 劳动安全卫生与消防。包括危害因素和程度、安全措施方案、消防措施。

(10) 组织机构与人力资源配置。

(11) 项目实施进度。包括建设工期、项目实施进度安排、项目实施进度表。

(12) 投资估算。建设依据、建设投资估算、流动资金估算、项目投入总资金及分年投入计划。

(13) 融资方案。包括资本金、债务资本、融资方案分析。

(14) 财务分析。包括财务评价依据、财务评价基础数据选取、销售收入估算、成本费用估算、主要财务评价报表的编制、财务评价指标、不确定性分析、财务评价结论。

(15) 风险分析。包括项目主要风险因素识别、风险程度分析、防范和降低风险的对策。

(16) 研究结论及建议。归纳总结拟推荐方案的项目建设内容和规模、建设和运营方案、投融资和财务效益，提出项目是否可行的研究结论。指出项目可能存在的问题，提出相关措施建议。

（17）附表、附图和附件。根据项目实际情况，按照相关规范要求，确定可行性研究报告必须填报的附表、附图和附件等内容。

4.2　外商投资项目申请报告编制

4.2.1　项目申请报告的内容

报送国家发展改革委的项目申请报告应包括以下内容：

（1）项目及投资方情况。

（2）资源利用和生态环境影响分析。

（3）经济和社会影响分析。

对于外国投资者并购境内企业项目，其申请报告应包括并购方情况、并购安排、融资方案和被并购方情况、被并购后经营方式、范围和股权结构、所得收入的使用安排等。

4.2.2　项目申请报告附件文件

报送国家发展改革委的项目申请报告应附以下文件：

（1）中外投资各方的企业注册证明材料及经审计的最新企业财务报表（包括资产负债表、利润表和现金流量表）、开户银行出具的资金信用证明。

（2）投资意向书，增资、并购项目的公司董事会决议。

（3）城乡规划行政主管部门出具的选址意见书（仅指以划拨方式提供国有土地使用权的项目）。

（4）国土资源行政主管部门出具的用地预审意见（不涉及新增用地，在已批准的建设用地范围内进行改扩建的项目，可以不进行用地预审）。

（5）环境保护行政主管部门出具的环境影响评价审批文件。

（6）节能审查机关出具的节能审查意见。

（7）以国有资产出资的，需由有关主管部门出具的确认文件。

（8）根据有关法律法规的规定应当提交的其他文件。

4.3　外商投资项目评估报告编制

根据《中华人民共和国外商投资法》《中华人民共和国外商投资法实施条

例》《企业投资项目核准和备案管理条例》《国家发展改革委关于发布项目申请报告通用文本的通知》《国家发展改革委投资咨询评估管理办法》《企业投资项目事中事后监管办法》中对企业投资项目（含外商投资项目）咨询评估的内容和要求作出的明确规定，开展外商投资项目评估工作。

4.3.1　外商投资项目咨询评估的内容

外商投资项目咨询评估报告的正文部分，应根据项目自身情况、行业特点和委托方的具体要求，有选择地确定咨询评估报告的内容和论述重点。咨询评估报告正文应包括以下内容。

1. 申报单位及项目概况

通过对项目申报单位的主要经营范围、基本财务指标、股东构成、股权结构比例、以往投资相关项目情况、已有生产能力等的核查分析，提出申报单位的申报资格以及是否具备承担拟建项目投资建设的基本条件等评估意见。同时，通过对项目建设背景、建设地点、建设年限、建设内容、建设规模、产品及工程技术方案、主要设备选型、上下游配套工程情况、投资规模、资金筹措方案等方面的阐述，为拟建项目的核准咨询评估相关章节编写提供项目背景基础。

2. 发展规划、产业政策和行业准入评估

（1）发展规划评估。通过分析与拟建项目有关的国民经济和社会发展总体规划、区域规划和专项规划，以及城乡规划等各类规划的相关内容，评估拟建项目是否符合各类规划要求，提出拟建项目与有关规划内容的衔接性及目标的一致性等评估结论。

（2）产业政策评估。分析有关产业结构调整、产业空间布局、产品发展方向、产业技术创新等政策对项目方案的要求，评估拟建项目的工程技术方案、产品方案等是否符合有关产业政策、法律法规等的要求。

（3）行业准入评估。分析有关行业准入的法律、法规、规章和国家有关规定对拟建项目的要求，评估拟建项目和项目建设单位是否符合有关行业准入标准的规定。

（4）自主创新和采用先进技术评估。对于采用先进技术和科技创新的企业投资项目，分析拟建项目产品技术方案的技术创新水平、先进技术的采用情况、技术路线的先进性、技术装备国产化或本土化程度，评估是否符合增强自主创新能力、建设创新型国家的发展战略要求，是否符合国家科技发展规划要求。

（5）项目建设必要性评估。在发展规划、产业政策、行业准入等分析评估的基础上，评估拟建项目目标及功能定位是否合理，是否符合与项目相关的各类规划要求，是否符合相关法律法规、宏观调控政策、产业政策等规定，是否满足行业准入标准、重大布局优化、自主创新和采用先进技术等要求，对项目建设的必要性提出评估结论。

3. 资源开发及综合利用评估

（1）资源开发方案评估。对于资源开发类项目，通过拟开发利用资源的可开发量、自然品质、赋存条件、开发价值等的分析评估，对开发方案是否符合资源开发利用的可持续发展战略要求、是否符合保护资源环境的政策规定、是否符合资源开发总体规划及综合利用的相关要求等提出评估意见。

（2）资源利用方案评估。对于需要占用重要资源的拟建项目，从发展循环经济，建设资源节约型社会等角度，对主要资源占用品种、数量、来源情况、综合利用方案的合理性进行分析评估；通过对单位生产能力主要资源消耗量指标与国内外水平的对比分析，对资源利用效率的先进程度提出评估论证意见；评估拟建项目是否会对地下水等其他资源造成不利影响。

（3）资源节约措施评估。对项目申请报告中提出的作为原材料的各类金属矿、非金属矿及水资源节约措施方案的合理性提出评估意见；对拟建项目采取资源节约措施后的资源消耗指标进行对比分析，评估项目方案是否符合国家有关资源节约及有效利用的相关政策要求；对于在提高资源利用效率、降低水资源消耗及主要金属矿、非金属矿等资源消耗方面所采取的措施是否可行提出咨询评估意见。

4. 建设用地、征地拆迁及移民安置评估

（1）项目选址及用地方案评估。通过对项目建设地点、场址土地权属类别及占地面积、土地利用状况、占用耕地情况、取得土地方式等方面的分析，对项目选址和用地方案是否符合有关法律法规要求提出评估意见；对项目选址是否压覆矿床和文物，是否影响防洪、通航及军事设施安全等其他不利影响及其处理方案的合理性提出评估意见。

（2）土地利用合理性评估。对项目用地是否符合有关土地管理的政策法规的要求，是否符合土地利用规划要求，占地规模是否合理，是否符合保护耕地要求，耕地占用补充方案是否可行、是否符合因地制宜、节约用地、少占耕地、减少拆迁移民等原则要求，提出评估论证意见。

（3）征地拆迁和移民安置规划方案评估。对于涉及征地拆迁的项目，应结合项目选址和土地利用方案的评估情况，分析论证征地拆迁范围的确定是否合理；通过对生产生活安置方案、征地补偿原则、范围和方式的分析论证，评估安置补偿方案是否符合国家有关政策法规规定及当地的实际情况；从受影响人群原有收入水平、征地拆迁后对受影响人群收入的影响程度、采取的收入恢复措施是否切实可行、实施后的效果等方面进行分析，评估移民生产安置、生活安置、收入恢复和就业重建等措施方案的可行性；评估方案制定过程中的公众参与、申诉机制、实施组织机构及监督机制等规划方案是否完善，以及地方政府对移民安置规划、补偿标准的接受程度；对移民安置补偿费用估算结果、资金来源的可靠性及资金平衡状况提出评估意见。

5. 环境和生态影响评估

（1）环境和生态影响程度评估。通过对项目场址的自然环境条件、现有污染情况、生态环境条件、特殊环境条件和环境容量状况以及拟建项目的排放污染物类型及排放情况分析，水土流失预测分析，评估项目对其所在地生态环境的影响程度，以及对整个流域及区域生态系统的综合影响后果。

（2）生态环境保护措施评估。通过对生态环境保护及污染治理措施的可行性分析，评估拟建项目能否满足达标排放、保护环境和生态、水土保持等政策法规的要求，对生态环境保护措施是否合理和可行提出评估意见。

（3）地质灾害影响评估。在地质灾害易发区建设的项目和易诱发地质灾害的建设项目，要结合有关部门提出的地质灾害、地震安全等方面的专题论证结论，评估项目是否可能诱发地质灾害、存在地震安全隐患，对所提出的防御措施和对策是否可行提出评估意见。

（4）特殊环境影响评估。对于涉及历史文化遗产、自然遗产、风景名胜、自然景观和自然保护区等特殊环境保护的建设项目，评估拟建项目的环保措施是否符合相关政策法规规定，对所提出保护措施是否可行提出评估意见。

6. 经济影响评估

（1）经济费用效益或费用效果分析的评估。对于产出物不具备实物形态，且明显涉及公众利益的无形产品项目，如水利水电、交通运输、市政建设、医疗卫生等公共基础设施项目，以及具有明显外部性影响的有形产品项目，如污染严重的工业产品项目，应从社会资源优化配置的角度，进行经济费用效益、费用效果分析或定性经济分析；要评估经济费用、效益的识别计算是否恰当，所采用的分析方法是否恰当；对拟建项目的经济合理性提出评估意见。

（2）行业影响评估。对于在行业内具有重要地位、对行业未来发展方向具有重要影响的建设项目，应对拟建项目对行业发展可能产生的影响进行分析评估，论证拟建项目对所在行业及关联产业发展的影响，并对是否可能形成行业垄断进行分析，对如何发挥拟建项目对行业发展的正面影响效果提出评估意见。

（3）区域经济影响评估。对区域经济可能产生重大影响的项目，应从拟建项目对区域经济发展、产业空间布局、当地财政收支、社会收入分配、市场竞争结构等方面影响的角度，评估拟建项目对区域经济所产生的影响，对如何协调项目与区域经济发展之间的关系，如何发挥项目对区域经济发展的正面影响效果，以及是否可能导致当地市场垄断等提出评估意见。

（4）宏观经济影响评估。对于投资规模巨大的特大型项目，以及可能对国民经济产生重大影响的基础设施、科技创新、战略性资源开发等项目，应从国民经济整体发展角度，分析拟建项目对国家产业结构调整升级、重大产业优化布局、重要产业国际竞争力培育以及区域之间协调发展等方面的影响。对于涉及国家经济安全的重大项目，应结合资源、技术、资金、市场等方面的分析，评估项目建设和运营对国家产业技术安全、资源供应安全、资本控制安全、产业成长安全、市场环境安全等方面的影响，提出评估意见和建议。

7. 社会影响评估

(1) 社会影响效果评估。通过对有关社会经济调查及统计资料的分析，评估拟建项目对就业、减轻贫困、社区发展等方面的影响，包括正面和负面影响效果。

(2) 社会适应性评估。通过调查分析拟建项目利益相关者的需求，目标人群对项目建设内容的认可和接受程度，分析预测拟建项目能否为当地的社会环境、人文条件所接纳，当地居民支持拟建项目的程度，对拟建项目与当地社会环境的相互适应性提出评估意见。

(3) 社会风险及对策措施评估。在确认项目可能存在负面社会影响的情况下，提出协调项目与当地的社会关系，避免项目投资建设或运营管理过程中可能存在的冲突和各种潜在社会风险因素，对解决相关社会问题，减轻负面社会影响的措施方案提出评估意见。

8. 主要风险及应对措施评估

(1) 主要风险综述。在前述评估论证的基础上，总结论述项目在维护经济安全、合理开发利用资源、保护生态环境、优化重大布局、保护公共利益、防止出现垄断等方面可能存在的主要风险。

(2) 风险影响程度评估。对拟建项目可能存在的重要风险因素，对其性质特征、未来变化趋势及可能造成的影响后果进行分析评估。对于需要进行经济费用效益分析的项目，还应通过敏感性分析或风险概率分析，对拟建项目的风险因素进行定量分析评估。

(3) 风险应对措施评估。对于可能严重影响项目投资建设及运营效果的风险因素，提出风险应对措施，并对相关措施方案的合理性及可行性提出咨询评估意见。

9. 主要结论和建议

(1) 主要评估结论。在前述评估论证的基础上，提出核准咨询评估的主要结论，并对拟建项目是否符合核准条件提出明确的咨询评估意见。

(2) 主要措施建议。对评估中发现的拟建项目可能存在的各种问题，提出解决的对策措施建议。

10. 利用外资项目核准评估的特殊要求

对于外商投资项目，按照《外商投资项目核准和备案管理办法》的规定，除论述以上内容外，还应在项目管理、项目核准、项目备案、项目变更等方面提出咨询评估意见，为核准机关对项目审核提供参考依据。

借用国际金融组织和外国政府贷款项目的核准咨询评估，按照《国际金融组织和外国政府贷款投资项目管理暂行办法》的规定，除应遵循企业投资项目核准评估的一般要求外，还应阐述国外借款类别或国别、贷款规模、贷款用途、还款方案、申报情况等内容，对使用外债的必要性、可能面临的风险及规避措施提出咨询评估意见，为项目核准机关对外债管理等事项进行审核提供依据。

4.3.2 外商并购境内企业项目咨询评估的内容

对于外商并购境内企业的投资建设项目，原则上应遵循企业投资项目核准评估的一般要求进行评估论证。对于不涉及扩大生产及投资规模，不新占用土地、能源和资源消耗，不形成对生态和环境新的影响，其核准评估内容可以适当简化，应重点对境内企业情况及是否符合外商准入政策规定，并购企业职工及债权债务安排情况，并购后企业的经营方式、范围和股权结构、融资方案，中方通过并购所得收入的使用方式及其合理性进行评估论证。在经济影响分析中，应强调分析论证外商并购对国家经济安全、行业及区域市场垄断等方面的影响，对所采取的对策措施及其可行性提出咨询评估意见。

4.4 境外投资并购项目尽职调查报告编制

4.4.1 引言

（1）调查背景。包括项目及项目尽职调查相关背景情况。

（2）调查目的。包括掌握项目投资地区截至基准日的行业基本情况、交易背景、双方财务状况，保障项目的审批、实施顺利开展等。

（3）调查对象和调查重点。

1）核实资产数量、权属关系，对各类资产的有效性进行初步判断；

2）调查交易双方经营业绩及资产、负债情况；

3）厘清交易双方及关联事项、交易背景。

（4）调查方法。

4.4.2　释义

简述关键名词含义。包括但不限于交易双方、投资主体、标的公司、标的资产、本项目、项目所在地等。

4.4.3　项目概况

包括项目国内政策背景、项目所在地政策环境，国内经济背景、项目所在地经济环境，项目发起的背景等。

4.4.4　项目概述

包括项目名称、项目所在地、项目性质、项目申报单位、被收购单位、标的资产、投资金额、资金来源、申请单位介入前项目的基本情况、投资方采取何种方式介入项目、项目进行阶段、项目进度安排等。

4.4.5　交易双方基本情况

包括投资主体的基本信息、主要股东及股权结构、基本经营情况、资产负债情况，标的公司的基本情况和可能对资产构成危害的事项，以及税务状况等。

4.4.6　收购基本方案及进度安排

包括交易的定价政策和定价依据、收购标的、交易方式、收购进度安排、收购的支付方式及资金来源、收购完成企业发展计划、相关配套条件落实情况等。

4.4.7　项目投资环境

（1）项目所在国家与项目有关的法律法规。包括对外国投资的市场准入规定和对环境保护相关规定等。

（2）税收体系。包括税收体系与制度、主要税赋和税率等。

（3）我国与所在地的外交环境。

（4）项目市场环境和需求分析。

（5）中央和地方政府及当地社区的意见。

4.4.8　项目合作及资金情况

（1）项目资金投入方案。包括项目所需资金总额、股权收购费用、收购股权比例及价格、前期费用等。

（2）项目投资资金运用。包括投资估算编制依据及说明、投资估算范围、投资估算的构成、计算过程说明等。

（3）项目资金筹措及落实情况。

4.4.9 项目经济及社会效益评价

（1）经济效益。包括经济效益评估依据、原则与范围，项目经济效益指标等。

（2）社会效益评价。

4.4.10 风险对策与分析

包括政治风险、法律风险、汇率风险分析及风险控制措施等。

4.4.11 项目尽职调查结论及建议

针对具体项目提供尽职调查结论和建议。

4.5 境外投资项目申请报告编制

4.5.1 投资主体情况

（1）投资主体基本情况。包括名称、注册地、注册资本、法定代表人（如有）、类型（国有及国有控股、民营及民营控股、外资、其他）、成立日期、经营范围、主营业务等。

（2）投资主体基本经营情况。近两年主要业务情况，资产、负债、收入、利润等主要财务指标。

（3）投资主体及其控股股东（或普通合伙人）直至其最终实际控制人的统一社会信用代码（如有）和近两年信用情况。

（4）项目涉及投资主体通过其控制的境外企业开展的，该境外企业简要情况。包括名称、注册地、注册资本、法定代表人（如有）、类型、成立日期、经营范围、主营业务、股权结构、投资主体和境外企业的控制关系、经营情况、所在地信用情况等。

4.5.2 投资目的地

（1）投资直接目的地、最终目的地、其他有关国家和地区。

（2）投资目的地的投资环境情况。包括政治和安全局势、法律法规、准入和监管政策、自然资源条件、基础设施状况、经济金融形势、社会文化环境等情况。重点阐述投资目的地政治和安全局势是否适合开展该项投资、投资目的地法律法规和政策是否禁止或限制开展该项投资等。

4.5.3　项目背景情况

（1）项目必要性。包括项目与投资主体发展战略的关系、与投资主体国内外业务的关系、项目对投资主体的意义等。

（2）前期已经开展的工作情况。包括尽职调查、可行性研究、对外谈判、投资决策等。

（3）项目涉及的审批情况。包括项目涉及的国内外政府审批（如外资国家安全审查、市场准入、反垄断审查等）及有关审批的进展情况。

4.5.4　项目主要内容和规模

（1）新建类项目。

1）建设内容和规模。包括建设地点、建设内容、建设规模、工程技术方案、建设期限和进度安排、主要产品规模和目标市场等。涉及资源开发的，应说明可开发资源量、品位、中方可获得的权益资源量及开发方案等。

2）配套条件落实情况。包括项目用工、用地、用料情况及安排，道路、铁路、港口、能源供应等相关基础设施配套情况及安排；项目是否满足所在地技术、环保、能耗、安全等标准要求。

项目主要内容是新建境外企业，且尚不涉及新建生产线、并购资产等其他投资活动的，应说明拟建立的境外企业名称、注册地、注册资本、法定代表人（如有）、类型、经营范围等基本情况，对于配套条件落实情况的说明可以适当简化或省略。

（2）并购类项目。

1）收购标的情况。股权收购类项目应包括被收购企业名称、注册地、注册资本、法定代表人（如有）、类型、经营范围等基本信息；主要股东名称、国籍或注册地、持股比例等基本情况；主要资产分布（行业领域和所在地）、生产经营情况、财务状况；上市情况及最新股市表现（如有）；被收购企业及其产品、技术、品牌等在同行业所处地位等。资产收购类项目应包括被收购资产的构成和分布（行业领域和所在地），资产所有者基本情况（主要所有者名称、国籍或注册地、持有比例等），专业中介机构确定的评估价或估值（如有）等。

2）收购方案。包括收购标的、收购价格（说明估值定价方法及主要参数）、实施主体、交易方式、进度安排等情况，以及收购标的在收购前和收购后的追溯至最终实际控制人的股权架构图（可作为附件提交，股权架构图难以追溯至最终实际控制人的，投资主体应作出合理、充分的说明）。

4.5.5 项目投融资方案

（1）投资方案。包括项目总投资额、投资估算（包括投资估算金额、投资估算依据和有关说明）、中外各方出资金额和股比、出资形式、合资合作方式等。

（2）中方投资额及其构成。逐一说明投资主体及其控制的境外企业的出资方式、出资金额、资金来源、实际使用币种和金额等。

（3）中方投资资金用途说明。包括资金用途和使用计划。

（4）项目财务评价。包括项目有关收入、利润、内部收益率、投资回收期等主要财务预测指标。

4.5.6 项目主要风险和防范应对措施

分析项目面临的政治、安全、经济、社会、环境等主要风险因素，并提出防范风险的相关措施：包括分析国别风险、武装风险、法律及政策风险、经济金融风险、市场风险、建设风险、外汇风险、生态环保风险、矿权及资源量风险、劳工风险、社会稳定风险，以及项目可能面临的其他风险等；并购类项目还应分析企业运营风险等，并提出防范和应对措施。

4.5.7 项目对我国国家利益和国家安全的影响分析

分析评价项目对我国国家利益和国家安全的影响，包括积极、有利的影响，也包括消极、不利的影响。

（1）项目对行业发展的影响。如项目对所在行业技术进步、结构升级、国际竞争力提升影响，对上下游行业、关联行业发展影响，对我国产品、装备、技术、品牌、标准"走出去"影响等。

（2）项目对宏观经济的影响。如项目对我国经济增长、物价稳定、充分就业、国际收支平衡等是否构成重大不利影响，对能源资源外部供应、基础设施互联互通影响等。

（3）项目对我国与有关国家关系的影响。如项目是否符合互利共赢、共同发展原则，对共建"一带一路"影响，对我国与有关国家经贸往来、人文交流影响等。

（4）项目是否涉及我国禁止开展的境外投资，是否涉及我国禁止或限制出口的资源、产品、技术、服务等（如有，则进一步说明有关部门审批情况），是否对我国履行有关国际义务（如执行联合国安理会有关制裁决议等）构成重大不利影响，是否存在其他威胁我国国家利益和国家安全的情形。

4.5.8　其他事项

（1）开展项目的下一步工作计划。阐述投资主体履行完核准手续后，进一步推进项目的主要任务和进度安排。比如：计划×年×月开工，×年×月完工；计划×年×月进行资产交割等。

（2）希望国家依法给予协助的事项（如有）。

（3）投资主体认为需要说明的其他情况（如有）。

4.5.9　附件目录

1. 投资主体是境内企业

投资主体是境内企业的，项目申请报告应附具以下文件：

（1）投资主体注册登记证明文件。

（2）追溯至最终实际控制人的投资主体股权架构图。

（3）最新经审计的投资主体财务报表。

（4）投资主体投资决策文件。

（5）具有法律约束力的投资协议或类似文件。

（6）证明投资资金来源真实合规的支持性文件。

（7）境外投资真实性承诺书。

2. 投资主体是境内事业单位、社会团体等非企业组织

投资主体是境内事业单位、社会团体等非企业组织的，项目申请报告应附

具以下文件。

（1）投资主体注册登记证明文件。

（2）最新经审计的投资主体财务报表。

（3）投资主体投资决策文件。

（4）具有法律约束力的投资协议或类似文件。

（5）证明投资资金来源真实合规的支持性文件。

（6）境外投资真实性承诺书。

3. 投资主体是境内自然人

投资主体是境内自然人的（境内自然人通过其控制的境外企业或香港、澳门、台湾地区企业对境外开展投资），项目申请报告应附具以下文件。

（1）投资主体身份证明文件。

（2）投资主体投资决策文件。

（3）具有法律约束力的投资协议或类似文件。

（4）境外投资真实性承诺书。

5　能力建设和风险防范

5.1　外商及境外投资项目咨询能力建设

5.1.1　外商及境外投资项目咨询团队建设

1. 提高内部人才素质

外商及境外投资项目咨询人员应具有持续学习的能力，通过不断学习国际经济合作、投融资、项目管理相关知识，不断提升专业素质，以适应各类外商及境外投资项目咨询的要求。

2. 加强外部人才网络建设

从知识结构、专业技能、职业素质等角度，逐步构建和完善外商及境外投资项目咨询专家网络，适应更加灵活的项目组织方式，有效补充和增强外商及境外投资项目咨询专业团队力量。

3. 跨界整合团队资源

做好复合型人才的培养，如定期进行内部业务轮岗、探索与不同领域的专业人才和机构开展合作、寻求外商及境外投资项目咨询的合作和拓展。

5.1.2　外商及境外投资项目咨询制度和评价体系建设

1. 优化项目组织体系

综合考虑国际投融资及经济环境的变化、外商及境外投资项目咨询的特殊要求以及个体能力等因素,坚持胸怀天下的咨询理念及思维方法,建设适应外商及境外投资项目咨询要求的组织体系,实现组织结构、岗位职能、人员素质的协同匹配,完善外商及境外投资项目咨询服务的组织体系。

2. 完善咨询业务评价体制

建立适应开展外商及境外投资项目咨询服务的管理体系,对参与主体、组织形式、专业分布、专业能力进行系统管理,以适应发展外商及境外投资项目咨询的要求。同时,对外商及境外投资项目咨询流程和质量进行评价,建立外商及境外投资项目咨询全过程工作规范、评价体系和监管考核标准,促进外商及境外投资项目咨询工作的规范标准。

5.2　外商及境外投资项目咨询业务竞争力培养

5.2.1　培养专业竞争力

高度重视外商及境外投资项目咨询业务创新,在立足传统咨询理论方法研究的基础上,推动外商及境外投资项目咨询专业方法创新。在项目执行过程中,结合新型数字技术、云平台等实现对外商及境外投资项目咨询的事前、事中和事后管理。通过信息化、智能化、云计算等手段,不断提升外商及境外投资项目咨询的专业能力。

5.2.2　提升全过程咨询能力

从完善投融资咨询业务创新体系的角度出发,以外商及境外投资项目前期咨询为核心,逐渐向上下游拓展,尤其是向外商及境外投资项目全过程咨询、利用外资及境外投资战略、政策及规划咨询、外向型经济商务咨询、涉外法律咨询和投资融资管理咨询等专业领域拓展,逐步培养外商及境外投资项目咨询服务业务链条全过程各环节的专业咨询能力。

5.2.3　重视综合性国际人才培养

在语言、技术、商务、礼仪等多方面提升高端人才综合素质。坚持开展国际投融资咨询认证培训，完善国际化人才队伍建设。

5.3　外商及境外投资项目咨询风险识别及防范

风险要素识别是应对外商及境外投资项目咨询风险的关键环节。风险存在于外商及境外投资项目咨询全生命周期的各个环节，需要系统连续地对咨询业务风险进行分析识别。外商及境外投资项目咨询风险主要包括资料收集和甄别风险、设计风险、技术风险、管理风险、政策风险、社会风险、金融风险、合同风险、沟通风险和成本风险等。

在外商及境外投资项目咨询的风险防范中，一方面要尽力满足各方利益诉求，外商及境外投资项目咨询服务项目的实现需要使各方利益诉求得到合理满足；另一方面，要合理分担各类风险，首先要分析风险，判断风险是否可控；其次要分析项目团队需要承担的风险，包括独立承担和与业主及其他利益相关方共担的风险；最后要根据相关风险对于完成外商及境外投资项目咨询合同任务以及可能产生的影响，选择制定风险应对措施和方法。

5.4　建立外商及境外投资项目咨询责任追究制度

按照实行咨询成果质量终身负责制的要求，建立外商及境外投资项目咨询成果质量追溯机制。通过建立外商及境外投资项目咨询从业档案制度，将委托合同、咨询成果文件等存档备查。外商及境外投资项目咨询承担部门及人员的违法违规违纪信息，列入不良记录，建立违法失信联合惩戒机制，与职务晋升和绩效等实现挂钩。

参 考 文 献

[1] 傅伟雄. 赢在全局：境外项目投资从策划到实施［M］. 北京：机械工业出版社，2020.

[2] 盛玉明，杜春国，李铮."一带一路"倡议下的境外投资开发实务［M］. 北京：中国人民大学出版社，2019.

[3] 李惠茹，蒋俊. 中国对外直接投资的政策演变与效果实证［J］. 河北大学学报（哲学社会科学版），2019，44（06）：68-79.

[4] 杨青. 中国企业境外投资法律实务指南［M］. 北京：法律出版社，2019.

[5] 洪俊杰. 新常态下中国企业对外投资的理论创新与政策研究［M］. 北京：科学出版社，2018.

[6] 毛一帆. 十八大以来党关于开放发展的理论与实践研究［D］. 长沙：长沙理工大学，2018.

[7] 樊纲，许永发. 中国对外直接投资战略、机制与挑战［M］. 北京：中国经济出版社，2017.

[8] 邬枫. 中国境外投资实务指南［M］. 北京：中国财政经济出版社，2012.

[9] 陈健，龚晓莺. 论"一带一路"倡议对区域经济一体化的影响［J］. 云南社会科学，2017（05）：77-82，186-187.

[10] 张远鹏."一带一路"与以我为主的新型全球价值链构建［J］. 世界经济与政治论坛，2017（06）：39-53.

[11] 赵蓓文，等. 中国企业对外直接投资与全球投资新格局［M］. 上海：上海社会科学院出版社，2016.

[12] 郭天宝. 中国利用外资与对外投资案例［M］. 北京：经济科学出版社，2016.

[13] 李自杰. 中国企业对外直接投资的动机与路径研究［M］. 北京：中国人民大学出版社，2015.

[14] 张璐，李秀芹. 国际投资学——理论·政策·案例［M］. 北京：北京交通大学出版社，清华大学出版社，2015.

[15] 德勤企业咨询（上海）有限公司，德勤企业成长学院. 投资与并购生命周期管理［M］. 深圳：海天出版社，2015.

[16] 王建国 . 论国际区域经济合作新形势下的"一带一路"[J]. 企业导报，2015（18）：6-7.

[17] 申现杰，肖金成 . 国际区域经济合作新形势与我国"一带一路"合作战略 [J]. 宏观经济研究，2014（11）：30-38.

[18] 袁新涛 ."一带一路"建设的国家战略分析 [J]. 理论月刊，2014（11）：5-9.

[19] 陈思如 . 我国外商投资安全审查制度研究 [D]. 上海：复旦大学，2012.

[20] 苑文博，梁一新 . 我国外资并购国家经济安全审查初探 [J]. 河北法学，2012，30（07）：125-132.

[21] 崔元铎 . 中韩企业收购兼并程序和法律文件的比较 [D]. 上海：华东政法大学，2007.

[22] 于斌 . 跨国管理 [M]. 天津：南开大学出版社，2004.

[23] 王素荣 . 中国企业投资法国的税务筹划 [J]. 国际商务财会，2018（04）：3-7.

[24] 王乔，席卫群 . 比较税制 [M]. 上海：复旦大学出版社，2004.

[25] 邓玉萍 . 外商直接投资 . 环境污染与策略性减排研究 [M]. 北京：人民出版社，2019.

[26] 党军 . 国际贸易救济与外商直接投资的相互影响研究 基于贸易投资重叠性视角的影响机理与对策 [M]. 北京：经济管理出版社，2020.

[27] 王园园，外商直接投资与中国制造业全球价值链升级 [M]. 北京：中国经济出版社，2019.

[28] 苏东 . 中国外商投资法律制度 [M]. 北京：中国民主法制出版社，2020.

[29] 米高·恩莱特（MichaelJ.Enright），助力中国发展：外商投资对中国的影响 [M]. 北京：中国财政经济出版社，2017.

[30] 黄凌云，杨娜，刘冬冬 . 中国企业境外投资策略及路径研究 [M]. 北京：科学出版社，2020.

[31] 查道炯，李福胜，蒋姮 . 中国境外投资环境与社会风险案例研究 [M]. 北京：北京大学出版社，2014.

[32] 吴明 . 境外投资争议解决实务与案例精解 [M]. 北京：法律出版社，2018.

[33] 陈福添 . 国企业境外投资理论研究前沿 [M]. 厦门：厦门大学出版社，2013.

[34] 盛玉明，杜春国，李铮 ."一带一路"倡议下的境外投资开发实务 [M]. 北京：中国人民大学出版社，2019.

[35] 冯斌，李洪亮."一带一路"国家投资并购指南［M］.北京：中国海关出版社，2020.

[36] 毕马威中国."一带一路"投资关键环节：毕马威经典案例解析［M］.北京：中国经济出版社，2018.

[37] 史丹.国外电力市场建设与投资环境研究［M］.北京：中国社会科学出版社，2015.

[38] 刘志强.制度因素对我国企业国外投资的影响［M］.北京：群言出版社，2016.

[39] 林勇明.国外投融资体制研究与借鉴［M］.北京：社会科学文献出版社，2018.

[40] 赵德昭.外商直接投资与农村剩余劳动力转移［M］.北京：中国财政经济出版社，2018.

[41] 王涛，契约.控制权与效率：外商投资企业独资化倾向的理论与实证研究［M］.北京：人民出版社，2008.

[42] 高健智.境外融资Ⅱ：20家企业上市路径解读［M］.北京：清华大学出版社，2017.

[43] 高健智.境外融资：中小企业上市新通路［M］.北京：清华大学出版社，2016.